ヨーロッパの分化と統合

―国家・民族・社会の史的考察―

小倉欣一編

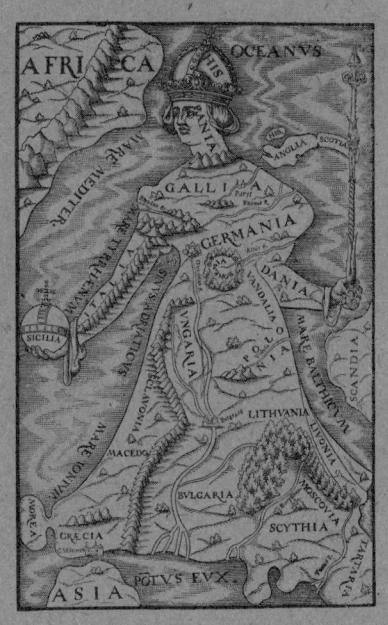

太陽出版

ヨーロッパの分化と統合
―― 国家・民族・社会の史的考察 ――

表紙の木版画は、セバスティアン・ミュンスター作『世界地図』(Sebastian Münster, *Cosmographia Universalis*, Basel 初版 1544年) 1588年版　41ページからの転載である。ヨーロッパは戴冠した女王像として描かれ、頭部がイスパニア、心臓部がボヘミア、手にする宝珠がシチリア、剣がアングリア・スコティアを表している。神聖ローマ皇帝となったイスパニア王カルロス1世とハプスブルク家の権勢を伝える大航海時代の寓意的な地図といえよう。編者はバーゼル大学図書館写本部門ドミニク・フンガー氏の懇切な画像複写と使用許可に感謝する (Der Herausgeber dankt Herrn Dominik Hunger von der Handschriftenabteilung der Universitätsbibliothek Basel für seine Reproduktion des Holzschnittes und die liebenswürdige Druckerlaubnis)。

序

　人類は20世紀に世界大戦を二度も体験し、それに資本主義と社会主義両陣営への分裂による冷戦が続いたが、ベルリンの壁の崩壊とソ連・東欧諸国の体制変革によってその終止符が打たれ、世界の平和が回復したかにみえた。しかしアメリカ合衆国の覇権のもとで21世紀を迎えるや、2001年9月11日のニューヨークの惨事からアフガニスタン戦争が開始され、2003年にはイラク戦争が加わり、2004年に入っても世界の各地で激しい紛争や殺戮が絶えていない。

　注目すべきことに、ヨーロッパでフランスとドイツは、アメリカのブッシュ大統領のイラク戦争に反対の立場をとった。中世以来宿敵であったこの両大国は、第2次大戦以後「戦乱のないヨーロッパ」とその繁栄をめざして協調し、イタリア、ベネルクス三国とともに石炭鉄鋼共同体、原子力共同体、経済共同体を結成し、それらを母体としたヨーロッパ共同体（EC）をさらにヨーロッパ連合（EU）へと発展させた。この国家連合は、加盟国を15に増やして市場統合と通貨統合を実現したが、2004年5月1日には一挙に東欧の8カ国（チェコ、エストニア、ラトヴィア、リトアニア、ハンガリー、ポーランド、スロヴェニア、スロヴァキア）、南欧の2カ国（キプロス、マルタ）へと拡大し、25カ国からなる「大ヨーロッパ」が誕生する。その総人口は4億5千万人となり、米国の2億8千万人、日本の1億2693万人に優る。経済的には2002年の国内総生産（GDP）によると加盟各国の合計額は9兆6千億ユーロで、米国の11兆475億ユーロに迫り、日本の4兆2349億ユーロを大きく引き離し、世界の政治、経済に及ぼす影響はきわめて大きいという（日本経済新聞2004年1月1日などによる）。

　だが「大ヨーロッパ」は、すでに新たな困難を抱えこんだ。2003年末のヨーロッパ連合首脳会議では、多数決で加盟国の意思決定を行う閣僚理事会の議決方式をめぐって、「財政赤字を国内総生産の3パーセント以内に抑える」という「財政安定協定」に違反し続けるドイツ、フランスと、そのような「大国の

横暴」を非難するスペイン、ポーランドとの間で「持ち票」配分の交渉が決裂し、ヨーロッパ連合憲法の制定は頓挫したのである。これはイラク戦争でアメリカ、イギリスを支持する「新しいヨーロッパ」と、それに反対する「古いヨーロッパ」への分裂でもあり、「ヨーロッパとは何か」、「そのアイデンティティはどこにあるのか」が改めて問われている。

　本書『ヨーロッパの分化と統合――国家・民族・社会の史的考察――』は、早稲田大学ヨーロッパ文明史研究所の共同研究の成果であり、この問いに答える素材をも提供するであろう。本研究所では、ヨーロッパ統合を見すえた文学部西洋史研究室の研究課題「ヨーロッパ史における分化と統合の契機」（平成10～13年度文部科学省・科学研究費補助金・基盤研究Ｂ・研究課題番号10410091・研究代表者　前田徹）を継承し、その解明を2000年4月から4年間にわたり続けている。それは、古代のオリエントからギリシア・ローマ、中世・近世から近・現代の東西ヨーロッパとロシアにおいて、政治や経済や法制をはじめ、社会、宗教、文化などの様々な側面で「分化と統合」という相反する諸力の作用を認め、その実態を歴史的に検討するものである。本書の副題「国家・民族・社会」は考察の主要な対象を示し、14論文は所員の分担課題への意欲的な解答である。それに花を添えるように、新たにヨーロッパ連合の一員となるスロヴェニアの首都リュブリャーナからのゲスト、現代史研究所のペーテル・ヴォドピヴェツ教授が2003年3月に早稲田大学での講演を引き受けられ、帰国後改訂した力作を寄稿されたことに格別の謝意を表したい。

　このプロジェクトは前所長前田徹教授の創案と指導にはじまったものであり、その後の教示と所員諸氏の熱心な活動に感謝する。出版にあたっては、早稲田大学総合研究機構長の吉田順一教授、研究推進部の宮澤雅好、尾島浩幸両氏のご支援をえて、研究成果報告の補助金をうけることができた。小倉康之氏は格調高い表紙をデザインされ、太陽出版社主の籠宮良治氏は立派な書物に仕上げてくださった。多くの方々のご厚意とご協力に心からお礼を申しあげる。

　　2004年　桃の節句　　　　　　　　　　　　　　　　　　　　小倉　欣一

目　次

序

I　古代世界の分化と統合

第1章　ハンムラビによるバビロニア統合支配と経済政策の背景
――「イルクム」体制の導入と『法典』上の新機軸――……………………13
1. ハンムラビとその時代 (13)
2. 『ハンムラビ法典』の歴史資料的価値 (15)
3. 「イルクム関連法」の特徴とその保護対象 (LH§§26〜41) (17)
4. 「農事関連法」の特徴とその保護対象 (LH§§42〜a) (19)
5. 「債権関連法」の特徴とその保護対象 (LH§§t〜119) (20)
6. 「イルクム体制」を支える社会層の保護と『法典』の「経済立法」(23)

第2章　イソクラテスとギリシアの統合問題 ……………………31
1. イソクラテスの『パネギュリコス（民族祭典演説）』(31)
2. イソクラテスの政治観の変化 (35)
3. イソクラテスの『フィリッポスに与う』(37)
4. コリントス同盟 (42)
5. イソクラテスの理念とコリントス同盟の実態 (44)

第3章　エジプトの崩壊とヘレニズム世界
――外来語の観点から見たエジプトのヘレニズム化――……………………53
1. 古代エジプト文明の衰退 (53)
2. 第3中間期史料について (55)
3. デモティックの問題 (56)
4. 文書の書き手の問題 (59)
5. デモティック中に見られるギリシア語 (61)
6. ギリシア語中に見られるエジプト語 (62)
7. 「外来語」から見たエジプトのヘレニズム化 (63)

第4章　古代末期イタリアの「ゲンテース」
　　　―いわゆる「蛮族」とローマ人の関係をめぐって― ………………………………75
　1. 古代末期イタリアの民族アイデンティティーとは(75)
　2. 法的な位置づけ(77)
　3. 言語(80)
　4. 名前(82)
　5. 宗教(83)
　6. 外見(85)
　7. 「民族」の形式(88)

Ⅱ　中・近世ヨーロッパの分化と統合

第5章　中世の市場と貨幣使用に現われた権力の分化と統合
　　　―いわゆる三位一体的構造を手がかりに―………………………………101
　1. オットー諸帝の市場開設特許状(101)
　2. 三位一体的構造の具体的含意(102)
　3. プリュム修道院の市場特権(106)
　4. プリュム修道院の貨幣貢租(107)
　5. 〈自給自足〉の再定義(111)
　6. 中世商人の発生と〈貨幣経済〉の概念(117)
　7. 補論：ケインズの〈貨幣経済〉観(120)

第6章　14世紀後半ホラント伯領諸都市の「会合行動」(dagvaarten)
　　　………………………………………………………………………………131
　1. ホラント発展史のエポックとしての14世紀後半(131)
　2. 伯の評議会と「会合行動」(133)
　3. 「会合行動」(dagvaarten)という用語とその語義(137)
　4. 14世紀後半の「会合行動」の実際と諸傾向(138)

第7章　神聖ローマ帝国を統合する二つの道
—ヴュルテンベルク公クリストフの「帝国執行令」構想— 151

1. 神聖ローマ帝国改革の評価とその焦点（151）
2. 帝国執行令の前史（154）
3. クリストフの経歴（155）
4. 執行令直前におけるクリストフの帝国政治（157）
5. 帝国クライスでの協議と執行令案の成立（165）
6. 執行令におけるクリストフの選択—「国家連合」への道（169）

第8章　貿易ルートの統合
—17世紀初期のオランダ・バルト海貿易— 177

1. 貿易航路の諸問題（177）
2. バルト海地方の輸出入（179）
3. 傭船契約書と海運（183）
4. 貿易航路とバルト海貿易（189）
5. バルト海貿易におけるアムステルダムの重要性（196）

Ⅲ　東ヨーロッパ・ロシアの国家・民族・社会

第9章　ポーランド1791年5月3日憲法と周辺諸国の反応
—ザクセン公使エッセンのワルシャワ報告を手がかりに— 205

1. 世襲王制と憲法制定（205）
2. ポーランドを取り巻く国際関係（91年5月-7月）（206）
3. ザクセン選帝侯国の対応（209）
4. 国際関係の変化とザクセンの立場（216）
5. ザクセン侯招聘はなぜ実現しなかったのか（220）

第10章　ロシア帝国憲法案（1820年）とポーランド王国の成立　……227
　1. 帝国憲法の立案(227)
　2. チャルトリスキのショーモン覚書(228)
　3. ポーランド王国の成立とロシア帝国との合同(230)
　4. 帝国憲法案の国家再編策(233)
　5. 帝国再編策の動機(238)
　6. 帝国憲法案とポーランド問題(241)

第11章　19世紀前半バルト海沿岸地方における知識人
　　　　　―エストフィルとエストニア人―　……………………251
　1. バルト海沿岸地方とエストフィル(251)
　2. 19世紀前半のエストフィルとエストニア人インテリゲンチア(253)
　3. エストニア学識者協会の設立(255)
　4. エストニア学識者協会の研究活動(258)
　5. エストニア語の文法と正書法(263)
　6. 啓蒙主義・民族ロマン主義と「分化」(267)

第12章　20世紀初頭ロシアの地方自治と国家
　　　　　―ペテルブルク市自治行政改革―　………………………273
　1. 近代ロシアの地方統治をめぐる問題―農奴解放〜20世紀初頭(273)
　2. 都市自治行政の基本的形態(275)
　3. ペテルブルク市自治行政改革の試み(277)
　4. 内務省の対自治体政策とペテルブルク自治行政改革(290)
　5. 20世紀初頭の国家と社会―国家統合の危機(291)

Ⅳ 近・現代ヨーロッパの国家・民族・社会

第13章 ディアス・デル・モラールと「アンダルシアの農業問題」……299
1. ブハランセの公証人と「知識人の共和制」(299)
2. 「アンダルシアの農業問題」(302)
3. フアン・ディアス・デル・モラールの農地改革構想 (304)
4. 「知識人の共和制」の破綻 (312)

第14章 国境の変容とヨーロッパ連合の拡大
──エストニアを事例として──…………………………………321
1. ヨーロッパの分断線 (321)
2. 国境の変遷 (323)
3. 国境地域の概況 (326)
4. 国境交渉の経緯 (328)
5. 国家にとっての国境、生活者にとっての国境 (335)
6. 統合と分化 (337)

第15章 スロヴェニア人の過去と未来 ……………………………343
1. 中世初期とカランタニア (343)
2. 宗教改革、啓蒙思想、最初のスロヴェニア語の書物 (345)
3. 19世紀前半のスロヴェニア人の文化運動 (347)
4. 1848年革命とスロヴェニア人の政治運動 (349)
5. スロヴェニア人地域のユーゴスラヴィア主義とユーゴスラヴィア王国 (351)
6. 第二次世界大戦、レジスタンス、コラボレーション (356)
7. 共産主義ユーゴスラヴィアのスロヴェニア人 (357)
8. 共産主義ユーゴスラヴィアにおけるナショナルな緊張の復活 (359)
9. ユーゴスラヴィアの解体とスロヴェニアの独立 (361)
10. 独立後のスロヴェニアとEUへの道 (364)

人名索引
地名索引
編集・執筆関係者一覧
主要関係地域図

I
古代世界の分化と統合

第1章

ハンムラビによる
バビロニア統合支配と経済政策の背景
──「イルクム」体制の導入と『法典』上の新機軸──

1．ハンムラビとその時代

　政治史上、古バビロニア時代（前2000年頃〜前1600年頃）前半[1]の約200年間を意味するイシン・ラルサ時代という列強の群雄割拠時代において、バビロニア地方[2]の諸都市に対する覇権と「領域国家」の確立を自他ともに容認する伝統的「シュメールとアッカドの王」号[3]や、それ以外の領域支配者号を採用し得た[4]覇者はかなりの数に達する。しかしながら、「統合」支配を確立した場合にのみ使用が許される「四方世界の王」号を冠することが出来たのは、バビロン王ハンムラビだけであった[5]。では、イシン・ラルサ時代に登場した、これら数多くの「領域国家」君主から、唯一ハンムラビのみが「統合国家」君主へと昇格しえた理由（相違点）は何であったのか。

　いまさらながらハンムラビの履歴を穿り返し、外交・軍事政略上の「天才」という個人の資質や偶発的事件などに解答を求めることがこの問い掛けの真意ではない[6]。むしろ、本考察の関心点は、ハンムラビとそれ以前の覇者を比較した場合に、各々が「シュメールとアッカドの王」として「領域国家」に君臨した時代において、彼らが目指した支配体制のあり方（完成度）に何らかの差違がみられないか、という疑問に置き換えることが出来る。

　むろん、ハンムラビ統治下での中央集権化を象徴する数々の具体的政策とバビロニア社会のあり方の解明と分析作業は、この時代を専門とする研究者の最重要課題のひとつとして長らく続けられてきた。結果、「イルクム（*ilkum*）」

制度に象徴される土地および官吏の管理体制の導入を核にして、「商人長（wākil tamkāri）」官職のもとへの私商人の統合、都市の港湾区（kārum）の直轄支配や交易商人の手形発給制などの商業・交易統制策、さらには『ハンムラビ法典』編纂や判事の官僚化に象徴されるところの司法制度の体系化策などは、すでに現時点でもハンムラビの重視した特筆すべき「領域国家」政策であったと言えるまでに至っている。しかしながら、それらの具体策の大半は、既にウル第三王朝という先の「統合国家」体制でも確認されるのみならず、イシン・ラルサ時代に興亡した「領域国家」体制下であっても重視されたものであることも、また事実である。

　ただし、イシン・ラルサ時代に興亡した数多くの「領域国家」とハンムラビの「統合国家」体制が採用した諸制度・諸政策の比較において、現時点で後者にのみ確認されていると断言出来るのは、やはり「イルクム」制度であろう。本稿では、「イルクム」制度がハンムラビの「統合国家」体制の特筆すべき核であったかどうかから議論を始めるのではなく、むしろ、「イルクム」制度が核であることを認知した場合、そのことが必ず彼の統治理念を表明した『ハンムラビ法典』の編纂にも反映しているはずであるという確信のもとに、ハンムラビによる「イルクム」制度導入を前提とした「領域国家」体制、ひいては「統合国家」体制の原理が何であったのかを論考する。具体的には、第26条〜第119条部分を占める「イルクム関連法」から経済関連条項（「農事関連法」「債権関連法」）までを取り上げて、「イルクム」体制の理念がどのように反映されているかを考えてみたい。ただし、紙面の関係上、上述したその他の政策と「イルクム」制度の相対的比重までを含めて、そのすべての「法文」条項の意義を検証することはおこなわない。また、個々の「法文」条項を法制史の手法で精査するのではなく、章ごとの特徴（構成・書式および内容的性格）をあくまで大局的な見地から検討するものとする。当時の社会経済的状況と『法典』条項相互の関連性を見極めることにより、その経済条項に込められたハンムラビ独自の統治理念の一端を提起することが目標となろう。

　概して、「イルクム関連法」（§§26〜41）と「経済関連法」（§§42〜119）は、

『法典』配置の上でもかなり上位に位置し、また、分量的にも大きなウェイトを占めている。のみならず、ハンムラビ体制以前の先行「領域国家」が残した諸関連法との比較上、『法典』は質・量ともに大幅な改編が行われており、特にその改編によってハンムラビが優先的に保護・育成しようとするある特定の社会階層をはっきりと浮び上らせる。加えて、この経済政策重視の姿勢の背景は、古バビロニア時代にはじまる「私的経済」活動の隆盛と大きく絡んでくるのであるが、そのような都市経済状態を前提としてみた場合でも、この社会階層の保護が、ハンムラビが様々な経済政策を通じて領域的な経済的統合支配を目指す上で重要な鍵を握っていたと考え得ることこそが、彼が案出した「改革」を解く鍵となると思われる。

なお、以下の本文での資料引用は、紙面の関係上、必要最低限に抑えることを御容赦願いたい。必要の向きには、近年『ハンムラビ法典』の邦訳が出版されているので、それを参考とされたい。[7]

2．『ハンムラビ法典』の歴史資料的価値

『ハンムラビ法典』の編纂時期を巡ってはいくつかの可能性があるが、少なくとも『法典』碑として知られる遺物の作成は、[8]バビロニア統一が最終的に完成に至った時期以降に作成され、領域内のいずれかの地方都市に建立されたものであるとすることでは、研究者間でほぼ意見の一致をみている。[9]すなわち、ハンムラビの「統合国家」体制の本質にかかわる理念や、その背景となる当時の社会状況が、各条項の編纂に色濃く投影されていると見る時間的整合性は、十分備わっていると言えよう。

その一方で、『ハンムラビ法典』とは何であるのか——まさにこのタイトルのもとで1960年、クラウスが問題提起を行って以来、[10]『ハンムラビ法典』がもはや厳密な意味での法典（法治体制の前提となる成文法）と呼べるものではなかったことが明らかになるとともに、「『法典』とは何か」を巡る大局的な（法制史的な）命題を巡って現在も断続的に議論が続けられている。[11]

もっとも、『法典』の編纂自体は決して目新しいものではなく、したがって

『法典』の編纂自体をハンムラビ自身が案出した「改革」であったとは言い難い[12]。まして、個々の「法文」条項の解釈と歴史的評価もまた、決して確定しているわけではないことも強調しておかなければならない[13]。

　「イルクム」体制の施行が「統合国家」全域に及ぶものであったことに関連して、『法典』以外の資料からこれまでに理解されているハンムラビの「統合」支配の原則について、もう少し補足する必要があると考える。

　ハンムラビによるバビロニア統一支配の基本姿勢が決して、それまで政治的に敵対関係にあった列強国の臣民を高圧的に支配、隷属化するものではなかったことは、ラルサの支配下にあったシュメール地方占領後の治世第32年の最重要業績を、『ハンムラビは人民の豊かさであり、アヌとエンリルの寵愛を受けるものである！』運河を浚渫し、豊富で絶えることのない水流をニップール、エリドゥ、ウル、ラルサ、ウルク、及びイシンに供給し、（離散した）シュメールとアッカド（の民）を再び統一し」、かつ「マリとマルギウムを撃ち破り、マリや［……］及びスバルトゥの町々を友好的に彼の覇権に服従させた。（治世第33年の年名）」とする事実に示唆されている[14]。また、治世末に編纂されたとされる『ハンムラビ法典』碑の拔文にも「我はシュメールとアッカド全土の人々を我が胸に抱いた。（人々と町は）我が守護精霊によって栄えた。我は絶えず彼らを平穏のうちに運び、我が知恵によって彼らを守った。(col. xlvii, 51-58)」とあり、ハンムラビ新体制下での全臣民の同等権利保持という基本理念が謳われている[15]。

　より具体的にハンムラビ自身の統治理念と体制づくりの原則を解明するための間接的手掛かりとしては、バビロニア北部の都市遺構シッパルや同盟国マリ、南部のウルなどから出土したものが存在するが、やはりラルサから出土した「ハンムラビ書簡集」が最重要資料であることは間違いない。

　古バビロニア時代の都市遺跡ラルサから出土した多種多様の「ラルサ文書」には、ラルサ第一王朝支配期の資料とともにハンムラビによるラルサ占領期（前1860年以降）の契約や書簡が多数含まれており、両者の比較分析が両王朝の統治体制の相違やイシン・ラルサ時代の都市社会構造を明らかにするものと

して注目されてきた。わけても約200枚にも及ぶ「ハンムラビ書簡集」は、王自身が占領地行政府に任命・派遣した官僚団の具体的統治行為（行政・司法）に対し直接注文をつけた指令書である。しかも、この指令によってたびたび現地官僚の下した裁定が覆っているので、これらハンムラビ自身の個々の対応例や関心から彼の統治理念をある程度推測しうる点で貴重な資料であるだけでなく、おおよそ、これらにもハンムラビの被占領民に対する「公正」さや有能人材「登用」の姿勢がうかがえる。

　ちなみに、これらの資料分析を前提にして、レーマンスがハンムラビ体制における王を頂点とする司法官僚体制確立の一端とその理念的背景を提示し[16]、また、エリスなどが、ハンムラビ以降の社会で確認される「イルクム」制度を前提とした王領耕地の経営体制と税制などあり方を議論している[17]。前者の分析結果が『法典』における「裁判訴訟法」（§§1～5）の、また、後者の分析結果は「イルクム関連法」（§§26～41）解釈において、かなり重要な手掛かり（評価基準）となっていることは言うまでもない。

3．「イルクム関連法」の特徴とその保護対象（LH§§26～41）

　これに先行する「裁判訴訟法」（§§1～5）および「刑法」（§§6～25）では基本的に、任意の「アウィールム」階層、すなわちハンムラビの支配下にある都市や農村、遊牧部族の「国民」全てを法の適応対象者とするのに対し、続く第26条から第41条までに一括される「イルクム関連法」の章では、さらに限定された社会身分――徴用兵士および「（その他の）イルクム義務を負う者」・「ビルトゥム義務を負う者」など――を対象として、その義務と権利・保護を主題とする。

　「イルクム関連法」規定は、通例「イルクム」制度と呼ばれる人員・土地管理体制の基底をなす「原則」が規定されていると見られ、これを正確に理解することは全体像の把握にとって重要な手掛かりになるのであるが、その細部については依然として研究者間に多少の理解の相違がみられる[18]。いずれにせよ、当該「イルクム関連法」では、「イルクム耕地」（*eqlum ša ilkim*）と呼ばれる王

宮からの貸与地（保有地）の保有資格として、総称して「イルクム義務（を負う）者」（*ilkum aḫḫûm*）と呼ばれる王宮のための兵役や労役徴用者や、貢納税である「ビルトゥム義務（を負う）者」（*nāši biltim*）たち保有名義者自身の義務遂行能力が、必要条件となることが主に強調される（§§26～30）。また、「イルクム耕地」の二重貸与・抵当設定・売却の禁止が明言されるのは、この耕地が王宮の所有に帰属することを前提とするものと考えられる。
　「イルクム関連法」規定は『ハンムラビ法典』以外の先行『法典』に例をみないものである。また、「イルクム」制度を前提とした人員・土地管理体制はハンムラビの案出した「改革」政策の一つであり、彼の「領域国家」支配ひいては「統合国家」支配の現場で運用されていたことは、ラルサ占領地や北部支配領域における実際の施行例が示している。
　以下の「経済関連法」との関連で指摘すべきは、この章で規定されている対象者の義務（兵役などの賦役や耕地保有条件の遵守）とはあくまで王（宮）に対する奉仕であり、もし、それを優先させた場合に、その結果として起こりうる耕地経営上の問題の解決法（耕作者の手配や債務返済法）は、少なくともこの章では示されていない点である。具体的に例を取れば、「イルクム耕地」を債務返済のために（抵当として）売却することを禁止する場合（§38）、実際にその保有者が債務返済不能になる場合がありえた場合を想定したものとして理解されるが、その代替えとしての債務返済方法は少なくともこの章では示されていない。ただし、これらの解決にあたっての手掛かりが、この章に連続する「経済関連法」において明確に示されているのであれば、問題はないとも言える。制度としての整合性は、以下の「経済関連法」において、日常の社会生活における「イルクム義務者」の立場の保全に配慮した法文を見出すことができるかどうかにかかってくるであろうが、その意味では、第39条では、「イルクム耕地」の保有者がそれとは別に個人所有地を持ちえた事実を示しており、これは、本稿次節で扱う「農事関連法」の保護対象者である「耕地の所有者」層に「イルクム義務者」が含まれていることを示唆するものとして、まずは「農事関連法」への連続性を示唆する最初の手掛かりと言えよう。

4．「農事関連法」の特徴とその保護対象（LH§§42〜a）

「イルクム耕地」と呼ばれる王宮からの貸与（保有）地と、その耕地自体に附随する軍役徴用や賦役・貢納義務を課された者たちを対象とした章に続き、個人が所有（保有）する任意の耕地と果樹園経営に関連する一連の条項が少なくとも計25条にわたって規定される。この内、12条（§§42〜47，60〜65）が、耕地や果樹園の個人所有（保有）者（*bēl eqlim*／*kirîm*）と小作人（*errēšum*／*nukarribum*）間で結ばれる小作契約上の義務（権利）を規定する。『ハンムラビ法典』以前の『法典』での関連規定が6条（LU§32他人名義の耕地の不法利用；§31耕地保有者の過失責任；§32耕地の小作契約；LL§7果樹園の小作契約；§8耕地の果樹園化契約）しか現存しないことから考えても、この小作契約を前提とする農地経営に対するハンムラビの関心が伺えよう。同時に、この為政者としての関心が、イシン・ラルサ時代末の社会状況——個人所有（保有）地の増加、農耕従事者内での経済的格差拡大を前提とする小作契約の多用や身分の細分化（小作人層の固定化）——に基因することはほぼ間違いない。[21]

加えて、小作人側の契約延長権を保証する条項はあるものの（§47）、原則としては、小作人側の契約違反を前提とした小作人側の賠償責任を規定、自然災害による被害時を含め（§§47，46）、いかなる事態であろうと所有者側に対して収穫が補償されるべきとする点に顕著な傾向をみることができる。[22]

このような耕地の所有（保有）者保護の姿勢は、さらに利息付き農業債務契約（*hubullum*；§48）を主題とする6条（§§48‐52，a＝66）、および耕地での家畜放牧による作物被害（§§57‐58）や果樹の不法伐採（§59）における当事者の高額賠償責任にも明確に示されている。前者の場合の耕地所有者は必ず債務者の立場であることを前提としており、債権者は「商人（*tamkārum*）」、すなわち職業的金貸し層を特定する。内容的には「いかなる条件時（債務者側の契約不履行）においても、債務者側の耕地の抵当（収得）権は認めない」と翻意できる原則に基づいて作文されている。実際に、当時の農業債務契約であらかじめ不動産の抵当権を設定したものはこれまでに確認されていないが、その一方で、返済不履行を前提とする個人間の債務関係にはたびたび抵当権（ただ

し、動産が主）を巡る訴訟が起こっているのもまた事実である。この規定の真意は判らないが、実際の経営において「イルクム耕地」もまた小作経営の対象となっていたことを前提とするならば、「イルクム関連法」における不動産抵当権の全面禁止の姿勢がこれらの条項にも影響を与えているとみることが出来るのではないだろうか。

『ハンムラビ法典』に関する限り、耕地の所有者が自らの耕地を売却してまでも賠償しなければならない唯一のケースは、彼の管理怠慢により、同じ耕区（ugārum）に土地を持つ他の所有者（複数）に被害を与えた場合に限られる。換言すれば、耕地所有（保有）者の権利保護の優先権が無視されるのは、他の耕地所有（保有）者の権利に抵触する場合に限られるのである。

ちなみに、この章で扱われた債務契約の主題は形式を変えて（債権者たる「商人」を主語として、彼の責任義務を規定）、次の「債権関連法」の章でも扱われている。耕地経営上で生じる農業債務（「フブッルム」債務）の詳細は次節でまとめて扱うが、この種の債務関係の実態が『法典』規定によって是正を必要とするまでに社会問題化していたこと、そして、この主題に対するハンムラビの関心の深さを物語る事実として理解する。

5．「債権関連法」の特徴とその保護対象（LH §§ t～119）

『法典』碑の第17コラムから第23コラムまでの欠損部分（計29条欠落）に関しては、部分的に粘土版写本から復元することができるが、その前半はおそらく「宅地・借地関連法」を含む箇所であったこと以外、詳細を議論することは出来ない[23]。他方、後半部の第 t 条から第 z 条までの計 7 条では、「商人（tamkārum）」の業務内容の一つであった「金貸業」を前提とした「債権法」がまとめられている。この規定が、「商人」本来の業務行為である「交易」を前提とした「商業債務」規定（§§100～107）に先行してまとめられた点は、注目に値する。内政問題上の「商人」規定が、まず優先されたのである。

『ハンムラビ法典』内の条項との比較において一連の「経済関連法」は、単に内容的に近似の条項をまとめて配置されているだけでなく、「もし……」で

第1章　ハンムラビによるバビロニア統合支配と経済政策の背景

導かれる条件節の形式上の主語を出来うる限り統一することによって、各規定対象者を明示しようとする傾向が強い。特に「債権関連法」の場合、この傾向が明確にあらわれており、「商人」を主語とする文体にまとめられていることを一つの特徴として指摘することができる。実際、第 t 条の規定はその編纂にあたって意図的な作文編集が加えられてた事実を、以下の資料との比較により示すこと出来る。

　LH§ t：もし商人が利子付き債務（*ana hubullim*）として穀物あるいは銀を（貸し）与えるならば、彼（i.e.商人）は穀物（債務であれば年率）1グルにつき100シラを利息として受け取るべし。もし銀（債務であれば年率）1シェケルにつき36グレインを利息として受け取るべし。[24]

　LE§18A：（銀）1シェケル（の借用）につき（銀）36グレインを利子として付加すべし。（穀物）1グル（の借用）につき（穀物）100シラを利子として付加すべし。[25]

　LX§n（rev. ii' 20'-22'）：もしある男が（別の）男に利子付き貸し付けとして銀10シェケルを（貸し）与えたら、その利子は年率［銀2シェケルである。][26]

　LX§m（rev. ii' 17'-19'）：もしある男が（別の）男に利子付き貸し付けとして穀物1グルを（貸し）与えたら、その利子は年率［穀物100シラである。][27]

　BIN 7 13：9グル100シラの大麦を、利息付き債務として――1グルにつき100シラを利子として付加すべし――イルシュ・バニと彼の息子ワラド・イリシュはイピック・アダド（二世）の息子ギダヌムから受け取った。「納税」の月に大麦とその利息を返済すべし。（証人名）ナラム・シンがドラゴンを恐ろしき門の据えた年。[28]

　前者4例はいずれも、利子付き債務契約（*hubullum*）の返済と公定利子率を扱った『法典』条項である。また、最後は、『エシュヌンナ法典』が制定されたほぼ同時期にエシュヌンナの「領域国家」の支配下にあった、ある地方都市（Šaduppûm）から出土した実際の利子付き債務契約の一例である。すべてにおいて規定された利息率（穀物債務で年率33％、銀債務では年率20％）自体は同じでも、『エシュヌンナ法典』（§18A）で採用された条文は、実際の債務契

— 21 —

約の利息規定をそのまま借用（引用）してきたものであったし、この点でシュメール語で書かれた『X法典』（§§m-n）の規定も同様であることは、疑念の余地がない。対して、『ハンムラビ法典』の「債権関連法」条項は明らかに、職業的金貸し（債権者）としての「商人」を主語と作文することで、彼らのこの分野での業務を規制しようとする姿勢をより明確にするのである[29]。実際、第t条以下の6条項で規定されるのは、「商人」側の義務であり（高利・契約のごまかしなど、不正行為の禁止と罰則）、第u条（債務内容の変更）に関しては同時期に編纂された『エシュヌンナ法典』よりも内容的に債務者側に有利な利息率が設定されていることも判っている[30]。

　形式上「商人」の権利義務を主題としながら、彼らの本業である「交易・商取り引き行為」より前に「金貸し行為」を規定する理由はなんであったかを考えるにあたっては、当時の債務契約のあり方についても説明する必要があろう。「フブッルム（$hubullum$ ＝ $ur_5.ra$）」債務（契約）は、「農事関連法」（§§48－52，a＝66）の主題としても重複して扱われていることはすでに言及した。ウル第三王朝期以降の社会で容認（書式が定型化）された債務契約の一つであり、少なくとも古バビロニア時代では「利子付き債務契約」のタイプに分類されるものである[31]。特にバビロニア北部の遺跡を中心に多数出土している実際の「フブッルム」債務契約書（上記BIN 7，13参照）のすべてが穀物を額面とした「農業債務」であることに象徴されるごとく[32]、これらは基本的に金貸し（商人）が耕地経営資金（特に播種時）を必要とする自営農民（耕地所有者）もしくはイルクム耕地保有者に融資する場合の債務契約に使用されたとみることができる。したがって、そのハンムラビが「農業債権」規定を、その後に続く「商業債務」規定（§§100＜＝cc＞〜107；同じく「商人」を主語とする文体で記述）の前に配置した理由も、農業債務契約上の債権者の権利を制限することにより、むしろ債務者＝耕地所有者（保有者）庇護を優先する経済政策上の基本姿勢を強く意識したものであると理解する。

　ちなみに、「債権関連法」は「商法」を挟んで、動産抵当権の規定（§§113〜119）にまで続くが、この箇所での主題がやはり債務者側の保護、すなわち当

時の慣例を規制する傾向にあったことが見て取れる。

6．「イルクム体制」を支える社会層の保護と『法典』の「経済立法」

　これまでに見てきたように、『ハンムラビ法典』に規定された「イルクム関連法」と「経済関連法」においては、優先的に保護対象とされる人物像が意図的に特定され、それに従って、従来ならば都市慣習法に依拠する法文それ自体も、対象者の権利保護との整合性を踏まえて作文・改編されている。

　「イルクム関連法」は疑いなく「経済関連法」の前提となる部分である。この章においては、王領地からの「イルクム耕地」の貸与割り当てを受け、その耕地に附随する兵役・賦役・貢納義務を課された下層官吏層＝耕地保有者の権利義務が謳われていた。

　「農事関連法」が順守されれば、小作契約上の耕地の所有者（保有者）が小作人（小作請負人）に対して、明らかに優位な立場を持つことになる。また、続く「債権関連法」では、特に農業債務融資を受けた耕地の所有者（保有者）を、職業的金貸し「商人」の債権取り立てや抵当差し押さえの危険から、いかに保護するかが意識された規定であるといえよう。翻って、王権によるこのような保護を必要とする耕地所有者は、当時の都市社会において富裕市民層を形成した「高級官僚」や「商人」、あるいは「親方職人」や「神官」など、いわゆる「大土地所有者（保有者）」では決してありえない。市民層のなかでも「自営農」や「下請け職人」などが想定されているに違いない。

　もはや「経済関連法」の保護対象者が、耕地の所有者（保有者）という点で一致していることは疑いのないところであるが、加えて、耕地の所有者（保有者）が「イルクム関連法」に規定された「イルクム耕地」保有者＝「イルクム義務」履行者が同じ階層に属する者たちであることも、ほぼ明らかであると思われる。換言すれば、「経済関連法」で保護の対象となる耕地の所有者（保有者）に代表される社会層こそは、将来の「統合国家」の維持に不可欠な賦役や貢納義務を担う「イルクム義務者」たちを恒常的に輩出するべく選別された主要な供給源であったことになろう。翻って、ハンムラビは明らかに『ハンムラ

ビ法典』の編纂にあたって、この階層の経済的優先保護の理念を具体的法令にも反映させることを強く望んでいたと思われる。でなければ、当時の社会ですでに慣行的書式が確立していた「小作契約」や「債務契約」を前提とするにもかかわらず、その書式をそのまま引用するという、それ以前の『法典』が行ってきた慣例をあえて踏襲せずに、法文の改編・統一・増補に踏み切った理由も説明が付かない。したがって「イルクム関連法」から「債権関連法」に至る一連の法文作成にあたって、その実際の作成者（官僚）の念頭に常に置かれていた「保護対象者」の相関関係は、およそ次のようなものであったに違いない。

[問題となる「条項」における 保護対象者 の相関関係]

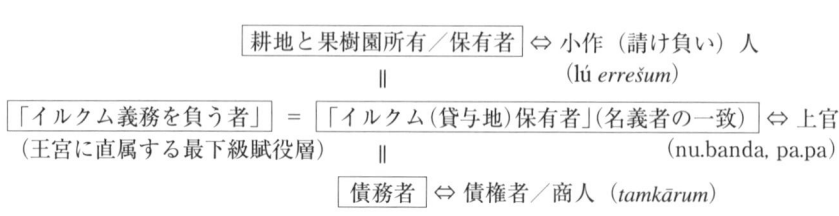

　イシン・ラルサ時代は、政治理念や支配体制のあり方に対して試行錯誤が試みられたのみならず、都市の社会・経済体制にも革命的な変化があらわれた時代であったと言われる。とりわけ、それまでの都市社会において全ての経済活動を統括してきた神殿や王宮組織が経営体として統率力を失った結果、私的経済活動が一挙に拡大した。また、土地の私有化や契約社会への急速な移行化傾向は、為政者にたいして、新たな行政政策の必要（例えば、配給制から課税制への移行）を促すとともに、経済的階層分化から生じる様々な社会問題（例えば債務奴隷の出現）への取り組みを要求したのである。(33)

　このような急激な社会経済の変革期の最盛期に登場したハンムラビは、その新「統合国家」体制を発進させるにあたって、イシン・ラルサ時代に興亡した「領域国家」の優良政策を継承するだけでなく、イシン・ラルサ時代における私的経済の進行という社会状況を配慮し、新たに生じてきた自立型社会階層＝

自営農民層を体制の根幹に据えるべく取り組もうとした。これこそが、彼の考案した新たな土地と人員の管理体制＝「イルクム」体制導入の動機づけであったと考えるべきであろう。

　加えて、ハンムラビの「領域国家」の革新的統治理念と、先行する「領域国家」の伝統的統治理念の決定的格差は、むしろ「イルクム」体制導入のみにとどまらず、彼が編纂させた『ハンムラビ法典』において「イルクム」体制を前提とした、すべての現行社会慣習（法）の「改定」案（経済関連条項）にまで踏み込んだ点にあるといえるのではないか。換言すれば、国家の主要な資源（賦役と税収の提供者層）となる（小）地主層を、単に一方的な徴用・搾取の対象とするのではなく、むしろ、私的経済活動に立脚する当時の社会経済体制全体の改革にまで昇華して、その保護と育成を恒常的に計ろうとする理念を具体化させる指針＝『ハンムラビ法典』の経済関連法条項の有無が、イシン・ラルサ期の「領域支配」とハンムラビの「統合国家」体制を区別するものとみなすことが出来よう。[34]

　このような地主層、すなわち自営農や一般市民が代表する社会層を基盤に据えた支配体制とその理念の具体化となるべき全面的実行策――その実社会で行われている慣行の改正にまで投影させる――は、もちろん、その後の西洋史学上の、特に近世期の絶対主義王政下や国民国家期の事例を踏まえれば、官僚体制を通して広大な領域を中央集権的に支配する一方で、絶対王制の維持を目指す国家においては決して目新しいものではないだろう。私的経済活動を前提とした社会にあって、「公地公民」の理念を（再）体現するには、本来的に絶対王権の維持と王国建設の基盤として欠くことの出来ない社会層、すなわち、兵役や賦役に従事する最下級自由人層、あるいは納税者として財政の主たる根源を形成する自営農民層、そして、その他の経済活動に従事して物品を王宮に供給する一般市民層を、あわよくば「弱者」や「貧者」を罠にはめてその利権を横領しようとする上官や「商人」のような貪欲な輩＝特権階級から、いかに保護するかは恒常的な死活問題である。しかし、その一方で、このような理念の明確な表明と「法制化」は、それまでの『法典』編纂の伝統のなかではついぞ

確認できなかったものである。ハンムラビの統治理念こそが古代メソポタミアに限らず世界最古の事例でもあることを、これまでの『ハンムラビ法典』評価の誤認識を再確認する意味でも、強調しておかなければならない。

［参考文献および略号］（法典類はまとめて最初に表記する）
LU：「ウルナンム法」（ca. 2100 B. C., Ur）：シュメール語
LX：「法令X」（ca. 2050-1800 B. C., 編纂者不明）：シュメール語
LL：「リピト・イシュタル法」（ca. 1930 B. C., Isin）：シュメール語
LE：「エシュヌンナ法」（ca. 1770 B. C., Ešnunna）：アッカド語
LH：「ハンムラビ法」（ca. 1750 B. C., Babylon, Sippar-Susa）：アッカド語
CAD：*The Assyrian Dictionary*, Chicago.
Cardascia, G. (1985)："La répration des dommages agricoles dans le Code de Hammurabi," *Revue d'assyriologie et d'archéologie orientale* 79, pp. 169-180.
Ellis, M. deJ. (1976)：*Agriculture and the State in Ancient Mesopotamia*, Philadelphia.
Gadd, C. J. (1973)："Hammurabi and the End of his Dynasty," in：C. J Gadd.et al. (eds.), *Cambridge Ancient History* vol. II Part 1, pp. 176-227.
HG：A. Ungnad, *Hammurabis Gesetz*, Vol.I-VI, Leipzig, 1909-23.
川崎康司（共著）(2002)：『歴史学の現在　古代オリエント』山川出版社（第2版）
Kraus, F. R. (1960)："Eine zentrales Problem de altmesopotamischen Rechts：Was ist der Codex Hammu-rabi?," *Geneva* N.S. 9, pp. 283-296.
Kraus, F. R. (1984)：*Königliche Verfügungen in altbabylonischer Zeit*, Leiden.
Leemans, W. F. (1968)："King Hammurapi as Judge," J. Alkum et al. (eds.), *Symbolae ivridicae et historicae Martino David dedicatae*, vol. 2, Leiden, pp. 107-129.
前田徹 (2003)：『メソポタミアの王・神・世界観』山川出版社
Mieroop, M. van de (1992)：*Society and Enterprise in Old Babylonian Ur* (Berliner Beiträge zum vorderen Orient 12), Berlin.
中田一郎 (2002)：『ハンムラビ「法典」』（古代オリエント資料集成1）リトン（第2版）
Petschow, H. P. H. (1965)："Zur Systematik und Gesetzestechnik im Codex

Hammurabi," *Zeitschrift für Assyriologie* 57 (1965), pp. 146-172.
Petschow, H. P. H. (1968) : "Zur 'Systematik' in den Gesetzen von Eschnunna," in : J. A. Ankum et al. (eds.), *Symbolae iuridicae et historicae Martino David dedicatae* vol. 2, Leiden, pp. 131-143.
Rosen, B. L. (1977) : "Some Notes on Eshnunna Laws 20 and 21 and a legal Reform in the Laws of Hammurapi," *Revue d'assyriologie et d'archéologie orientale* 77 (1977), pp. 35-38.
Roth, M. T. (1997) : *Law Collections from Mesopotamia and Asia Minor*, Atlanta (2nd Edition).
Roth, M. T. (1999) : "The Priestess and the Tavern : LH§110," in : B. Böck et al. (eds.), *Munuscula Mesopotamica : Festschrift für Johannes Renger* (AOAT 267), Münster, pp. 445-464.
RlA : D. O. Edzard et al. (eds.), *Reallexikon der Assyriologie*, vols. 1-9+, Berlin, 1932+
RIME 4 : D. R. Frayne, *The Royal Inscriptions of Mesopotamia, Early Periods : Old Babylonian Period* (2003-1595 BC), vol. 4 , Toronto, 1990.
Sasson, J. (1996) : "King Hammurabi of Babylon," in : J. Sasson (ed.), *Civilization of the Ancient Near East*, New York, pp. 901-927.
Skaist, A. (1994) : *The Old Babylonian Loan Contract*, Jerusalem.
Westbrook, R. (1989) : "Cuneiform Law Codes and the Origins of Legislation," *Zeitschrift für Assyriologie* 79, pp. 201-222.
Yokoyama, M. (1999) : "The Ilkum Institution in the Provincial Administration of Larsa during the Reign of Hammurapi (1792-1750 B.C.)," *Orient Japan* 34, pp. 61-88.

註
（1）本稿における絶対年代表記は、慣例に従って「中編年法（The Middle Chronology）」に基づくものとする。近年、古バビロニア時代の編年に関しては、特に考古学の成果を踏まえて「低編年法（The Low Chronology）」が支持される傾向にあるが、これに従えば本稿の年代表記はすべて60年以上下ることになる。
（2）狭義のメソポタミア地方（ティグリスとユーフラテスに挟まれた中下流域

一帯)を指す。ただし、当時この地域は南部シュメール地方と北部アッカド地方に二分され理解されており、後のバビロニア(Babylonia ギリシア語)に対応する統合名称にあたる「カルドゥニアシュ地方」が使用されるのはカッシート時代以降である。

(３) = *šar māt Sumerîm u Akkadîm*／lugal-ki-en-gi-ki-uri(k)；ハンムラビに関しては、治世第36年(前1759〜1758年)のキシュ市の守護神ザババのエテウルサグ神殿修復関連の王碑文２点に採用 (cf. RIME 4：EA 3.6.8 and 9)。

(４) すなわち、「国土の王(*šar mātim*)」や「全土の王(*šar kiššatim*)」。Cf.川崎(2002) pp. 52-59.

(５) = *šar kibrātim arba'im*；治世第41年(前1754〜1753年)の王碑文に採用。なお、これらの王号とその支配領域との基本的関係については、前田(2003), p.17ff.

(６) バビロン第一王朝およびハンムラビ治世代の通史は、Gadd(1973)およびSasson(1996)を参照のこと。

(７) 中田(2002). なお、『ハンムラビ法典』の章立てについては、Petschow(1962).

(８) 『ハンムラビ法典』の碑文内容は、スーサの遺構から発見された「碑文」以外にも、粘土板に書き写された数々の写本板が確認されている。中田(2002), 207-213頁参照。

(９) 建立場所としては、シッパルが有力。複数作成され、各地に建立されたものの一本とする説もある。

(10) Kraus(1960).

(11) Cf. 中田(2002), pp. 159-166, 167-181.

(12) 少なくともウル第三王朝以降に成立した「領域国家」では、社会正義(秩序と公正)の確立と弱者(寡婦や孤児)の保護は欠くことの出来ない王の資質と考えたが、ハンムラビもまたこの資質を早くから重視していたことは、治世第20年の段階で、自らの「正義の王」像をつくらせていることに象徴されている。一方、「領域国家」建設にあたって社会正義の確立を象徴するものとして、イシン・ラルサ期末までに発布された『法典』は、『ハンムラビ法典』を除いてこれまでに少なくとも４点──『ウルナンム法典』、『リピト・イシュタル法典』、『X法』、『エシュヌンナ法典』──が発見されている。Cf. Roth(1997).

第 1 章　ハンムラビによるバビロニア統合支配と経済政策の背景

(13) 個々の法文の持つ意味に関して近年提言された新解釈を巡る動きとしては、例えば、耕地の損害賠償に関する Cardascia（1985）およびその反論 Westbrook（1989）、また女神官の経済活動に関する Roth（1999）などが見られる。
(14) Cf. *RlA* vol. 2, p. 180b (A. Ungnad, "Datenlisten").
(15) Cf. Roth（1997）, p. 133；中田（2002）, p. 72.
(16) Leemans（1968）.
(17) 例えば、Ellis（1976）；近年では Yokoyama（1999）.
(18) Ellis（1976）、Yokoyama（1999）以外に、*RlA* 5, pp. 52b-59a (E. Kienast, "ilku") を参照のこと。
(19) 「ビルトゥム義務者」を兵役徴用者として捉える見方もある。Cf. 中田（2002）p. 17 n.68.
(20) ただし、「イルクム」の名称自体の出現は、シン・ムバッリト治世にまで遡る；*HG* 4 846.
(21) 例えば、ウル第三王朝～イシン王朝の耕地貸借規定は：「もしある男（lú）が（別の）男（lú）に耕作の為に耕地を（貸し）与えたが、……（LU§32）」の条件節で始まるのに対し、イシン王朝の果樹園貸借規定は：LL§7：「もし彼が彼の果樹園を園丁に小作地として（貸し）与えたならば、園丁（nu.kiri$_6$）はその果樹園の所有者のために［ナツメ？］を育てなければならない。彼（園丁）は（その果樹園の）ナツメヤシの果樹の1/10からナツメを使う（小作料として取得する）ことができる」とする。園丁が専門職であり、果樹園栽培が誰であれ依託できるものではなかったのに対し、耕地の小作がかつては任意契約であったことが理解できよう。事実、動詞「耕作する（*erēšum*）」に派生する造語（*errēšum*）が「耕作者」ではなく、「小作人」や「小作請負人」の意で契約や書簡等で頻出するのも、イシン・ラルサ期以降のことである。Cf. *CAD* E p. 304ff.
(22) 同じく耕地の小作契約を前提とする『リピト・イシュタル法』（§7）は、小作者の義務と権利双方を規定する。前注参照。
(23) Cf. Roth（1997）, pp. 94-97；中田（2002）, pp. 24-27, 107-109.
(24) Cf. Roth（1997）, p. 97；中田（2002）, p. 27.
(25) ＝1 *šiqlum* igi.6.gal *u* 6 *uṭṭet ṣibtam uṣṣab* 1 *kurrum* 1（*pān*）4（*sūt*）*ṣibtam uṣṣub*.
(26) ＝tukum-bi lú 1［ú-ra］10 gín kù-babbar ur$_5$-ra-š[è in-na-an-sum] mu 1-àm

máš-bi〔2 gín kù-babbar-àm〕.

(27) = tukum-bi lú〔lú-ra〕1 še gur ur$_5$-ra-šè〔in-na-an-sum〕mu 1-àm máš-bi〔1(bariga)4(bán)še-àm〕.

(28) [1] 9 (gur) 1 (pi) 4 (bán) gur še ur$_5$.ra [2] máš 1 gur 1 (pi) 4 (bán) àm [3] ú-ṣa-ab [4] ki gi-da-num [5] dumu i-pí-iq-diškur [6] ^{m}dingir-šu-ba-ni [7] ù ìr-ì-lí-šu ma-ru-šu [8] šu.ba.an.ti.meš [9]〔a-na itu ša〕-du-tim [10]〔še-am〕ù máš.bi [11]〔i.〕ág.e.meš [12-21] (5 witnesses) [22] mu muš.huš na-ra-am-〔xxx〕[23] i-na ká.huš uš-zi-zu.

(29) 対照的に、『エシュヌンナ法典』には債権法にあたる規定が計7条(§§18, 18A-24)規定されているが、いずれも債権者と債務者の関係は任意の二者(アウィールム)で表現されている。Cf. Petschow (1968), p. 137.

(30) Cf. Rosen (1977).

(31) Skaist (1994), pp. 33-41. ただし、スカイストは『法典』と実際の契約書の意味は若干異なるとする (p. 41)。

(32) op. cit. p. 40. ただし、額面が穀物であることを必ずしも貸し付けが穀物で行われたと解釈する必要はなく、むしろ返済が収穫期に行われることから、返済時の支払い形態に関係すると考える妥当性がある。

(33) Cf. Mieroop (1992), esp. pp. 241-250.

(34) この社会層の崩壊は既にハンムラビ以前から始まっており、例えば、債務の帳消しや奴隷化した小地主(自営農民)層の救済を旨とする「王の勅令(ṣimdat šarrim)」= 徳政令が、イシン・ラルサ期の歴代王によってたびたび布告されている。ただし、論者の基準では、これらはあくまで、社会の現状を受け入れた「受け身(消極的)的な」政策として捉える。Cf. Kraus (1984).

川崎康司

第2章

イソクラテスとギリシアの統合問題

1. イソクラテスの『パネギュリコス（民族祭典演説）』

　アテナイ人イソクラテス（前436-338）は、一般には修辞家・弁論家とされているが、たんなる修辞の大家ではなく、「ギリシアの統合」、「ペルシア遠征」を唱えた政論家であった。ここでは、こうした彼の見解を前4世紀のヘレニズム時代史との関連で分析していくことを目的としている。ソクラテスの教えに耳を傾けたり、プラトンとも交わることができた同時代人であったが、哲学的問題はさして彼の興味を惹くものではなかった。(1) 彼は若い頃テッサリアに赴いて、当時修辞の大家として高名であったゴルギアスに学んでいるが、ゴルギアスはその作 Olympikos で、「ギリシアの和合」と「ペルシア遠征」を展開したとされるので、この二大主張は師の理念に着想を得て、これらをさらに発展させた可能性がある。(2)

　イソクラテス自身のものとしては、前390-80年頃の作である『ヘレネ頌』において、(3) すでにアジアとヨーロッパとの対立抗争の見方が、例のアレクサンドロスによるヘレネの誘拐神話の中で比喩的に語られている。前380年に発表されたのが代表作『パネギュリコス』で、明確にギリシア諸国の抗争停止とペルシア遠征が打ち出されている。パネギュリコスとは、全ギリシア的な体育祭典で述べられたまたはその形式に倣った演説のことである。これより先の前387/6年にいわゆる大王の和約（Antalkidasの和約）が成立し、ギリシア諸国の自治・独立が保障される一方で、小アジアのギリシア諸市がペルシアに売り渡された。そしてこうした条件を完遂するために、ペルシア大王が軍事的支援をするという約束をスパルタが取り付けていた。ギリシア側にとって屈辱的な

— 31 —

この内容にイソクラテスが怒りを抱いていたことが、その主張の背景となっていた。この弁論が発表された後の、前378年には、デロス同盟の復活とも言うべき第2次アテナイ海上同盟が樹立され、前5世紀後半のペロポンネソス戦争敗北後の荒廃もやっと癒えて、ようやくその勢威が上向こうという時期であった。

『パネギュリコス』では、アテナイとスパルタ二大国の和解が、ギリシア和合の大前提とされている。まず彼は、立論すべき現実的な根拠として、「我々自身の間の敵対を解消し（dialysamenous）、バルバロス（ペルシア）に鉾先を向けるべきだと論ずる者がいて、我々相互にすでに発生している戦争による災禍を長々と論じている者たち」の言は真実であるが、実際的な出発点から始めていないと非難する。その後で、「ギリシアの一方は我らの、他方はラケダイモン（スパルタ）人の下にある。つまり、国家を統治するところのそれぞれの国制（politeiai）が彼らの大多数を二分している。それ故、彼らのすでに指導者となっている国を和解させる（diallaxēi）以前に、他の国々が一致協力して、何か善を成し得ると思う人は、余りに単純で現実からかけ離れているのである」と続いているので、二大国の和解がまず最初であり、テーバイ、アルゴスの如きは問題とされていない。そして二大国の協力による二元的指揮権の下に、ペルシア遠征に出陣するという段取りである。「しかし、弁論をやって見せるだけでなく、かの論議を深めて何らかの意図を実現しようとする人々は、これら二大国が互いに同等の権利を持ち指導者の地位（hēgemoniai）を分配し、また今、ギリシア人から獲得している利得をバルバロイから得るように説得すべきである」となる。そして、「かの者（ペルシア大王）にとって我々が相互で決して戦争を止めない事態を見るより好都合なことはない」のだから、「もし我々が心を一つにしている（homonoēsantōn）時に、彼の方で国内に騒乱があるのに攻め寄せるというのは困難であるので、思うにまさに憂慮すべきは、バルバロイの情勢が安定し、一つの意図でまとめられる一方で、我々の方では今日のように相互に戦争に明け暮れているその決定的な時期なのである」となる。この後、クセノフォンの『アナバシス』から知られているキュロスの

第2章　イソクラテスとギリシアの統合問題

反乱とそこでのペルシア帝国の脆弱さを指摘した後、「そこで私には、彼らとの戦争を勧告する十二分の理由があると思うが、とりわけ今こそがその好機であり、放置しておくべきでないのである」と強調し、他方でギリシア人の和合を、「すなわち、共同でバルバロイと戦争しなければ揺るぎない平和（eirēnē）を招来することはできないし、同じ源泉から利益を得て同じ者たち（敵）に危険を冒すまでは、ギリシア人が心を一つにする（homonoēsai）ことはない」ことを確認し、生活上の困難が取り除かれるならば「我々が一つ心にならない（oukh homonoēsomen）ことはあり得ないし、我々自身に対する相互の善意（eunoiai）を抱くことになろう。それがためにできるだけ速やかに何はともあれ成すべきことは、この地の戦争を我々が大陸に移すことである」とペルシア遠征への戦いへとまとめ上げていくのである(7)。

こう概観していくと、アテナイ・スパルタ両国の等しい指揮権の下での東征という構図に映るかもしれないが、『パネギュリコス』を率直に読む限り、イソクラテスの本質は驚くほどのアテナイ中心主義者であることが判明する。この作品では、神話・伝承から始めて、歴史上でもペルシア戦争、大王の和約などの事例を総動員してアテナイを礼讃し、スパルタを攻撃している(8)。

その過程で、過去にアテナイが海上覇権を掌握していたように今もなお主導権を主張するのが正当であり、「尊敬をうけるべきは最も経験に富み、また最も能力を有する者であるとすれば、我らこそ以前まさしく我々が保有していた指導権（hēgomonia）を取り戻す資格があることは論を待たない」と断じ、「往時にあっても我らがポリスは指導的立場にあった」と回顧し、「ギリシア諸国のうちで我らの国を除けば、アルゴス、テーバイ、ラケダイモンが当時も今も大国であり続けている。だが我らが祖先がすべての国に優っていたかは明白である」のであって、だから「さらに来たるべきバルバロイ遠征（strateia）の指揮権をいずこかが手にすべきか。先の戦争において最も名声を得た者たち、たびたび単独で先んじて危険を冒し、共同の戦いでは競った武勲の褒賞にふさわしい者たちではないか」とまさにアテナイが該当することを強調し、「思うに、ギリシア人にとって最も優れた指導者（prostatai）であると万人が認める

— 33 —

のは、彼らの下に服している人々が最上のものを達成する場合であろう。そこで、我らが指導権を持っている時に、個々の家々は最大の繁栄を迎え、また諸ポリスが最も強大となるのを見出すだろう」と結論づけている。

こうした発言は、二大国による同等の指揮権という理念にまったく背離している。イソクラテス自身は、129節でラケダイモンに酷い言葉を重ねたのは従来の考えを捨てさせるためだと弁明している。だが、ずっと後の前355年、81歳の作である『財産交換』でも、『パネギュリコス』の文章を引用してその主旨を説き、アテナイ中心論をこう吐露している。「ラケダイモン人がギリシアを支配する一方、我々は打ちのめされて閉塞していたあの時に執筆された。ギリシア人にはバルバロイ遠征を呼びかけ、ラケダイモン人には主導権に異議を唱えるものである」と前置きしてから主導権についての部分を架空の裁判の中で書記に朗読してもらう形式をとった後、「それ故、主導権について、正当にもこのポリスのものであることは、すでに述べられたことから容易に察することができる」と結んでいることから、イソクラテスの真意は明白である。村川氏はその辺の事情を、『パネギュリコス』の目的は一面ではペルシア討伐であるが、他面は祖国アテナイの海上覇権復興であるから、復興がなって東征が企図された場合には、スパルタもこの事実を前にしては抗争を忘れて共同してくれるという予期の下にこの弁論が執筆されたと推定したが、ここは単純にイソクラテスがアテナイ中心主義者であることに由来しているのではないだろうか。その根拠としては、修辞家イソクラテスの面目躍如たる有名な箇所がある。「我らがポリスがそれ（哲学）を教示し、また弁論（logoi）を尊重したのであって、弁論をすべての人が会得しようとし、精通している者は羨望の的とされるのであって、それのみはすべての動物と異なって我々固有のものとして備えている」という前提に立って、「我らがポリスは思慮と言論について他の人々をかくも凌駕しているので、そのため我が国に学んだ者たちは他の人々の師となっている。そしてギリシア人の名称はもはや民族（genos）ではなく精神（dianoia）の名称と考えられるようになり、ギリシア人と呼ばれるのは共通の生まれ（physis）を分かち持つ人々よりも、むしろ我々の教養（paideusis）に

与っている人々のことである」と宣言していることから、イソクラテスにとって真にギリシア的なものは、すぐれてアテナイ的なもの、否アテナイそのものに他ならなかったのである。

2．イソクラテスの政治観の変化

　イソクラテスのペルシア遠征の理念がほとんど実現される可能性がないと思われた時、テッサリアのPheraiの僭主イアソン（Iason）が前370年代にその勢力を南方に拡大して、その師匠ゴルギアスの影響か、ペルシア遠征を呼号するに至った。この人物はクセノフォンの『ヘッラス史』に登場している他、イソクラテスの『フィリッポスに与う』にも次のような言及がある。「とりわけイアソンの身に起こった事である。つまり、かの人は貴下の如き大業を成さずして、名声を得たのであり、行ったことからではなく述べたことによるのである。というのは将来大陸に渡り、王と戦うという言説をなしたからであった」とペルシア遠征を提起したことが知られる。イソクラテスはイアソンと賓客関係（xenia）があり、イアソンの子らに与えた第6書簡まで残されている。ところが、イソクラテスはこの僭主がペルシア討伐に有望な士となる可能性が高いと思われるのに、積極的な態度に出ることなく、イアソンが前370年に暗殺されるとその支配もたちまち崩壊するに及んで両者の関係は終わってしまった。

　この間、ギリシア世界の動向も激しく変化している。レウクトラで前371年に無敵を誇ったスパルタ軍がエパメイノンダス率いるテーバイ軍に破れ、その後、逆にテーバイがペロポンネソスに侵入し、スパルタがかつて軍事力で奪ったメッセニアを独立させるなど、テーバイの覇権が確立していた。この時期、イソクラテスは執筆が前368年とされる第1書簡を、シチリア島はシュラクサイの僭主ディオニュシオス1世（在位　前405-367）に送っている。序文と思われる部分しか残っていないが、残存する文言に、「私が準備した提言はギリシア人の安寧（sōtēria）のためであり、民族の第一人者であり最大の権力を有する方以上に、論じ合うのに正当な人が誰かいるでしょうか」とあるので、ここでギリシアの和合とかペルシア遠征が論じられていたという推測が成立はす

るが、実際には確認されない。またこの頃、民主政の政治的機能に疑念を呈し、進んで専制的支配者の実行力を礼讚するに至ったイソクラテスが、ギリシア和合の手段として、西方の最有力者の力を借りようとしたのも当然のこととなろう。これは同じ書簡で「弁論の披露を必要とする者には、民族的祭典（panēgyreis）がふさわしく、そこで非常に多くの人々に自分の能力を振り撒くことができるからですが、他方、何かを実現しようとする者は、弁論によって説明された事業を必ずやできるだけ速やかに達成する人物と話すべきだろう」(17)という立場に立脚していることがわかる。だがこうした画策も、前367年のディオニュシオス１世の死によって終息した。しかし、分裂瓦解はシチリアに止まらず、前350年代には第２次アテナイ海上同盟も不満が高まり、前357－55年の同盟市戦争の渦中で解体していき、アテナイは再び並みのポリスに転落した。

　祖国アテナイの再度の勢力失墜は、イソクラテスの心境に大きな変化をもたらした。同盟市戦争中の前357/6年頃の作である『平和演説』では、「すなわち、私の考えでは、ポリスが我々をより良く治め、我々自身もより善くなり、あらゆる行動を更に進めるためには、海上覇権の野望を我々が放棄することである。というのはこの海上覇権が今我々を騒乱の中に陥れているのであり、父祖がギリシア人の中で最も幸福に共に生きていたかの民主政を崩壊させ、我々自身が抱え他の人々にも及ぼしているほとんどあらゆる災禍の元凶なのである」(18)と海上覇権を否定している。また、前355年に終わった同盟市戦争後の作である『アレイオス・パゴス会議演説』でも同様の発言があり、現在の国制の頽廃を絶つには、ソロンやクレイステネスの時代の「父祖の国制」の回復を求めることであり、その制限された民主政が優れていたのは、アレイオス・パゴス会議に秩序監視の権限があったからだという(19)、まったくの復古主義を主張するに至っている。前350年代の故国の惨状を目の当たりにして、プラトンやアリストテレスが抱いたような当時のアテナイ民主政への不満が鬱積するようになったのである。

3．イソクラテスの『フィリッポスに与う』

　アテナイとマケドニアは北方のAmphipolisをめぐって争っていたが、前346年に一応フィロクラテス（Philokrates）の和約[20]が成立したのを喜び、マケドニア王フィリッポス2世に今日第5番弁論とされる『フィリッポスに与う』を送った。「私自身は、ポリス（アテナイ）が平穏であるには、諸大国が彼ら自身の戦争を解消してアジアに転じ、今ギリシア同胞から得て当然としている利得をバルバロイから得るように意図する以外の他はないことを見出した」と『パネギュリコス』以来の理念を再確認した後、「私は貴下にギリシア人の和合（homonoia）と対バルバロイ遠征の指導者となる（prostēnai）よう進言しなければならない。ギリシア人に対しては説得するのが有益である一方、バルバロイに対しては強制が有効である」と提案し、これが『フィリッポスに与う』の本旨（periborē）であることを強調する[21]。ここには、イソクラテスの従来の主張である、分立するすべてのギリシア人の「ホモノイア」の確立と対ペルシア戦争の発議があり、それに加えて、マケドニア王フィリッポス2世がこれらの実現に指導的役割を果たすべきという三つの考えが示されていて、しかも、その三者は相互依存しているとともにまた不可分の関係に立っているのである[22]。

　そこで、すでに『パネギュリコス』にも散見されるギリシア人の和合とされる「ホモノイア」の実体とは何かを問わねばならない。これが意味するところは、動詞 homonoein の語義である「一つ心である、一致する、協調する」からして、相互に「和合、心の一致、協調」することである。とすれば、イソクラテスの「和合」には、各ポリスは利己主義を放棄し、個別的な同盟関係ではなくギリシア世界全体として普遍的な平和状態を創出していくべきだという意図があったことになる。この背景には、すでに見てきたように第2次アテナイ海上同盟の失敗という反省に基づいて、アテナイの指導権という彼のアテナイ中心主義が揺らぎ、消極的な立場から生まれてきたのも一つの事実である。そこで「アルゴス、ラケダイモン、テーバイ、我々のポリスを和解させる（diallaxai）ことに努力すべきである。つまりそれら諸ポリスをまとめることができたなら、他のポリスを和合させる（homonoein）ことは困難でない」のであ

って、これら四大国が思慮を持つように説得すれば、他のポリス も多くの災厄から救い出せるというのが、「ホモノイア」の大前提とされる。とすれば、イソクラテスにおける和合の理念は、外部から自治・独立を維持しつつ、各ポリスがその勢力の大小を問わず、ギリシア世界全体を包含する平和関係を樹立することをその本意とするものであったことになる。

　すでにイソクラテスの師匠であるゴルギアスに「ホモノイア」の理念があることを述べたが、実は「ホモノイア」はそれ以前の哲学者たちでも議論の対象となっていたものであり、一般に家庭や国家の内部に平安と秩序をもたらす、人間社会の重要な要因であることが指摘されてきた。前5世紀後半のデモクリトスの断篇では「ホモノイエ」がポリスでの大事業や市民たちに必要であることが語られている。その他、ヘラクレイトスやピュタゴラス派のアルキュタス、あるいは Peri homonoias を書いたソフィストの Antiphon などがいる。とすれば、イソクラテスがゴルギアスの思想を受け継いだ点は認めるとしても、初めてホモノイア思想を実際の社会に応用し、明確な形でポリス相互の政治的協調関係を表明する形にまで構想し、全ギリシア諸国の和合という政治的思想基盤にまで高めたことは高く評価してよかろう。

　全ギリシア的な和合の確立は、必然的に前4世紀半ばのポリス内部に深刻化する貧困や党争を転換させるものとなり、次にポリス体制が破綻しつつあるギリシアに富と平穏をもたらすものは何かとなれば、それが東方遠征であるという旧来の提言と強力に結合するようになる。つまり、ギリシア世界に普遍的に適用される和合の理念は、次にギリシア外の世界に対する侵略、土地・資源・富の獲得を目指す征服戦争として正当化されるという論理を、イソクラテスが付加したしたことになる。すでに『パネギュリコス』に、ギリシア人の土地不足、それに由来する争い・貧困を打破するためのアジア征服という図式が見える。古くはイオニア地方で「バルバロイが大部分の土地を占拠しているのに反し、ギリシア人は狭小な土地に閉じ込められ、土地不足のために相互に陰謀をめぐらしたり、また互いに攻撃したりして、ある者は日々の糧の欠乏から、ある者は戦争のために死んでいった」と指摘し、それをアテナイが看過すること

第2章　イソクラテスとギリシアの統合問題

なく指導者を諸国に送り、ギリシア中で窮乏している民を糾合して、東方のバルバロイと戦って多くのポリスを大陸や島嶼に建設して出征者も残留者も救済したという図式がまさに原型を示している(27)。これはイソクラテスにとって、回想的な表現をとって史実に暗示を与えるという常套的な修辞法である。その征服戦争の構図は、次の箇所では現在の人間に直接要請されている。「偶然によってではなく、天性によって、大いなる思慮をめぐらす人々の務めは、島々の住民から税を徴収することよりも、むしろそういった事業（遠征）にこそ着手すべきである。島民たちは土地不足である……これに反し、大陸の住民は豊富な土地のためにその大部分を利用しないままに放置し、しかも耕作している部分からだけでも十分な富を得ている(28)」と。だが、『パネギュリコス』から30数年たって執筆された『フィリッポスに与う』でも、征服戦争と社会不安の解消の主張は、ほとんどそのまま、しかもその間にますます先鋭化した危機的な社会状況(29)を反映して、より過激に復唱されることになる。「できるならペルシアの全王国を打倒し、さもなくともかの広大な土地を切り取り、いわゆる『キリキアからシノペまで（小アジア）』に達するアジアの地を切り離し、さらにこの地域に諸ポリスを建設し、目下日々の糧にも事欠いて流浪し、出会う者に誰かを問わず暴行を働いている連中を定住させるならば……」と討伐を勧告している。この訴えは、「もし我々が彼らのために十分な生計の糧を提供して、その徒党化を阻止しようとしないのならば、我々の知らないうちに巨大な数に膨れ上がって、バルバロイにとってのみならず、ギリシア人自身にとってさえも脅威となるだろう。これについて我々は心にかけず、我々全員に共通の不安と危険が増大しつつあるのに気づいていない(30)」という一節と呼応してギリシアにおける住所不定の貧民、追放者、さらには傭兵といったポリス体制の根幹を揺るがす流民集団への危惧と同時に、彼らに植民地を獲得して送り出すという、「隔離」すべきという思想(31)を、端的に表明している。こうした発言は、すでに述べた「父祖の国制」への回帰にも見られるように、制限された民主政への支持が背景にあり、衆愚の支配、無制約的な民主政に対する反感、民衆の党派抗争への嫌悪という、一貫してイソクラテスの政治思想が富裕階層の論理によ

って構成されていることを如実に示している。

　イソクラテスの対ペルシア戦争が、ギリシアの民族的課題として構想されていたことは以上の論点から明らかであろう。その民族的な大義名分論は、ギリシア人にとって「生来の敵であり、父祖以来の宿敵である」バルバロイを「ギリシア全体のためのペリオイコイ（隷属者）の地位に落とす」ことであり、その軍事行動は「遠征というよりも、むしろ祭礼使節の派遣（theōria）」に近いものであるとされた。だがその本質は「アジアがヨーロッパより繁栄し、バルバロイがギリシア人よりも富裕な状態にあるのは、何と恥ずべきことか」という、持てる者への嫉妬に他ならないのである。豊かさへの羨望に端を発する征服戦争が、民族的優越という意識と協和して、天命、使命といった形容で正当化されているのである。だから「バルバロイが享受している繁栄を奪い取り、ギリシア人のために何か利益になることを生み出す」という見解は、バルバロイの犠牲の上にギリシア民族の繁栄を自明のものとする明白な植民地政策であり、征服・侵略戦争という真の性格を明瞭に示している。イソクラテスの征服戦争を正当化する根拠の一つが、上述のギリシア文化の優越性である。だがそれは、アテナイが哲学・弁論を尊重したのであって、ギリシア人と呼ばれるのはギリシア文化に与った者としているが、アテナイは思慮と弁論によって他のポリスを凌ぐのであるから、その実体は、真にギリシア的なものとは優れてアテナイ的なものに他ならない。つまり、頭にアテナイ文化を戴くギリシア文化にすぎない。イソクラテスによれば、アテナイ＝ギリシア文化は民族・地域の特殊性を超越した真の世界文化であり、その論法はその作『エウアゴラス』で応用されている。キュプロス島の支配権を掌握したエウアゴラスが、その地の住民にギリシア的な芸術その他の教養に触れさせる生活をさせて、バルバロイ出身の市民をギリシア人にしたと見なしていることである。こうしてアテナイ＝ギリシア文化の弘布によるバルバロイの教化・啓蒙を行い、無知蒙昧なバルバロイの民度を向上させることが、道徳・倫理的大義名分論と融合して、イソクラテスの征服戦争を正当化する一翼を担うことになる。しかし、最晩年の『パンアテナイア祭演説』では、ギリシア人相互の和合の実現、対バルバロイ

戦争、共同の植民による貧民救済の三点が挙げられているのみなので、アテナイ＝ギリシア文化の弘布というのは、征服戦争を正当化するための粉飾にすぎないというのが大牟田氏の見解である。

さて残された問題は、なぜイソクラテスがフィリッポスに助力を要請することになったのかという点である。イソクラテスのギリシア統合は、決して王政のような個人支配（monarkhia）によって政治的統一が実現されることを目的としたものではない。アテナイ民主政の現状に強い不満を抱きながらも、ギリシア人が本性において個人支配に従属するものではないというのがその思想的基調であり、アテナイについても「父祖の国制」への回帰という伝統主義に基づく保守的なポリス再建に留まっていた。結局、一ポリス人である姿勢を貫いたイソクラテスにあって、抗争・分立するポリスに批判を加えながらも、ポリス体制の解消によるギリシア世界の政治的統一という構想は、いかなる状況においても容認されるものではなかった。ポリス体制を存続しながら、しかも相互の対立抗争を終息させようとすれば、従来ギリシアで行われてきた伝統的な同盟（symmakhia）による、非常に緩やかな一種の国家連合を除いて他にあり得ないことになる。だが、前４世紀後半の政治状況では、主要なポリスのいずれもこのような同盟結成指導力を発揮できない現実に直面した時、僭主政にせよ王政にせよ、すでに強力な個人支配によって発展する周辺諸国を目の当たりにして、その力に依頼するというよりは利用しようとしたのである。その最後の頼みの綱がマケドニア王であったのである。フィリッポス２世に求めるのは、自由・自治のギリシア諸国に対する調停者的役割の行使である。イソクラテスには、フィリッポスの軍事力と善意（eunoia）のみがギリシア世界の和合を実現し、それから先にマケドニア・ギリシアの協力による対ペルシア戦争の実現という期待があった。両者の関係はあくまで善意による対等の協力関係があって実現されるべきものであって、支配・被支配の関係はあってはならないのである。他方、フィリッポスの方もギリシアに対する善意をもって調停者の役割を果たせば、その後の政策展開に必要なギリシア側の善意が得られて好都合だと、イソクラテスは巧言を尽くしているのである。イソクラテスが「ホモ

ノイア」をもってギリシア諸国間に実施されるべきとするのは、集団的全体のあり方であった。これに対して、「善意」は集団を構成する特定の個々のあり方であって、とりわけ指導的国家、あるいは指導的個人のあり方に関わっている。[40]

だが、フィリッポスの政治的立場が善意の調停者だけでは、実際はどうなっているのかまったく不明瞭である。王の指導下にあるギリシア人の組織がどのような機構をもって運営されるのか、その具体的内容をイソクラテスは語っておらず、また指導すべきフィリッポス自身の権能についても述べていない。わずかに「まず諸々の大ポリスから最有力者が使節となって貴下の勢威を表敬し、次に彼らと共に共通の安全について審議し（bouleuēi）[41]」とあるだけである。一種の会議が開かれ、フィリッポスが議長を務めるといった推測以上のものは得られない。イソクラテスの考えでは、要するに、ギリシア世界の平和と秩序回復のためにマケドニア王権を利用するというのが眼目であるが、現実の政治的力関係の場において、冷徹な国家政策として遂行されるマケドニア側の権力政策への配慮が余りに不足しており、かつ楽観的であったと評せよう。イソクラテスの政策論に内在する脆弱性とは、フィリッポスの善意に余りに依存して、国際政治の峻厳な論理を見誤っていることである。

4．コリントス同盟

フィリッポス2世は、前338年のカイロネイアの戦いでアテナイ・テーバイ連合軍に決定的な勝利をおさめて、前338/7年冬にはスパルタを除くギリシア諸市やエトノス（ethnos）の代表を集めて、コリントスで会議を開いてコリントス同盟を発足させた。そこで、まず残されている同盟の条約碑文やその他の文献史料に見られるフィリッポスと加盟者との関係規定を見ていく。まず同盟碑文[42]だが、同盟は形式上はギリシア世界で数回布告されてきた普遍平和（koinē eirēnē）の様式を踏襲しており、内容的には現在の我々が呼んでいる集団的安全保障によって、ギリシア内の平和と秩序を守るというものであった。まず、①ゼウス・ゲー・ヘリオス・ポセイドン・アテナ・アレスなど誓いの

神々への誓約文（2－3行）、②「平和を遵守し、マケドニアのフィリッポスとの条約（synthēkai）を破らないこと（3－5行）、③「海・陸において誓いを守る国に危害を加えないこと」（5－8行）、④「平和を分かつ者たちのポリス、砦、港を占領（しないこと）（8－11行）、⑤「フィリッポスの王権およびその子孫たちや、平和を誓った上は存在する国制を転覆しないこと」（11－14行）、⑥「条約に違反し、相互に武力に訴えることがなきこと」（15－17行）、⑦「条約違反者が出て、不正者が伝えられれば救援し、共同会議（koinon synedrion）が決定し指導者（hēgemōn）が命令する限りにおいて、普遍平和を破るものに戦争をしかけ、見逃されることはない」（17－23行）が誓約されており、それに続いて、⑧コリントス同盟構成員であるポリスとethnēとその投票権数の一覧が記載されている（24－35行）。

　コリントス同盟として知られるこの連合は、全構成員から任命された参加者たちによって構成された共同会議によって代表され、参加者の義務はできうるなら調停の義務をもって同盟参加者間の争いを平和的に解決する手段を確保することであり、共同会議によって武装介入の必要ありと裁定された場合には、軍事行動の指揮権は指導者に一任された。この指導者とは、具体的にはフィリッポスであったことは、ディオドロスがその名を挙げているように、間違いなかろう。そして現存の碑文では言及がないが、最初の共同会議（前337年、初夏）で、対ペルシア戦争の決議がなされたと思われる。ディオドロスの説明では、ペルシア戦争時の神殿冒瀆への報復という理由が述べられている。さらに南の旧大国であるスパルタが不参加、または同盟会議の決定事項を無視したことである。これについてはユスティヌスが簡略に言及しているだけだが、カイロネイアの戦いに直接関係していないスパルタの政策としては考えられることである。

　コリントス同盟の参加者の広がりを確認できるのは、上記⑧のポリス名とエトノス名である。碑文では、現存しているものや確実に復元できるものは、テッサリア人、Thasos人、Ambrakia人、Phokis人、Lokris人、Malis人、（テッサリアの）Dolopes人、Perrhaiboi人、Kephalenia人で、そのすべての名称が

中部・北部の島嶼も含めた住民である。その他、推定復元される名称として、ケルキュラの大衆、テッサリアのマグネシア、アカイアのPhthiotis、Samothrakeの大衆、アイトリア人、アカルナニア人、アンブラキア人、トラキアから来た人々、Doris人とOite人、（テッサリアの）Ainianes人と（アイトリアの）Agraioi人、Athamanoi人とZakynthosの大衆である。これらすべての名称も中部から北の地域に属しており、本来からマケドニアの勢力がすでに浸透している地域であることが判明するが、復元案はさまざまであり地域を確定することはできないのが実情である。他方、碑文ではスパルタを除くとしても、我々が期待するような、中部から南のテーバイ、アテナイ、アルゴスのようなポリス名は欠落している。しかし、残存または復元、また推定される諸エトノス、ポリス名はギリシア中北部で確認する限り、かなり詳細で本格的なものであり、実際のところはスパルタを除外した全ギリシアを包含した一覧であったこと想像に難くない。ただ、このコリントス同盟の範囲が小アジアやその近隣の島嶼を含むかは、キオスなどは可能性があるが全体的には難しいであろう。[47]

　マケドニアは国家として同盟に参加していないが、同盟参加者は「マケドニアのフィリッポスとの条約」を破棄せず（4－5行）、「フィリッポスの王権とその子孫」を滅ぼすことの禁止（11－12行）条項がわざわざ明記されている点からしても、この条約がマケドニアの武力を背景にして締結されたものであり、コリントス同盟の規定には後にテーバイがアレクサンドロスに破壊された例のように、マケドニアに弓を引く者は許されないといった、フィリッポスがその権力外交を推進するための有利な条件をギリシア世界に樹立しようとしたものなのである。

5．イソクラテスの理念とコリントス同盟の実態

　カイロネイアの戦いの年（前338/7）、イソクラテスは98歳の高齢をもって没した。この戦争の直後、一書をフィリッポスに送り、これが事実上の絶筆となった。そこでは、彼の願望であったギリシアの和合の実現が近づいたことを説いた後、アジア討伐の勧告を繰り返し、長生きしたおかげで『パネギュリコス』

第 2 章　イソクラテスとギリシアの統合問題

以来の生涯の夢が実現することを喜んでいる。それ故、後世創作された伝記類において、彼が敗戦に失望して自殺したと伝えているのは誤りである。つまり、イソクラテスは40数年の永きにわたりその信念を曲げることなく、ついにその理想が実現されるのを確信しつつその生涯を閉じたのである。

　イソクラテスの政策論の第一に来る、ギリシア世界一般の政治的・社会的な安定の確保は、ギリシア世界の和合という政策で訴えられ、多くの矛盾と弱点を内包しながらも、従来の哲学者やソフィストたちの思弁的世界を超えて、実際の政治的理念となり、ついにコリントス同盟で結実した。その根本となる思想では、初期の政治的にも文化的にもアテナイ中心主義とする立場から、晩年には富裕階層としての党派性を明確にするという変化が確認できる。こうした立場を超越する、いわゆる「世界市民主義」的な思考とは合致しないものであった。初期には、バルバロイへのアテナイ＝ギリシア文化の弘布ないしはアテナイ＝ギリシア文化共有による民族的差別撤廃といった傾向も見られるが、これは本質的なものではなく、バルバロイに対する民族的差別と対立観は抜きがたいものがある。

　彼の思想は、あくまでもアテナイを発想の中心に据え、最終的にはマケドニア＝アテナイ枢軸の周りに全ギリシア諸国を対ペルシア戦争に結集することによって、ギリシア世界内部の矛盾・争いを封じ込めてしまおうというものであった。具体的には、自由・自治のポリス体制を崩すことなく、マケドニア王の調停・指導の下に、一種の安定状態を創出し、両者の利害が一致するペルシア遠征に対等の関係で共同戦線を張ることだった。意外に穏和なフィリッポスの対ギリシア政策は、「ギリシア人」として善意を期待したイソクラテスを外見上は裏切らないものであった。さらに、前336年に 1 万人の前衛部隊をアジアに送ったフィリッポス 2 世、そして本格的にはアレクサンドロス大王によって現実のものとなったペルシア遠征、アジアへの植民も、イソクラテスの企図した基本線に沿ってほぼ実現したと言える。だが、遠征はフィリッポスの国家利害から出ているものだから、もはや対等の共同戦線ではなかった。

　フィリッポスの高権の下に成立したコリントス会議の決議内容が、イソクラ

テスの弁論に説かれた点と多くの一致を示すことも主張されている[50]。また、フィリッポスの結成したこの同盟を、世界史上の偉大な政治家の手腕に数えられるとまで主張している人がいる[51]が、とすればそれを唱導したイソクラテスも評価されるべきであろう。イソクラテスの究極の理念であった、ギリシア諸国の同盟による和合、ペルシア遠征、東方植民が曲がりなりにも実現された事実を考慮すれば、その評価はさらにさらに高まることになる。しかし、その後の歴史の更なる展開、アレクサンドロス帝国瓦解後の分裂抗争、ヘレニズム諸王朝の対立抗争がポリス体制の政治的存立を従属的かつ不安定にした結果を見ると、イソクラテスのギリシア中心主義は、時代の先覚者とは言い難く、限定された意味においてのみその意義をもつということになろう。

　最後に、ギリシアの統合についてまとめたい。元来、分立した状態で生まれたポリス国家が基調となるギリシア社会では、完全に一つの国家にまとめられる統一は生まれなかった。となると、独立したポリスが維持されたままで集合する同盟（symmakhia）が実際的なものとなり、歴史的にもよく知られるペロポンネソス同盟、デロス同盟などが形成されたが、あくまでギリシア世界の一部を覆うものでしかなかった。その他、特定の聖域の維持・管理のために周辺の共同体が結成する氏子同盟である隣保同盟（Amphiktyonia）、エトノスと呼ばれる人々が広い領域と緩やかな統合性を持って形成された連邦国家（koinon）がギリシア世界には存在していたが、最後まで全ギリシアを包含するような広域共同体は出現しなかった。その点、コリントス同盟では、スパルタが参加していないという欠点はあるが、初めてほぼギリシア本土を網羅する国家連合体が形成された。エトノスやポリスが自治・独立を維持しながら緩やかな結びつきを持ったのである。その同盟条項から推測するに、平和維持、現状維持という、安定性はあるが変革を許さない保守的な連合体であった。しかしながら、どうしてコリントス同盟はギリシア世界の統合という観点から余り評価されないのであろうか。アレクサンドロス大王の帝国建設とその瓦解、さらにディアドコイの抗争の嵐の中で、ギリシア本土は分裂抗争の場と化し、ヘレニズム時代のギリシア本土の経済的衰退、人口の減少は甚だしいものがあっ

た。つまりは、コリントス同盟の有効期間の短さと、またギリシア世界の拡大とその逆のギリシア本土の没落が、ギリシア（本土）中心主義をもはや時代遅れとしたのであり、アテナイ＝ギリシア中心主義のイソクラテスがヘレニズム時代の先駆者と呼び得ない事情と同様な理由によるということになろう。

註

（1） イソクラテスについては、我が国でも、イソクラテス（小池澄夫訳）『弁論集1』『弁論集2』京都大学学術出版会、1998年、2002年がある。イソクラテスの生涯については、廣川洋一『イソクラテスの修辞学校——西欧的教養の源泉——』岩波書店、1984年、15‐42と上掲『弁論集1』の270‐81参照。政治論を扱ったものに、Georges Mathieu, *Les Idées politiques d'Isocrate*, Paris, 1925がある。

（2） Diels-Kranz, *Die Fragmente der Vorsokratiker*, Bd. Ⅱ, 82 Gorgias A 1（4）「弁論 Olympikos が彼の最大関心事を実現するための彼の政策とされた。つまりギリシア内で国境争いをしているのに対し、バルバロイに目を転じ、他の諸ポリスではなく武器をバルバロイの領土の戦に用いよと説いて、和合（homonoia）の進言者となった。」B 8a「弁論家のゴルギアスがオリュンピアでギリシア人の和合（homonoia）について説いたのを聞いて、Melanthiosは、かの人は我々に和合について進言したが……と言った。」

（3） 特に、*Helenae laudatio* 49-50, 67-68参照。

（4） *Panegyricus*, 15-16.

（5） Ibid., 17.

（6） Ibid., 134, 138.

（7） Ibid., 160, 173-74.

（8） Ibid., 19-128.「議論の大半をそれら（指導権）について行う必要があり、我々自身の功名争いをやめ、共同してバルバロイと戦うことを目的とする」（19節）で始まっている。

（9） Ibid., 20-21, 57, 64, 99, 103.

（10） *Antidosis*, 57-60, cf.77.

（11） 村川堅太郎「アテナイ人イソクラテースに就いて」『饗宴』第3号、1946年、2-31の10-11。

（12） *Panegyricus*, 48, 50.

(13) Xenophon, *Hellenica* Ⅵ 1, 4-12で、イアソンが Pharsalos の Polydamas に語った話として出てくる。その12節で「ペルシア王が島嶼ではなく大陸から利益をあげて人間たちのうちで最も富んでいることは、君もよく知っていよう。彼を服従させる方がギリシアより、ずっとやり易いと私は思う。というのはかの地ではすべての人間が一人を除いてむしろ武勇よりも隷属を習いとしていることを、私は知っているからである」とペルシア討伐が暗示されている。

(14) *Ad Philippum*, 119.

(15) 村川前掲論文、12では、第2次アテナイ海上同盟に参加していたイアソンがエウボイア島に関する利害関係からアテナイと衝突して前378年頃脱退した事実が影を落としているのではないかと推測している。

(16) *Ep.I ad Dionysium* 7.

(17) Ibid., 6. *Ad Philippum* 12-13に、ほぼ同様な見解が披瀝されている。また前380－60年間の作である*Nicocles*, 15-26でも、君主政（monarkhiai）が賛美され、民主政の劣性が指摘されているし、25節で「君主政が最高の評価を受けるべきもの」とまでキュプロス王ニコクレスの言として述べられている。

(18) *De Pace*, 64.

(19) *Areopagiticus*, 16, 37, 39, 51.

(20) フィロクラテスの和約とフィリッポス2世の対ギリシア政策については、澤田典子「フィリポス2世の対ギリシア政策――『フィロクラテスの和約』をめぐって――」『史学雑誌』第102編 第7号 1993年 1－41が詳しい。

(21) *Ad Philippum*, 9, 16.

(22) 大牟田章「イソクラテースの政治思想について」『歴史研究』（大阪学芸大学歴史研究室）2 1964年、60-80の62。

(23) *Ad Philippum*, 30-31.

(24) Diels-Kranz, op.cit., Bd. Ⅱ, 68 Demokritos, B 250「ホモノイエから大事業が、また諸ポリスでは戦争がその能力を達成するのであって、それ以外では駄目である」、B 255「名望ある人々が持たざる人々に……する時、相互に守り合い、市民たちが一つ心になり（homonooi）、誰一人として数え上げることができないその他の善が存する」

(25) Ibid., Bd. Ⅰ, 22 Herakleitos A 3b「ヘラクレイトスは同胞市民たちに和合（homonoia）について何か意見を述べるよう求められ、……そうすることによってポリスを平和と和合（homonoia）の状態に保つということを明らかにし

第2章　イソクラテスとギリシアの統合問題

た」、47 Archytas B 7「算定基準が見い出されれば争いが止み、ホモノイアを増大させる」、Bd. Ⅱ, 87 Antiphon A 2 ; B 44a. 大牟田前掲論文63参照。
(26) T. A. Sinclair, *A History of Greek Political Thought*, 1951, 135.
(27) *Panegyricus*, 34-35.
(28) Ibid., 132. 新天地の征服、開拓とアジアの富の利用という考えは、更にラケダイモンとアテナイが和解すれば、「バルバロイをギリシア全土のペリオイコイとすることができるのに」してない、「アジアの地から収穫をあげる」、「アジアから繁栄をヨーロッパに移すなら」（131, 133, 187）などに窺える。
(29) ポリスの危機という視点からイソクラテスの叙述を探ったものに、小河浩「デモステネスとイソクラテスの叙述における傭兵とポリスの危機」『危機をめぐる歴史学』刀水書房、2002年、125－43がある。
(30) *Ad Philippum*, 120-21.
(31) 思想的にはイソクラテスと対立していたプラトン（*Leges*, 735E-736A）にも、「生活の糧を失った無産の連中がその頭目にしたがって富める者の財産を襲うような場合には、ポリスの中から生まれたこのような病弊は、立法家によってできるだけ好意的に遠ざけられる。このように遠ざけられることは婉曲的に植民（apoikia）と呼ばれる。誰でも立法家たる者は、何らかの方法でまず第一にこれを実行するように配慮すべきだ」と述べている。両者の見解が一致する背景には、衆愚民主政に対して反感を持つ有産層の視点に規定されていると言えよう。村川前掲論文27－28、大牟田前掲論文66参照。
(32) イソクラテスは富裕な楽器製造業者を父に持ち、ペロポンネソス戦争で窮乏したが、修辞の術をもって身を立て、その名声とともに収入も増加して、晩年には富裕アテナイ市民に名を連ねていた。彼は富裕市民に課せられる三段櫂船奉仕を三度も命ぜられ、二度は逃れたが三度目は巨額な奉仕に応じたという逸話がそれを物語っている。イソクラテスがデモステネスらに反対して、マケドニアとの開戦に反対したのは、多大な戦費負担が課せられることへの配慮があったとする説がある。村川前掲論文28、大牟田前掲論文67参照。
(33) *Panegyricus*, 184, 131, 182 ; *Ad Philippum*, 126, 132.
(34) *Ad Philippum*, 130.
(35) 註（12）参照。文化的差別主義者であるだけでなく、民族的差別主義者であることは、*Panegyricus*, 157-58「ただ大陸の民に対してだけは、たとえ彼らから好意を受けた時でさえ感謝の念も感じない。彼らに対して抱く激しい敵

対感情は、かくも永久的なものなので……我々は彼らに対してかくも本性から敵対的なのだ」から明瞭である。
(36) *Euagoras*, 66, 50.
(37) *Panathenaicus*, 13-14.
(38) 大牟田前掲論文、69.
(39) *Ad Philippum*, 36-37, 68；*Ep.II ad Philippum I*, 21.
(40) J. de Romilly, "Eunoia in Isocrates or the political importance of creating Good Will", *Journal of Hellenic Studies*, 78 (1958), 98.
(41) *Ad Philippum*, 69.
(42) *Inscriptiones Graecae* II² 236 (M. N. Tod ed., *A Selection of Greek Historical Inscriptions*, II. No.177) の碑文史料と、文献史料の Demosthenes, *Orat.* XVII；Diodorus, XVI 89；Justinus, IX 5. 1-7 がある。デモステネスの史料は、「アレクサンドロスとの条約について」の表題が付けられており、前336年のフィリッポス2世暗殺後、アレクサンドロスが即位し、翌年の初めに Isthmos にギリシア諸国を集めて締結された条約で、言わば父親によってなれたコリントス同盟の改訂版であり、碑文では失われた部分がここには残されている可能性がある。そこでは、6節で「(アレクサンドロスがしたような軍事侵略は)平和に参加している諸邦全体の敵となり、その領土も敵のものとなるので、全員で出征することになる条項」があること、8節で条約の冒頭に「ギリシア人は自由で独立している」と規定されていたこと、10節で「個々に存在する国制をもし誰かが平和についての誓約を誓った上で転覆すれば、平和を共有するすべての者に敵対する者である」という条項があったこと、15節で「会議に参加する者たち (synedreuontas) は共同の安全の定めの下にあって、平和に参加している諸ポリスでは処刑や追放がポリスの定める法を超えて執行されないこと、財産を没収しないこと、領土を再分配しないこと、負債の帳消しをしないこと、変革のために奴隷を解放しないこと」という条項があったこと、16節では「平和に参加している諸ポリスから亡命者たちが武器を持って、平和を共有しているいかなるポリスにも敵対行為を起こすことは許されていない」という条項があったこと、19節では「平和を共有している諸邦は、海を航行し、そして決して何人も邪魔をしたり、船を連行して寄港させることがなきように」という条項があったことが言及されている。碑文にはないものとして、8節、15節、16節が注目される。

第 2 章　イソクラテスとギリシアの統合問題

(43) Diodorus, XVI 89, 3「それ故、コリントスで共同会議（koinon synedrion）が召集されて、対ペルシア戦争について論じられると、大いなる期待が示されて彼（フィリッポス）は代表者たちを戦争へと促した。最後にギリシア人たちは彼をギリシアの全権将軍（stratēgos autokratōr）に選出したので、彼はペルシアに対する遠征の大々的な準備を行った。」ただ、この史料は内容的に混乱し、困惑させるものがあると評されている（Tod, op. cit., 227）。

(44) Ibid., XVI 89, 2「ペルシアに対してギリシア人のために戦争を始め、彼らに神殿を冒瀆した故に罰を与えたいという言葉を彼（フィリッポス）は伝え、これは個人的なものであったがギリシア人に共感を得させた。」そして註（43）の 3 節で全権将軍に選出されて、個々のポリスに遠征軍の兵士数を割り当てるという準備を行ったのである。Justinus, IX 5, 5「この準備によって、ペルシアの支配を狙っていたことは疑念の余地がなかった」も参照。

(45) Justinus, IX 5, 3「ラケダイモン人だけが王（フィリッポス）と条項を無視したのは、諸国自らにおいて成立したものではなく勝利者によってもたらされたものは、隷属の定めであって平和の定めではない（servitutem, non pacem）と考えたからである。」Justinus, IX 5, 1-7の記事は、Pompeius Trogusに由来する重要な情報を伝えているが、ここでは記事の混乱、損失が著しい。大牟田前掲論文、註（72）参照。

(46) だからこそ、同盟不参加のスパルタは、アレクサンドロス大王がペルシア遠征に出かけていた前333年にアギス 3 世がペルシアと呼応して反乱を起こし得たが、ギリシアに残された Antipatros がコリントス同盟軍を自軍に編入してアギス 3 世を戦死させたのである。そしてアンティパトロスは、スパルタの命運を同盟に委ねるといったように、マケドニアが同盟を利用するといった形にせよ、それなりに同盟は機能していた。ピエール・ブリアン（田村孝訳）『アレクサンドロス大王』白水社、2003年、63-65, 87.

(47) Thomas Lenschau, "Alexander der Groβe und Chios", *Klio* 33 (1940), 201-224.

(48) *Ep. III ad Philippum II* 2-3, 6.

(49) Ps.-Plut., 837 E, 838 B；Paus., I 18, 8 など。

(50) Mathieu, op. cit., 212sq.

(51) J. A. O. Larsen, "Federation for Peace in Ancient Greece", *Classical Philology* 39 (1944), 160.

豊田和二

第3章

エジプトの崩壊とヘレニズム世界
―外来語の観点から見たエジプトのヘレニズム化―

1．古代エジプト文明の衰退

　古代エジプト文明は20王朝のラメセス3世あたりを境として急速に王権が衰え、周辺の諸国からの侵略を受けるようになり、やがてアレクサンドロス大王のエジプト征服で古代エジプト文明は終焉の時を迎える。20王朝時代に入ると、まずは西方のリビア人の侵入をうけ治安が極端に悪化していった。ラメセス4世以降になるとラメセスを名乗ってはいるが、王権は名目だけのものとなってテーベのアメン神官団の権威が徐々に強くなっていった。ついにラメセス11世の治世24年にアメンの最高神官のフリホルが「再生」という年号を称して「エジプト王」を主張し、以降、事実上国家が分裂状態になり、周辺諸勢力の侵略をうけつつ滅亡に向かうこととなる。

　他の諸文明と同様に、エジプトの崩壊期の史料は非常に少なく、史料的な偏りもある。そもそも第3中間期と呼ばれる時期の史料は極めて限定された散発的なものであり、纏まった史料は数えるほどしか存在しない。この期の史料は国土の分裂状態と同様に散発的で、纏まった史料は殆どないと呼べる状況であるので、編年上も問題が多く、支配者の順などでも問題となる場合が多い。

　そもそもエジプトの王はいつ生まれて、いつ亡くなったのか史料上明らかなケースは極めて稀である。そもそも一人の支配者の統治年数すら正確なものが知りうるのはごく限られた例外的ケースに過ぎない。

　本稿での考察の目的はヘレニズムとエジプトとの関係であるので、この崩壊過程の考察そのものではない。

アレクサンドロス大王のエジプト征服で、政治的に見た場合古代エジプトは滅亡するわけであるが、当時当地に居住していた住民はそのままその地にとどまって生活を営んでいたはずであり、一朝一夕にしてエジプト全土がヘレニズムの波に飲み込まれてそのままヘレニズム化したと考えるのは、ほとんどありえないことであり、現実にはゆっくりとした流れでヘレニズム化したと考えるのが妥当なところであろう。古代エジプトの文化とヘレニズムの文化のある意味での衝突、あるいは混交があちこちでみられていったはずであり、どの程度の時間がかかって、どのように社会が変わっていったのか、現実にはどのような過程を辿ってヘレニズム社会へと文化が移行、統合されていったのであろうか。

　筆者のもともとの関心はデモティックの拡大とその衰退であり、ヘレニズムとの関連でこれを理解するのも一つの方向性であると思われる。もちろん一文字体系がそのまま文明や文化の衰退と直接的に関連していると言っているわけではなく、更に王権の衰退と文字体系の衰退が軌を一にしているなどといっているわけでもない。だれそれ王の時にどのような制度を敷いてどのようにかわっていったなどというような、いわば政治的制度の変革がどのように行われていったかなども史料がほとんどないため、実証的に知りうるケースはまずほとんど望めない。史料的に知りうることはごく限定されている現状で、両文明の関係をなるべく具体的に見ていくために、ここでは「外来語」との関連でこの問題にアプローチを試みることとしたい。

　従来ややもすれば、アレクサンドロス大王のエジプト征服でエジプト文明は滅亡したのであるので、その後のプトレマイオス朝エジプトは西洋古典学の研究領域であり、エジプト学領域ではない。そのためエジプト学者の多くはもっと時代が遡る時代を考察対象とし、古典学者は全く別の関心を寄せており、その両者が一つの土台の上で議論されることなどあまりなかった。

　とくにデモティックとの関連で、エジプト文明の衰退とヘレニズム化の問題を考えるのは、ギリシア側の史料に偏向しないで、当時そこにくらしていた民衆レベルにヘレニズムがどのように入り込んでいったのか、なるべく実証的に

第3章 エジプトの崩壊とヘレニズム世界

考えてみようというのがそもそもの本稿の目的である。そのために実生活に広い意味でのギリシア文化がどのように浸透していったのか、政治史的にみようとしたら、ギリシア語史料によって支配者側からいわば一方的にみていくこととなり、そこに住んでいた人々の持つ文化を知るにはほど遠い記述をすることとなるであろう。筆者は古典学者ではなく、もともとエジプト学をそのフィールドとするものであるので、いわばエジプト土着の問題としての広い意味でのヘレニズム化という問題でアプローチを試みるものである。

2. 第3中間期史料について

　第3中間期という概念は比較的新しい概念であって、第20王朝より後、第21王朝からエジプトルネサンスとも復興王朝と呼ばれる第26王朝までの間を指している。そもそも第20王朝の末の史料は非常に限定されたものであり、従来この第3中間期と呼ばれる時期の考察は、これにとりくむ研究者が少なかったため、非常に立ち後れたものとなっていた。そもそもこの時期の史料は纏まった史料が殆どなく、表記体系も文法体系も、それまでのエジプト語とは様相を異とし、なかなか読めるものではない。ただ最近ベルリン自由大学のK. Jansen-Winkeln(1)やフランスEPHEのVernusらを中心とする研究者が精力的にこの時期の考察に取り組み、特にJansen-Winkelnによって網羅的史料集成が行われ、一部は史料集として刊行(2)が行われるようになってき、ようやくある程度読めるようになってきた感がある。しかし史料それ自体が散発的なものであり、歴史を語るにはまだまだ程遠いのが正直なところではあるが、史料的暗黒時代からようやく脱してきている。こうしたテキスト集成をみても断片的テキストが大多数を占め、200ページ足らずのスペースで全史料を網羅的に出来ることから考えてもこの時期に史料がいかに少ないかを皮肉にも物語っていると考えられよう。最近この時期のヒエラティックの文書については、Verhoevenによる考察が発表されている(3)。この考察のテーマはヒエラティック文書のどちらかといったら、しっかりと書かれた文書を対象としているが、この時期のヒエラティックで書かれた文書の時代別概説がなされており、ヒエラティックとデモテ

ィックとの関係、史料的な推移を見る上で非常に有用であろうと思われるので、以下上記2人の研究者による結果をベースにこの時期の史料について簡単に振り返ってみたい。

第21王朝の史料としては、葬祭文書としては Greenfield Papyrus がもっとも著名であり、これと並んでパピルスなどに葬祭文書が知られている[4]。埋葬に関連したミイラに付けられた札（Mumienetikett）や、書記のパレットなどに書かれたもの、ウシャブティなど、アメン神の勅令なども知られている[5]。

第22王朝の史料に関してはヒエラティックの碩学 Černý がメトロポリタン美術館の Hayes に宛てた書簡で「この時期の確実なヒエラティック文書はない」といったことが広く引用され[6]、それ以降いくつかのこの時期と思われる文書が刊行されたものの、ほとんど定説化している。こうしてテキストと並んで石碑に書かれたヒエラティックがこの時期にはいくつかみられるようになる。これはセラペウムステラとよばれる一連の史料で、セラペウムが下エジプトに位置しているため、上エジプトにおける書体との比較、すなわちヒエラティックからアブノーマル・ヒエラティック、およびデモティックへの道筋を知る一つの手がかりを与えてくれる史料として重要な位置を占めるであろう[7]。

第23～24王朝時代のヒエラティックテキストはほとんど知られていない[8]。第25王朝はクシュ王朝と呼ばれる王朝であり、この時期に比定される年紀史料は未検出である。

3．デモティックの問題

デモティックというのは周知の通り、エジプト語を表記した一つの文字表記体系のことであり、民衆が用いた文字という意味でもなければ、ヒエログリフ、ヒエラティックと並んでエジプトの表記体系としてこの3つが常に平行して存在したというものでもない。この表記体系の由来については様々な見解があるものの、エジプトの末期王朝との関連であって、そうしたなかで、ほぼ一致してみられるのは第26王朝の発展とこの表記体系との関連で解釈する主張である。つまり換言すればデモティックは末期王朝になってヒエログリフや、ヒエラテ

第3章　エジプトの崩壊とヘレニズム世界

ィックと並んで見られるようになるということで、より正確に言うと、ヒエログリフの存在は疑いようもないが、ヒエラティックはこの時期、アブノーマル・ヒエラティックと呼ばれる極端に崩れたヒエラティックが見られるようになり、この表記体系とデモティックの関係が問題とされるているのである。すでに触れたとおり、第3中間期にはヒエラティックというのが、大きく2つに分けられているということであり、比較的かっちりと書かれたヒエラティックとそうでないものとの差異が明らかになってきたのであるが、歴史的な展開をあとづけることが出来ない。これは出土地域別にヒエラティックの分類が史料がないために不可能であることに原因がある。第3中間期文字史料の問題は、文法は Jansen-Winkeln の詳細な考察によって明らかにされつつあるが、表記をどのようにしたのかが問題とされるケースが多く、この時期の銘文で読めないサインの問題ともあわせて、文法というよりもむしろ表記法上の問題の方が大きいのであろうと思われる。

　アブノーマル・ヒエラティックが、サイス王朝と関連しているのか、それともデモティックと関連しているのか、あるいは両者の関係がないのか、あるいは、関連と思われるものは単に偶然によるものであって単にそのように見かけ上見えるだけに過ぎないのか、解釈に問題があるところである。しかし、ほぼ一致してみられるのは、サイスとよばれる都市を中心として発展した第26王朝（サイス王朝）との関連であり、下エジプトを中心として発展した表記体系で、サイス朝の発展とともにエジプト全土に広がったものといわれている。

　アブノーマル・ヒエラティックと、初期デモティック[9]の時期的関連を表化したのが表1（章末参照）である。現存するもっとも古い時期に属すると考えられる初期デモティックの文書は Louvre C 101[10] あるいは P. Rylands 1 & 2[11] であろうと思われ、前者は1849－1852年にかけての Mariette のメンフィス地域の発掘調査によって発見されたもので、おそらくセラペウムで発見されたものと考えられている。プセメティクス1世の治世8年の年紀があり、石碑に彫り込まれたもので、家屋の売却に関するものであり、後者はプサメティクス1世の治世21年の年紀を持ったパピルス史料で、神官職の売却に関するものと神殿内

のある公的な建造物を他人に与えることを内容としたものである。これらの文字を見るとヒエラティックの様相を呈しているが、部分的にデモティックの特徴を備えた書体であり、デモティックの初期のものと解釈して差し支えないだろう。初期デモティックはBC7世紀半ばからBC5世紀にかけて徐々に形成されていったもので、この時期にこの書体が用いられたのは行政、法律、商業文書に限られ、その他の目的にはヒエログリフやヒエラティックが用いられたとされている。(12)

プトレマイオス朝に入るとデモティックは非常に広範囲に用いられるようになり、それまではデモティックの史料が限定されていたのに対して、日常の文書までにも広げられ、あらゆるジャンルの文書もデモティックで書かれるようになった。しかしBC146年を機にデモティックは公的文書での効力を失うようになり、デモティック文書には必ずギリシア語の書き込みが必要とされた。(13)プトレマイオス朝後期のデモティックは文字が小さく書かれ、単語のグループごとに表記法が確立されていったらしい。このため個別のヒエログリフのサインとして認識することはほとんど意味がなくなる。

ローマ時代に入るとデモティックは急速に使われなくなっていく。従来もっともデモティックが多用されていた非文学テキストというジャンルにおいてデモティックが最後に用いられたのはAD 232/3年のものであり、デモティックの単純な書き込みとかではなく文書として用いられた、いわば最後の完全な契約文書はP.Tebtunis Botti, 2 および 3 と呼ばれる文書であり、これらはAD 130年およびAD 175/6年のものである。更に、デモティックが最後に用いられたのはフィラエにあるAD452年の年紀のある碑銘であるとされている。一方、ロゼッタストーンで広く知られる、いわゆる神官勅令とよばれるテキスト群もプトレマイオス朝のBC238年のプトレマイオス・エウエルゲテスとベレニケの共同統治時代に発布されたカノポス勅令をはじめとしていくつか知られるようになり、これらの勅令はエジプト語以外にしばしばギリシア語を伴って記されていたことが知られている。(14)

このようにデモティックはローマ時代に入ると急速に用いられなくなってい

第3章　エジプトの崩壊とヘレニズム世界

った。この要因としてギリシア人がエジプト社会に入ってきて、神殿ではギリシア語とデモティックが同時に教育されていたのであるが、ギリシア語の文字体系の方がエジプト語の文字体系よりも簡単で容易に習得可能であったところから、エジプト語が忘れ去られ、ギリシア語に変わっていったというものであり、別の見解ではAD2世紀ころになると従来デモティックを書くのに用いられていた筆がギリシア語を書くのに用いられるカラモスに取って代わられ同時にデモティックも忘れ去られていったという主張がある[16]。

しかし、従来の通説で文字体系の学習およびその習得にギリシア語の方が容易であると考えるのは、安易に決めつけるのはいかがなものであろうか。当時エジプトの地でエジプト人が日常用いていたのはギリシア語ではなくエジプト語であったはずであって、もしも従来の通説が正しいと考えるならば、外国語をわざわざ勉強してその外国語で書くという意味であり、アフロ・アジア語に属しているエジプト語を用いているエジプト人たちがインドヨーロッパ語であるギリシア語をそれほど容易に習得し、それをもちいて書くようになったと解釈することになる。

こうした主張に対して最近、現存するデモティック文書の数を挙げて、急速にデモティックが使われなくなっていったが、これはローマ時代の支配者層のある政治的意図に起因するのではないかという仮説を発表した研究者がいる[17]。文献的な裏付けに乏しいものの、それなりの説得力はある。しかしそれではヨーロッパに広く浸透したイシス信仰などエジプトの神がヨーロッパに影響を及ぼしていた例も広く知られるところであり、エジプトの神殿もAD5世紀頃までは、その日常業務をそのまま存続していたと考えられているので、政治的意図でデモティックが放棄されたと解釈するならば、時間的な200－300年という隔たりはどのように考えるのであろうか。やはり文献的な証拠の積み重ねが、学説の信頼性に繋がることは論を待たない。さらに多くの文書刊行が待たれる。

4．文書の書き手の問題

デモティックは前述の通りプトレマイオス朝におおいなる発展を遂げたわけ

であるが、この時期はデモティックとギリシア語が時期的に併存していることを同時に意味している。

　プトレマイオス朝になり、最初のアレクサンドロス大王とその後継者の時代におけるデモティックの明らかな文書はほとんど残されていない。この時期に比定される最も古い文書は租税の受領文書（Tax receipt）であり、アメン神の神官長であるエジプト人官吏が証人となっている。こうした文書は紀元前3世紀前半（BC 284-274年頃）と考えられている[18]。この種の文書は他にもいくつか知られているが、すべてデモティックで書かれている。しかしその書き手の名はゼナンドロスという名が知られており、称号は *shn*（収税役人）とされている。名前の上からはギリシア人であろうと推察される。この種の文書は紀元前2世紀ころまではほとんどデモティックで書かれているが、プトレマイオス2世以降徐々にギリシア語で記されるようになっていった。紀元後1世紀の文書でもデモティックオストラコンではこの種の文書が認められる。

　エジプト人はエジプト語を生活言語として用いていたであろうし、ギリシア人はギリシア語を用いていたであろうことは想像にかたくないのであるが、エジプト人がギリシア語を用いたこともあったであろうし、その逆もあったであろう。エジプトで見いだされる最古のギリシア語オストラコンはプトレマイオス・フィラデルフスの治世12年のものであるとされる[19]。現実には、おそらくは必要に応じてケースバイケースで最も適当と思われる言語を用いたのであろう。ただ最近の研究では、デモティックを表記するのは筆を用いて、ギリシア語を書くのはカラモスと呼ばれた一種のペンを用いて書かれ、インクの質も異なったものであったらしいことが明らかになってきている[20]。しかし書記の名前が残っていたとしてもギリシア語の名前を持っていたからといってギリシア人であり、エジプト語の名前を持っていたからといってエジプト人と考えてよいか問題であり、こうした事項にギリシア語の中に見られるデモティック特有の言語的特徴が残されている場合などはエジプト人がギリシア語を書いたと推定して良かろうが、いずれにせよ、単純に書記材や書記名によって決めるのが困難であることはいうまでもない。

第3章　エジプトの崩壊とヘレニズム世界

5．デモティック中に見られるギリシア語

デモティック文書における、ギリシア語について、史料を集める方法であるが、デモティックの刊行物はどの文字群をどのように読みどのように解釈をしたのかという語彙インデックスが必ずつけられて刊行される慣習になっている。このため、そこで刊行された史料内においてどのような語彙がどこでどう使われているのかをインデックスを見るだけで簡単に確認できる。さらにすでに優れたリストが発表されている(21)。ここではそのリストを基に、刊行物などのインデックスから原典史料にあたり、史料を集めることからスタートすることとした。その結果が表2として示した結果であり、以下、若干の考察を加えてみたい（表2）。

最も早く、デモティック文書中に現れたギリシア語は *sttr* であろう。この語は Erichsen の語彙集(22)にも収録されており、初期デモティックの文書からあらゆるジャンルの全時代にわたる用例を認めることが出来るほとんど唯一の語である。この語はいうまでもなく貨幣などの単位を表現するための語であり、初期デモティック文書では契約文書などの法的・社会経済史的文書がまず最初に書かれるようになったため、早期の文書から見られると感じるのかもしれない。しかし、この語はヒエログリフあるいはヒエラティック文書中に用例を見いだすことが出来ない。この要因としては、王朝期のエジプト語の文書にはそもそも社会経済史的な内容を持ったものが非常に少なく、それに対してデモティックの文書の多くは社会経済史的内容を持ったものであり、そもそもこの時期の社会経済史的文書がヒエログリフで知られていないことに起因すると解釈した方がいいのではあるまいか。初期デモティック文書に見られる他のギリシア語は確実な例がこれまでのところ認められておらず、ほとんど唯一の外来語であると考えられる。

プトレマイオス朝になると、ギリシア語の語彙数は増加する。ほとんどがタイトルなどでエジプト側でそれに相当するものがなかったがために音をそのまま転写した表記で知られている。租税に関する語彙が知られるのは、租税の領収書が広く知られるためであろう。文書の史料中のギリシア語はギリシア人が

エジプト人を支配するのに必要とされる語彙が多い。特に生活物資などがほとんど入っていないところからギリシア人がエジプトを支配する場合に、ギリシア人はエジプトからの租税という形での物資を受け入れることはあったものの、基本的にはその地域地域での特色を守りつつ支配をするという形をとったものであろう。

ローマ時代に入ると、デモティックの史料数が限られたものとなってくる。この時期には"autokrator"と"germanikos"をあらわす2つの語彙（タイトル）が頻度的には圧倒的に多くなる。

6．ギリシア語中に見られるエジプト語

ギリシアがエジプトを統治する形となったわけであり、エジプトは支配を受ける側であったはずであるが、両者の関係がどのようなものであるにせよ、そこに何らかの関係が存在する限り、「外来語」としてのエジプト語がギリシア語に借用されることは十分に考えられるわけであり、この問題については従来かなり頻繁に取り上げられてきたのも事実である[23]。

本稿では論考の目的上、エジプト独自の固有名詞をどのようにギリシア語に音写しているのかをみるのではない。たとえば、エジプトの事物を紹介した書物であるヘロドトスの『歴史』やホラポロンの『ヒエログリフィカ』といった作品中に出てくるエジプトの神名や固有名詞をカウントするのは論の性格上意味がない。そこでパピルスなどで知られる例を中心として、複数例知られる語彙を中心に集めてみた（表3）。筆者は西洋古典学を専門とするものではないため、史料を集めるには限界があり、ここで示したのはあくまで暫定的なもので、従来の研究論文中で言及されたものばかりとなった[24]。

このリストの中で、タイトルとして見られる例はどれもパピルス史料にみられるものであって、エジプト語のものをそのまま音写しただけのものと思われる。この表を一瞥してわかるとおり、現在でも「オアシス」や「パピルス」といった語彙として存続しているものが多い。しかし、議論の対象となっている語彙も多くて、たとえば「ピラミッド」の語源説としては三角形をした菓子の

名称であるというものもあり、エジプト学者はエジプト語の p3 mr が訛ったものであるという見解にほぼ固まっているものの、古典学者の間では菓子の名称とする見解も根深いものがあるらしい。しかし、仮に菓子の形としても、どのような形をしていたどのような菓子であったのか解らないうえ、文献史料上の初典の典拠の年代的な問題もあって、問題も多いらしい。「オアシス」という語源がエジプト語であることについてはほとんど異論がないらしく、この語はそのまま欧米語に移入されて現在に生き続けている。「パピルス」という書材についても様々な語源論的議論がなされているので有名である。現在はVergote の主張である p3 pr-ˁ3 「王のもの」というのが語源であると考える研究者が多い。しかし、そもそもの問題はエジプト語でパピルスの巻物をこのように読んだ例がなく、同時にデモティックやコプト語で p3 pr-ˁ3 という語が見られないことなど問題も多い。「ナトロン」というのはある種の香油を指す用語であり、エジプトでは儀式等で非常に広く用いられていたらしい。この「ナトロン」の語源が ntr であるというのであり、一応の通説とされているもののエジプト語で「ナトロン」を ntr で表現した例はほとんどなく、通常は bd と呼ばれる。

　「パピルス」の例にしろ「ナトロン」の例にしろ、エジプト語での用例がないものを音韻上の類似点を何とか引き出して、エジプト語での類似語彙の存在を引いてきて結びつけているのが現状である。もちろん私たちのエジプト語の知識は不十分なものであることは十分に承知しているところであるが、現実に存在しない例を持ち出していることには相違ないので十分に注意して取り扱う必要があるのではあるまいか。

7.「外来語」から見たエジプトのヘレニズム化

　王朝期のエジプトが滅亡して、ヘレニズム世界に吸収されていったわけであるが、この事実は他で見る古代オリエント史上のケースとはやや異なった様相を呈しているといいうるであろう。古代オリエント社会では一つの民族が外的民族に直面させられることは、それがそのままその共同体の存亡の分かれ道に

なっている場合が多い。この社会の中心は多くが都市国家とよばれ、テルとよばれる丘陵状の土地上に生活を営んでいた。しばしば発掘で見られる事実として、焼土層を挟んでそれの上と下では異なった文化的包含層が形成されていることも多いといわれている。この事実は、ある文化を有していた人々が敵の侵略によって滅亡し、全く別の文化を有する社会が形成され、基本的にはテルの歴史的発展はこのような、ある民族や文化の破滅・滅亡と、侵略者側の全く新たなもののスタートというかたちで起こったと考えるのが妥当であろう。

　古代エジプト文明はそうした他の古代オリエント社会の諸国家とは事情を異にしている。エジプト最後の大王と呼ばれたのはラメセス3世であり、国内的な治安の悪化もあったらしいが、外的民族の侵入を受けるのはそれよりかなり後の第25王朝として知られるクシュ王朝と呼ばれた王朝であり、ついでペルシャ支配を経て、最終的にアレクサンドロス大王によってヘレニズム世界へと移行していった。

　エジプトが滅亡へと向かう間、700年近い時間的経過があり、エジプト側の文献的史料は断片的となるが、この間にアブノーマル・ヒエラティックという独特な書体やデモティックの誕生へとつづき、プトレマイオス朝の文献史料の多様さは王朝期のエジプトの比ではない。これは単に年代的な新しさというだけでなく、背景とされる社会的・政治的発展とともに理解されるべきなのであろう。

　サイス王朝の発展とデモティックの誕生とは関連があるらしいことは前述したとおりであるが、このデモティックがプトレマイオス王朝と呼ばれるヘレニズムの王朝の中で大いに発展したのである。プトレマイオス朝にもヒエログリフはあったわけだが、その中心はデモティックであり、この書体で書かれた文書に社会経済史的史料などが記録されたわけである。プトレマイオス王朝はしばしば言われるとおり、エジプトを支配して、その支配階層としてエジプトを支配してはいたが、その土地の文化や風土は大切にし、信仰などはそのまま存続させたと言われている。このためにグレコローマ時代の神殿が良好な保存状態で今日に伝わっているわけである。

第3章　エジプトの崩壊とヘレニズム世界

　以上考察したとおり、ギリシア人はエジプトの社会に入り込んではきたものの、デモティックと呼ばれるエジプト語で書かれた文書に見る限り、ギリシア語が大規模に入り込んできた痕跡は認められないといってよかろう。デモティック文書の中にギリシア語は予想以上に少ないのであって、やむなく翻訳不可能なもの以外にギリシア語を使おうとはしなかったと解釈をした方が適切であろうと思われる。実際にデモティック中のギリシア語が見いだせるのは、ほとんど例外的といえるのが現状であり、ギリシア語が全く見いだせないオストラコンやパピルスなども多数あるのである。
　これとは対照的に、ギリシア語中に見られるエジプト語は、数は少ないものの、現在でも生き続けている語彙が多く、この事実はギリシア社会になじみのない事象を述べるのにエジプト語からの借用語でそれをまかなったと解釈をすることも出来よう。そして何よりも、その語彙がそのまま生き続けている事実は、いかに現代ヨーロッパ文明がギリシア文明にその恩恵を浴している事実を如実に物語っている結果であって、その結果が出てきていることなのであろう。
　本考察では、エジプト文明崩壊期をめぐる問題を、エジプト文明崩壊期を特徴づける文字体系であるデモティックとの関連で、エジプト文明とヘレニズム社会との関連をみてきた。そもそも史料的に極めて希薄ななかで、ごく大まかな粗筋を辿ってみたわけだが、現実にはギリシア人がエジプトの地に「観光をした」事実なども知られ、エジプトの遺跡にギリシア語やラテン語の落書きが残されていることも多い。これに対してその逆のケースはほとんど知られていないわけであるが、この落書きのたぐいに関する考察もほとんどこれまで行われておらず、一方でのエジプトのイシス信仰がヘレニズム社会に広く浸透していった事実などとの関連で再検討が必要なのも事実である。近年デモティックの研究の急速な発展やヘレニズム社会の中でのエジプトの捉えられ方に、ギリシア史料中心の歴史ではなく、実際に当地に暮らしていたエジプト人の立場からの歴史にようやく辿り着いた感があるが、当面の間は、個別考察の蓄積がまずは急務なのではあるまいか。

註

（1） K. Jansen-Winkeln, *Text und Sprache in der 3. Zwischenzeit, Vorarbeiten zu einer spätägyptischen Grammatik*, Wiesbaden 1994. 第2部が史料一覧となっており、ビブリオも記されているので、どのようなテキストがどのように残されているのかを知るには非常に便利である。しかし、未刊行テキストが多いのは残念である。

（2） K. Jansen-Winkeln, *Biographische und religiöse Inschriften der Spätzeit aus dem Ägyptischen Museum Kairo*, Wiesbaden, 2002.

（3） U. Vanhoeven, *Untersuchungen zur späthieratischen Buchschrift*, Leuven, 2001.

（4） この時期の葬祭文書は「死者の書」「冥界の書」「神話的テキスト」の3つのジャンルに分類され、葬祭文書が発展を遂げた時期という見解もある。Heerma von Voss, *Ägypten, 21. Dynastie*, Leiden 1982.

（5） 広い意味で埋葬に関連した文書で、死者の称号や名前を記したものが中心で、多くは木材の上に書かれた文書が多い。

（6） Hayes, in *JEA* 34, 1948, p. 49でČernýからの私信の一部を引用し、更に1960年Edwardsもこれをそのまま再引用し、大英博物館にある文書（P. BM 10730）を刊行した（Edwards, *Oracular Amuletic Decrees, Heiratic Papyri in the British Museum*, 4th Series, London, 1960）。それ以降、この見解が22王朝史料の底流を形成するに至った。これ以降、徐々にこの時期のヒエラティック文書も知られるようになってきたが、数が少ないことに相違はない。

（7） 252点のステラのうちで、ヒエログリフで書かれたものが204点、他はヒエラティックか、ヒエログリフを崩した書体で書かれている（Malinine, Posener, Vercoutter, *Catalogue des stèle du Sérapéum I.*）。上エジプトで知られるアブノーマル・ヒエラティックと比較して、書体の崩し方を詳細に検討することが初期デモティックとの関連で急務となるであろう。しかしこうした比較検討は実物を手にとって詳細に観察できてはじめて可能となるのであり、出版物の小さな写真からは到底不可能である。そもそもこのセラペウムステラの刊行時においては、内容をヒエログリフの翻字で示すことで、その内容の解釈に主眼点がおかれたものであって、文字の書き方や現実にどのように書かれたのかという問題には関心が向けられていなかったらしい。

（8） D.Meeks, "Les donation aux temples dans l'Egypte du Ier Millénaire avant J.-C.", in Lipinski ed., *State and Temple Economy in the Ancient Near East*,

II, 605-687, esp. p. 672, (24.1.8). Stela Athens（番号なし）。テフナクト治世 8 年の年紀があるサイスにあるネイト女神の神殿に土地を寄進する旨のテキストでヒエラティックで書かれているといわれているが、言及はあるものの文書自体は未刊行である。

（9） エジプト学ではデモティックは書体から大きく 3 つの時期的区分がなされているのが普通である。サイス朝のものが中心としてプトレマイオス王朝より前のものを初期デモティックとよび、プトレマイオス朝のものをプトレマイオス朝デモティックと呼ぶ。これはさらにプトレマイオス朝デモティックはプトレマイオス・エウエルゲテスからプトレマイオス・エピパネスにかけての時代でさらに 2 つに分けられる。デモティック最後の発展段階に属するものを後期デモティックと呼び、これもトラヤヌスからハドリアヌスあたりを境に 2 つに分けられる。

(10) M.Malinine, "Vente de tombes a l'epoque Saite", *RdE* 27, 1975, 164- 174.

(11) F. Ll. Griffith, *Catalogue of the Demotic Papyri in the John Rylands Library*, 3 Vols. London 1909, 46ff. 神官の家屋は普通はその神官の個人的な所有物であったが、神殿内「場所」はギリシア語の史料では pastoforia と呼ばれる神殿所有の公的なものであったと考えられている（Griffith, op. cit. n.5 ; E. Otto, *Priester und Tempel*, 75 ; 94）。

(12) M. Depauw, *A Companion to Demotic Studies*, Bruxelles, 1997, 23.

(13) Depauw, op. cit., 24 ; D. J. Tompson, "Literacy and Power in Ptolemaic Egypt", in A. K. Bowman and G. Woolf (eds.), *Literacy and Power in the Ancient World*, Cambridge, 1994, 67-83.

(14) R. S. Simpson, *Demotic Grammar in Ptolemaic Sacerdotal Decrees*, Oxford, 1996, 1-24 ; F. Daumas, *Les Moyens d'expression du grec et de l'egyptien compares dans les decrets de Canope et de Memphis*, Le Caire, 1952.

(15) Depauw, op.cit., 25.

(16) W. J. Tait, *Proc. 18th International Congress of Papyrology (1986)*, Athens, 1988, II, 481.

(17) N. Lewis, "The Demise of the Demotic Documents : When and Why", *JEA* 79, 1993, 276-281.

(18) J. Quaegebeur, "Documents egyptiens et role economique bereaucracy" in *State and Temple Economy in the Ancient Near East*, Leuven, 1979, 726-727.

(19) Tait, *Ostraca*, 1.
(20) E. Delange, M. Grande, B. Kusko, E. Menei, "Apparition de l'encre métallogallique à partir de la collection de papyrus Louvre", *RdE* 41, 1990, 213-217. この考察はルーブル美術館に所蔵されているパピルスに限定したものであるが、エジプト語（デモティック）はカーボンを主体としたインクが用いられ、ギリシア語では鉱物質のインクが主体となっていることが明らかとなった。しかし我が国の例を考えても、江戸時代の蘭学を学んだ人は筆でアルファベットを書いていたわけであるし、書材によって単純に割り切ることはできないであろうし、他のコレクションにおいてどのような傾向が見られるか、追加考察がまだ行われていないので、そう単純であったとも思えないが、ひとつの目安としての指摘と考えておいて良いかも知れない。
(21) W. Clarysse, "Greek Loan-Words in Demotic", in S. P. Vleeming (ed.), *Aspects of Demotic Lexicography, Acts of the Second International Conference for Demotic Studies*, Leiden, 19-21 September 1984, Leiden 1987, 9-33. 神官勅令などの一部の例ではデモティックの銘文にギリシア語訳が添えられており、それによってどの語彙をデモティックで表音表記したのか判明するが、その他の多くの例ではエジプト語とギリシア語の知識で表面的に音韻が類似しているという理由でギリシア語の外来語であると解釈しているのが現状である。しかし、現実にはデモティックの書記はギリシア語を音でそのまま置き換えただけではなく、場合によっては意味をエジプト語に訳してデモティックで表記した例なども知られており、デモティックにせよ、ギリシア語にせよ、語彙の不十分な知識しか持ち合わせていないのが現状で、不明語なのか、それともギリシア語の借用語なのかを見極めるのは、なかなか一筋縄ではいかない。本稿では、Clarysse作成のリストを基にして内容を再検討して確実と思われる例に絞った。その際、唯一例を示したのが＊マークを最後に添えておいたものである。しかしながら、こうした例は唯一例ではあるものの、コンテキストやギリシア語対訳の存在から、その語彙がギリシア語であるとほぼ確実に言いうる例である。
(22) W. Erichsen, *Demotisches Glossar*, Kopenhagen, 1954, 482.
(23) 古くから多くの研究者がこの問題に取り組んでおり、多くの論究がこれまでにも発表されている。それぞれの論考の目的は様々であるが、年代順に論考を列挙する：

第3章　エジプトの崩壊とヘレニズム世界

　A. Wiedemann, *Sammlung altägyptischer Wörter, welche von klassischen Autoren umschrieben oder übersetzt worden sind*, Leipzig, 1883 ;
　A. Erman, "Aegyptische Lehnworte in Griechischen", *Beiträge zur Kunde der indo-germanischen Sprachen*, 7, 1883, 336-338 ;
　W. Spiegelberg, "Aegyptischer Lehnworte in der älteren griechischen Sprache", *KZ*, 41, 1907, 127-132 ;
　G. Nincioni, "Innovazioni africane nel lessico latino", *SIFC*, 16, 1939, 8-23 ;
　B. Hemmerdinger, "Noms communs grecs d'origine égyptienne", *Glotta*, 46, 1968, 247-254 ;
　A. G. Mac Gready, "Egyptian Word in the Greek Vocabulary", *Glotta*, 46, 1968, 238-247.
　R. H. Pierce, "Egyptian Loan-words in Ancient Greek", *Symbolae Ostoenses*, 46, 1971, 96-107 ;
　J. Fournet, "Les emprunts du grec à l'égyptien", *Bulletin de la Société de Linguistique de Paris*, 84, 1989, 55-80.
(24) まず、現実問題としてどれがギリシア語であり、どれがそうでないか。しかもエジプト語であるのかを見極めることが困難なケースがあり、単純に音写したものでないものも多いらしく、問題は単純ではない。

表1－3は次頁以降

表1　第26王朝時代の初期デモティックとアブノーマル・ヒエラティックの文書

	アブノーマル・ヒエラティック	初期デモティック
プサメティクス1世	Wien 12004	Ryl. 1 & 2
	Brooklyn 47.218.3	Louvre C 101
	Wien 12003	
	Louvre 2423	
	Torino 2118	
	Torino 2119	
	Torino 2120	
	Torino 2121	
ネコ	Louvre 7858	
プサメティクス2世	Louvre 7849	Louvre E 706
		Berlin 13571
アプリス	BM 10113	
アマシス	Leiden I. 431	Ryl. 3 − 8
	Louvre 7861	Louvre 7855
	BM 10432	Bruxelles 1
	Louvre 7846	Louvre 10935
	Cairo 30657	Louvre 7844
		Louvre 7845
		Cairo 50058
		BM 10117

＊Thissen, *Enchoria* 10, 1981, 107-111 ; Vleeming, *CdE* 56, 1981, 36より改変

第3章　エジプトの崩壊とヘレニズム世界

表2　デモティック文書に見られるギリシア語

αθλοφος	3thrwphrws	（神官称号）	BC2世紀
απελλαιος	3pljs	月名	BC237
αποχη	3pwgˁ	受領書	AD2世紀
αρμενιακος	hrmnjnjkwe	（称号）	AD168
αρτεμισιος	3rtmjsjs	月名	BC217
αρχισωματοφυλαξ	3rgsmtjpjrgs	（称号）	BC170頃
αυτοκρατωρ	3wtwgr (tr)	（称号）	ローマ時代（頻出）
Γερμανικος	krmjkws	（称号）	ローマ時代（頻出）
γραφη(?)	grphn	文書	AD158（JEA55, 1969, 187）
δανειον	sḫ-tnn	貸付金	BC175-BC105
δελφανξ	tlpgs	豚	BC229
διαγραφη	tj3gpr/w	権利証書	BC184-BC135
δικαστης	tjgsts	裁判官	BC133*
εισαγωγευς	3jsws/swjws	王室官吏	BC170-BC135
εκλογιστης	kljstˁts	財政官	AD2-3世紀
εξω ταξεων	3qsts3n	（称号）	BC110-100
εορτη	hrwt	祝祭	BC 71-AD250
επιστατης(?)	p3 mlts	役人	BC234
ευχαριστος	3pjstjtjs	王のタイトル	BC195
ηγεμων	hgmn	武官	BC2世紀
θερμος	trmws	（豆の一種）	プトレイオス朝
ιερος πωλος	3jrw p3lw	神官称号	BC131-BC106
ιππαρχος	hjpprghs	騎兵	BC186-AD29
καρπασιον	krbsy	紫色の	AD2世紀頃[1]
καταβολη	gtbwl3	支払い	BC182*
καταλλαγη	gtglen	代価あるいはある種の租税	BC7-BC3
καταστασις	gtsts	訴訟	BC170頃*
καταικος	gtjks	（称号）	BC118-BC70
κεντυπιων	gntrjn	（称号）	AD29
κοιτων	kwtn	寝室	AD30
κυμβαλον	kmbr	楽器の一種	BC2世紀後半
κωθων	ḳwtn	容器	AD29
κωμαρχης	kmrqs	村長	AD78
κωμομισθωτης	kwmstts	村役人	プトレイオス朝
λαγυνος	lgjnws	容器	ローマの時代
λιτρα	ljtret	容量単位	AD253*
μεγιστος	mgjste	皇帝のタイトル	AD168*
μισθοφορος	mstwphrs	商人	BC218(?)-BC106
μνα	mn3	単位	BC111

νεος σαβαστος	nwsbtw	月名	AD36
νικηποροs	nkpls	神のエピセット(「勝利をもたらす者」)	AD 11*
οικονομος	ꜣwkwmws	財務官	BC230-BC204(BC220頃に集中)
ουραγος	wrꜣkws	軍人タイトル	BC101*
παραβολη	plbwlꜣ	預託金?	BC226-BC223
παρθικος	prtjgw	(称号)	AD180-AD168
παρουσια	prwsj	王の訪問あるいはその租税	BC90*
ριναξ	pjngꜣt	タブレット	プトレイオス朝
πρακτωρ	prktr/pꜣ rktr	行政官	BC225-AD111
προστιμον	prstmꜣ	租税の一種	BC70*
σεβαστος	sbsts	皇帝のタイトル	ローマ時代
σιτολογος	s(j)tlkws	国倉の管理官	AD11-AD16
σταδιον	stꜣtjꜣn	単位	BC2世紀
σταθμος	sttm(ꜣ)s	軍人宿舎	BC120
στατηρ	sttr	単位(=4ドラクマ)	全時代(初期デモティック以降)(頻出)
στρατηγος	srtrks	州の長官	BC150-ローマ時代初期
στρατιωτης	srtjts	兵士	BC170頃-ローマ時代
συγγενης	s(w)ngns	王室官吏	BC97-ローマ時代初期
συμβολον	sblw	証書	BC316-BC2世紀末
συνταξις	sntks(n)	神官の給与	BC224-プトレイオス朝末
σωτηρ	swtr	王のタイトル	BC1-2世紀
τρυφαινα	trwpꜣjn	王妃のタイトル	BC1世紀
τρυφων	trwpn	王のタイトル	BC2世紀
υταιθρος	hꜣpjtrs	兵舎	BC146-BC120頃
υπηρετης	hjpꜣts	召使い	AD1世紀*
υποκειμενα	hypwgymnn	租税の一種?	AD16/38
χιτων	gtn	衣服の一種	BC3世紀以降
χους	kws	単位	BC112
ラテン語			
curator	krtr	補佐官	AD29*
dux	twkse	指揮官	AD253*
felix	flbjs	皇帝のタイトル	AD232*

[1] ギリシャ語での意味は「亜麻布」である。キプロスのカルパシア産の亜麻布に由来するとされる。エジプト例では P. Wien 6165+6165 A ファイユーム出土のものより知られる。ヒエログリフ・ヒエラティック史料に例証は知られないもののコプト語では幅広く引き継がれている(ϭⲉⲗⲃⲉⲑⲓ)。CD 810b; CED 328;

第3章 エジプトの崩壊とヘレニズム世界

表3　ギリシア語中に見られるエジプト語

αχι	ꜣhy	藺草
βαις	bꜥy	ヤシ（の葉）
βαρις	br	船
βασανος	bhn	石材の一種
βωρευς	br	魚
εβενος	hbny	黒檀
ερπις	irp	ワイン
οασις	wḥꜣt	オアシス
ιν	hnw (> hin)	容量単位
κουκουφας	kkpt	鳥の一種
καλασιρις	kry-šry	衣服の一種
κλαλιον	kll	鎖
κικι	kyky/kꜣkꜣ	油の一種
κομμι	ḳmyt	ゴム
κουκι	ḳwkw	ドム・ヤシ
κυλληστις	kršt	パンの一種
κυφι	kꜣpt	薫香
λεμεισα	imy-r mšꜥ (> ⲗⲉⲙⲏϥⲉ)	（称号）
λεσωνις	imy-r šnꜥ (> ⲗⲁϥⲁⲛⲉ)	（称号）
μαγδωλος	mktr	塔
ματιον	mdꜣt	単位の一種
μωιον	mꜣḥ	容量単位
νιτρον	nṯr	薫香
οιφει	ipt	容量単位
προνεσιον	nst	座
παπυρος	pꜣ pr ꜥꜣ?	パピルス
πιρωμις	pꜣ rmṯ	人
πυραμις	pꜣ mr	ピラミッド
ρισης	hry-š	称号の一つ
σαβανον	sbn	（ミイラの）包帯
σαρι/σαρια	sꜣry	植物の一種
σεβενιον	šny-bnry	ヤシの皮
στιμμι	msdmt>stm	顔料
σωρυ	sꜣ wr	金属の一種
φεννησις	pꜣ ḥm n ist	（称号）
φενπταιος	pꜣ ḥm n ptḥ	（称号）
ψχεντ	pꜣ sḥmty	王冠
χαμψαι (ασμαχ)	msht	鰐
ψαγδαν	pꜣ sgnn	油

秋山慎一

第4章

古代末期イタリアの「ゲンテース」
―いわゆる「蛮族」とローマ人の関係をめぐって―

1. 古代末期イタリアの民族アイデンティティーとは

　都市国家ローマの拡大、ひいてはローマ帝国の拡大の歴史は、単なる領土の拡大であるだけではなく、ローマ市民権の普及、ローマ市民人口増大の歴史と表現することもできる。ローマが未曾有の大帝国を築き上げることができたのは、支配下に入れた人々をローマ人として取り込んでゆく能力によってだったと言えるかもしれない。属州出身者は、高位の文官・武官職、元老院にも進出してゆく。そして、帝政中期、後期の皇帝たちの多くが、ローマ市出身でも、イタリア出身でもなく、属州出身者である。212年に、ローマ市民権を帝国全土に拡大したカラカラ帝が、アフリカとシュリアに起源をもつセウェルス朝の皇帝であることは象徴的である。そして周知のように、最終的には、皇帝がイタリアからいなくなった後にも、バルカン半島、小アジアといったかつての東方属州が、「ローマ帝国」を継承してゆくことになるのである。

　帝国の中でも、イタリア半島は最も早いうちからローマの支配（imperium）に組み入れられた地域である。ローマがイタリアの都市国家として興隆してきた頃、そこには、エトルリア人、ギリシャ人、リグリ人、ウンブリ人など、さまざまな人口グループが存在しており、それぞれの言語（とはいえ、中のいくつかは似通ったものであるが）、それぞれの習慣、それぞれの国制をもって生活していた。ローマが勢力を拡大し、彼らが住む地域を支配下に入れてゆくと、最初はもちろん反発もあったが、全イタリア住民にローマ市民権が付与されるに至って、次第にそれぞれの特殊性は薄まり、「民族的」アイデンティティー

は消滅してしまう。帝政初期・中期のイタリアには、ほぼ均質的な人口集団が形成されていたことになる(とはいえ、「イタリア人」というアイデンティティーが形成されたわけではなさそうである)。

それから数世紀を経た、西ローマ帝国解体期には、この統合システムが機能しなくなる。ローマ帝国の西部に新たに入ってきた人口グループは、ローマ帝国の中に同化・吸収されるのではなく、いくつかの後継王国に分かれてゆく。逆に、こうした新来の人口グループはもともと、決して伝統的に団結してきた、均質的な集団ではなかったにもかかわらず、新たなアイデンティティーを打ち立てるに至るのである。本稿では、この過程を理解するための一つの試みとして、「統合と分化」の観点から、4世紀から6世紀の半ばに至るイタリアにおいて、新来の人々がイタリアの住民と、どの程度同化していたか、もしくは同化していなかったかを考察してみたい。具体的には、法的位置づけ、言語、名前、宗教、外見という側面からアプローチする。

論を進める前に、いくつかの用語を確認しておく。3世紀の後半に、ヨーロッパ東部・北部からローマ帝国に入ってきた人口のことは、一般に、「ゲルマン人」、「蛮族」などと呼び習わされている。しかし、これら人口の全てがゲルマン人ではなかったことは周知の事実であるし、「蛮族」というのは言葉自体が含むネガティヴな意味合いのためにあまり好ましくない。このため、本稿ではこれらに代わる言葉として、いささか曖昧で、馴染みがないことは認めつつ、「人々」を意味する、「ゲーンス(単数形gens)、ゲンテース(複数形gentes)」という用語を用いることにする。第二に、「西ゴート」と「東ゴート」という表現は正確ではないというゴート研究者の指摘に鑑みて、それぞれヴィシゴートとオストロゴートという表現を用いることにする。第三に「民族」という言葉が近現代に持つようになった意味合いは、古代のゲンテースには当てはまらないことが指摘されていることに注意を喚起しておかねばならない。古代末期の「民族」グループは、近現代の民族がしばしば有するような団結力や排他性を持っていないことが多い。代用できる言葉がないために、ここではこの言葉を使用するが、古代の民族(ethnos)に、現代の意味での「民族」が意味する

第4章 古代末期イタリアの「ゲンテース」

ものがしばしば当てはまらないことは認識しておかねばならない。[5]

2．法的な位置づけ

　ゲンテースたちはローマ帝国に住むようになったとき、どのような法的地位を与えられたのだろうか。ローマ市民権を与えられたのだろうか。この問題に答えるのはそれほど容易ではない。古代末期に、ゲンテースたちがローマ帝国への定住を許可される際、彼らが市民権を要求したのか、そしてその付与を受けたのかどうかは、どの歴史家も法律も語っていないからである。[6]
　市民権の価値は、その広まりとともに下降を続け、212年にカラカッラ帝が市民権を帝国の全自由民に付与するに至って、特権的な自由人とそうでない自由人との差は、市民権の有無ではなく、honestior／humiliorという曖昧な地位上の差で表現されるようになる。[7] 4世紀になると、市民権という言葉は、自由人と非自由人との関係においてのみ問題とされるようになり、また、civis Romanus（ローマ市民）の対照概念であったperegrinus（外人）という語が、非市民である帝国住民を表すのを止め、登録されたorigo（出身地）を離れて生活する人、もしくは法的処罰として市民権を奪われた人という意味になる。[8]つまり、ゲンテースがperegriniと表現されることはないのである。
　4世紀には数多くのゲルマン系軍人が社会的な上昇を果たすが、その多くはローマ人との混血か、帝国在住二世であり、かなりローマナイズされている。[9]一部の研究者は、こうした社会上昇を遂げたゲンテース出身者たちで、ゲーンス名をもっている者が、市民権付与を受けているのだと考える。[10]この考え方に従えば、市民権付与を受けたゲンテース出身者の数はさほど多くなかったことになる。ただ、ここで問題となっているゲーンス名「フラウィウス」は、ゲーンス名としての意味合いを持っていないので、その有無が市民権の有無を証明するという考え方は疑わしい。[11]
　最近の論文の中で、リーベシュッツは、laetiやcoloniのように合法的に帝国への定住を認められたゲンテースは、市民権保有が条件となるような職業（例えば、正規軍への登録）に就く場合や、ローマ人女性との結婚の時にだけ、

形式的にローマ市民権が与えられたと論じている(12)。であるならば、市民権はかなり多くの人に、容易に与えられたことになる。ただ、こうした市民権付与に関する言及が史料にない以上、彼らには帝国のほかの自由人と同じ権利が自動的に与えられたが、それはもうとりたてて「市民権」とは呼ばれなかったのだという可能性も排除すべきではないと思う。彼らが自由人として帝国に移住する時には、帝国の他の自由人と同様の権利が認められたのではないか。その代わり、彼らは、定住時の条件にしたがって、コロヌスや兵士の地位を得た。後期ローマ帝国では、こうした身分差がそれぞれの権利や義務と結びついていたことは言うまでもない。

　状況が変わり、帝国市民とは異なるカテゴリーのゲンテースが帝国内に住むようになるのは、おそらく、ハドリアノポリスの戦い以降である。敗死したウァレンスに代わって皇帝となったテオドシウスが382年、フリティゲルン率いるゴート人と結んだ条約（foedus）は、彼らを新たなローマ人にするようなものではなかった(13)。この条約の内容に関しては論争があるが、ゴート人は、ドナウ川とバルカン半島山岳地帯までの土地を割り当てられて、兵士となるか農民となるかした。しかし、与えられた土地はローマ帝国の主権下に留まり、納税義務を負うが、彼らには自治を行うことが認められるというものだったらしい(14)。司法と行政が分離していない社会において、自治をおこなうことは、ローマ法の枠外におかれることを意味したに違いない。

　ゴート人に対する自治権付与は、彼らに結束を維持させることを意味した。これがローマ側にとって決して好ましい条件でなかったことは、5世紀初頭アルカディウスが、制圧したスキリ人とクニ人が反乱を起こすことがないように、意図的に分散定住させたことと比較すれば明らかだろう(15)。状況さえ有利であれば、ローマ帝国は彼らを統合したかったのである。実際、382年条約で帝国内に定住を許されたゴート人は後に反乱を起こし、帝国西方に攻撃を仕掛ける。アラリックはその指導者だったらしい(16)。

　オストロゴート人のイタリア移住は、皇帝ゼノの合意のもとおこなわれ、そ

第4章　古代末期イタリアの「ゲンテース」

の後皇帝が替わったため再承認に手間取ったが、497年テオデリックは王として認知されている。したがって、彼らのイタリア移住は合法的なものであった。ただ、移住がおこなわれた時、イタリアに事実上皇帝権力が及ばなくなっていたことが、今までのゲンテースのイタリア侵入とは異なる点であった。テオデリック率いるゲンテースの一団は、最初から支配集団となるべくイタリアに至ったのである。

　オストロゴート人は、自治権というにとどまらない、ローマ人に勝る権利を有していた。それをよく示すのは、ローマ人との訴訟の際、ゴート人はゴート人裁判官（とローマ人の保佐人）によって裁判を受けられるという特権である[17]。ヨルダネスは、ゴート人は少なくとも１世紀から当時に至るまで belagines という法をもっていたとしているので、ゴート人はローマ人と別の法律に従っていた可能性がある[18]。ただ、テオデリックが王国の基本的な法律をまとめた Edictum Theoderici はラテン語で書かれており、ローマ法の原則が生かされている一方、ゲルマン法の色彩は希薄である[19]。これらのことから、ゴート人とローマ人は基本的な共通法をもつが、ゴート人が関わる裁判では裁判官がゴート人である以上、ゴートの習慣がローマのそれと異なるときにはそちらが優先されたのではないかと考えられる[20]。

　イタリアを統治する上でテオデリックが示した有名な指針として、ゴート人はローマ人の civilitas の守護者たれ、というものがある。ここで、civilitas は「文明」という意味ではなく、順法精神に基づいた生活という意味であることは、すでに多くの研究者の指摘するところである。ゴート人はローマ法の遵守者であるのではなく、ローマ人が守る法律の擁護者であるという、ゴート人とローマ人との微妙な地位の差と相互の立場の違いがこのプロパガンダには反映されている[21]。

　オストロゴート王国で、「ゴート人」の法的定義は何だったのか、そしてそれはどのように示されたのかを伝える史料はないものの、他のローマ人と法的に異なった地位が与えられていたことは非常に重要であり、このグループの同一性を保障する要素となったであろう。

3. 言語

　ゲンテースは、もともと独自の言語を持っていた。4世紀のゴート人はゴート語の聖書すら持っている[22]。他方、ローマ人としての生活には、ラテン語（そして東方ではギリシャ語）の習得が不可欠である。彼らの間でどの程度、ラテン語の知識が広まっていたのだろうか。

　4世紀のゴートその他のゲンテースたちが、ギリシャ語かラテン語の知識をある程度持っていたらしいことは、書簡のやり取りなどがどちらかの言語でおこなわれていることから推察される[23]。ローマ軍に編入されたゲンテース出身兵士の場合は、これらの言語を全く知らなければ、ローマ人司令官の命令を理解できなかったろうから、意識的に教育・習得がなされたに違いない。また、ゲンテースはそれぞれのグループでさまざまな言語を話し、また、正規軍では特定のゲーンスが一部隊に集められることはなかったので、リングア・フランカとしてラテン語・ギリシャ語を使わざるを得なかったかもしれない。5世紀の半ばに至るまで、ローマ正規軍の過半数はローマ帝国内で生まれたローマ人であり、彼らとの生活の中でラテン語・ギリシャ語を覚える機会があったのだろう[24]。しかし、同盟軍に関しては話が別で、既に形成されているゲンテース集団が部隊を形成し、族長が司令官だったので、ラテン語は必要不可欠なものではなかった。

　オストロゴートの場合、途中から合流した者を除けば、ギリシャ語領域から来ているので、例えギリシャ語の知識はあったとしても、イタリア到着当初ラテン語は未知の言語であったと考えられる。以下で見るように、彼らはラテン語も習得していったが、ゴート語も王国滅亡に至るまで維持されていたようである。このことを示す史料をいくつか見てみたい。

Cassiodorus, *Variae* XI. 1. 6（道長官カッシオドルスよりローマの元老院へ）
　まことに、彼女（＝アマラスンタ）がどの言語に精通していないだろうか？彼女は豊穣なるアッティカ語（＝ギリシャ語）の明瞭さによって抜きん出てお

り、ローマの雄弁の威風によって輝いている。そして、生来の言語（＝ゴート語）の豊かさによって栄光を与えられている。……

Id., *Variae* VIII. 21. 6-7（アタラリック王よりキュプリアヌスへ）
彼ら（＝キュプリアヌスの息子）は幼少の頃から宮廷に出入りしていた。……彼らは、ゴート人の恩寵（gentilis gratia）によって輝き、武器の訓練から学ぶことを止めない。ローマ人の子でありながら我等の言葉を話し、我等の言葉を愛することによって、我等に対する将来の忠誠を示そうとしている。

Procopius, *De Bellis,* V. x. 10
ベリサリオスは、水道に至近の場所にある塔で見張りについていた敵に作戦が察知されるのではないかと恐れて、その場所に行き、そこにいる蛮族たちとゴート語で会話するようベッサスに命じた。

キュプリアヌスの息子たちが、幼少の頃からラウェンナでゴート人たちとともに育って、戦いの技とゴート語を習得したとされていることは、ゴートの宮廷ではゴート語が話されていたことを示している。キュプリアヌス自身も、ラテン語のほか、ゴート語とギリシャ語を話したらしい。[25] さらに、536年のナポリ包囲戦で、ベリサリオスが部下のベッサスに、市内に籠ったゴート人にゴート語で話しかけることを命じたのもまた、ゴート兵は一般にゴート語が話せたからであろう。最後に、551年にラウェンナのゴート人聖職者が作成した契約文書では、三人の人物がゴート語で署名していることも挙げておこう。[26]
　上のような断片的な史料の一つ一つに関して批判することはできようが、全てを総合すると、イタリアのゴート人の間にゴート語の知識がゴート戦争の頃まで生き続けたこと自体を否定するのは困難であろうと思われる。ヴィシゴートのトゥールーズ王国は、一世代ほどの間にゴート語を失ってしまったようなので、[27] オストロゴート王国におけるゴート語使用の継続は注目に値する。
　ヴァルター・ポールは、ローマ帝国変容期のコンテクストにおいて、言語が

ある人のアイデンティティーを決めるのに使われたり、民族グループを定義したりするのに使われたという証拠はないと論じている[28]。しかし、オストロゴート王国においてはゴート語の使用がゴート人の間で継続し、他方、ローマ人の間でゴート語の知識が広がっていたとは思われない（キュプリアヌス父子の例は特筆に価するものだったのである）。意識的なものであったかどうかは別としても、結果的にゴート人を定義づける要素になっていた可能性は否定できないだろう。

その一方で、上層のゴート人たちがラテン語の知識やギリシャ・ローマ的な教養を吸収していったことを示す証拠もいくつかある。テオデリックの甥であるテオダハッドはプラトン主義哲学に通じた人物として知られている。また、文盲だったといわれるテオデリック自身もローマにおける公費での教授雇用を継続し、高等教育に理解を示している[29]。『ゴート史』と『ローマ史』をラテン語で書いたヨルダネスはゴート人である[30]。カッシオドルスが王の名前で書いた命令書のいくつかがゴート人に、しかも、高位のコメスだけではなく（高官の場合には通訳の存在が想定できる）、比較的身分の低いサイオにまで宛てられていることは、ゴート人の間で、少なくとも行政言語として、ラテン語の知識がかなり広まっていたことを示しているようだ。彼らはラテン語を習得はしたけれども、ゴート語を忘れはしなかったのである。

4．名前

共和政期から帝政中期に至るローマニゼーションの過程を辿る方法として重要なのが、ローマ的命名法の普及度合いを調査することである。外人は、総督や皇帝から市民権を与えられた際に、姓名をローマ風に改名し、ちょうど奴隷が解放された際、名前を主人から受け継ぐように、プラエノーメンとノーメンを市民権付与者から受け取った。したがって、例えばある属州都市でトリア・ノミナをもつ人が増加していれば、ローマ市民が増加していたと結論することができる。ところが、3世紀頃から、トリア・ノミナの伝統が崩れ始め、名前から市民権の有無を言うことが難しくなるため、古代末期研究にはこの方法を

第4章　古代末期イタリアの「ゲンテース」

用いることができない。[31]

　ゲンテース風の名前から、民族的アイデンティティーを探る試みも、かつては頻繁におこなわれていたが、最近では批判にさらされている。篡奪皇帝となるマグネンティウスやシルウァヌスはラテン語系の名前を持つが、少なくとも片親がゲンテース出身の移民二世世代であると考えられている。スティリコも同じ境遇であるが、名前はゲンテース風である。アラマン人でもラティヌスという名の場合もある。[32] このように、名前は民族的アイデンティティーを必ずしも証明しないし、名前は本人が選ぶものではないので、親の世代の意識しか分からない。しかし、父祖にゲンテース出身者がいないにもかかわらず、ゲンテース風の名前を採用しているローマ人の例は知られておらず、ラテン語・ギリシャ語・聖書由来の名前がローマ人であることの証明にはならない一方で、ゲンテース風の名前はゲンテースとの血縁を示しているようである。

　オストロゴート人の場合には、大多数がローマ的伝統とは異なった名前を用いている。[33] しかし、そうした名前の全てがオストロゴート的なものというわけではなく、フン人の名前（例えば、Hunila）、ヴァンダル人の名前（例えば、Vandalarius）が混在している。これは、イタリアのオストロゴート人だけではなく、当時のゲンテースに広く見られた現象で、移動期にさまざまなゲーンス出身の者たちが混交したからであると考えられている（この論文で、「ゲンテース風の名前」という表現を使うのも、名前の起源がはっきりしない場合が多いからである）。以前の時代同様、ローマ人がゲンテース風の名前を使っている例は知られていないものの（だからといってもちろん、決してなかったことは証明できないが）、逆の例はいくつかあり、コロッセウス、アンドレアス、ヨルダネスといった名前のゴート人が知られている。しかし、そうした例は、知られている限りそれほど多くはない。

5．宗教

　4世紀以降、ローマ帝国内に入ってくるゲンテースとローマ人との間で、宗

教がアイデンティティーを決定付ける要素となりえただろうか。イタリアにおけるキリスト教化は4世紀以降急速に進み、都市部のキリスト教化は（ローマの一部の元老院議員を除き）同世紀のうちにかなり進んだものと考えられる。また、異端論争はそれほど激しくはなく、いわゆるアリウス派を奉じる者は少なかった。

　他方、ゲンテースの方は、まだ異教を奉じる者もあれば、キリスト教を奉じる者もあった。例えば、サウルやフラヴィッタは異教徒であったと伝えられている[34]。4世紀の半ばまでにイタリアに入って来てその後、キリスト教に改宗した者は、イタリアで主流であったニカエア派に改宗したのであろう。しかし、ハドリアノポリスの戦い以降にイタリアに入ってくるゲンテースの間ではアリウス派のキリスト教が主流だった。コンスタンティウス二世の時代から「ゴートの使徒」ウルフィラが東方のゴート人の間に広めたのは、いわゆるアリウス派であった。コンスタンティウスの時代から、ウァレンスの時代まで、ユリアヌスを除いて東方のローマ皇帝は皆アリウス派であったためもあって、彼らはアリウス派が主流であると思っていたことであろう[35]。アリウス主義は、ゴート人以外のゲンテースの間にも広まってゆく。

　イタリアでは、アリウス派のゲンテースは、ローマ人が信奉する正統信条に対しては寛容で、迫害をおこなった例は、ランゴバルドの時代まで知られていない[36]。これは、彼らが正統派を脅威と感じていなかったことを示しており、ローマ人がゴート人を正統派に改宗させようとしなかったことと関係しているのだろう。イタリアでは、ローマ人がアリウス派に転向したという例はほとんどないのも、両者が距離をおいた宗教生活を送っていたためであると考えられる[37]。

　テオデリックはアリウス派であり、その他の多くのゴート人もアリウス派であったことが知られている[38]。ただ、テオデリックの母も含め、正統派であった者も少なくない[39]。テオデリックの治世の終盤を除き、一般に王家と正統派教会の関係は良好であった。499年ローマ司教会議に集まった正統派の司教たちは王の名を歓呼しているし、500年にローマを訪問したテオデリックは、「正統派

第4章　古代末期イタリアの「ゲンテース」

のように」振舞ったと記録されている(40)。また、彼は、支配者にこびるためにアリウス派に改宗したローマの聖職者を処刑したと伝えられており、ローマ人の間にアリウス派への改宗者を増やそうと試みなかったようである(41)。他方、ゴート人が正統派に改宗することが妨げられたとする史料はない。史料に見られるこれらの傾向を一般化するなら、オストロゴート時代のイタリアで、アリウス派であることは、ゴート人であることを意味したけれど、ゴート人であることは必ずしもアリウス派であることを意味しなかったということになろう(42)。したがって、アリウス派信仰が、オストロゴートのアイデンティティーとある程度結びついていたことは認められよう(43)。

6．外見

　ゲンテースは、外見からローマ人と区別されえたのだろうか。一般に、ゲルマン人は、背が高く、体格がよく、髪が長く、肌の色は白く、概して不潔で、酒をよく飲むというイメージがあったようである(44)。ただ、ローマ帝国は長いあいだ国境をさまざまな非ローマ人の居住地と接しており、ゲンテース的なフィジオノミーが存在したとしても、それがゲンテースとローマ人を区別する確実な同定要素となったとは考えられない。重要なのはむしろ服装や髪型などだろう。なぜならば、これは一つの選択の結果、身に着けられるアトリビュートだからである(45)。代表的なものとして、装身具、長髪、ズボンの使用を考えてみよう。

　まず、装身具に関しては、その同定要素としての有用性が研究者の間で論争になっている。「ゲルマン風装身具」とされてきたものが、実際にはローマ起源だったのではないかという有力な反論が現れている(46)。また、たとえ「ゲルマン風装身具」が存在していたとしても、それを着けていた人がゲルマン人とは限らないかもしれない。現代でも、「エスニック風」アクセサリーを日本人が身に着けているようなものである。少なくとも、4世紀以降の段階では、ゲンテースが一般にローマ人と、特に属州のローマ人と全く異なった装身具を着けていたかどうかは疑わしいようである。

— 85 —

衣類、髪形についてはどうか。まず、ホノリウス帝が発布した以下の法文を見てみよう。

『テオドシウス法典』第14巻第10章第2法文
　アルカディウス帝とホノリウス帝がローマ住民に〈宣示す〉。
　崇敬すべきローマ市内において、長靴（tzangae）とズボン（bracae）を使用することは誰であっても許されるべきではない。にもかかわらず、もし誰かがこの規定にそむこうと試みたならば、イッルストリス級〈首都〉長官の判決によって、その者から全ての財産を没収した上で、永久追放に処されるべきことを我等は命ずる。以下略。
　カエサリウスとアッティクスがコーンスルの年（397年）に付与され、ローマの神帝トラヤヌス広場に掲示さる。

『テオドシウス法典』第14巻第10章第3法文
　同（＝アルカディウスとホノリウス）帝が首都長官フラウィアヌスに〈宣示す〉。
　ローマ市内においては、誰も、ズボン（bracae）や長靴（tzangae）を用いてはならない。もし、誰かが、寛大なる我等の命令の後で、頑迷にその使用を続けるならば、地位の認めるところに従って罰せられた上で、聖なる都市から追放されるべし。以下略。
　クラリッシムス級のテオドルスがコーンスルの年（399年）の6月6日、ブリクシアにて付与す。

『テオドシウス法典』第14巻第10章第4法文
　皇帝ホノリウスとテオドシウス（二世）が首都長官プロビアヌスに〈宣示す〉。
　最も神聖なる都市ローマにおいて、長髪にすることや皮革製の衣服を身に着けることは、奴隷にすらも禁じられることを我等は命ずる。以降、罰

第4章 古代末期イタリアの「ゲンテース」

を受けることなしにこのような装いをすることは誰にも許されないであろう。しかし、もし誰かが我等の規定の効力を無視したならば、自由人であれば法の罠をまぬかれることはなく、奴隷であれば公共労役を課されるであろう。このことが、まず市内で知らしめられるだけではなく、周辺の州でも許されないということを我等は定める。

　我らが主たるテオドシウスが七度目にして、パッラディウスがコーンスルの年（＝416年）の12月12日、ラウェンナにて付与す。

　ズボン、長靴、長髪、皮製の衣服は、ゲンテースの特徴であり、これらの法は、皇帝がローマ人に「蛮族」の真似をすることを止めることを命じているのだと解釈されてきた[47]。ただ、ズボンは2世紀から既にローマ正規軍でも採用されており、古代末期までには蛮族との結びつきが薄れていた可能性がある[48]。また、法文中で、これらのアイテムが「蛮族」と関連付けられていないことにも注意すべきであろう。6世紀の歴史家プロコピオスは、コンスタンティノポリスのサーカス・ファクションの人々がペルシャ人のように髪や髭を伸ばし、フン人のような服装で治安を乱していたことを嘆いている[49]。だとすれば、ホノリウスが恐れたのは、ローマ市住民がゲンテースのような格好をして、徒党を組み、治安を乱すことだったのかもしれない[50]。この法文からは、このような禁令が必要になったのは、一般のローマ市民がこのような格好をしていたからなのか、それともそれはゲンテース出身のローマ住民と奴隷だけであったのかは、わからない。もし、一般のローマ人がゲンテース起源のファッションをしていたということならば、逆の意味でゲンテースはローマ人との区別がつかなくなっていたことになるのかもしれない[51]。

　オストロゴート人が特異な外見をしていたかどうかも分かっていない。ゴート人の考古学的側面に詳しいビアブラウアーは、東ゲルマン人（オストロゴートはこのグループに含まれる）は特異な物質文化をもっていたと考えているので、彼が正しければ、その可能性はあるだろう[52]。しかし、別の研究者は、ゴー

ト人の兵士が武器を携帯していた可能性はあることを除けば、独特の装束を着ていたことを示す史料はないとしている。(53) 一般のオストロゴート人に関しては、図像も副葬品もないため、どのような姿をしていたのかを知ることは全く不可能である。メダルに残るテオデリックの肖像は、口ひげを生やし、おかっぱ頭をして、何もかぶっていない。ただ、古代末期のコインの肖像から正確な外見を割り出すことはほとんど不可能で、このおかっぱ頭が長髪といえるのか、それとも表現の稚拙さからそう見えるだけなのかはよくわからない。また、コインに見られるテオダハッドは、テオデリックとは異なり、帽子のような冠をかぶり、髭は生やしていない。したがって、フランク王の長髪のように、ゴート王特有の外観があったとはいえないことになる。(54)

ヴァルター・ポールは、5世紀・6世紀のローマ帝国後継諸王国における外見上のアイデンティティーは流動的なものであり、少人数のグループに当てはまるようなものはあっても、一ゲーンス全体を包括するような特徴は存在しなかったと論じている。(55) イタリアのオストロゴートに関してもこれは当てはまるようである。

7．「民族」の形式

4世紀の後半、ウァレンティニアヌス帝時代頃まで、すなわち、ローマ軍の力がまだ勝っていた時代までは、ゲンテースの移民は比較的小さな規模で、散発的に行われ、急速にローマナイズされていったようである。彼らが、それまでの生活習慣や習俗をある程度維持し続けたというのはありそうなことであるが、ローマ帝国内にも当然、異なった習慣・習俗が共存しており、そのレベルを超えるものではなかった。(56)

しかし、ローマ軍の力とゲンテースの兵力に力の差がなくなる4世紀の終盤、グラティアヌスやテオドシウスの時代には、帝国に入ってくる集団の規模が大きくなり、帝国はこれを同化できなくなる。決定的だったのは、やはり、ゲンテース側の武力が、ローマのそれに比肩するようになったことである。ローマは、彼らをローマ人と対等とは言えないような条件で受け入れざるを得なくな

り、当然ゲンテース側はその優位な地位を維持するために、ローマ人と一線を画すようになった。彼らはやがて、帝国の支配を離れ、ヴィシゴート王国やヴァンダル王国を建国することになる。

イタリアで同じことが起きるのは5世紀末になってからである。オストロゴートの場合には、最初からイタリアを支配すべく派遣され、この集団は、支配の必要性から、ローマ人に同化することを選ばなかった。ゴート人は特に軍隊としてのまとまりを保つ必要があった。ピケヌムとサムニウムに入植したゴート人たちは一年に一度、王からの給付 (regalia dona) を受け取るため、ラウェンナの王の下に赴いたが、こうした行為は集団意識を高めるのに役立ったろう[57]。その一方で、ローマ人は厳格に武器から遠ざけられたようで、一般のローマ人は兵役に就いた様子がない[58]。ローマ市民以上の地位を享受するゴート人は、ローマ人と同等の権利を要求する必要もなく、むしろローマ人とは区別されている方が有利であったろう[59]。このため、イタリアのオストロゴート王国において、ゴート人はその「民族的」特徴のいくつかを保ち続けたのではないか。この王国で始まった、ゴートの歴史を記録しようという試みも、民族意識の表れ、もしくは民族意識を形成しようという試みの表れであろう[60]。

ローマには、もはや彼らを統合してゆく力がない一方で、新王国の構造自体、すなわち武装したゲンテースが旧ローマ人を支配するという構造自体が、統合を不可能にしていたと考えられる。もちろん、その構造の理解には、この論考でおこなった考察だけでは不十分であり、以降の課題としたい。

参考文献

（ここには、複数回引用されるもののみを掲げ、一度だけ引用するものは註の中に記載した）

Amory, *People and Identity* = P. Amory, *People and Identity in Ostrogothic Italy 489-554*. Cambridge 1997.

Chauvot, "Origine sociale" = A. Chauvot, "Origine sociale et carrière des barbares impériaux au IVe siècle après J.-C.", in *La mobilité sociale dans le monde romain. Actes du colloque édités par E. Frézouls*. Strasbourg, 1992：

173-84.

Chauvot, *Opinions romaines* = A. Chauvot, *Opinions romaines face aux barbares au IVe siècle ap. J.-C.* Paris 1998.

Demougeot, "Restrictions" = E. Demougeot, "Restrictions à l'expansion du droit de cité dans la seconde moitié du IVe siècle", *Ktema* 6 (1981), 381-93.

Elton, *Warfare* = H. Elton, *Warfare in Roman Europe, AD 350-425.* Oxford 1996.

Heather, "Literacy and power" = P. Heather, "Literacy and power in the migration period", in *Literacy and Power in the Ancient World.* A.K. Bowman & G. Woolf (eds). Cambridge 1994 : 177-97.

Heather, *The Goths* = P. Heather, *The Goths,* Oxford 1996.

Jones, *LRE* = A.H.M. Jones, *The Later Roman Empire,* Oxford 1964.

Liebeschuetz, "Citizen status" = W. Liebeschuetz, "Citizen status and law in the Roman empire and the Visigothic kingdom", in *Strategies of Distinction,* 131-52.

MacGeorge, *Late Roman Warlords* = Penny MacGeorge, *Late Roman Warlords,* Oxford, 2002.

Moorhead, *Theoderic* = J. Moorhead, *Theoderic in Italy,* Oxford 1992.

PLRE = J. R. Martindale et al. (ed.), *The Prosopography of The Later Roman Empire,* i-iii, Cambridge 1971-1992.

Pohl, "Introduction" = W. Pohl, "Introduction : Strategies of Distinction", in *Strategies of Distinction,* 1-15.

Pohl, "Telling the difference" = W. Pohl, "Telling the difference : signs of ethnic identity", in *Strategies of Distinction,* 17-70.

Salway, "What's in a name?" = Benet Salway, "What's in a name? A survey of Roman onomastic practice from c. 700 B.C. to A.D. 700", in *JRS* 84 (1994) 124-45.

Strategies of Distinction = *Strategies of Distinction* (The Transformation of the Roman World 2), edited by W. Pohl, & H. Reimitz, Leiden, 1998.

Wolfram, *History of the Goths* = H. Wolfram, *History of the Goths.* Berkeley, L.A. & London 1988.

Wolfram, *Roman Empire* = H. Wolfram, *The Roman Empire and Its Germanic People.* Berkeley, L.A. & London 1997.

註

（1）このプロセスにおいてエトルリア語が完全に失われたことは特徴的である。ギリシャ語だけは、南イタリアで使われ続けたが、これはギリシャ語がより広い地域で使われ続けたことによるのであろう。イタリアでギリシャ語を話していた人々がどのような帰属意識を持っていたのかは興味深い問題である。

（2）Pohl, "Introduction", 1-3.

（3）gentes のこの用法は最近、H.-W. Goetz et al. (eds.), *Regna and Gentes : The Relationship between Late Antique and Early Medieval Peoples and Kingdoms.* (Transformation of the Roman World, 13), Turnhout 2002 でも採用されている。

（4）名称については、Wolfram, *History of the Goths*, 24-25、さらに、A.S. Christensen, *Cassiodorus, Jordanes and the History of the Goths : Studies in a Migration Myth.* Copenhagen 2002, 216-18. Ostro- は確かに「東」だが、方角のことではなく、「日が昇る」「旭日の」といった意味合いで（「日の本の国」のようなもので、単に方向のことを指しているのではない）、Vesi の方は「勇猛な」という意味だったのが、東のオストロゴートと対を成すために、「西」の意味をこじつけられたらしい。

（5）「民族」が固定した生物学的な区分ではなく、歴史的なプロセスによって成立するものであることは、学問的には既によく知られた知見となっている : cf. Wolfram, *History of the Goths*, 1-18 ; Heather, *The Goths*, 3-7 ; 佐藤彰一「古代から中世へ―ヨーロッパの誕生」、『岩波講座世界の歴史7　ヨーロッパの誕生　4-10世紀』1998年、3-78（18）; Pohl, "Introducition", 8 ; Id, "Telling the difference", 20-22など。

（6）Liebeschuetz, "Citizen status", 138.

（7）Jones, *LRE*, 17-18 ; Liebeschuetz, "Citizen status", 131-35を参照。Liebeschuetz によれば、honestior／humilior の違いは明確に定義されることはなかったが、ローマ政府を支えるような立場にあるかないかが分け目であって、市民ではなくとも honestior であることはできたとしている（ibid., pp. 134-35）。なお、D. Timpe, "civitas", in *Reallexikon der germanischen Altertumskunde*, vol. 5, Berlin 1984, 10-12は事実上、Constitutio Antoniniana で話を終えている。

（8）Demougeot, "Restriction", 382 および Liebeschuetz, "Citizen status", 135

を見よ。Liebeschuetz, ibid. は、peregrinus の語義の変化について論じながら、「外人」自体が消滅したのかは述べていない。「外人」が barbarus という言葉で表された可能性はあるが、barbarus という言葉には厳密な法律的定義がない。Demougeot, "Restrictions", 385 は、皇帝ユリアヌスが360年、元老院とアテナイ市民に宛てて、「兵士たちは、外人も市民も (kai xenoi kai politai) 皇帝を見捨てない」と書いていることから、当時、兵士の中にはまだ市民よりも外人の方が多かった証拠と考えている。今回の研究では、peregrinus と ξένος との関係にまで手を伸ばす余裕がなかったので、今後の課題としたい。

（9）篡奪者マグネンティウスやシルウァヌスは移住二世世代に属する。Cf. Chauvot, "Origine sociale". 州住民と gentiles（この言葉の意味が争点の一つ）との結婚を禁じた *Codex Theodosianus* III. 14. 1（370年か373年）をめぐっては議論がある。この法が、局地的・一時的なものだったと論ずるのは、H. Sivan, "Why not marry a barbarian? marital frontiers in late Antiquity", in *Shifting Frontiers in Late Antiquity*, ed. by R.W. Mathisen & H.S. Sivan, Adershot／Variorum 1996, 136-45、また、Ead., "The appropriation of Roman law in barbarian hands："Roman-barbarian" marriage in Visigothic Gaul and Spain, in *Strategies of Distinction*, 189-204. Alexander Demandt, "The osmosis of Late Roman and Germanic aristocracies", in E. Chrysos & A. Schwarcz (Hrsg.), *Das Reich und die Barbaren*, Wien 1989, pp. 75-86+ 1 stemmaやLiebeschuetz, "Citizen status", 139-40 もまた、この法は一般的に適用されなかった論じている。他方、Chauvot, *Opinions romaines*, 131-44 は、民間人一般に適用されたと考える。

(10) ゲーンス名と市民権保有を関連付ける考え方はTh. Mommsen (in Id., *Gesamm. Schr.*, vol. VI, 362-484, esp. 476-77) に遡るが、Demougeot, "Restrictions", 383 ; Chauvot, "Origine sociale" ; Id., *Opinions romaines*, 129は最近でも、この考え方を踏襲している。

(11) Flavius の意味については、J. Keenan, "The names Aurelius and Flavius as status designations in later Roman Egypt", *ZPE*. 11, 13, 53 (1973, 1974, 1983)：33-63, 283-304, 245-50 が詳しく、その主張は Salway, "What's in a name?", 137-39、Liebeschuetz, "Citizen status", 135, 138-39 によって受け入れられている。

(12) Liebeschuetz, "Citizen status", 138-39. Demougeot, "Restrictions", 383 は

市民権付与を受けたことが知られる laeti は一人だけ、すなわち後の簒奪者マグネンティウスだけだったとしているが、彼がどの段階で市民権を獲得したかは述べていないし、laeti が市民権を持たなかったことを証明するものはない。

(13) この条約の新しさについては、Wolfram, *History of the Goths*, 134 を見よ。

(14) この条約の内容については、論争があるが、P. Heather, *Goths and Romans*, Oxford 1991, 158-165；Chauvot, *Opinions romaines*, 298-302 とそこに挙がっている先行文献を参照。Wolfram, *History of the Goths*, 133 には註がないので、主張の根拠が不明確である。

(15) *Codex Theodosianus* V. vi. 3；Sozomenos, *Historia Ecclesiastica*, IX. 5. 5-7 (ed. G.C. Hansen, Berlin 1995, 397). この法文には彼らが自由身分のコロヌスとして受けいられることが明記されている。

(16) Heather, *The Goths*, 140-41, 172. Chauvot, "Origines sociales", 180 はアラリックが市民権を持っていたかどうかは疑わしいとしている。

(17) Cassiodorus., *Var.* VII. 3. Cf. Giulio Vismara, "Il diritto nel regno dei Goti", in *Teoderico il Grande e i Goti d'Italia*. Atti del XIII Congresso internaz., Milano 2-6 nov. 1992, Spoleto 1993, 284-90. しかし、ローマ人同士の訴訟でも、ゴート人裁判官の法廷で裁かれることはあったようである：K. Tabata, "I comites Gothorum e l'amministrazione municipale in epoca ostrogota", in *Humana sapit, Etudes ...offertes à L. Cracco Ruggini*, Turnhout/Brepols, 67-78 (うち71)。

(18) Iordanes, *Getica*, 69. ヨルダネスはゴート人であり、この証言には信頼がおける。

(19) *Edictum Theoderici* が、オストロゴートのテオデリック王のものであることについては、Hermann Nehlsen, *Sklavenrecht zwischen Antike und Mittelalter. Germanisches und römisches Recht in den germanischen Rechtsaufzeichnungen I：Ostgoten, Westgoten, Franken, Langobarden*. Göttingen 1972, 120-23を見よ。

(20) Liebeschuetz, "Citizen status", 142-46 がヴィシゴート王国の法律運用に関してしているこの考察は、オストロゴート王国にも当てはまるだろう。

(21) テオデリックの civilitas については、N. Scivoletto, "Cassiodoro e la 'retorica della citta'", *Giornale italiano di filologia*, 38（1986）3-24（うち21-24）および、Moorhead, *Theoderic*, 79 を見よ。

(22) Heather, "Literacy and power", 178-79.
(23) Heather, "Literacy and power", 179-80. ただし、通訳や翻訳者が介在した可能性もあり、Heather が考えるほどその知識は一般的でなかったかもしれない。
(24) 以上、Jones, *LRE*, 621-22. Elton, *Warfare*, 145-52 は、ローマ軍の知られている民族構成を計算して、ゲンテース出身の将校（ローマ領内で育った者たちは除いて）は全体の三分の一ほどであり、また、この割合は統計を取った350年から476年にかけてほとんど変わらないことを明らかにした。ただ、Elton は同盟軍を計算に入れておらず、彼の主張する割合がローマ帝国の総兵力に当てはまるわけではない。
(25) キュプリアヌス自身については Cassiodorus, *Var.*, V. 40. 5（524年の9月1日以前）、息子たちについては *Var.* VIII. 21；VIII. 22（527年頃）。
(26) J.-O. Tjäder, *Die nicht literarischen lateinischen Papyri* II, Stockholm 1982, No. 34（pp. 91-104）。署名している者のうち、ゴート語で署名している者は全てゲンテース的な名前（Ufitahari, Sunjaifriþas, Merila）であるのに対し、ラテン語で署名している者には、ゲンテース的な名前と聖書的な名前の者の両方が含まれている。
(27) Wolfram, *History of the Goths*, 210. ただし、ヴィシゴートの混成的な性質を強調するヴォルフラムと、彼らの均質性と団結性を強調するHeather, *The Goths*, 174-78, 182-83 では、見解に差異がある。
(28) Pohl, "Telling the difference", 22-27.
(29) テオダハッドについては、Procopius, *De bellis*, V. iii. 1；vi. 10；Cassiodorus, *Var.* X. iii. 4. テオデリックが文盲だったという説は、*Excerpta Valesiana*, pars posterior, 61 に由来するが、その信憑性は疑問視されている；B. Baldwin, "Illiterate Emperors", *Historia* 38（1989）124-26. テオデリックは、ゴート人の子供をローマ人の学校には行かせなかったという説もある：Procop., *De bellis*, V. 2. 14-15. テオデリックが公費による教師の雇用を続けたことは、*Pragmatica Sanctio*, 22（*Iustiniani novellae*, Append., VII）および Cassiodorus, *Var.*, IX. 21（この書簡自体はアタラリック時代のもの）。他、テオデリックと教育については、Heather, *The Goths*, 226-27 参照。
(30) *PLRE*. iii, "Iordanes 1".
(31) 古代末期の命名法の変化に関しては、Salway, "What's in a name?", 133-

144 参照。Cf. Liebeschuetz, "Citizen status", 138-39.
(32) Chauvot, "Origine sociale", 180. Magnentius、Silvanus、Stilicho、Latinus については、*PLRE*. i のそれぞれの項目を見よ。
(33) オストロゴート人の名前の一覧は、Amory, *People and Identity*, "Prosopographical Appendix" に見出すことができる。
(34) フラヴィッタについては、*PLRE*. i, "Flavius Fravitta"、サウルについては、*PLRE*. ii, "Saul" に史料が挙がっている。その他の異教徒が、Chauvot, *Opinions romaines*, 322-23 に挙がっている。ここでいう「異教」が伝統的なゲルマンの宗教なのか、ギリシャ・ローマの宗教なのかは分からないが、おそらく古代人はこれらをはっきり区別することはなかったのであろう。ゴート人の伝統宗教に関しては、Wolfram, *History of the Goths*, 106-10 ; Id., *Roman Empire*, 73-74 を参照。
(35) Heather, *The Goths*, 60-61. ただ、ゲンテースの間で広まっていたアリウス派の性質についてはよく分かっていない。ニカエア派から「アリウス派」と呼ばれていたものは、実際には一つの思想傾向で、全ての「アリウス派」が同じ信条をもっていたわけではない。ただ、ゴートの信条の内容が分かっていない以上、「ホモイオス派」、「アノモイオス派」などと特定の名前で呼ぶことはできないので、ここでは「アリウス派」という表現を用いている。
(36) Wolfram, *History of the Goths*, 197 は、正統派キリスト教や異教に対する寛容、もしくは無関心を、ゴートが奉じたアリウス主義の特徴の一つに数えている。
(37) 409年にローマ元老院とアラリックが立てた篡奪皇帝アッタルスが、異教を捨ててゴート司教から洗礼を受けた例が知られる：Wolfram, *History of the Goths*, 158. アッタルスの改宗については Sozomenus, *Hist. Eccl.* IX 9. 1.
(38) ある文書資料では、アリウス主義が lex Gothorum と表現されており (J.-O. Tjäder, *Die nicht literarischen lateinischen Papyri* II, Stockholm 1982, No.33, 1 ; 34、および p. 268, n.3)、アリウス主義がゴート人の宗教であるとの認識があったことが分かる。
(39) その数量化は不可能であるが、Amory, *People and Identity*, 149-51, 236-76, 476-77 は、カトリックのゴート人が思いのほか多いことをプロソポグラフィカルに示している。テオデリックの母については、*Excerpta Valesiana*, pars posterior, 58. このため Wolfram, *History of the Goths*, 261-62 は、彼女がローマ

人であった可能性を考慮している。
(40) *Acta synhodorum habitarum Romae*, edidit Th. Mommsen, in *MGH AA* XII, Berlin 1894, 393-455（405）；*Excerpta Valesiana*, pars posterior, 65. テオデリックの晩年に、ニカエア派教会との関係が悪化するが、迫害と呼べるものには進展しなかった：Moorhead, *Theoderic*, 135-44.
(41) Theodorus Lector, *Epitome* 463（ed. G.C. Hansen, Berlin 1971, 131）.
(42) Moorhead, *Theoderic*, 94-97を参照。
(43) Heather, *The Goths*, 245 は、アリウス派信仰がゴート人の集団的結束を強めていたと考える。
(44) Pohl, "Telling the Difference", 40-61 が古代人の様々な証言を集めている。なお、ここでは美術史料は扱わないが、それは、図像においてはゲンテースとローマ人を区別して描くために、前者の特徴を誇張している可能性があり、かならずしも写実的なのかどうかは分からないからである。
(45) Pohl, "Telling the Difference", 63.
(46) Elton, *Warfare*, 133；Amory, *People and Identity*, 343-44；Jorg Kleemann, "Quelques réflexions sur l'interprétation ethnique des sépultures habillées cosidérées comme Vandales", in *Antiquité Tardive* 10（2002）123-29（124-25）.
(47) Elton, *Warfare*, 145.
(48) Pohl, "Telling the Difference", 47-48 を見よ。G. Webster, *The Roman Imperial Army of the First and Second Centuries A.D.*（3rd edition）, Norman 1998, 121は、2世紀の正規軍が既に bracae を着用する場合があったことを指摘する。
(49) Procop, *Anecdota* VII, 8-14. Cf. Pohl, "Telling the Difference", 48, 55.
(50) Chauvot, *Opinions romaines*, 324-29 も、397年と399年の法文を検討しているが、反蛮族的な意味合いは見出せないとしている。Elton, *Warfare*, 145 は、これらのアイテムが「蛮族ファッション」であるとしながらも、ローマ軍の部隊の中には、意図的に蛮族風の外見を与えられたものがあったのではないかとしている。もし、そうだとすれば、こうしたものがゲンテースというよりは、戦闘員のイメージと結びついた可能性はさらに高くなる。
(51) Pohl, "Telling the Difference", 40-51 によれば、ズボン等の装束は、ゲンテース起源ではあったとしても、ゲンテースの特徴とはいえなくなっていたようである。
(52) V. Bierbrauer, "Germanen des 5. und 6. Jahrhunderts in Italien", in *La*

storia dell'alto medioevo italiano alla luce dell'archeologia, a cura di R. Francovich et al., Firenze/Ed. all'Insegna di Giglio 1994, 33-56 ; Id., "Archeologia degli Ostrogoti in Italia", in *I Goti*. Catalogo della mostra a Milano 1994, a cura di V. Bierbrauer et al.. Milano/Electa, 1994：170-213 は、副葬品を元に民族分類が可能であるという立場をとるが、他方、イタリアのオストロゴート民衆、すなわち大部分が、副葬品なしで葬られたことも認めている。テオデリックは、ゴート人に副葬品を用いることを禁じている (Cassiodorus, *Var.* IV. 34)。

(53) Amory, *People and Identity*, 341-44. Amory はこの本（pp. 332-337）で Bierbrauer を批判している。

(54) セニガッリアで発見されたテオデリックの黄金メダルの写真は、Heather, *The Goths*, 234 ほか、M. Alföldi-Rosenbaum, "Il medaglione d'oro di Teodorico", *Rivista Italiana di Numismatica* 80（1978）133-42 などに見ることができる。テオダハッドのコインは、Felix Dahn, *Die Goten*, Essen 1996（1899 年に刊行された本の短縮再版）284.

(55) Pohl, "Telling the difference", esp. 63-64. 最近では、Philipp von Rummel, "Habitus Vandalorum? Zur Frage nach einer gruppen-spezifischen Kleidung der Vandalen in Nordafrika", in *Antiquité Tardive* 10（2002）131-41 が、アフリカのヴァンダルが独特な衣装を身に着けていたことを示す証拠はないと論じている。

(56) しかし、Heather, *The Goths*, 90-91 は、3 世紀にローマ帝国内に定住したゴート人は 6 世紀にまでゴート性を維持し続けたと論じており、高い集団意識を維持したグループもあったようである。

(57) Cass., *Var.* V. 26-27. 書簡はピケヌムとサムニウムのみに言及しているが、これら以外の地域のゴート人も同じことを行った可能性がある（ゴート人は特に北イタリアに集中して住んでいたようなので、ラウェンナに集まることは不可能ではなかった）。Heather, *The Goths*, 243 は、ここに現れる dona が兵士として受け取る donativa であったと考える。

(58) ただし、軍の上位指揮権にはローマ人が握ることもあった。しかし、彼らは軍歴を経てきたわけではなく、戦闘員であったことはない。

(59) Pohl, "Introduction", 5-6 が指摘するように、「ゴート人であること」、「フランク人であること」は、ローマ人よりも上位にあることを主張するために

用いられいていた。MacGoerge, *Late Roman Warlords*, 239は、シドニウス・アポリナリスがリキメルをもはやローマ人として称揚していないことに着目し、当時の西方では、「蛮族」の家系であることが財産であって、ハンディキャップではなくなっていたのだと論じている。
(60) 現存するのはヨルダネスの『ゴート史』であるが、ヨルダネス自身は、オストロゴート政権の重要な担い手であったカッシオドルスの『ゴート史』(散逸) を参照している。

田畑賀世子

II
中・近世ヨーロッパの分化と統合

第5章

中世の市場と貨幣使用に現われた
権力の分化と統合
— いわゆる三位一体的構造を手がかりに —

1．オットー諸帝の市場開設特許状

　10世紀にオットー諸帝により大量に発給された市場開設特許状が[1]、中世都市成立に際しての在地領主の積極的寄与という観点から新たな注目を浴びていることは、今日、研究者間の共通認識となっているといえよう。たとえば、河原温氏は、オットー大帝がハンブルク大司教に賦与したブレーメンの市場開設に関する965年の特許状を翻訳するに際して、同趣旨の解説文を付している。以下に訳文とあわせて引用してみよう[2]。

　《解説文：カロリング時代以降、西欧の多くの地域で王権や修道院など聖俗の領主層によって在地市場が開設され、商品＝貨幣流通がしだいに活性化して中世都市の基礎が作られていった。司教もまた、ドイツにおいてブルクと呼ばれた都市的集落における市場の設置に重要な役割を果たした。ブレーメンの市場開設権をハンブルク大司教に賦与した神聖ローマ皇帝オットー1世の特許状は、都市領主としての（大）司教を媒介として、王権が9－10世紀の都市形成を促進したプロセスを示していると言えよう。》

　《三位一体の名においてアーメン。神の恩寵により、余、神聖ローマ皇帝オットーは、以下のことを知らせる。もし余が聖職者たちの求めに許しを与え、神の崇拝のために捧げられた場所を賦与するならば、余は、そのことが疑いな

く、永劫の報酬を余にもたらすことを助けるであろうと信じるものである。そ
れゆえ、神の名において、以下のことがすべての者に知られるように。すなわ
ち余が、ハンブルクの敬虔なる大司教アダルダグスの請願を認め、彼にブレー
メンと呼ばれる場所に市場を開設する許可を与えたことを。その市場に関連し
て、余は彼に裁判権、流通税徴収権、造幣権、そしてその他余の王家が保有し
ている諸権利を与える。余はまた、その場所［ブレーメン］に居住するすべて
の商人たちを余の特別な保護の下におき、彼らに他の国王都市に居住している
商人たちが有しているのと同じ保護と諸権利を与える。そして、そこでは前述
の大司教あるいは彼が権限を委譲した者以外誰であれ裁判権をもち得ない。
（この特許状は）余の手により署名され、余の指輪によって捺印された。》

　ところで他方において、こうした当時の市場開設特許状が或る極めて興味深
い特徴を共有していること、すなわち、上記の引用史料にも現われているよう
に、それらが市場権（＝裁判権）に加えて、流通税徴収権と造幣権を、ほぼ例
外なく同時に与えられていることも、中世商業・流通史研究者には周知の事実
であろう。だが、それにもかかわらず、初期中世市場におけるいわゆる「三位
一体的構造」として知られるこの事態が、領主の市場掌握に際して具体的には
一体何を意味するのか、さらには、これが都市形成における領主の主動的役割
といわれるものと一体如何なる関係にあるのか、といった問題に関しては、そ
れほど突っ込んだ考察がなされてきたとは思われない。そこで本稿においては、
こうした問題およびそこから派生する幾つかの論点に関して、筆者なりの見解
を展開してみたいと思う。[3]

2．三位一体的構造の具体的含意

　その際まず、手がかりとなるのは、ドイツ中世古銭学の代表的研究者、W・
ヘスの指摘である。彼は、市場権と造幣権の結びつきを通貨強制、すなわち、
貨幣の流通強制を意味するものだと主張している。[4] 確かに、他所から持ち込
まれた貨幣が市場内で自由に使用可能な場合、造幣権という「特権」を各市場に

与える意味はほとんどないといってよい。加えて彼は、造幣権の形をとった貨幣の流通強制を一種の「売上税（Umsatzsteuer）[5]」と表現しているが、その意味するところは以下の如くであろう。すなわち、他の地域の貨幣を携えて市場に現われた者は、まず最初に当該市場付属の造幣所で彼の貨幣を当地の貨幣に両替し（両替額に比例した手数料を支払わ）なければ、市場内での商品の購入が事実上不可能となる、換言すれば、彼の支払う両替手数料は、市場内での商品の購入に際して課される売上税（或いは同じことだが消費税）と同一の経済的効果を生むということである。このように考えれば、何故、流通税徴収権が造幣権と対になっているのか、その理由も容易に了解し得る。現存する種々の流通税表を見れば明らかなように、そしてこの税の持つ性格からして当然のことながら、中世の流通税は、通常、物品に対して課されている。つまり、他地域から売却目的で当該市場に品物を持ち込んだときには流通税を課し、購入目的で貨幣を持ち込んだときには両替手数料（＝売上税・消費税）を課す。いずれにせよ、領主（市場権保有者）は、市場内での個々の取引に一切介入することなく、取引額に応じた税収をあらかじめ確保できるのである。その一方で、たとえ市場における裁判権を獲得したとしても、それだけでは領主が得られる収入は裁判関連（罰金の一部）のみとなり、市場開設のうま味はそれほどない。私見によれば、市場のいわゆる「三位一体的構造」が具体的に意味するのは、こうした事態であると思われる。また、このように考えることによって初めて、付近に鉱山等を持たない造幣所の運営方法――他地域から持ち込まれた貨幣を両替後、鋳潰した上で当地の貨幣に造り直す――もはっきりする。と同時に、このことは各市場付属の造幣所で造られた貨幣は、それぞれに固有の通用範囲を有し、互いに他の市場域貨幣を排除するような構造が在地に存在することを意味する。加えてそれは、論理的にいっても市場権を有する在地領主の勢力範囲と符合していなければなるまい。つまり、市場を中心とした貨幣流通の広がりは、別の観点からすれば、領主の経済的・実効的支配力の広がり具合を暗黙のうちに表現していることとなるのである。言い換えれば、在地住民の貨幣使用が、そのまま造幣権を持つ領主の権力表現となり、影響力行使の具体的手段

ともなっているのである。こうした指摘は、これまでも一般論としては繰り返し主張されてきたこととはいえ、やはり留意しておくべきであろう。というのも、以上の主張から次のようなこと、すなわち、市場＝造幣所の分布状況は、在地を実質的に支配している権力の分布状況と支配の広がりを端的に表現している、ということが帰結するからである。

　ヘスが明らかにしている古銭学の成果によれば、ライン流域で出土した貨幣のほとんどが、近隣の造幣所で造られたものであり、遠隔地の貨幣はそれに比べて極端に少ない(6)。これは、先の私見に鑑みれば、遠隔地から持ち込まれた貨幣は原則としてすべて当地の造幣所で鋳潰されるため偶然的要因による以外は残りえないと解釈されようし、何よりも貨幣の出土状況がそのまま当該貨幣の流通範囲＝在地領主の勢力範囲を見事に表わしているのである。加えて特徴的なことは、出土貨幣のなかに半分に切断された貨幣がかなりの量含まれており(7)、ヘスは、その切断の仕方の入念さから見て、おそらくは造幣所であらかじめ切断されたのであろうと推測している。つまり、半分に切断した上で、半額の価値を持つ貨幣として流通させていたのである。彼はこの事実をもって在地における広範な小売業の存在を推測しているが、ここで重要なのはむしろ他の地域的に離れた市場ではせいぜい単なる不良品としか見なされないであろう切断貨幣が、当地においてはれっきとした通用力を持っていた（或いは、領主によって持たされていた）点であり、前記のように、これは明らかに貨幣が一面において領主の権力表現として機能していたことを意味している。またヘスによれば、当該地域で流通していた貨幣の間にかなりの重量差があったにもかかわらず、その差は無視され同一の貨幣として使用されていたとのことである(8)。これもまた、決定的なのは領主がその貨幣の通用力を保証していたことであり、金属片としての量的多寡ではなかったことを示していよう。

　以上の点に関連して興味深いのは、スカンディナヴィアとの比較である。同時期のスカンディナヴィアではドイツで造られた貨幣が数十万枚出土しており、ドイツ国内での出土数に比べて文字通り桁が違う(9)。かつてはこの事実をもって、当時の貨幣は遠隔地貿易の決済手段（Fernhandelsdenar）として主に使用さ

第5章　中世の市場と貨幣使用に現われた権力の分化と統合

れ、国内では物々交換と大差ない程度の物品流通が細々と行われていたと考えられていた。が、上記のように、ドイツ国内の貨幣の出土状況は、逆に在地の市場＝造幣所を通じて貨幣が活発に使用・両替されていたことを示している。また、当該地域内で通用する貨幣に関しても、場所によってはかなりの頻度で改鋳（異なる印型による打刻）が行われていたようである。だとするならば、何らかの要因で流通の輪からはじき出された個別貨幣以外、後世に残らないのは当然であり、国内の出土数が少ないこと自体が在地における貨幣使用の頻度を裏づけるものであるとすらいえる。逆にいえば、スカンディナヴィアの埋蔵ドイツ貨が、どの程度財の交換に使用されていたのかをこそ、疑問視すべきであろう。というのも、北欧ではドイツ貨が、英、伊、仏、アラブ、ビザンツ、ハンガリー、ボヘミア等の貨幣と共に出土するだけではなく、しばしば装飾品や地金、さらには分銅や秤までが混在しているのである。こうした出土状況を見れば、それらの貨幣が実際の商品交換に（金属片としてではなく）貨幣として使用された可能性はかなり低いといわざるを得ない。以上のことから如何なる結論が導き出されるであろうか。それは、当時の貨幣は極めて狭隘な範囲（半径10数キロからせいぜい20キロ前後といったところであろうか）でしか通用＝流通し得なかったということであり、いわば当事者同士が相対的に取引可能な範囲、極論すれば、物々交換可能な範囲でしか使用できなかったということである。これは、常識的な貨幣観からすれば、不可解極まりない結論である。というのも、人は通常、物々交換を越えた領域における交換の媒介として貨幣を考えるからである。互いに物々交換可能なら、何故わざわざ貨幣を間にはさまねばならないのだろうか。ところがそれにもかかわらず、10世紀の市場開設特許状の検討が明らかにしたのは、貨幣の流通範囲が物々交換可能な範囲とほぼ一致する、というものである。であるならば、当時の貨幣は単なる交換の媒介というよりはむしろ領主の権力表現であり権力手段であった、或いはより簡単にいってしまえば、徴税手段に他ならなかったということではなかろうか。というのも、このように考えれば、貨幣の流通範囲と領主の勢力範囲が符合し、領主が当該市場付属造幣所の貨幣の通用力を（たとえ半分に折られたものであ

— 105 —

れ、いや折られたものだからこそ）保証していたことも納得し得るからである。とはいえもちろん、これは貨幣が交換の媒介でなかったということではない。そうではなく、貨幣が交換の媒介として機能し得るのは、それが在地権力によって通用力が最終的に保証されているからであり、だからこそ単なる金属片としての属性を越えた性格を持ち得るのだ、ということである。

そこで以上の見通しをさらに確かなものとするため、次に893年作成の所領明細帳により著名なライン地域の大領主、プリュム修道院領を例にとって考えてみよう。

3．プリュム修道院の市場特権

さて、森本芳樹氏の詳細な研究によれば、同修道院領の市場特権の受給状況は以下のとおりである。[15]

《市場特権状の受給はやや遅く、まず861年ロタリウス2世の文書は、「この場所［＝プリュム修道院］が、市場と造幣所が遠くにあることから、少なからぬ損害を蒙っている」ことを考慮して、「以降この場所［＝ロンメルスハイム（所領番号1）］に人の世の習いに従って市場を持ち、良質で純粋なデナリウス貨を造るべき造幣所を設け、国庫はそこから流通税も他の徴収も要求しないように」と定めている。ちなみに、この文書の発給を求めた修道院長は、「この修道院から遠くなく位置したロンメルスハイムと呼ばれる場所」と表現しており、やや人里離れたプリュムそのものでなく、これに最も近接した所領が立地として選ばれたのである。ついで、898年ツヴェンティボルトの文書は、娘修道院ミュンスターアイフェルに対して、「この場所で市場が行なわれ、公の造幣所が設けられる許可と、この市場の流通税の3分の2」を与えている。さらに、919年シャルル単純王の文書となると、流通税免除特権と同時に、「修道院長が有用と判断すれば、その権能の下にあるいかなる場所にでも市場を設け、自身の印型を打刻した貨幣を国王の権威によって造る許可」を与えており、市場・造幣所・流通税を三位一体として、プリュム修道院の全所領に認めている

第5章 中世の市場と貨幣使用に現われた権力の分化と統合

のである。

ところで、こうした市場特権については、様々な評価があり、一方では、市場の名に価するほどの取引の場は、かかる文書によってのみ開設されたとする見方があるが、他方では、これらは当時より広汎に存在した市場のごく一部を、国王の保護下に置くことを目的とした、と考える歴史家も多い。そして、プリュム領の研究に関する限りは、後者の見解がとられることが多い。修道生活の他の拠点をとってみると、ザンクト・ゴアについてハイエンは、プリュム修道院が国王からここを獲得した動機の一つが、そもそも商業的中心地の確保であったと見ており、ヘスによる中部ライン地域の貨幣経済に関する二つの論文は、いずれも当地を市場の所在地に数えている。また、アルトリップについては、ローマ期の商業的重要性が中世初期には失われていた、とヘスは考えているが、エヴィヒはむしろ、ここもザンクト・ゴアと並ぶ在地市場だった、としているのである。また、バストーニュ［所領番号48］のように、別の教会の文書から、同じ定住地での市場の存在を確認できる所領もある。》

ここで挙げられている五つの市場（ロンメルスハイム、ミュンスター・アイフェル、ザンクト・ゴア、アルトリップ、バストーニュ）の所在地を見ると、いずれもプリュム修道院領が集中している地域（第Ⅰ、Ⅸ、ⅩⅤa、ⅩⅤb、Ⅷ所領群）に置かれており、これらの市場が在地支配の核をなしていたであろうことがうかがえる。だとすれば、ここにおいても、先にヘスの論文を手がかりに推定した貨幣と在地権力の関係が見出されるのではないかとの思いが強まってこよう。そこで次節において、プリュム修道院領における貨幣貢租の問題にも触れているG・デスピィの古典的と評される論文「9－10世紀の都市と農村」[16]に基づいて、この問題を深めてみよう。

4．プリュム修道院の貨幣貢租

デスピィは、第Ⅷ所領群に属するヴィヤンス（所領番号45）に関して次のように述べている。[17]

— 107 —

《賦役労働と現物だけで支払われる貢租とを考慮から外してみると、ある種の負担が、より以前の現物で算定されていた制度を基礎としながらも、貨幣で評価されているのが見られる。その場合、ヴィヤンスにあてられた章の冒頭に置かれた、4人の農民によって保有されている1マンスの具体例によって、換算率が示されている。すなわちこの4名で「小さな豚4頭もしくは（→《aut》）20デナリウス……、小羊4頭もしくは20デナリウス……、小さな雌豚4頭もしくは16デナリウス」を支払っているというのである。一見したところでは、この貢租は現物ででも、デナリウス貨でも支払が可能であるかのようである。けれども、そのすぐ後に史料は、保有農民の数が異なるマンスに関する貢租額を示していて、これらの貢租が、実際にはデナリウス貨で支払われていたことが分かる。

「〈1マンス＝保有農民4名〉20デナリウスによって（→《per》）小さな豚4頭……、20デナリウスによって小羊4頭……、16デナリウスによって小さな雌豚4頭。〈1マンス＝保有農民3名〉15デナリウスによって小さな豚3頭……、15デナリウスによって小羊3頭……、12デナリウスによって小さな雌豚3頭。〈1マンス＝保有農民2名〉10デナリウスによって小さな豚2頭……、10デナリウスによって小羊2頭……、10デナリウスによって小さな雌豚2頭。〈1マンス＝保有農民1名〉5デナリウスによって小さな豚1頭……、5デナリウスによって小羊1頭……、7デナリウスによって小さな雌豚1頭。」》

以上より、ヴィヤンスにおいては貨幣と現物が、小さな豚1頭＝5デナリウス、小羊1頭＝5デナリウス、小さな雌豚1頭＝4～7デナリウス、と換算されていたことがわかる。ところが筆者はこの箇所に或る種の不可解さを感じた。すなわち、何故この所領明細帳作成者は品物の価格変動を一切考慮に入れず、あたかも固定価格が支配しているかのような書き方をしているのだろうか、と。この点に関しては、もちろんデスピィのように「現物での等価はもはや理論上のもので、古い制度に対応しているにすぎない[19]」と考えてしまえば一応の解決はつく。だがその際、彼が論拠として挙げているヴィヤンスにおける収取の総

第5章　中世の市場と貨幣使用に現われた権力の分化と統合

計（→《summa》）に関する記述は、森本芳樹氏によれば、同時代の史料ではなく後代に書き加えられた追加部分であり(20)、そうだとすればここでの考察からは一応除外すべきであろう。加えて、ヴィク・シュル・セイユ（第Ⅵ所領群、所領番号41）にあてられた章には次のような文言が見出される。「同じく、[塩]1荷がいつ、どれくらい、上がったり下がったりするかを調査するように命ずる。これは、ある時はたった2デナリウスなのに、ある時は16デナリウスまで、ある時は1ウンキア［＝20デナリウス］にまで達するのである(21)」。これは、塩というかなり特殊な商品に関してとはいえ、当時においても商品の価格変動は現に存在し、領主もそのことを十分認識した上で所領経営に反映させていたことを示している。だとすれば、ヴィヤンスの貨幣貢租の記述方法がますます不可解に思えてこよう。そこで次にヴィヤンスと同じ第Ⅷ所領群に属するタヴィニィ（所領番号47）の貨幣貢租について考えてみよう。デスピィは、次のように記している(22)。

《実際タヴィニィでは、いくつかの家屋、9筆の耕地、採草地、2基の水車、ビール製造用かまどがある領主直領地の他に、17マンスが登録されているが、それらのほとんどすべてが1マンス＝1農民の保有で、以下の負担をしていた。「20デナリウスの価値ある（→《valente》）豚1頭、麻糸40巻もしくは（→《aut》）8デナリウス、雌子豚1頭もしくは4デナリウス。」》

「…デナリウスの価値ある豚1頭を支払う（solvit sualem I valente denarios…）」というのは当該明細帳の豚（sualis）に関する定型表現なのだが、注意すべきは、少なくとも文言を素直に読む限り、これはあくまでも〈豚という現物貢租〉の支払いを指示し（その上で、豚の価値が――タヴィニィの場合には――20デナリウスあると告げ）ているのであって、必ずしも貨幣代納を明示的に許容する表現ではないということである。この点、貨幣でも現物でもよいとした麻糸や雌子豚（friskinga porcina）とは貢租の支払い方法が原理的に違うのである。しかも、豚の貨幣代納ということなら、「豚の代わりに（→《pro》）

— 109 —

20デナリウス支払う」(所領番号67) といった表現や、「豚もしくは (→《aut》) 1ウンキア [＝20デナリウス]」(所領番号33) といった表現が散見されもするのである。だとすれば、次に出てくる疑問は、原則的に現物で納められるべき貢租の「価値」を明細帳にわざわざ並記したのは何故か、ということであろう。というのも、豚を市場で購入した上で領主に納めるのなら話は別だが、いま問題にしている豚は明らかに領民自身が肥育したものであり、したがって個々の豚の具体的価値は、市場を通さず領主に直接納入する領民には知るすべがないからである。

　この疑問を解くにあたり、一つの有力な手がかりを与えてくれるのは、明細帳における豚の価値が地域ごとにほぼ三種類に大別されるという事実である。すなわち、12デナリウス (第Ⅱ・Ⅸの南東部・Ⅺ・Ⅻ所領群)、20または24デナリウス (第Ⅰ・Ⅳ・Ⅷ・Ⅸの北西部・Ⅹ所領群)、60デナリウス (第ⅩⅤa・ⅩⅤb所領群) の三種類である。昨今のようなブランド豚の存在など考えられない当時において、この違いが示すものは、豚相互間の相対価格差ではなく、貨幣の購買力の地域格差だと思われる。つまりこれは、豚そのものの地域による質の違いを示しているのではなく、一定額の貨幣と交換可能な物品量の地域的差異を示しているのである。だとすれば、結果として何が起こるだろうか。地域的に異なる貨幣の購買力が、所領ごとに〈豚という現物貢租＝事実上の価値尺度財〉に関係づけられることにより、元来、市場へ売却することなく領主に直接納められるべき貢租品目が、あたかも常に一定の市場価値を保持し続け、場合によっては当の換算率での貨幣代納を許容するかのごとき表記が明細帳上に出来する、ということである (或いは所領によっては、実際に貨幣代納が行われていた可能性も十分に存在する)。

　これまでの考察から導出される結論をひとまずまとめると、プリュム修道院所領明細帳に見られる現物貢租の貨幣代納に関する記述は、豚その他の貢租品目の貨幣に対する固定換算率＝事実上の固定価格 (もちろん、所領ごとに多少のずれはあるにしても) を前提とした上でなされており、(ヴィヤンスに見られるような) 所領民の耕作規模の違いに基づく貢租額の多寡＝ウェイトづけも、

当の固定価格＝固定換算率を背景としてなされている、ということである。だがそれなら逆に、どうしてこのようなことが可能なのか、換言すれば、誰が（事実上の）固定価格を定めているのか、という問題が改めて浮上してこよう。唯一考えられる主体は、領主として市場権および造幣権を有するプリュム修道院である。所領民が納める貨幣貢租は、原則としてプリュム修道院所属の造幣所で造られ、プリュム修道院が各所領群に設けた市場でやり取りされる貨幣であったはずである。しかもその他ならぬ造幣権者が、荘園領主として現物貢租の貨幣価値あるいは貨幣による代納額を定めた場合、当事者の意図とはさしあたり無関係なところで、当該貨幣の購買力の固定化を結果として意味してしまう。すなわち、何を基準にその貨幣価値および代納額が定められたかはわからないが、一旦、定められてしまえば、領主の支配が及ぶ範囲内では、その換算率＝代納額が、事実上、貨幣と他の物品の交換比率の基準（＝目安）となり、その目安（＝基準）に基づいて他の商品間の売買が行われることにならざるを得ないのである。いわば、先に述べた貨幣の権力表現としての性格が、ここでむき出しのまま主張されているのである。と同時に、このことは市場の三位一体的構造から推論された在地権力の性格づけが、古典荘園の貨幣貢租の考察により傍証されたことを意味している。デスピィは、「9世紀及び10世紀におけるデナリウス貨の実質的な価値に関しては、見解の一致があるところではない」[23]と述べているが、以上のことを念頭に置けば、それも当然といえる。権力的裏づけなしに、金属貨幣がそれ自体として一定の交換価値を持ち得ると考えるのは、一種の「物神崇拝」に他ならないのである（もちろん、マルクスのいう本来の意味とは若干異なるが）[24]。

5.〈自給自足〉の再定義

そもそも、デスピィは「閉鎖的所領経済説」の打破、「農村部は自給自足、生存のための経済、あるいは自家消費という経済制度のもとにあって、外部との関係を持たなかった」[25]という考え方への批判として当該論文を書き、その文脈の中で、プリュム修道院における貨幣貢租の問題を取り上げたのであった。

したがってその彼が、次のような結論的主張をなすのも、無理からぬことといえよう。

《以上に見たように、ムーズ河後背地の農民は、毎年貨幣を蓄積するようになってきており、その中では少なくとも、そこで土地を所有している領主に支払う貢租のうち、貨幣によって支払われる部分の量だけは、知られているのである。こうしたデナリウス貨を農民が手に入れられるのは、自分の保有地からの剰余生産物の販売によってのみであることは、全く明らかだ。》

 ここには、閉鎖的所領経済（＝自給自足的荘園経済）と貨幣使用に基づく交換（＝流通）経済という対立軸が、鮮明に現われている。だが、当時の貨幣が領主の権力表現＝徴税手段としての性格が濃厚だったとするならば（そして、筆者はまさにそのように考えているのだが）、市場および造幣所を有する荘園領主による貨幣貢租の徴収は、領主による農民支配の強化＝効率化と所領経営の内向化を意味するものではあれ、それ自体として決して「都市的集落の発展を説明する」ものではない。したがって、自給自足的荘園経済を否定するために、荘園内部における貨幣使用の事実をいくら指摘しても、それだけでは十分な論拠とはなり得ないのである。さらにいえば、「自給自足」と「商品・貨幣流通」という対立軸そのものが、経済史的思考における認識論的障害となっているのである。

 通常、〈自給自足〉といえば、デスピィのいうように〈外部との関係を持たない生存のための自家消費のみに立脚する経済〉という意味である。だが少なくとも西欧中世において、外部との物質的コミュニケーションを一切行わない所領・共同体は、おそらく一瞬たりとも存在しなかったであろうし、たとえ存在したとしても、外部世界から完全に遮断されているという属性からして、中世社会一般の考察からは除外することが許されよう。つまり〈自給自足〉概念を狭く厳密に理解した場合、西欧中世社会の考察には全く使えないのである。そこで多くの研究者は窮余の策として、〈自給自足的〉という形容詞を使用す

第5章　中世の市場と貨幣使用に現われた権力の分化と統合

る。もちろんこれはただ単に名詞を形容詞化したものではなく、〈厳密にいえば自給自足ではないが、自給自足のような経済〉という意味である。だが、「自給自足のようで自給自足ではない経済」としての「自給自足的経済」とは一体如何なる経済なのか。ここでは明らかに新たな定義が要請されている。そこで一種の思考実験として、次の二つの所領を考えてみよう。

　A所領：限りなく自給自足に近いのだが、たった一つの品物だけ、すなわち、役畜用の牧草のみを外部に依存している（たとえば、隣接所領の採草地を一定量の小麦と引き替えに利用させてもらう）。
　B所領：限りなく自給自足に近いのだが、たった一つの品物だけ、すなわち、貴金属の装飾品（指輪・首飾りetc.）を外部に依存している（たとえば、所領の女性たち——むろん、男性でもかまわない——が大変おしゃれ好きだった、とでもしておこう）。

　これらの所領は「厳密にいえば自給自足ではないが、自給自足に限りなく近い」ように思われ、その意味で両者とも等しく〈自給自足的所領〉であるかのように見える。ところが実をいえば、この二つは全く性格の異なる所領なのである。それを示すため、試みに外部とのかかわりを遮断してみよう。するとどうなるか。A所領の場合、外部からの牧草の供給が止まれば犂耕に必要な役畜を確保できず、したがって耕作規模を縮小せざるを得ない。このことが直接的に意味するものは、所領民の減少あるいは強制的削減という悲惨な事態である。つまり、外部とのつながりが断たれると、たとえそれがたった一つの品物によるつながりであったとしても、所領の再生産構造が維持できなくなるという意味において、このA所領は〈自給自足的〉どころか、完全に外部に開き、外部に依存した経済なのである。他方、B所領の場合、外部とのかかわりを遮断したとしても、（おしゃれな所領民には不満が残るかも知れず、ことによると幾つかの年中行事に何らかの支障をきたすことがあるかもしれないが）それによって即座に所領の維持が不可能になることはない。つまり、外部との物質的交

— 113 —

流がありながらも、この所領の再生産構造はそれとは無関係なところで内的に完全に閉じている。その意味において、このＢ所領は〈自給自足的〉なのではなく〈生産に関して完全に自給自足〉なのである。そこで今度は、このＢ所領の所領民が装飾品を手に入れるため、まず最初に自己の耕地で収穫した小麦を近隣の市場で売り（＝貨幣と交換し）、その後、その売却益で装飾品を購入したとしよう。するとＢ所領は、生産に関して完全な自給自足所領であるにもかかわらず、その所領民は貨幣を所有し市場において貨幣を使用していることになる。すなわち、「自給自足経済」と「貨幣使用に基づく商品交換」は何ら矛盾することなく、スムーズに相互浸透し得るのである。つまり、ことさら前述の〈権力表現としての貨幣〉に根拠を求めずとも、〈自給自足〉の西欧中世に適用可能な（再生産構造に定位した）定義からだけでも、貨幣貢租の存在をもって「閉鎖的所領経済」の反証となすことはできない、との結論が無理なく導出されるのである。とはいえもちろん、筆者は以上の議論において〈閉鎖的所領経済＝自給自足的荘園経済〉概念の復権を主張しているのではない。そうではなく、〈自給自足経済→物々交換経済→流通・商品・貨幣経済〉という、これまでの経済史的思考の根底に頑強に巣くう先入見に対して、もっと自覚的であるべきだ、と主張しているのである。たとえば、フィンリーは、名著『古代経済』において、次のように述べている。

《自給自足という目標に関していえば、それは（たとえば、プラトンのような人の）「アルカイックに見せかけた」価値判断でもなければ、トルマルキオ風の冗談でもない。この［当座の議論の］レベルでは、我々はもちろん、現金収入のために耕作される所領を考えているのであって、生存のためのそれではない。したがって、ブドウの蔓の支柱、家畜の飼料、ブドウ酒、或いは何であれ土地の耕作と労働力の維持のために必要な他の物を購入するための現金支出を避けるための手段を強調することは、利潤追求の枠組みのなかで説明されねばならない。高値を見越し、それを望んでため込む者は、だからといってアルカイックでも不品行でもない。使い古した家畜や奴隷、古い荷馬車、いらなく

第5章　中世の市場と貨幣使用に現われた権力の分化と統合

なった道具、傷ついた羊や病気の奴隷の売却を飽かず推奨する者も同様である。カトーは彼の訓戒を次の金言（De agricultura 2.7）で締め括っている。「家長（paterfamilias）は売手になっても、買手になるべきではない」。これは、道徳的判断というよりはむしろ（我々の言葉でいう）経済的なそれである。もっとも、カトーが両者をどれほど精密に区別していたかは疑わしいのだが。次に挙げる19世紀ロシアの小説［『オブローモフ』］の長い一節は、厳密にいえば、古代的思考の証拠ではない。だがそれは部分的引用を私に禁ずるほどに、この点に関し、かけ離れた心理状態を示すものとは思われない。「オブローモフの両親は、家で作らず、買って来なければならない品物について、極端に倹約した。彼らは来客のためには喜んで見事な七面鳥や雛の1ダースくらい潰すけれども、乾ブドウとなると1粒だって余分に皿に出したりはしない。そして、客が自分でブドウ酒をもう1杯注ごうものなら、顔色を変えた。もっとも、そんな不行儀はオブローモフカではまず起きなかった。……総じて、オブローモフカでは金を使うことは好まれなかった。どれほど必要な品物であろうと、そしてどれほど些細な出費であろうと、金を出すときは大変な惜しがりようであった。……たとえ必要なものでも、突然何かのために200、300あるいは500ルーブルを支払うことは、ほとんど自殺するに等しい行為に思われた。若い田舎の地主がモスクワに出かけてシャツ1ダースを300ルーブル、ブーツ1足を25ルーブル、自分の結婚式用のチョッキを40ルーブルで買ったと聞いたとき、オブローモフの父親は、十字を切り、恐怖の表情を浮かべていった。『そんなやくざ者は、牢に入れなくてはいかん。』」

　道徳的色調は明らかであるし、首都に住みそこで政治活動を行っているローマの指導的元老院議員と、自身の所領にもぐっているロシアのけちな貴族との間の違いは十分斟酌しなければならない。だが私にとって興味深いのは別の側面であって、ロシアにおける二つの生活様式の移行期に執筆を行っていた小説家［ゴンチャロフ］がこの一節を次のように終えたときに明らかにしたものである。「彼らは一般に、資本の迅速な回転、生産の増大や財の交換の好ましさについての『経済学的真理』に鈍感だった」。カトーはこうした「経済学的真

理」に鈍感ではなかったが、これらを聞いたことはなかった。彼の世界にはこれらを彼に提案し、彼を説き伏せる者は一人もいなかった。様々な選択肢——たとえば、奴隷のための大麦やブドウの蔓のための支柱を栽培するのと購入するのとでの経済的優劣——を計算し・選び取る技術を欠き、所与の条件下で或る作物と別の作物、或いは農業と牧畜の収益性を比較する技術を欠き、買手とならぬことで市場からの独立を——すなわち自身の必需品を他者に依存することからの独立を——享受する古代の土地所有者は、伝統、習慣および経験則によって経営していたのであり、そうした経験則の一つが「家長は売手になっても、買手になるべきではない」だったのである。》

　フィンリーはカトーの一文を「所領の維持・経営に不可欠なものを可能な限り外部に依存しない」という意味にとっているが、これは先の思考実験におけるB所領の事態を端的に表わしたものといえ、筆者自身の立場に近いものである。そしてこのフィンリーの立場は、生産に関する自給自足構造が市場向け商品生産と何ら矛盾するものではなく、逆に両者の並存こそがローマ貴族の理想であったことを示している。したがって、プリュム修道院が、賦役労働としてブドウ酒と塩の販売を農民に課しているのも、十分に了解可能な事態なのであって、それをもって所領の運搬組織の現物経済的性格を否認し、外部世界に開かれた商品＝貨幣流通との関連を示唆するものとするのは、いささか拙速な議論であろう。何故なら、所領経営の観点からすれば、両者は互いに他を排除するものではなく、むしろ如何にして両者のバランスをとるかこそが領主にとって肝要だったはずだからである。

　もっとも、以上の主張は、筆者が10世紀前後の西欧における商品流通の存在を軽視していることを意味するものでは決してない。たとえば先に挙げた、ヴィク・シュル・セイユにおける塩の売却に関するプリュム修道院の命令を想起してほしい。そこでは塩の価格が1荷あたり2デナリウスから20デナリウスにまで変動している。これは、他の所領における豚の事実上の固定価格とは著しい対照をなしている。つまり、塩に関しては、プリュム修道院ほどの大領主で

あっても、価格を固定・統制することはできず、逆にその時々の市場価格に振り回されているのである。この違いの原因は、おそらく、商品自体の性格、すなわち、塩という商品がどこでも生産可能なわけではなく、その意味において、非在地的＝超地域的な商品としての性格を持っているためだと思われる。つまり、在地領主の勢力範囲（＝造幣権に基づく支配市場領域）を越えて流通する商品に対しては、領主の権力的影響力行使が作用しづらいのである。であるならば、この場合、当の市場価格の形成に主体的にかかわっているのは一体誰なのだろうか。おそらくは、地域的束縛から相対的に自由であった、いわゆる遠隔地商人に他なるまい。とはいえ、ここにいう「地域的束縛からの自由」というのは、「主人（領主）」を持たないということでない。たとえ、いずれかの領主の従属民であったとしても、彼らの活動それ自体が複数の支配領域にまたがるものであるならば、経済的には地域的束縛から解き放たれているといえる。よって、ここにいう「遠隔地」というのも距離の問題ではなく、複数の地域（＝市場圏・勢力圏）を結んでいる、という意味である(36)。

6．中世商人の発生と〈貨幣経済〉の概念

　これまでの議論をまとめると以下のようになる。すなわち、当時の社会は緊密な内部支配を指向する在地領主と、それに対応する市場＝貨幣通用圏の形成・成熟が一方にあり、他方において、これら在地の権力核同士の隙間を利用して利潤を抽出する超地域的商人群（大塚史学のいわゆる前期的商人）の活動があった、というものである(37)。そしてこのように考えることによって初めて、権力者の商人に対するアンビヴァレントな態度も説明可能となろう。というのも、遠隔地商人は当該地域には見出されない商品を他地域からもたらすのであるから、その限りにおいて在地領主にとっても彼らの到来は歓迎すべきものである。だがその一方で、商人は領主によって統合された市場秩序とは異なる価値体系（＝商品・貨幣価値）および異なる取引慣行を市場内に持ち込むのであるから、市場の撹乱要因ともなるのである。中世のいわゆる商業特権といわれるものの多くが、保護と規制の両面を合わせ持つのもそのためであろう。いわ

ば「ここまではいいが、この一線を踏み越えて中に入ってくるな」といった性格のものなのである。そして、本稿冒頭に述べた「中世都市成立に際しての在地領主の積極的寄与という観点」に基づいた中世都市研究が、このところ或る種の閉塞状況（すなわち、原則的主張の確認の繰り返し）に陥っているのも、敢えていうなら、以上のような見通しに依拠する研究が余りにもわずかしか見出されないためではなかろうか。しかも、このことの淵源をさらにたどったとき、そこに見出されるのは個別的史料解釈の適否というよりはむしろ、分析概念の不備なのである。たとえば、〈貨幣経済〉という概念一つをとっても、この概念を「頻繁かつ日常的な貨幣使用」という通俗的意味を越えて厳密に定義した上で使用している経済史家がどれほどいるであろうか。もしも、この点に関していくばくかの概念的反省が真剣に行われていたならば、前近代の領主制における貨幣地代の問題がここまで錯綜することもなかったであろうし、〈自給自足経済→物々交換経済→流通・商品・貨幣経済〉といった前時代的図式が研究者の意識下にここまで頑強に根を張ることもなかったに違いない。そこで最後に、現在のところ筆者が最も正確な〈貨幣経済〉の定義であると考えるジョン・メイナード・ケインズのそれに関する浅野栄一氏の的確な要約を以下に挙げ、ケインズの思想が西洋経済史研究に対して持ち得る本質的重要性を喚起することをもって、本稿の結びとしたい。

《ケインズによれば、従来の経済理論も、物々交換経済（barter economy）と貨幣経済（monetary economy）との間に差異があることを認め、その相違点を交換の媒介手段としての貨幣の使用においてはいたが、しかし、その際、貨幣は単に財と財との交換を媒介するだけで交換当事者の動機や決意に対してはなんらの影響も及ぼさない、つまり貨幣はある意味で中立的である、と想定してきた。しかし、このような経済はむしろ「実物交換経済（real-exchange economy）」とでも呼ばれるべきものであり、そこでの貨幣の中立性の仮定のもとでは、恐慌発生の可能性を論証することはまったく不可能である。「これに対して、私がいま得たいと痛切に望んでいる理論は、貨幣がそれ自身の役割

を演じて諸動機と諸決意に影響を及ぼすような経済、つまり貨幣が事態の中の実効力を持った諸要因の一つであるような経済、したがって、諸事象の成り行きが長期においてにせよ短期においてにせよ最初の状態と最後の状態との間での貨幣の動きについての知識なしには予見し得ないような経済を、取り扱うものである。そして、これこそ、われわれが貨幣経済というときに意味しなければならない経済である。」(41)

ケインズは、マーシャルもピグーも彼のいう実物交換経済を取り扱ってきたとし、マーシャルの『経済学原理』のなかからこれの典型的な考え方を示すものとして、均一購買力の標準の存在の仮定を天文学における平均太陽 mean sun の仮定になぞらえて正当化しようとしたクールノーの言説を引用した個所を、挙げている。また、ケインズは、現実の経済が彼のいう意味での貨幣経済だという点では誰も異論がないはずだとし、その証拠として、ピグーも貨幣賃金の粘着性の事実を知っていたし、マーシャルも貨幣価値の変動の貨幣債務に及ぼす影響の重要性には十分気付いていたことを、正当に指摘した上で、なおかつ、伝統的経済学の解説者たちが貨幣経済と実物交換経済の帰結との間の根本的・本質的違いを軽視してきたことの重要性——ここから多くの誤った結論と政策が導き出された——を強調するのである。》

ケインズの定義に則れば、9-10世紀の西欧は「実物交換経済」の原初的状態にあるといえる。だからこそ、プリュム修道院領をめぐり、所領のいわゆる「現物経済」的性格と領民による貨幣使用が矛盾なく相互浸透し得たのである。というのも、「実物交換経済」とは、その実、〈仮面をかぶった物々交換〉に他ならないため、貨幣が使用されているにもかかわらず貨幣経済の特性（非中立性）に由来する事態をもたらさないからである。(42)逆にいえば、だからこそ「実物交換経済」の原初形態においては貨幣の通用範囲が物々交換可能な範囲に事実上限られていた、ともいえる。ちなみに、ここにいう貨幣経済に特有の事態は、14世紀のブリュージュにおいて一時的に見出されるものの長続きせず（というより、貨幣の非中立性に基づく突発的攪乱＝信用不安への制度的対処を欠

— 119 —

いたことによりブリュージュの金融業＝両替商は壊滅したのであり、他方、アムステルダム銀行は銀行貨幣への鋳貨および地金による支払準備率を100パーセントに保つことにより、あらかじめそれを回避したのである)、貨幣的現象が十全なる展開を見るのは、生産部面における耐久財(マルクスのいわゆる固定資本)の出現を待ってなのであり、その意味で産業革命は(従来とは異なる優れて金融的意味において)貨幣経済＝近代資本主義の形成にとって決定的意味を持つのである。

なお、近代資本主義の展開に際して耐久財(・投資財)が有する意義については、何よりも森嶋通夫『思想としての近代経済学』(岩波新書、1994年)、なかでも「耐久財のディレンマ」に関する記述を参照すべきだが、さしあたりの素描として、筆者が以前に書き留めた私的覚書(1994年5月)の一部を以下に補論として挙げておく。

7．補論：ケインズの〈貨幣経済〉観

……従来の経済史的思考においては、貨幣流通量こそを貨幣経済の成熟度を測る尺度として利用する傾向が(意識的にせよ無意識的にせよ)顕著だったが、ケインズはこれとは全く異なる判断基準を提示している。すなわち、ケインズによれば、或る社会が〈貨幣経済〉であるか否かは、貨幣使用の有無でも貨幣流通量の多寡でもなく、貨幣の中立性が失われているか否かによって判断されるべきなのである。また更に進んでケインズは、「実物交換経済学と私の希求する貨幣的経済学との相違は、利子率についての議論と、産出量と支出額との関係に到ったときに、最も顕著かつおそらくは最も重要となる」[43]と述べているが、ここにいう利子率についての議論が後に流動性選好説として、産出量と支出額との関係が有効需要の原理として、『一般理論』において定式化されることはいうまでもない。ところが、流動性選好説は貸付資金説の否定を含意し、有効需要の原理はセイ法則(「供給はそれみずからの需要を創造する」)の否定を含意するのであるから、以上をまとめれば、ケインズ的意味での〈貨幣経済〉とは、貨幣が経済事象に対して非中立的に作用することにより、生産と消費の

第5章 中世の市場と貨幣使用に現われた権力の分化と統合

関係に持続的かつ本質的な影響を与え得るような社会であり、それは具体的には貨幣利子の有する社会的機能に集約的に現われる、ということになる。森嶋通夫氏の卓越した表現を借りれば、「ケインズによって主張されたように、セイ法則は独立の投資関数が欠落していることと同義である。したがって、それは、各企業家が唯一の資本の源泉として、彼自身の貯蓄をもっていた資本主義経済の初期段階においてのみ正しい。企業家が他人の貯蓄を直接その人から、あるいは銀行を通して借り入れるときには、法則は成立しないだろう。独立の投資関数はしたがって、経済において役割をもつだろう。そして反セイ法則の世界では、完全雇用の保証は全く存在しない。したがって（貯蓄から）独立に決定される投資と完全雇用は、反セイ法則のもとでは一般には両立不可能である」[44]。すなわち、企業家が（利潤から自家消費分を除いたものとしての）自己貯蓄のみによって経営拡大を図る場合[45]、しかも商品に対する潜在的需要が豊富にあってどれほど経営を拡大しても過剰投資（・過剰生産）に陥らないという保証がある（換言すれば、セイ法則が成立している）場合には、投資量は（一定のタイム・ラグを伴いつつも）貯蓄量と恒等的に一致する。したがって、独立の投資関数を必要としない。他方、企業家が銀行家等から融資を受けて新投資を行う場合、貯蓄主体と投資主体は、それぞれ別の基準に基づいて貯蓄決定および投資決定を行うため、資金供給（＝貯蓄）と同額の資金需要（＝投資）が常に存在するという意味でのセイ法則は存在しない。したがって、独立の投資関数は有意味となる。しかも反セイ法則（＝有効需要の原理）の世界では、商品供給と同量の消費需要が自動的に創出される保証など全くないので、新たな投資量は商品の期待需要量に基づいて決定されねばならない。そして、この新投資に照応する生産水準に必要な全雇用量が完全雇用水準と一致しなければならない必然性はどこにもない。いわゆる「ケインズ革命」を一言でいい表わせばこのようになる。そして菱山泉氏は、この「革命」に対してピエロ・スラッファが果たした転轍手的役割を称揚しつつ、以下のように述べている[46]。

《こうした根づよいリカード的伝統に決別したのは、これまでの諸章で詳述

してきたようにケインズである。こうした決別に、スラッファによる一見さり気ないヴィクセル批判が関与したというのが、私の見解であるけれども、それについてのケインズの決定的な言葉は、すでに前章で引証したように、「利子率を決定するのは資本の限界効率ではなく、資本の限界効率を決定するものこそ利子率だ」という言明、である。ケインズの「資本の限界効率」とは、リカードの言葉にいいかえると、資本の利潤率に相当する概念だから、このケインズの言明は、「利子率を決定するのは資本の利潤率ではなく、資本の利潤率を決定するものこそ利子率だ」ということになり、リカードの想定する「利潤率が原因であり、利子率が結果である[48]」という因果関係上の両者の位置を逆転させている。》

　先の森嶋氏の例に引き寄せていえば、自己貯蓄のみで新投資を行う場合、企業家が自分自身に融資したと考えれば、新投資の結果生じる利潤（の一部）は、貸付資金（＝貯蓄）に対する報酬としての利子と見なすことができ、（実物交換経済学者としての）リカードのいうように、利潤率が利子率を最終的に決定することとなる。他方、銀行等から融資を受ける場合、もし新投資の利潤率が利子率よりも低かったら、企業家は融資の返済どころか利払いすらも滞ることとなろう。したがって、新投資の期待利潤率（＝資本の限界効率）が利子率以上でなければ投資決定はなされない、という意味で、（貨幣的経済学者としての）ケインズのいうように、利子率が資本の限界効率を決定するのである。その際、貨幣が利子率を通じて企業家の投資決定に非中立的に働いていることに留意すべきであろう。つまり、先のケインズによる「貨幣経済」の定義が、ここに活かされているのである。

　以上をまとめれば、「実物交換経済」と「貨幣経済」とは、利潤率－利子率間の従属関係（どちらが独立変数か）によって識別が可能だということである[49]。このことは、産業革命の史的意義の解明に寄与し得るとともに[50]、そもそも利潤率と利子率との間に明確な関連性を持たなかった中世社会の経済構造をも特徴づけることとなろう。すなわち、（流動性選好に起因する狭義の）貨幣利子率

第5章 中世の市場と貨幣使用に現われた権力の分化と統合

の発生とその利潤率への連結、さらには両者の従属関係の逆転という事態を一つの指針として、中世から近代への経済構造の変容と成熟を跡づけることが可能となるはずだ、というのが、現時点における筆者の理論的見通しである。

註
（１）藤田裕邦「中世初期東フランクの流通関係国王文書」『経済学研究』第59巻第3・4号、1993年、表1、参照。
（２）ヨーロッパ中世史研究会編『西洋中世史料集』東京大学出版会、2000年、68。
（３）本稿執筆にあたっては、初期中世貨幣・流通史に関する森本芳樹氏の一連の論考を常に参照し、多大の恩恵を受けた。森本芳樹「西欧中世前期貨幣史の諸問題」『経済学研究』第56巻第5・6号、1991年。同「小額貨幣の経済史」『社会経済史学』第57巻第2号、1991年。同「ヨーロッパ中世貨幣史／古銭学から」『歴史学研究』第711号、1998年。同「個別発見貨の意味」『比較文化研究』第21輯、1998年。同「中世初期プリュム修道院領に関する最近の研究動向」『比較文化研究』第24輯、1999年。同「中世初期ヨーロッパにおける流通の活況（1）（2）」『比較文化研究』第25、26輯、2000年。
（４）W. Heβ, "Münzstätten, Geldverkehr und Märkte am Rhein in ottonischer und salischer Zeit," in B. Diestelkamp (hrsg.), Beiträge zum hochmittelalterlichen Stätewesen, Köln／Wien, 1982〔以下、Heβ [1982] と略記〕, 117.
（５）W. Heβ, "Zoll, Markt und Münze im 11. Jahrhundert," in H. Beumann (hrsg.), Historische Forschungen für Walter Schlesinger, Köln／Wien, 1974〔以下、Heβ [1974] と略記〕, 184.
（６）Heβ [1974], 185；cf. Heβ [1982], 121, Abb. 3.
（７）Heβ [1982], 125.
（８）Ibid., 120ff.
（９）Ibid., 128ff., Anhang；id., "Pfennigwährungen und Geldumlauf im Reichsgebiet zur Zeit der Ottonen und Salier," in B. Kluge (hrsg.), Fernhandel und Geldwirtschaft, Sigmaringen, 1993, 26ff.
（10）Heβ [1982], 111.
（11）シュパイアーでは、1039－1120年頃の間に少なくとも24種の異なる印型に

よる貨幣が造られている。Cf. Heβ［1982］, 124f.
(12) たとえていうなら、昭和30年代の硬貨がもはやほとんど見当らないのと同じ理屈である。
(13) Heβ［1982］, 112.
(14) 後に詳述するように、いわゆる物々交換と貨幣使用とを対立させる通常の考え方は、一定の先入見に基づいたドグマに過ぎない。
(15) 森本芳樹「9世紀西欧農村の都市形成力に関する考察」(同編著『西欧中世における都市＝農村関係の研究』九州大学出版会、1988年、所収)、125－127。
(16) G・デスピィ「9－10世紀の都市と農村」(森本芳樹編『西欧中世における都市と農村』九州大学出版会、1987年、所収)。ちなみに、丹下栄氏はこの論文を以下のように要約している。「彼［デスピィ］は、プリュム修道院の所領明細帳や聖人伝の記述などを駆使してムーズ流域各地での農民経済の上昇を検証し、農民層が自己の裁量で処分できる余剰生産物を手にしていたことを主張した。彼らはそれを在地の市場で換金し、賦役や生産物貢納の一部を貨幣で代納するようになる。一方領主層も農民経済の上昇がもたらす人口増加によって所領経営に必要な労働力の確保が容易になったため、賦役の貨幣代納を奨励し、それによって在地の交易はさらに促進された。このようにしてデスピィは、農民層の生産力上昇と貨幣経済への関与の深化に鼓舞された地域内交易がカロリング期市場交易の存立基盤となったという図式を措定し、アルデンヌ地方、サン・テュベールの市を在地交易の結節点として描き出した。この論文は……中世初期社会経済史研究の転換を劃すものとなった」。丹下栄「西欧中世初期における市場の位置」『社会経済史学』第63巻第2号、1997年、12。
(17) デスピィ、前掲論文、85－86頁。なお、原文の《porcus》、《friskinga vervecina》に当たる部分を、それぞれ「豚」から「小さな豚」、「雌子豚」から「小羊」に訳し変えてある。Cf. I. Schwab (hrsg.), *Das Prümer Urbar*, Düsseldorf, 1983, 201.
(18) なお、小さな雌豚（porcella）の換算率に幅があるのは、これが「そもそも『賦役労働に代わって』課されていた、小さな雌豚の給付を、さらに代替したもの」(デスピィ、前掲論文、87) であるため、農民の経営規模（1〜4分の1マンス）に応じて逓減化されているとの解釈が可能であろう。

第5章　中世の市場と貨幣使用に現われた権力の分化と統合

(19) 同、87。
(20) 森本芳樹、前掲論文、132-133。
(21) 同、122。
(22) デスピィ、前掲論文、91。
(23) 同、95。
(24) たとえば、K. Petry, "Die Geldzinse im Prümer Urbar von 893," *Rheinische Vierteljahrsblätter*, 53, 1988, は、貨幣の一定かつ均一な購買力を自明視した上で立論されており、典型的な貨幣の物神崇拝に陥っている。
(25) デスピィ、前掲論文、76。
(26) 同、93。
(27) 同、101。
(28) 〈認識論的障害〉の概念に関しては、G・バシュラール『科学的精神の形成』国文社、1975年、およびL・アルチュセール『マルクスのために』平凡社ライブラリー、1994年、同『資本論を読む（上）』ちくま学芸文庫、1996年、参照。
(29)「労働力の再生産を考えに入れない場合には、労働力商品……は、それ自身で、つねに1個の同値類をなした。労働力の再生産を考えに入れたいまは、様子が違う。労働力の弱不可欠性を仮定するとき、すべての賃金財および賃金財に直接・間接に入るすべての財は労働力と対等になる、いいかえれば、ひとつの同値類を作る。この同値類は特別な性質をもっている。他の任意の同値類をもってくるとき、その元は生産のために労働力を含む同値類の元を直接・間接に必要としている（労働の弱不可欠性）。しかし、賃金財や労働力の生産・再生産のために、他の同値類の元は一切必要としない。この意味で、労働力を含む同値類は生産に関して閉じており、かつそのようなものとして最小である。この同値類を〈基礎類〉と呼ぶ。基礎類は経済の完全な循環を作りうる最小のまとまりである。基礎類に属する財商品を〈基礎財〉という。……基礎財の全体は、［労働者の賃金財ベクトルを含む］増補投入行列の導く最小の閉じた同値類に対応する。増補投入行列のこの同値類の上にたつ行列は既約である」。塩沢由典『数理経済学の基礎』朝倉書店、1981年、97。
(30) 筆者が提案する〈自給自足〉概念の今一つの利点は、「自給自足経済」と「流通経済」を排他的・二者択一的関係に置くことなく、所領あるいは共同体の閉じ具合（・開き具合）に濃淡が付けられることである。たとえば、或る

所領がそれまで行っていた麻の自給生産を控え、代わりに穀物を生産・売却して毛織物を購入するようになった場合、その所領は原則的自給指向を大枠で維持しつつも、衣類に関して部分的に自己を外部に開いたことになろう。とはいえ、これは都市が食糧を周辺農村に依存するのとは意味が全く異なる。毛織物を購入しないことが、そのまま所領構造の破綻を意味するわけではないからである。ところが都市の場合、外部からの食糧供給（或いは、商品・原材料供給）がストップすれば、即座に都市共同体そのものが立ち行かなくなる。この差は決定的である。

(31) もちろん、現在の経済史家のほとんどはこの図式をそのまま承認することはないであろうが、仮に貨幣使用の事実をもって所領あるいは共同体の閉鎖的性格に異議を唱えようとする研究者がいたとするならば、彼はそれと知らずにこの図式に依拠しているのである。試みに、この命題「貨幣を使用しているならば、閉鎖的経済ではない」の対偶をとってみれば、「閉鎖的経済ならば、貨幣を使用しない」となる。

(32) M. I. Finley, *The Ancient Economy*, 2.ed., London, 1985, 109f.

(33) 森本芳樹、前掲論文、121。

(34) 同。

(35) とはいえ、この程度のことを森本氏が念頭に置いていないとは筆者自身考えていないし、そのことは氏の論文から十分に読み取れる。自己の主張の明確化のために敢えてこうした図式的表現をとっているに過ぎないのであって、この点、非礼をお詫びする。

(36) 「商業資本［大塚史学のいわゆる〈前期的資本〉］が純粋の仲介交易に携わっているかぎり、言葉の真の意味での不等価交換は存在しないと言うべきであろう。一方の地域で商品が購入されるとき、それはそこで成立している価値体系の範囲内では純然たる等価物どうしの交換がなされているはずであるし、また他方の地域で同じ商品が売却されているときにも、それはそこで成立している価値体系の範囲内では純然たる等価物どうしの交換になっている。すなわち、閉じられた市場（流通の場）においては原則的に不可能であった剰余価値の創造は、二つの閉じられた市場（流通の場）において成立している異なった価値体系どうしが仲介されることによって可能となる。（いや、歴史的には商業資本によって仲介された共同体がそれぞれの内部において古い社会関係を崩壊させ、市場の範囲を拡大してきたのである。）……商業利潤創

出の秘密は、理論的には二つの価値体系間の『差異』にあり、具体的には商業資本によって仲介される二つの地域の間の『距離』である」。岩井克人『ヴェニスの商人の資本論』ちくま学芸文庫、1992年、96－97。

　参考までに、同様の趣旨を当事者間の交換意識の違いに即して述べた筆者の修士論文の一部を以下に再録する。「……前期的商人は交換価値の増殖、平易な言葉を用いれば金儲けのために交換を行うのに対し、在地住民は使用価値の獲得、同じく平易な言葉を用いれば自分の生活に必要なものを手に入れるために交換を行うのである。したがって、商人と住民では交換意識の性格＝次元が異なるために商品をめぐる商人－住民間の交換は、商人にとっては利益の獲得を、住民にとっては欲求の充足を結果し、商人は住民から何ら恨みを買うことなく、［不等価交換に基づく］欺瞞だ詐欺だと罵られることもなく、逆に感謝すらされながら立派に自己の資本を増殖できるのである。そしてこれこそがまさにこれまで前期的資本の名で呼ばれてきたところの資本形態の価値増殖メカニズムなのである。前期的商人は確かに［或る地域で］安く買って［別の地域で］高く売る。しかしそれにもかかわらず彼らの商業行為が社会的に容認され得るのは以上のような理由によるのである」。なお〈交換意識〉という概念に関しては、高橋洋児『物神性の解読』勁草書房、1981年、223、参照。

(37)　1467年のフランドル伯布告には、「両替商は、彼らが見出し、獲得するであろうすべての地金を余の造幣所に持ってくるか、持ってこさせねばならない」との文言が見られる（拙稿「14世紀ブルージュにおける金融と貿易」『西洋史論叢』第18号、1996年、23－24）。これは、10世紀の小規模で孤立的な複数の市場圏が時とともに統合された結果、最終的に一つの大きな領域君侯領にまで拡大したことを示している。両者に等しく三位一体的構造が見出されるからである（ただしフランドルの場合、拡大・統合に伴う機能分化の結果として両替業務が分離・独立してはいるが）。そして、この両者に共通の在り方こそが、レーリヒという所の「中世の世界経済」を根底において支えていた金融的基礎であり、これが崩壊することによりヨーロッパ経済は中世から近代へと転換を遂げる、というのが前掲拙稿の結論であった。いわば、同種の構造が支えきれるのは、領域君侯領あるいは領邦までであるということ、逆にいえば、中世的支配秩序の成熟形態がそこにあるということである。同様の見解（と筆者には思われる主張）を山田雅彦氏は、論文「中世中期におけ

る市場と権力」(『社会経済史学』第63巻第2号、1997年、37‐38、48)にお
いて開陳している。「興味深いのは、それら［フランドル伯の封臣にあたる貴
族の支配拠点にある］週市群が一定の間隔をおいて立地していることであり、
市場網から逆に権力の再分配が全く無秩序に進行したのではないことをうか
がい知ることができる。ところで、これら中小城主層が自身の市場における
第三者の利用をめぐって何らかの法的行為（例えば教会・修道院機関に対す
る流通税免除の認可）を行う場合、11世紀以降徐々にフランドル伯が自身の
文書をもってそれを確認するという事態が生じている。そうした伯文書を通
してはじめてこれら中小城主層の開設市場を知るといってもよいが、いずれ
にしてもこの背景には、伯と城主との間で双方の封建関係を明確化しようと
する全般的動きがあり、伯側は上級領主としての間接的関与をこれによって
確保し、城領主もまたこれによって自己の市場をより公のものとして認知し
てもらうことになったのではなかろうか」。「また、造幣権については、12世
紀二十年代までは、なおフランドル伯といえどもその重要性を十分に認識し
ていたとは思えず、1127‐28年のサン・トメール市の事例に見られるように、
状況によっては都市機関にこれを譲渡する場合も見られたが、結局は伯は伯
権固有の権利として回収するにいたっている」。ちなみに私見によれば、新た
な金融・経済システムは、アントウェルペンでの模索の後、1609年に設立さ
れたアムステルダム銀行の業務によりその基礎が与えられる。なお同銀行に
関しては、アダム・スミス『国富論』のなかにその古典的記述が見出され、
筆者の知識も同書に多くを負っている。

(38) このことは、とりわけハンザ特権に対して妥当する。
(39) 丹下栄氏は前掲論文（前註16、参照）を次のような言葉で締め括っている。
「カロリング期の市場は、価格形成機構、市場参画者の利潤追求志向など、近
代の市場と共通するものを確かに含んでいた。しかしおそらく決定的な違い
は、商品の種類とその総量が生産力と社会構造によって厳しく限定されてい
たことである」。個々の史料解釈に関して優れた見識を随所に示しながら、結
局最後に来て、カロリング期の社会を〈出来の悪い市場経済〉の枠のなかに
押し込めてしまったのは、返す返すも残念なことである。
(40) 浅野栄一『ケインズ「一般理論」形成史』日本評論社、1987年、98‐99。
(41) *The Collected Writings of John Maynard Keynes*, XIII, 408f.
(42) ケインズは『一般理論』(『ケインズ全集　7』東洋経済新報社、1983年、

238）のなかで、〈非貨幣経済 non-monetary economy〉を「流動性打歩がつねに持ち越し費用を超える資産というものが存在しない経済」と定義しているが、これは資本主義経済における貨幣の種別的特性を際立たせるための理論的仮構という性格が濃厚であり、少なくとも歴史家にとっては、あまり使い勝手のいい定義とはいえない。

(43) Keynes, op. cit., XIII, 410.
(44) 森嶋通夫『リカードの経済学——分配と成長の一般均衡理論——』東洋経済新報社、1991年、13。
(45) マックス・ヴェーバーが『プロテスタンティズムの倫理と資本主義の精神』（岩波書店、1988年）において問題にしているのは、まさにこのような経営状態にある企業家（しかも、カルヴィニズムの世俗内禁欲によって自家消費分を極限にまで切り詰めることにより、投資量を加速度的に増やしているような）に他ならない。あるいは大塚史学に親しんだことのある者にとっては、農村の織元としての独立自営農民といったほうがわかりやすいかもしれない。いずれにせよ、彼らこそが「資本主義の英雄時代」における一方の主人公だったのである。
(46) 菱山泉『スラッファ経済学の現代的評価』京都大学学術出版会、1993年、127。
(47) Keynes, op. cit., XIV, 123.
(48) リカードゥ『経済学および課税の原理（下）』岩波文庫、1987年、124。
(49) ここまでの論理展開を再述すれば、ケインズは自らの新理論を「貨幣的経済学」として、リカード以降マーシャルに至る「実物交換経済学」と区別したのだが、森嶋氏によれば両者は二者択一的というよりはむしろ資本主義の異なる発展段階に対応するものであり、菱山氏は更にその違いが利潤率－利子率間の従属関係如何によるものであることを示したのである。
(50) 利潤率－利子率間の従属関係の逆転は、これまでの叙述からも明らかなように、企業家の資金調達方法に起因する。そしてこの変化は、企業家が自己資金のみで事業展開をなし得なくなるほどに、経営単位が巨大化したときに普遍的に生じることとなる。これが具体的には高額機械の一般的導入を意味することは容易に理解し得よう。
(51) 利子というのは貨幣に対してのみあるのではなく、原則としてあらゆる商品はそれぞれの「自己利子率＝それ自身によって測られた利子率」を有し得

る。だとするならば、貨幣の貨幣的性格に基づく利子率と、他の商品の自己利子率（これは先物市場がありさえすれば実際に算出可能である）との間の相互関係が問題とならざるを得ない。そしてこのことの重要性をケインズに気づかせたのが、他ならぬスラッファの功績なのである。ケインズ『一般理論』第17章におけるスラッファへの言及を参照。また、菱山泉、前掲書、第3－5章、参照。

千脇　修

第6章

14世紀後半ホラント伯領諸都市の「会合行動」(dagvaarten)

1. ホラント発展史のエポックとしての14世紀後半

　中世後期のホラント伯領では、伯の所領経営拡大につれて支配拠点である諸集落への都市法付与が13世紀に活発化し、幾多の都市法家族が形成されていく(1)が、産業面で見れば、1300年以前に、ドルドレヒトを除く伯領のそうした都市的集落の大多数はむしろ農漁業の中心地にすぎなかった。しかし、その後1350年から1400年までの半世紀間に、この地域では商工業の最初の著しい発展が確認できる。ホラント社会がこの時期に経験したユニークな経済発展と構造変化の顕著な特徴は、人口増加と結びついて、商工業が著しく拡大・発展したことであった。ホラントは僻地的農業地域としての農村中心の構造を変化させて、都市中心の非常に分化した経済圏へと移行していったのである。(2)この半世紀間、とりわけ1350年ごろからの30年間に、ホラントと、バルト海周辺、フランス、イングランド、スコットランドとの通商が急速に活発となった。そのための輸出産業（毛織物工業・ビール醸造業）とそれを支える造船業がこの時期に発展する。こうした発展は都市の発達と相互に作用しあっており、発達途上の諸都市は多くの移住者を引き寄せた。14世紀後半は、中世後期ホラント地域の都市人口増加・入住者数がピークを迎えた時期でもあった。

　以下の中心テーマであるホラント諸都市の「会合行動」という歴史現象は、まさに上述の発展を刺激剤として頻繁に展開された集団的行動であった。そうした「会合行動」ついて従来は、その憲政史上の意義を高く評価する見解がと

なえられてきた。1950年代から80年代の代表的なホラント中世史家たち、J・F・ニールメイエル、H・P・H・ヤンセン、およびその見解を引き継いだH・M・ブロッケン、D・E・H・デ・ブールらは、14世紀半ば以降のホラントにおける君主と等族との関係に、契約行為や後者の代表行動を見いだし、諸都市がこの時点で一つの身分集団として結束して行動し、国政に参与しはじめたと考え、そこに立憲国家発展の大きなステップを見たのである(3)。

 しかし、こうした見解に対し、最近の諸研究では、より犀利な史料分析に基づいて一定の留保をおこなおうとする傾向がある。その一人であるP・リューペンによれば、上記史家たちの見解は、「臣民集団というものは、統治に確固たる位置を占めようとするものである」との暗黙の前提を出発点としており、実はそれは、適正な統治形態にかんする近代的理念（例えば意思決定への参画や連帯的影響力行使）を過去に投影しようとするアナクロニズムに陥っているのである。たしかに、「全員に関わる事柄は全員によって承認されねばならない」（Quod omnes tangit, ab omnibus approbari debet）というローマ法的同意理論が存在した。しかし、そうした同意理論は、中世にあってはたいてい、（古くは三職分論に基づいていた）権力のヒエラルヒーを新たに正当化するためか、その権力の乱用を抑止するために弾力的に適用されたにすぎない。当時、諸都市の代表が統治事項に関与する場合、彼らは都市市民身分全体の代表ではなくて、個々の出身都市の利害を代表したにすぎなかったのである。このことは、後述する「会合行動」時の発給文書に記された諸都市の序列にも表れている。ニールメイエルらが描く代表行動のイメージが妥当するのは15世紀以降についてであり、それ以前の同時代的現実の様相とはことなるのである。「会合行動」の史料集を編集・刊行したW・プレヴェニールとJ・G・スミットも、バイエルン朝が終末を迎える1433年以前の集会においては、統治上の連帯責任を担うような、諸都市の身分制的代表という考え方は決して指導原理とはならなかった、と述べている(4)。

 ところで、そうした留保をふまえたうえで、前述のリューペンが君主と臣民の会合の契機として重視するのは、租税をめぐる問題である。13世紀にトマ

第6章　14世紀後半ホラント伯領諸都市の「会合行動」(dagvaarten)

ス・アクィナスが一種の強盗行為とさえみなした徴税が、その後の租税概念の転換を通じて、共通善のためには私利・私的財産権の侵害は許容される、というとらえ方へと変わっていく。同時代の法学者たちは、君主の新税徴収権についても、その権利の行使が正式・正当なものとなるのは、従来の君主一辺倒のアプリオリな課税権に基づくのではなく、協議と承認の手続きのみによるととらえた。「代表制」は第一義的に、君主・市民間でそうした約束を取り結ぶ制度として発達することとなったのであり、「会合行動」はまさにその一つの出発点に位置づけられているのである。

2．伯の評議会と「会合行動」

　ホラント伯位は、最初の王朝であるホラント朝が1299年に断絶したあと、エノー朝（1299～1354）、バイエルン朝（1354～1433）へと順次移る。この時期に確立する領邦国家としてのホラント伯領において、伯の統治機構の発達は「会合行動」との関係で見過ごすことができない。13世紀半ばから、ホラント伯の政策には、取り巻きたち（J・G・クライスヘールのいわゆる「パートナーたち」(medespelers)）が影響力を及ぼしていた。彼らは、伯の親族、封臣・廷臣たち、代官などの高級官吏、を中心とする有力者たちであり、その合議は「封建的評議会」(leenkamer)と呼びうるものであった。そこからやがて、伯フロリス5世（在位1256～96）とヤン1世（在位1296～99）のもとで「評議会」(Raad)が形成される。形成当初、これはホラント・ゼーラント伯領における非恒常的な意思決定機関であった。

　こうしてホラント伯領では、中央の統治機関として、伯の封建的評議会から新たな評議会が進化した。すでにホラント伯ウィレム3世（在位1304～37）は、伯領統治のために小規模なそうした合議体を積極的に用いている。これは「共同評議会」(commune consilium)と呼ばれた。その主要な職務は、日常的な統治事項、財政管理、伯の裁判権、特権付与、対外政策など、国益にかかわるあらゆる点に及んでいた。

　次代ウィレム4世（在位1337～45）の治世にかけて、この評議会の構成者の

中核をなしたのは、宮廷貴族、伯の書記官・地方役人たちであった。そうした地方役人は、代官（下級貴族出身）と管轄区ごとに任命される財務官たち（rentmeesters）であった。財務官は書記やときには都市行政官の中から選任された。したがって、この時点での伯の評議会は、構成面で基本的に役人的機関であったといえる。しかし、それと並んで、1317年から伯の国璽尚書をつとめ、のちには財政家へとのし上がっていったウィレム・ファン・ダイフェンフォールデ（1290頃～1353）のような、非役人的大資産家・宮廷貴族もメンバーとして大きな個人的影響力を及ぼした。[7]

1330年頃からは、地域行政面で、評議会の権限が強化された。新たな評議員は伯によって正式に任命されたが、その際、新任者は伯に対して、臣従宣誓に似た服務宣誓をおこなわねばならなかった。このことは、当評議会の前身ともいうべき13世紀の封建的評議会の残滓的側面とみなされよう。その一方で、評議員たちは、伯から仕着せのほか、会議中の諸手当を支給された。後代15世紀の伯の評議会は、家産制から官僚制への過渡期にあったとされるが、14世紀のこの段階にもそのきざしを見ることができよう。また、この時期の評議会を、君主とそれ以外の勢力との権力分割化過程の初期段階にあるものとしてとらえることも可能であろう。[8]

14世紀中頃には、評議会の改組がおこなわれる。まず、（1）伯領の領土的発展にともない、全国的な共同評議会以外に、ホラント、ゼーラントについてそれぞれの小規模な個別評議会が成立した。（2）1346年ごろからホラント諸都市が伯の評議会のメンバーとして受け入れられた。そのきっかけは、伯ウィレム4世の急死から、女伯マルハレータ、伯ウィレム5世の治世初期にかけての領邦の経営・財政的危機にあった。そして他方、（3）1350年以降、財務官・代官らが徐々に評議会から姿を消したのである。それと併行して、伯の評議会は、次第に恒常的な機関となる。[9]

類型論的には、身分制議会は単独もしくは複数のラント議会から形成される場合と、君主の評議会から形成される場合とに大別できよう。ホラントのケースは、むしろ両者（「会合行動」と評議会）を折衷するかたちでの発展をたど

第6章　14世紀後半ホラント伯領諸都市の「会合行動」(dagvaarten)

ったように思われる。そのいずれの類型にせよ、都市の身分制議会参加は、比較史的にも広く見られる現象であった。(10)ホラントでどの都市を評議会に受け入れるかを決定したのはあくまでも伯とその助言者たちであった。(11)当初、都市は評議会に積極的に加わったというよりも、伯の招聘によって加入したのであり、それは当時の伯領財政支援として諸都市がおこなった伯への金銭貸付の担保の意味合いがあった。しかし、その後の諸都市は、伯の評議会に組み込まれるよりも、むしろ「会合行動」の方にコミットしようとする傾向を示す。この傾向は、都市自体のあり方に由来するとともに、こうした経緯に由来するといえよう。ひいてはここに、ホラント伯領における伯の集権的・統合的権力に対する都市の分化・分権的契機を見ることができるのである。

　ホラント伯領における身分制議会の呼称は、1428年にはじめて「その地方の3身分」(Drie Staten der Landen) という形で出現する。この議会の起源を伯の評議会のみに見ようとする見解がある。(12)しかし、こうした後代の身分制議会の構成者である諸都市が、前述したようにそれに先立つ時期に伯の評議会に積極的に加わらなかったという事実は、評議会のみから身分制議会の発生を説明する見解に対する反証となるものである。一方では諸都市のまとまりある身分意識はなお形成途上にあるとはいえ、他方では身分制議会の先駆的現象として、14世紀後半の「会合行動」のもつ大きな意義をあわせて考慮する必要があるように思われる。

　ところで、財政家として30年余りにわたって伯の宮廷で大きな勢力を保った前述のウィレム・ファン・ダイフェンフォールデは14世紀半ばに没する。これと入れ替わるように、伯の評議会の新たな発展と伯領統治における諸都市の発言力が強まってくるのも興味深い変化である。(13)

　1362年には、伯の評議会について評議員たちは、伯と「特恵諸都市」(goede steden, bonae villae) とによって選ばれるとされており、有力都市の影響力が増しているようすがうかがえる。が、この時点でも新評議員は伯に忠誠を誓わねばならなかった。これを規定した文書によれば、ホラント地域関連の伯発給文書は、共同評議会とホラントの個別評議会のそれぞれ全体の3分の

― 135 ―

2の評議員が同意してはじめて伯の印章を付され発効するとされ、また、伯の役人による会計報告の臣民による聴聞にも、当該地域の個別評議会が立ち会うことになっていた。同評議会は役人を解任する権限も有していた。[14]

ホラント伯領統治への諸都市の影響力は、13世紀後半以降、13世紀末までは限られたものであり、せいぜい、伯が発給する文書に時に証人として共同で印章を付することや、伯の債務の保証人となる程度であった。ただ、このように印章が使用された時期は史料的に当該都市の印章が初出する時期とほぼ重なっている。[15]その後、前述した14世紀半ば以降の一連の経緯によって、ホラント諸都市は、近隣のフランデレン伯領やブラバント公領における諸都市に遅れてではあれ、政治的影響力を獲得していった。1345年から1358年にかけての一連の突発事による君主権力の一時的な空白や政権の混乱、その後の権力継承がそれの大きな契機となった。情勢を話し合うために、貴族の代表とともに、諸都市の代表たちが繰り返し「会合行動」へと召集されるようになったのである。また、ホラント伯は、しばしば有力ホラント諸都市の財政援助を受けており、そうした諸都市は、ときには評議会とともに、会計報告の聴聞に立ち会っている。

14世紀半ばに始まるバイエルン朝の初代君主ウィレム5世の治世は、君主が都市優遇策をとった釣針派・鱈派党争の内乱期・都市優遇政策期と、その後の反都市的な中央集権政策の時期とに分かれている。この二つの時期にまたがってホラント伯の書記局で活躍した著名なレジストがフィリップス・ファン・ライデンであった。フィリップスは、ライデンの都市貴族出身でありながら、反都市的なパンフレットを書いて、君主の中央集権化への政策転換を法理論的に擁護している。[16]

それだけに、そのあと統治権を継承した弟のアルブレヒト・ファン・バイエルン（摂政在位1358～89、伯在位1389～1404）が都市を支援する政策をとりはじめ、それが半世紀にわたってほぼ一貫していたことは、注目に値しよう。外来の君主アルブレヒトは、14世紀後半のネーデルラントにおいて、発展著しい自領ホラントが、フランデレン、ブラバントとともに、いまや抜きんでた重要性をもつに至ったことを十分認識するに至った。そしてまた、彼はこのころハ

第6章　14世紀後半ホラント伯領諸都市の「会合行動」(dagvaarten)

ーグをホラントの事実上の行政的首都へと変えていくことになる。もともとハーグは、ホラント伯の狩猟時に滞在する館（die Haghe）が置かれたところで、13世紀半ばにウィレム2世が本格的な城の建設に着手してから、伯の居城都市となった。1370年に、集落としてのハーグがはじめて言及されるものの、その後も居城都市としてのハーグの性格は変わらず、むしろ首都化によってそれが強化されたのである。

3．「会合行動」(dagvaarten) という用語とその語義

　ところで、いままで「会合行動」という訳語をあててきたのは dagvaart (en) という単語である。この語は、ホラント伯領における同時代的用語 dachvaert という形で1347年に初出し、以後史料に頻出する。この単語は、一般的には、「所定の時点において君主の召集によって開催される正規の公的な（州レベルでの）会合や集会」を指した。同じ語義をもつ parlement という用語もホラントで用いられることがあったが、14世紀のうちにほぼ完全に dagvaart の語に取って代わられる。ホラント関連のワロン語史料では、同義の journée (d'eat) の語も使用されている。

　さらには、H・コッケンが、君主の召集によるか否かは問わずに、この語を次の2通りの意味に解釈している。（1）諸都市や「等族」(stenden, Staten) が参加して開催される集会・会合であり、そこでは、共通利益にかかわる事項が審議される。そしてとくに15世紀からは、（2）代表的性質をもつ諸都市・等族の連帯行動、である。また、H・M・ブロッケンは、前述した伯の評議会が1352年以前には都市代表もメンバーに含む協議の場であったのに対し、この年からは伯の評議会と諸都市代表とがそれぞれ別個の存在として会合しはじめた、という点を根拠として、これ以降の dagvaarten を真正の意味での「会合行動」とみなしている。

　オランダでは、「会合行動」関連の網羅的な史料集を刊行するプロジェクトが、1920年代に P・A・メイリンクにより企てられた。これがプレヴェニールとスミット（以下で P／S と略記）の手で実を結ぶのは1987年のことである。

— 137 —

Ｐ／Ｓは、「真正の」dagvaartenとそれ以外の種類の多数の集会とをともに含む最も広義のdagvaarten概念を、「集会およびその他の諸行動」と定義した。彼らは他方では、より厳密に真正の「会合行動」を、中世後期のホラント等族の多様な連帯行動を指すものととらえた。そして、消極的意味でのそれを、君主に対して等族・諸都市の助言をともなう会合のことと理解する。また、Ｐ／Ｓは積極的内容をともなう「会合行動」の協議内容を列挙している。それに若干補足をおこなえば、一般に、共同での印章の押印、文書交付、訴訟、仲裁、巡行する君主への臣従宣誓（1358年、1389年）、共通利益・公共の福利助成、経済活動促進、通商・商業振興、造幣、堤防建設などの治水事業計画、財政（君主からの課税や、伯領会計報告の臣民による聴聞）、秩序維持・反乱鎮圧、領土保全、君主の親族問題（例えばアルブレヒト・ファン・バイエルンと親族との統治権紛争）、君主・外国諸君主との関係（例えば伯アルブレヒトの子息とブルゴーニュ侯家との縁組）などが協議事項となる。こうした集会には、等族（聖職者・貴族・都市）のうちの少なくとも一つ以上が参加した。通例おこなわれる文書発給の際には、各都市代表は、たずさえた自身の都市印章を使用することで法的行為をおこなうことにもなった。

４．14世紀後半の「会合行動」の実際と諸傾向
（１）「会合行動」の一般的手順

　多数の事例を逐一紹介することはできないので、ここではＰ／Ｓの指摘とその刊行テクストに基づき、かいつまんで「会合行動」開催の一般的な手順を見ておこう。

　（ａ）まず最初の手順として、「会合行動」開催のため召集者による令状が送付される。「会合行動」の召集をおこなう機関・当局者は、君主（伯）や伯の評議会か、諸都市、まれに総督（伯配下の地方長官）などであった。召集段階（令状）においては、開催のプラン、意図、契機、準備、審議事項が言及される。

第6章　14世紀後半ホラント伯領諸都市の「会合行動」(dagvaarten)

　召集者である伯や都市の会計記録（rekeningen）には、召集令状をたずさえる使者への報酬（bodelonen）も記されている。また後代には、召集状の受理を契機として、「会合行動」への代表派遣に先立ち、都市参事会（フルートスハップ）の予備協議がおこなわれる場合もあった。
　（ｂ）次いで開催の運びとなる。
　「会合行動」の開催地については、若干の不明なケースを除いて、あらかた判明しており、そのほとんどがいずれかの都市である。1358年から1404年までで都市が主催者となっている34の事例については、ドイツ諸都市で開催されたハンザ集会（全11回）[24]を度外視すれば23回であり、このうちで、ハーグでの開催が9回と最多であり、以下ドルドレヒト3回、ライデン2回、その他が各1回、不明が3回である。ちなみに、同じ期間を都市以外が召集者であるケースも含めたトータルで見れば、多い順に、ハーグでの開催が138回、ドルドレヒト22回、ヘールトライデンベルフ18回、ハールレム10回、ロッテルダム8回、スホーンホーフェン6回、ライデン5回である（開催地不明は13回）。とくに伯領の会計報告の臣民による聴聞が行われた場所は、ハーグに集中している[25]。
　言及史料では、「会合行動」への出席者が、一定の序列にしたがって――会計記録ではときには出席者のそれぞれの旅行費と開催地での滞在費とともに――記されている。一般に、そうした序列は、（ア）君主＝ホラント伯、（イ）伯の評議員・役人、（ウ）聖職者（ただしホラントでの参加はまれである）[26]、（エ）貴族、（オ）諸都市、（カ）他地域からの出席者たちの順になっている。
　（オ）の諸都市のあいだにもさらに細かな序列があった。都市の序列は、個々の都市の都市法獲得年次の古さや経済的実力、さらには、都市の位置する各地域がホラント伯の領土としてどの程度の古さをもつか（伯の旧来の本領である南ホラントと、比較的後代に支配下に入った北ホラント、アムステルラント、ケネメルラントなどの地域的優劣）などの諸要因が順位決定に影響した。都市間の序列の典型例では、（1）ドルドレヒト、（2）ハールレム、（3）デルフト、（4）ライデン、（5）アムステルダム、（6）ハウダ、（以下、アルクマール、ヘールトライデンベルフ、スヒーダム、ロッテルダム、アウデワーテ

ル、メーデムブリック）といった順で記載されている。諸都市の実力・力関係の変動や、都市ごとの「外交」能力によって、序列は多少変化するが、後発のロッテルダムが次第に順位を上昇させ、さらに若干の新都市が加わる点を除けば、こういった序列は1400年ごろに固まり、基本的に16世紀半ばまで大きな変動はなかった。そのつどの「会合行動」に出席した都市の数はまちまちであった。また、諸都市のみが出席した場合や、伯の評議会・代官や中小貴族、他地域の諸都市とともに出席しているケースがある。出席都市については、単に「ホラント諸都市」、「特恵諸都市」とのみ言及されている場合も多いが、市名が記されたケースでは、最も少ないもので１都市のみの参加の例がある。一般的には２ないし数都市程度の参加が通例であった。ドルドレヒトと他の諸都市との関係を調整する際や君主とその親族との紛争など、審議事項が諸都市の利害にとって重要である場合ほど、当然ながら参加都市は多いという傾向がある。

「会合行動」への都市ごとの出席者数が何名程度であったかは、召集者による令状にときおり記載がある。参会すべき都市ごとの人数が指定されているのである。伯アルブレヒトの治世において、都市が主たる召集者であった（つまり都市主導で開催された）ケースでは、各都市から２名ないし３名の出席を命じているものが１回ある。召集者が都市以外であって、しかも都市関連の事項が審議された「会合行動」では、各都市からの出席者を１名と指定している場合が１回、２名の出席を命じたケースが３回、２名ないし３名の場合が１回ある。概して、年代が下るにつれて出席者数は増加する傾向がある。15世紀初めには、４名以上のケース（最多は８名）が見られる。言及のない場合も多いとはいえ、14世紀後半においては、各都市から１名ないし３名の代表が参加するのが通例であったと考えてよいであろう。また、都市により人数が相違する場合は、各都市の重要度・序列を反映していると思われる。出席する都市代表がいかなる市民的地位にあったのかは14世紀には判然としがたいけれども、15世紀以降には出席者として都市参事会員（schepenen）を具体的な人名とともに言及しているテクストがあり、14世紀にも出席者はおそらくこれに類する指導的地位にあったものと推定される。

第6章 14世紀後半ホラント伯領諸都市の「会合行動」(dagvaarten)

（c）「会合行動」の会期日数については、テクストでとくに規定されているわけではないが、1日から数日が通例であり、数週間にわたることもあった。逆に、きわめて例外的な事例であるが、ドルドレヒト市が単独で召集をかけたが、君主の命令で開催中止となった場合（1388年）もある。P／Sは史料的に確認できる限りにおいて、都市代表が会合出席のために自身の都市を出発した日から帰着するまでの期間のほか、集会以外のコンタクト、文書発給の日付をも広い意味での会期ととらえている。会期が長期にわたり、しかも君主が外国に滞在中であった場合には、その留守中に開かれた「会合行動」の報告が使者を通してその滞在先へもたらされた。また、期間を延長して集会が継続されることもあった。

（d）会議終了後、都市代表が帰還すると、後代ではフルートスハップにおいて最終報告がおこなわれた。それ以外にもテクストで「会合行動」の終了にかんする言及がおこなわれることがある。なお、議事録（notulen）やそれと同等の記事や覚え書の類が部分的に伝来しており、これらは会期中の記録物とみなしうる。さらに、証書、布告、書簡などは、会議の最終的成果とみなすことができよう。

（2）都市が召集者である「会合行動」

次に、召集者に注目してみよう。まず、都市が召集者である場合の審議事項を、そもそも都市が「会合行動」を召集するということの同時代的意味と関連づけてふれておこう。

P／S刊行の史料集によれば、都市が「会合行動」の召集者となるケースは、ホラント伯バイエルン朝の始まる1345年から、伯アルブレヒトが没する1404年まで、全部で41回（それ以外にホラント都市参加のハンザ会議が12回）ある。このうち、伯の評議会と諸都市とによる共同召集が15回であり、そのうちの12回はアルブレヒト以前の時期に集中している。前述した伯の評議会発展の流れからすれば、このような評議会と都市との共同召集による「会合行動」は、伯の評議会の拡大会議という側面をもっていた可能性もあろう。

こうした共同召集の場合には、伯自身による本来の統治行為を少なくとも部分的に臨時に代行する、という意味合いがあったものと思われる。1358年から1404年までのそうしたケースの審議事項に限れば、以下のような内容が見られる。発狂し幽閉された君主ウィレム 5 世の容態報告（1358年）。新君主アルブレヒトと前君主の妃 Machteld との対立にかんする仲裁、「ラントの法」（beleyt van den lande）の確認（1362年）。ライデン市における騒乱への対処（1383年）(30)。
　また、評議会以外では、都市と君主、都市と君主・総督（伯の地方長官）、都市と総督、による共同召集がそれぞれ 1 回ずつある（1352年、1361年、1362年）。これらは時期的にはアルブレヒトの治世初期以前に属している(31)。
　さらには、都市のみによる単独召集がある。これは1345年から1357年までの間に 6 回、以後1404年までの時期に17回ある。後者のうち、都市ドルドレヒトのみによる召集ケースが 4 回ある（1388年、1392年 2 回、1398年）。
　都市による単独召集の場合、審議事例ではまず、外来商人の交易を制限したデンマーク国王との商業戦争（1367年、これはその後1369年にかけての一連のハンザ会議へ協議の場を移すことになる）や、バルト海航行問題（1404年）、といった対外的経済事項が扱われている(32)。この1404年のケースでは、ドイツ商人のホラント自由往来と引き換えに、ホラント商人の一定の自由航行が保証されることとなった。また、経済問題の国内版としては、先進的経済発展都市ドルドレヒトと後進ホラント諸都市との対立を軸とする、都市間の条約（1378年）、互市強制権協定（1384年）、造幣問題（1404年）、が審議事項となっている(33)。したがって、都市のみによる召集では、基本的に必ずしも君主の介入を必要としない経済上の諸事項が話し合われたといえよう。しかしときには例外的に、伯の遂行するフリースラント征服戦争についても、都市のみのイニシアティヴによる協議がもたれている（1400年）(34)。水軍も含めて、都市市民軍の分遣隊が参加した君主のための軍役の際には、都市行政官が分遣隊の指揮をとるだけでなく、戦闘行為について、相互に協議し、また君主に助言をおこなった。

第6章　14世紀後半ホラント伯領諸都市の「会合行動」(dagvaarten)

(3) 君主の召集による都市事項関連の「会合行動」

　次に、都市が召集者としてはまったく関与せず、君主（ホラント伯）が召集者である場合の審議事項を、伯アルブレヒトの治世について、都市関連事項にしぼって見てみよう。

　アルブレヒト・ファン・バイエルンは、兄ウィレム5世が精神異常をきたして政務をとれなくなったのを受けて、1358年3月摂政職についた。これは、同年6月24日、メヘレンにおいて、評議員たち、ホラント・ゼーラント・エノー3地方の諸都市と数人の領主の「会合行動」により正式に承認された。彼は統治の開始にあたって、この国を「特恵諸都市によって、そして余が特恵諸都市とともにそのために任命する者たちの評議会によって」(bi den goeden steden ... ende bi rade dergheenre die wi metten goeden steden vors. daertoe nemen zullen) 統治し保護することを約束した。

　アルブレヒトは、1336年神聖ローマ皇帝ルートヴィヒ4世（デア・バイエル）とエノー家のマルハレータを両親としてミュンヘンで生まれた。パドヴァのマルシリウスやオッカムのウィリアムが同時代的に長期滞在し著作にたずさわっていた父帝の宮廷やバイエルンの雰囲気が、少年時代のアルブレヒトにいかなる刻印を残したかは定かではない。しかし、いずれにせよ彼は、摂政就位時に、数名のバイエルン貴族を引き連れてホラント入りし、1360年前後には自身の宮廷で彼らを登用している。バイエルンから持ち込まれた書記長職などの職制は、ホラント統治の職制にも一定の影響を及ぼした。その後1362年、先代の伯の寡婦 Machteld との統治権紛争で諸都市が伯の側を支援したころから、アルブレヒトは、領邦統治に不可欠の支柱として、諸都市の存在をいっそうはっきりと認めることになる。

　そこで、以下では、伯アルブレヒトが（ときには評議会とともに）召集した「会合行動」において、ホラント諸都市に関連するどのような項目が審議されたのかをひろいあげてみよう。

　（a）まず、ホラント伯領内での紛争解決・調停がおこなわれている（例えば、ライデン市・ライデン城伯間、1362年。ドルドレヒト市・アルケル領主間、

1387年。ドルドレヒト市・ロッテルダム市間、1389年）。

（b）次に、貨幣の価値決定や検査も含めて、造幣問題が扱われている。これは、1370年から1404年まで全部で45回おこなわれる。例えば、1395年6月13日の「会合行動」では、伯アルブレヒトにより貨幣流通圏統制令が出されている。諸都市は、安定的な造幣を望み、君主によって恣意的に造幣操作がおこなわれることを嫌った。そこで、むこう5年間、伯アルブレヒトに6000ホラント・グルデンの造幣税を納めることと引き換えに、伯から造幣権を借り受けることとなったのである。その後1397年10月には、同伯は諸都市とともに、「貨幣価値を調整する必要がある場合には、全権をもつ都市派遣者たちが6週間ごとに会合する」むね定めている[39]。

（c）また、指定市場（staple）・互市強制権が審議される場合がある。これは、1378年から1394年まで、全部で12回おこなわれている。そのうち4回は、ドルドレヒト市の経済的優位に他の後発諸都市が対抗して、権益を要求したものであった[40]。

（d）さらに、流通税については、同郷人か異邦人の徴収権もしくは免除をめぐって、全部で7回協議されている。例えば、ハンザ流通税表（1363年）、ハンザ商人・ハンブルク人への免除（1359年、1403年）、外来のセルトーヘンボス人に対するヒュースデンにおける流通税徴収権（1373年）、同じくネイメーヘン人の脱税（1395年）[41]。

（e）陸上交通よりも水運がさかんであったホラント地域では、治水とともに船舶航行の安全も重要事項であった。例えば、1395年サケ漁に使用されたらしい定置網がワール川から撤去を求められている[42]。また、対外的には、1401年にエーアソン海峡を通航するホラント船舶の安全が審議にのぼっている[43]。

（f）ホラント商人の北方への商権拡大行動は、15世紀はじめにハンブルクとの大きな衝突をまねく。これについては、当初ハンザ会議が開かれたが、のちに交渉の場をネーデルラントへ移して、君主が調停のための「会合行動」を3回召集している[44]。結局調停は成功し、ハンブルク側はホラント側に賠償金を支払うかわりに、流通税を免除された。

第6章　14世紀後半ホラント伯領諸都市の「会合行動」(dagvaarten)

　これら（a）〜（f）について見る限り、君主としてのホラント伯が、基本的に、領土内の秩序維持と公益とをはかりながら、またときには都市間の調停者をつとめて伯領内における一定の勢力均衡もはかりながら、都市経済への助成策をとっていたことが見てとれよう。

　さて、最後にしめくくりとして、前後の時期との関連で、14世紀後半の「会合行動」の歴史的意義をかんたんに述べておきたい。
　前にふれたように、1428年にはホラントの身分制議会が史料にはじめて言及される。15・16世紀にはホラント以外でもネーデルラントの領邦ごとに身分制議会が、また15世紀半ばからは「全国議会」(Staten-Generaal) が形成・確立される。「会合行動」史料集の編者P／Sのねらいは、そうした後代の身分制議会に先だって見られるいわば前史的現象について、バイエルン朝の終点である1433年以前の散在する史料を集成し刊行する、ということにあった。(45) そのねらいは深い射程をもっているようである。後代と比べればもちろん未発達なものであるし、また、最初に述べたように、身分制議会と同等視することには一定の留保を付さねばならないにしても、発展途上の等族的「会合行動」の興味深い姿が、この刊行史料群から浮かび上がってくるのである。(46) さしあたりここでは分析素材の提示と荒削りな検討にとどまった。その限られた成果に基づいてではあるけれども、仮に大づかみなとらえ方をすれば、14世紀後半における「会合行動」は、旧来の統合・分化という契機から、新たな統合・分化の契機への推移において、大きな意義をもっているように思われる。つまり、こうした「会合行動」は、君主対封建貴族という在来の二元性をもつレーエン制国家から、君主対等族という新しい二元性的側面をもつ身分制国家への過渡期において、(47) ホラントという経済的新興地域に、都市という新たな要素を包摂しつつ出現してきた特徴的な現象であった、といいうるであろう。

註
(1) P.C.M. Hoppenbrouwers, "Van waterland tot stedenland," in Th. de Nijs e.a. (red.), Geschiedenis van Holland, vol. 1, Hilversum 2002, 118-120. 拙稿「低地地方北部の司教都市」『日蘭学会会誌』第24巻1号（1999年）、13頁注2も参照。

(2) H.P.H. Jansen, "Holland's Advance," in Acta Historiae Neerlandicae 10 (1978), 1-19 ; D.E.H. de Boer, Graaf en grafiek. Sociale en economische ontwikkelingen in het middeleeuwse 'Noordholland' tussen ±1345 en ±1415, Leiden, 1978 ; id., "Een ruiten heer in de leeuwenkuil," in B. Toussaint e.a. (eds.), Aspecten van de historische biografie, Kampen, 1992, 70f. ; J.L. van Zanden, "Op zoek naar de 'missing link'. Hypothesen over de opkomst van Holland in de late Middeleeuwen en de vroeg-moderne tijd," in Tijdschrift voor Sociale Geschiedenis 14-4 (1988), 359-386 ; id., The Rise and Decline of Holland's Economy, Manchester, 1993, 19-43 ; H. Kokken, Steden en Staten. Dagvaarten van steden en Staten van Holland en Zeeland onder Maria van Bourgondië en het eerste regentschap van Maximiliaan van Oostenrijk (1477-1494), Den Haag, 1991, 8f.

(3) J.F. Niermeyer, "Henegouwen, Holland en Zeeland onder het huis Wittelsbach," in Algemene Geschiedenis der Nederlanden, vol.3, Utrecht, 1951, 92-124 ; H.P.H. Jansen, "Holland, Zeeland en het Sticht 1100-1433," in Algemene Geschiedenis der Nederlanden [nieuwe serie] vol.2, Haarlem, 1982, 311-314 ; H.M. Brokken, Het ontstaan van de Hoekse en Kabeljauwse twisten, Zutphen, 1982, 150-152 ; D.E.H. de Boer, " 'Honger' naar meer," in 1299 : één graaf, drie graafschappen, Hilversum, 2000, 136. Cf. P. Leupen, "Conservatism or constitutionalism? The long way to representation in the county of Holland," in M. Gosman e.a. (eds.), The Propagation of Power in the Medieval West, Groningen, 1997, 66, 71.

(4) E. Lewis, Medieval Political Ideas, vol.1, New York, 1954, 222 ; Leupen, 67, 70-74, 76f. ; Kokken, 23 ; W. Prevenier／J.G. Smit (eds.), Bronnen voor de geschiedenis der dagvaarten van de Staten en steden van Holland voor 1544, vol.1/1 : 1276-1433, inleiding, lijsten en indices, Den Haag, 1991, XIII.

(5) Leupen, 75f.

第6章　14世紀後半ホラント伯領諸都市の「会合行動」(dagvaarten)

（6）J.G. Kruisheer, De oorkonden en de kanselarij van de graven van Holland en Zeeland, vol.1, Den Haag, 1971, 172-174.
（7）T.S. Jansma, Raad en rekenkamer in Holland en Zeeland tijdens hertog Philips van Bougondië, Utrecht, 1932, 41.
（8）R. Stein, "De staten en de ontwikkeling van de Raad van Holland," in H. Huijbrecht (red.), Handelingen van het eerste Hof van Holland symposium gehouden op 24 mei 1996..., Den Haag, 1997, 19. M・ウェーバー（世良晃志郎訳）『支配の類型学Ⅱ』創文社、1962年、353頁。
（9）J.W.J. Burgers, "De grafelijke raad in Holland in de dertiende eeuw," in id. e.a. (red.), Datum et actum, Amsterdam, 1998, 70-72.
（10）J.P.H. Monté ver Loren／J.E. Spruit, Hoofdlijnen uit de ontwikkeling der rechterlijke organisatie in de Noordelijke Nederlanden tot de Bataafse omwenteling, Deventer, 1982, 152f.
（11）Leupen 70f.；Kokken, 23.
（12）Jansen 1978, 14；Monté ver Loren／Spruit, 152；Burgers, 71.
（13）Jansma, 26f., 30.
（14）Ibid., 35f.
（15）P. Leupen, "Burger, stad en zegel," in J. Kloek e.a. (red.), Burger, Amsterdam, 2002, 19-31.
（16）拙稿「フィリップス・ファン・ライデンの『君主国家論』における都市観」『聖学院大学総合研究所紀要』第27号（2003年）参照。
（17）Jansen 1978, 15 n.53；Jansma, 38. Cf. H.M. Brokken, "Het Hof in Den Haag：grafelijke residentie en centrum van bestuur," in R.J. van Pelt e.a. (red.), Het Binnenhof, Dieren, 1984, 13-20.
（18）Kokken, 6. ここで扱う概念以外の dagvaart(en) の多様な一般的語義については、J. Verdam, Middelnederlandsch Handwoordenboek, Den Haag, 1981, 126；Kokken, 5f. この単語のラテン語の相当語 dieta(e) の語義は、J.F. Niermeyer e.a. (eds.)／J.W.J. Burgers (rev.), Mediae latinitatis lexicon minus, vol.1, Leiden, 2002, 434 s.v.
（19）Prevenier／Smit 1/1, XII；Kokken, 6；Th. van Riemsdijk, De tresorie en kanselarij van de graven van Holland en Zeeland uit het Henegouwsche en Beyersche huis, Den Haag, 1908, 384-386；Jansma 1932, 48 n.2. 川口博『身分

制国家とネーデルランドの反乱』彩流社、1995年、121頁注19、122頁注22。
(20) Kokken, 6.
(21) Brokken 1982, 151.
(22) Cf. Prevenier／Smit 1/1, XII, XVIII. メイリンク以降P／Sに至るまで、史料刊行時に「会合行動」の形態判別にあたって一応の目安とされたのは、ドイツ・ハンザ議事録（Hanzerecesse）にうかがえるハンザの会議形態であった。ホラント都市も参加した14世紀後半のハンザ会議にかんしては、V. Henn, "Hansische Tagfahrten in der zweiten Hälfte des 14. Jahrhunderts," in id. (ed.), Die Hansischen Tagfahrten zwischen Anspruch und Wirklichkeit, Trier, 2001, 1-21. Tagfahrtenの語はスイスのカントン集会などを指す歴史的語意でも用いられる。
(23) Prevenier／Smit 1/1, XXI. すでに、プレヴェニールは1400年前後のフランドルについても、dagvaartenに相当するhandelingenの関連史料を集成刊行している。W. Prevenier (ed.), Handelingen van Leden en van de staten van Vlaanderen（1384-1405）. Brussel, 1959.
(24) Henn, 14.
(25) Jansma, 40.
(26) Prevenier／Smit 1/1, XVI.
(27) J.G. Smit, Vorst en onderdaan, Leuven, 1995, 491-493；de Boer 2000, 136f.；P.A. Henderikx, De oudste bedelordekloosters in het graafschap Holland en Zeeland, Dordrecht, 1977, 91.
(28) W. Prevenier／J.G. Smit (eds.), Bronnen voor de geschiedenis der dagvaarten van de Staten en steden van Holland voor 1544, vol.1/2：1276-1433, teksten, Den Haag, 1987, nr. 506.
(29) Ibid., nrs. 563, 238, 298, 352, 455.
(30) Ibid., nrs. 242, 289/297, 420.
(31) Ibid., nrs. 181, 286, 289.
(32) Ibid., nrs. 332, 653.
(33) Ibid., nrs. 401, 425, 672.
(34) Ibid., nr. 596.
(35) Ibid., nr. 222.
(36) Jansma, 33f., 37-41；de Boer 1992, 78f.

第6章　14世紀後半ホラント伯領諸都市の「会合行動」(dagvaarten)

(37) Jansma, 30 ; Kokken, 25.
(38) Prevenier／Smit 1/2, nrs. 298, 455, 486.
(39) Ibid., nrs. 542, 563. Cf. Kokken, 25.
(40) Ibid., nrs. 503, 523, 524, 534.
(41) Ibid., nrs. 302, 539, 642, 366, 536.
(42) Ibid., nr. 545. 定置網の危険視については、拙稿「フィリップス」、345頁も参照。
(43) Ibid., nr. 609.
(44) Ibid., nrs. 639, 640, 647.
(45) Prevenier／Smit 1/1, XXI.
(46) Ibid., XIV.
(47) Monté ver Loren／Spruit, 154.

田中史高

第7章

神聖ローマ帝国を統合する二つの道
―ヴュルテンベルク公クリストフの「帝国執行令」構想―

1. 神聖ローマ帝国改革の評価とその焦点

　連邦国家として出発した戦後のドイツで、等族が自立性を保持しながら、共通の政治機関に統合されていた近世の神聖ローマ帝国が脚光を浴びたのは、驚くに当たらない。その中でも特に論議の対象となったのが、近世神聖ローマ帝国の設立を導いた15世紀から16世紀の制度改革、すなわち「帝国改革」（帝国改造：Reichsreform）であった。既に1950年代より、この時代を研究対象とする多くの制度史家が、帝国改革の目的、担い手、時期区分、由来、制度史上の意義、等々について、様々な解釈を示してきた(1)。その中で、帝国改革の目的と、具体的にどの政治事件を指すかについては、ほぼ見解の一致をみている。

　まず帝国改革の目的が、かつて言われていたような国民国家の設立などではなく、「ラントフリーデ」（Landfriede）であったことは確実視されている。ラントフリーデとは、文字通り「国」（Land）における「平和」（Friede）の状態であるが、その意味は、中世後期に著しく変容した。ごく簡略化して言えば、領邦（Territorium）の形成に平行して、「国」の意味が人の集団から地理的空間に、「平和」の意味が正当な平和から絶対的な暴力禁止に変化したのである(2)。帝国改革の最終目標はそれに沿ったものとなった。すなわち1495年のヴォルムス帝国議会で定められた、暴力による直接的な権利の実現であるフェーデを永久に違法とする「永久ラントフリーデ令」（Ewiger Landfriede）と、司法を通じて権利を実現するため設置された帝国最高法院（Reichskammergericht）、外敵からの防衛に要する軍役を定めた1521年のヴォルムス帝国台帳（Wormser

― 151 ―

Reichsmatrikel)、そして帝国等族を地方単位で結集した組織「帝国クライス」に、違法な暴力を阻止する暴力、すなわち執行（Exekution）の権限を与えた、1555年の「帝国執行令」（Reichsexekutionsordnung）である。

　もっともこの執行権は、武装能力を持つ帝国等族の協力によって発動され、彼ら自身の武装は解除されないから、こうした執行的暴力をはるかに上回る武力を組織した特定の帝国等族が暴力を行使すれば、平和状態が崩れる。したがってその政治的効果は、主権国家のように無制限ではなかったが、フェーデによる権利の実現を禁止し、権利の主張を共通の司法機関に限り、そしてそれを保障する強制手段を用意した状態は、暴力の行使を権利実現の正当な手段としていた中世とは、本質的に異なる。帝国における中世と近世の転換点を帝国改革、特に1495年におくのは、そのためであろう。[3]

　一方、制度史における帝国改革の意義については、帝国改革によって成立した近世神聖ローマ帝国をどう見るかに関係して、様々な可能性が提示されている。

　その一つは、帝国の君主である皇帝と、帝国の政治に直接関与することのできる諸侯や直属の貴族、帝国都市など、いわゆる帝国等族が繰り広げた中世末期の政治交渉に焦点を当て、成立した制度とそれぞれの権力配分から、帝国改革を帝国等族の「自由を保障した連邦制」の設立と見る、アンガーマイヤーの説である。[4]この説では、帝国等族という政治権力の機構的統合、特にその支配領域たる領邦の統合を象徴的に言い表すことが可能で、その結果、一連の制度改革によって生じた変化を端的に表現できる。しかし反面「連邦制」という近代的な概念を用いるため、抽象化効果が強すぎ、誤解を生みやすい。

　一方、帝国を一種の「政治システム」とするプレスやモーラフらの見方が、新しい可能性を示している。ここでの力点は、帝国とは史料に即して発見されるべき一種の政治団体である、という点で、それ自体は史的経験主義への回帰という方法論の問題であり、帝国という事象の位置づけではない。研究者は研究史に照らして重点的テーマを定め、史料から帝国への共通理解を積み上げていくことになるのだが、その際注目されたのが人的関係であり、親族関係やパ

第7章 神聖ローマ帝国を統合する二つの道

トロネージなど、等族の「非公式な」人的結合を帝国の重要な構成要素と考えるアプローチであった。社会的流動化によって生み出される「同種的な」(homogen)人々の結合を捉えるこの方法は、権力の複雑な動きをリアルに表現する有効な手段となっている。しかしこうした人的結合は、前近代を通じて存在し、変化し続けるため、帝国改革による制度的変化が軽視されるという事態も生じた。最近ではこの時期の制度改革は支配手段を変えただけで、根本的な正当性は何も変えなかったとして、「帝国改革」という概念を否定する動きすら現れている。

帝国改革が何らかの構造転換をもたらしたのか、あるいは同じ構造の上の変化にすぎないのかについて、筆者が総合的に判断できるわけではない。しかし従来の研究で帝国改革の一部と見なされてきた政治事件の一つを取り上げ、その検討を通じて、両説の妥当性について示唆を得ることは、それを判断する準備作業の一つとして有効であると考える。その事件とは、1555年の「帝国執行令」発布である。この法令は、帝国改革と呼ばれる一連の制度改革の最終段階であり、違法な暴力を阻止する合法的な暴力、すなわち執行の発動者や発動対象、手続き、その役割を規定したものであった。この過程は先行研究によってほぼ解明され、我が国でも山本文彦氏が詳しく取り上げている。

しかし反面、先行研究は、執行令の成立に関わった人々の意図を十分検証していない、という問題がある。特に執行令研究の先駆者エルンストは、膨大な史料を編纂したにも拘わらず、僅かな史料から、絶対主義を目論む皇帝カール5世と、それを阻止する帝国等族の対立という図式を強引に導き、執行令を後者の勝利と結論づけた。こうした二元主義論から開放された近年の研究には、格段の進展が見られるが、それでも執行令制定の協議にのみ焦点が当てられ、未だ上述の課題を十分達成しているとは言い難い。それには執行令に直接関与した者について、個別事情や相互関係を調査しなければならないが、それは1555年前後の帝国各地・各等族に関する膨大な史料と、地域史研究の成果を総覧することを意味しており、大規模な研究プロジェクトが必要であろう。

そこで本稿では、多数の帝国等族が加わる後半の段階、すなわちクライス合

― 153 ―

同会議や帝国議会に上程された後の段階には踏み込まず、既に山本氏が紹介し、検討を加えている執行令の内容も繰り返さない。ここで扱うのは、執行令の着想から最初の案に至る事情である。その発案者が、帝国クライスの一つシュヴァーベン・クライスに属するヴュルテンベルク公クリストフ（1515～68、在位1550～68）であること、そして彼が中心となってまとめたシュヴァーベン・クライスの素案が、執行令の中心となっていることは、従来の研究で確実である[9]。そこで彼の目を通して、執行令発案に至るまでの政治情勢と、案が成立するまでの過程を検討し、そこから帝国改革の意味を展望したい。

2．帝国執行令の前史

中世後期の帝国では、法を語る帝国の最高権威もその法を実現する権力も明確に定まっていなかった。そのため、ラテン語由来の「執行」という概念は帝国国制に取り入れられておらず、平和と法の実現は単に「司掌」（Handhabung）と呼ばれてきた。しかし1495年のヴォルムス帝国議会を境に、変化が生ずる。この年発布された「帝国最高法院令」に初めて現れた「執行」の語は、文書による裁判所への召喚手続を意味するに過ぎなかったが、1500年に帝国の裁判や特権付与を司る「帝国統治院」（Reichsregiment）の構想が浮上すると、判決の「履行」（Vollziehung）という表現が帝国議会決議に現れた[10]。さらに1512年、皇帝マクシミリアン1世と帝国等族は、1500年に帝国統治院の委員選出区として、帝国等族を地方ごとに分割して設置された帝国クライス（Reichskreis）に注目し、各クライスに属する帝国等族に、帝国最高法院が下した判決の「履行」のため、「執行者」（Executorial）を任用させることとした[11]。「執行」という概念は、帝国国制では初めからクライスと結びついていたのである。

ただし執行に要する人員や指揮系統、手続きについては何も定めておらず、実際に帝国最高法院がラントフリーデ違反に対する執行を命じても、クライスはほとんど機能しなかった[12]。宗教改革による対立の中、この状態で騎士戦争（1522）、農民戦争（1524～25）、シュマルカルデン戦争（1546～47）、諸侯戦争

第7章　神聖ローマ帝国を統合する二つの道

(1552) が続く。そして1553年には、帝国執行令の直接の動因となる「辺境伯戦争」(Markgrafenkrieg) が起きた。

これは、フランケンの諸侯ブランデンブルク゠クルムバッハ辺境伯アルブレヒト゠アルヒビアデス (在位1541～54) が、ヴュルツブルク司教とバンベルク司教を攻撃したことから起こった戦争であった。これに対し帝国最高法院は、1553年12月1日、辺境伯に帝国追放 (Reichsacht) を宣告し、その執行を6つの帝国クライスに委ねた。

この命令を受け取った者の中に、6クライスの一つシュヴァーベン・クライス会議の招集権を持つ、公示事項担当のヴュルテンベルク公クリストフがいた。彼はこの年3月に、ハイデルベルク同盟 (Heidelberger Verständnis) と呼ばれる諸侯同盟に参加し、その意を受けて、この紛争の解決に取り組んでいたのである。翌年2月、彼はもう1人の招集権者であるコンスタンツ司教と共に、クライス会議を召集する。こうして1554年3月12日、帝国都市ウルムでシュヴァーベン・クライス会議が招集され、執行令の最初の案が検討されるのであるが、その時クリストフがこの問題にどのような政治的関心を向けていたかを、彼の政治的キャリアを通じて考察してみよう。

3．クリストフの経歴

クリストフは1515年、ヴュルテンベルク公ウルリヒ (在位1498～1519、1534～50) とバイエルン公の妹であった公妃ザビーネの間に生まれた。同家は1495年、帝国等族の中で選帝侯に次ぐ身分である諸侯として認められており、裁判権、土地領主権、人身支配権を束ね、身分制議会を持ち、諸侯領邦と呼ぶに相応しい所領を支配していた。帝国等族とは言え、高位聖職者、貴族、帝国都市など、微細な所領しか持たない、いわゆる弱小等族が大半を占めるシュヴァーベンでは、別格の存在であった。

しかしクリストフの生まれた頃、父の公ウルリヒは失策を重ね、領内の有力者たちからも周囲の帝国等族からも孤立していた。1519年にシュヴァーベン同盟の構成員である帝国都市ロイトリンゲンを攻撃したのが仇となって、シュヴ

― 155 ―

ァーベン同盟軍によって公領から追放され、4歳のクリストフは同盟軍の捕虜となる。占領されたヴュルテンベルクはハプスブルク家の質とされ、クリストフが自分の領邦を請け出せるまで統治権を確保した。彼自身はハプスブルク家の後見という名目で、同家の宮廷で人文主義者たちに養育されることとなった。[17]

こうして人質同然の境遇となった彼には、強力な後援者がいた。それは、母の兄であるバイエルン公ヴィルヘルム4世（在位1508〜50）である。有力諸侯の一人である彼は、シュヴァーベン同盟の構成員としてヴュルテンベルク占領に一役買っていた。その際彼は、甥のクリストフを公位につけ、その後見人となる構想を抱き、その機会を狙っていたのである。彼は早くからクリストフに接触し、ハプスブルク宮廷やシュヴァーベン同盟に政治工作を行っていた。こうして両者は非常に親密となる。この関係は、伯父の後継者である従兄弟アルブレヒト5世（在位1550〜79）との間にも受け継がれた。[18]

一方ハプスブルク家のヴュルテンベルク支配は、極めて不安定なものであった。かつての公ウルリヒに不興を被った貴族や法律家に統治を任せ、その防衛と治安は、シュヴァーベン同盟の軍隊に任せていたからである。そのため1534年にシュヴァーベン同盟が解散すると、追放されていた父ウルリヒが、皇帝に敵対的なプロテスタント諸侯やフランスの後援を得て復位した。ハプスブルク家の統治は瓦解してしまい、皇帝は仕方なくウルリヒに対して、忠誠を条件にヴュルテンベルクを再授封したのである。[19]

ウルリヒは直ちに領内にプロテスタントを導入し、ハプスブルク勢力の一掃に務めた。それと同時に、ハプスブルク宮廷で養育され、バイエルンに後援された嫡男クリストフを廃嫡し、異母弟を後継者にしようと画策する。これはバイエルンの強硬な反対のために実現しなかったが、父子関係は冷え切ってしまい、クリストフはその後15年にわたって、外国宮廷や同公領の飛び地を転々とさせられることになる。[20]

情勢が変化したのは1547年になってからであった。この年、皇帝カール5世率いるカトリック等族と、「シュマルカルデン同盟」に結集するプロテスタント等族の間で、シュマルカルデン戦争が起こった。公ウルリヒはシュマルカル

第7章　神聖ローマ帝国を統合する二つの道

デン同盟に属していたが、日和見によって直接敗戦に巻き込まれるのを免れた。しかしヴュルテンベルクに軍を駐屯させたハプスブルク家から、同盟に属したこと自体を咎められ、忠誠義務不履行のかどで所領没収の危機に直面したのである。さらに彼は、1548年の帝国議会で定められた「仮信条協定」によって、カトリックの復活と没収した教会領の返還を強制された。莫大な負債を抱えていた彼は大打撃を受けた。彼は死没までの3年あまり、自分の無実を証明する法的根拠を探すことに明け暮れ、進退窮まって、クリストフに譲位を申し出ている。1550年11月に彼が没した時、クリストフが受け継いだのは、所領没収の危機、領内宗派の支離滅裂な状態、いつでも征服者に豹変しうる進駐軍、そして200万グルデンの負債であった[21]。

4．執行令直前におけるクリストフの帝国政治

クリストフの最初の仕事は、没収の危機にある自らの領邦を確保することであった。彼は1551年4月、皇帝軍の主力が帝国西南部を去った時をとらえ、25万グルデンと引き替えに、ハプスブルク家のレーンという条件付きで、ヴュルテンベルクの再授封を確認させることに成功したのである[22]。こうして危機を回避した彼は、内政に精力を注いでいく。

翌1552年、ザクセン選帝侯モーリッツらが皇帝カールに対して起こした「諸侯戦争」の結果、カトリックの優位を定めた「仮信条協定」が破棄され、プロテスタントに有利な「パッサウ協定」が結ばれた。彼は早速それに基づいて、「ヴュルテンベルク信仰告白」（Confessio Virtembergica）なる教会令を発令し、自らのルター派信仰を確認する。続いて1553年、「教会条令」を発布して、領内のルター派への統一化を図った。また1552年、訴訟、契約、相続などに関する領内の慣習法を収集させ、宮廷参議官と法律家による委員会を編成して、統一法典の編纂に着手させた。これは1555年、ローマ法を取り入れた近世ヴュルテンベルクの基本法「ヴュルテンベルク・ラント法」として実現する。さらに1553年から1554年にかけて6度領邦議会を開き、170万グルデンを長期返済で弁済するための委員会を設置させた。1553年7月には、バイエルン公アルブ

レヒトの口利きで、皇帝が駐屯地として確保していた要衝アスペルク要塞が返還された。執行令が発案された1553年から1554年は、クリストフにとって内政の正念場であった。

しかし彼は内政に専念できる状態にはなかった。諸侯戦争以来、帝国は動揺していたからである。クリストフにとってパッサウ協定は、ルター派政策の前提であったから、皇帝の覇権が復活し、協定が破棄されることは望ましくなかった。しかし領邦の再授封を認められ、しかも莫大な債務を抱える彼にとって、軍事的な抵抗に加わることも不可能であった。結局できるのは、極力武力を行使せずに、現状を永続化させる政策の追求であった。

この情勢の中で、クリストフに対する最初の働きかけは、皇帝から行われた。それは、彼が過去何度も繰り返してきた構想、すなわち帝国等族を糾合して、親皇帝的な軍事同盟を結ばせることである。1553年2月27日、皇帝は、シュヴァーベン同盟にならった同盟の設立を帝国都市メミンゲンで協議せよ、という命令を、シュヴァーベン、バイエルン両クライスの帝国等族と帝国騎士に送りつけてきた。領邦を再授封されたばかりのクリストフに協議のボイコットは不可能で、一応メミンゲンに参議官を派遣する。しかし彼はこの構想に反対であった。皇帝の意向を察知した彼は、従兄弟のバイエルン公アルブレヒトがこれに同調することを懸念し、「シュヴァーベン同盟は、諸侯ではなく、都市と聖職者が、彼らの些事を扱うために造ったもので……諸侯は都市や坊主の前に縮こまっていなければならない」と書き送った。協議に臨んだ参議官にも、様々な訓令を与えて、同盟設立の阻止を働きかけている。この会議は4月に一旦中断されたが、それも束の間、同年5月7日には、皇帝からの召集命令が再度彼の元に届いた。

この同盟構想に増してクリストフを煩わせたのは、諸侯戦争にプロテスタント側として参戦し、数千の傭兵を抱えたブランデンブルク辺境伯アルブレヒト＝アルヒビアデスであった。彼は1552年末、自らの領邦と境を接するヴュルツブルク司教メルヒオールとバンベルク司教ヴァイガントに対し、年来懸案となっていた領土要求を、武力で実現する構えを見せたのである。辺境伯の兵力

第7章 神聖ローマ帝国を統合する二つの道

を欲しがっていた皇帝が、一度その要求を認めたことが、問題を複雑にした。これに対して両司教は同盟し、帝国都市ニュルンベルクとブラウンシュヴァイク公フィリップが彼らを助けて、それぞれ兵を募り始めたのである。

　この事件は帝国中部に波紋を広げた。まず1553年１月、ヴュルツブルク、バンベルク側の訴えを受けた帝国最高法院が、辺境伯アルブレヒトをラントフリーデ違反容疑で調査し始めた。またこの動きに懸念を持ったプファルツ、トリーア、マインツの各選帝侯、ユーリヒ＝ベルク公とバイエルン公が、クリストフを加えて、３月29日、先に述べたハイデルベルク同盟を結ぶ。これによって、万一軍隊が侵入した場合、共同で防衛に当たることを相互に義務づけたのである。[27]

　翌４月、ハイデルベルク同盟の６諸侯は、皇帝カールに対し、辺境伯アルブレヒトと両司教の間の調停を申し入れた。事態を傍観していた皇帝も、辺境伯が彼の名で兵を募っているのを見て放置できず、５月16日、フランクフルトで調停会議を開催する運びとなる。同18日には、皇帝委員、両司教の参議官、クリストフも含めた６諸侯の参議官、ブラウンシュヴァイクの代表が出席して調停会議が開始された。ところが肝心の辺境伯アルブレヒトの代理が、出席を躊躇していたのである。しかもこの会議の直前、事態を緊張させる事態が起こった。すなわちブラウンシュヴァイク軍の南下と、帝国最高法院から、辺境伯アルブレヒトをラントフリーデ違反とする判決が届いたことである。[28]

　クリストフは既に会議の始まる前、帝国追放による威嚇はかえって失敗につながると予測していたが、他の同盟諸侯の意を汲み、この線で調停に努めた。[29] ５月６日、クリストフがフランクフルトに向かう参議官に持たせた訓示には、両者の武装解除が最優先であり、それが実現すれば調停は可能であること、武装解除のためには帝国追放による威嚇もやむを得ないが、司教側に立って軍を動員したブラウンシュヴァイク公は、ザクセン選帝侯モーリッツに説得させよう、とある。解決にはまず武装解除が絶対条件であり、そのためには遠隔地の帝国等族との連携が必要、という彼の認識が窺える。[30]

　同盟６諸侯の参議官はこの主張を受け入れ、調停会議の場で最高法院の命令

を取り消すよう求めた。しかし皇帝委員が曖昧な態度をとるうちに、有利な軍事情勢を知らされた両司教の参議官が、強硬な態度に出始めた。6諸侯は24日、両者と親しいヘッセン方伯フィリップを仲介者に立て、なおも調停を試みる。辺境伯の使節は漸く6月1日に到着するが、両司教の参議官と会おうとせず、皇帝委員とヘッセン方伯の使節を通じて、従来の主張を繰り返すだけであった。[31] この状況を見て、クリストフとバイエルン公、そして他の同盟4諸侯の使者は、密かに会談し、万一の場合には騎兵900と相応の歩兵連隊を徴用することを定めた。[32] その直後、遂に辺境伯領エアランゲン付近で両者の間に戦端が開かれ、辺境伯はブラウンシュヴァイクに軍を向ける。こうして6月19日には双方が決裂を宣言し、調停会議は解散してしまった。[33]

　こうしてハイデルベルク同盟の調停は失敗するが、その間にシュヴァーベン同盟の復活協議を促す2度目の命令が、クリストフの元に届いたのである。書簡を受け取ればその日にも返事を出す彼が、半月以上も返事を渋り、漸く5月25日になって皇帝に返事を書いたのは、調停の行方を見極めたのだろう。これが帝国執行令の出発点となる提案であった。

　そこで彼が述べたのは、次のようなことであった。シュヴァーベン同盟では、諸侯が一方的に弱小等族に多くの援助をし、弱小等族から諸侯には少ない援助しか得られない。このやり方では費用もかさみ、宗派対立も発生する。しかしクライスを使えば、「めいめいそれ自身の間で、またそれに属する構成員との間に、友人関係や隣人関係を持っているので」、ラントフリーデ遵守の合意や、万一暴力が発生したときの隣人救済も容易であり、またこの隣人救済をクライス同士の関係に拡大することによって、シュヴァーベン同盟よりもはるかに大きな力となる、という。[34] ここには、クライス単位で等族が共同して内部の暴力を排除し、さらにクライスの間に相互援助の体制を広げることで、暴力禁止の範囲を拡大するという、後の帝国執行令の着想が示されている。

　だがクリストフは、直ちにクライス制度の改革には乗り出さなかった。シュヴァーベン同盟復活協議は結論を出さないまま終了したが、皇帝は諦めずに、次の協議を促してくる。ここでクリストフは、新同盟への加入を示唆しながら、

この問題を帝国議会に移すことを提案し、その間に、ハイデルベルク同盟の強化を目指した。この時、継承問題を巡って皇帝と対立する弟のローマ王フェルディナントが同盟への加入を申請したことで、この動きはさらに加速される。7月中旬、ハイデルベルク近郊のラーデンブルク（Ladenburg）で同盟会議が開催され、同14日、クリストフも参議官に同盟強化案を持たせて会場に送った。この案は示唆に富んでいる。

　法・軍事両面における援助の評決法については、同盟構成員から選挙人を選び、その多数決で援助を決定するのが良い。またクライスごとに同盟構成員が長官を選出し、補佐をつけ、兵の徴集は彼に任せるようにする。さらに誰を同盟に入れるかも考えねばならない。戦争に巻き込まれるのを回避するため、戦争中の有力等族は入れない。しかし弱小等族を入れると、ろくに貢献せず問題ばかりを持ち込む。したがって同盟加入を望む弱小等族については、シュヴァーベン同盟のように同盟参事会を設立して、そこに決定権を集中するのではなく、それぞれ近隣の同盟諸侯と保護契約を結び、彼らから保護を得るようにするのが良い。さらに軍紀を定めること、専守防衛に徹すること、目下戦争に巻き込まれつつあるザクセン選帝侯と、有力帝国都市を同盟に勧誘すること、私利より公益を優先し、「公益が十分考慮された」パッサウ協定を順守すること、北に進軍している辺境伯に説明を求め、解答がなければザクセンを援助すること、問題は最終的に帝国議会で解決されること、軍費の割り当てについても協議すること、等々を提案している。

　7月24日、この案を基に同盟規約の素案がまとめられた。選挙人の提案は退けられ、同盟構成員が1人1票を持つ会議が、多数決で援助の可否やその規模を決定する。長官は南ドイツの各クライスとライン地方の各クライスで、それぞれ1人選ぶこととされている。ただし各クライスの相互関係については記載がない。長官はラントフリーデ違反の報告を受け、同盟構成員の総会を召集する権限を持つ。彼には長官本人と同盟構成員会議の協議の上、2人の補佐が付けられ、補佐は構成員に忠誠を誓う。その他、複数の等族から援助を求められた場合や軍隊内での紛争、大砲の徴用については、長官が決定権を持つこと、

戦利品は軍費に充てること、原状の回復まで軍を収めないこと、などが定められている。軍費については、共同支出とあるだけで、徴収方法や割当については継続審議とした。[38]

クライスを単位とすることや、軍事行動上の詳細など、この案とクリストフ案には共通する点が多く見られる。しかし複数のクライスにまたがる長官を任じたり、弱小等族については何も定めていないなど、異なる点もある。ちなみに後の帝国執行令と比較すると、票の問題は、構成員全てに票を与える規約素案の方が近く、クライスと長官の関係については、1クライス1人の長官を提案したクリストフ案の方が近い。

これはハプスブルクとザクセンを同盟に結びつける壮大な構想であった。しかし思わぬところから、この構想は躓いた。素案がまとめられる直前の7月22日、ジーフェルスハウゼン（Sievershausen）で、ブラウンシュヴァイク救援に駆けつけた選帝侯モーリッツの軍が、辺境伯軍と衝突し、選帝侯は勝利したものの、自身が陣没してしまったからである。同盟相手として有望な諸侯を失ったハイデルベルク同盟は、様々な諸侯に手当たり次第、同盟加入を呼びかけ始めた。[39] その矢先の8月19日、皇帝カールは新たな提案をクリストフに書き送る。それはハイデルベルク同盟を、皇帝が構想する新同盟に合同させようというものであった。これに対して彼は直ぐには答えず、書簡でバイエルン公やプファルツ選帝侯と対策を協議し、9月21日に再びハイルブロンで同盟会議を開催することを取り決めた。[40]

しかしこの会議では、多くの等族が欠席を表明し、同盟規約に関する進展はなかった。同盟構成員の拡大方針が決められ、先の皇帝の提案が受け入れられただけである。[41] それでもクリストフは、帝国議会の席次をもとに推薦したバイエルン、プファルツ、ユーリヒが、長官への就任を辞退すると、半年の約束でそれを引き受け、ただ1人の同盟長官に就任した。また部隊長、武器管理官、書記ら必要な属官を挙げ、軍費は長官が立て替え払い制にし、租税長官を置くなど、様々な案を建議している。[42]

しかし同盟制度の詳細が定まらないうちに、辺境伯戦争の戦線は次第に拡大

第7章 神聖ローマ帝国を統合する二つの道

し、傭兵の掠奪・放火が同盟構成員を巻き込み始めた。10月に入ると、まず両司教側の兵が、プファルツ選帝侯領を荒らし回り、辺境伯側の兵もそれに続く。辺境伯配下の騎士は、マインツ選帝侯領を侵し始めた。プファルツ選帝侯は同盟長官のクリストフに援助を求めるが、彼には補佐をはじめ、属官が付けられておらず、それを任命する手続きも未決定であったため、軍が編成できない。属官を任命するよう求めると、バイエルン公は、属官なしでも兵を出せとせき立てる始末。この時のクリストフの財政は逼迫しており、彼がしたのは、辺境伯側と両司教側に停戦を呼びかけることと、他の同盟諸侯に自分の属官を任命したことを知らせ、彼らにも属官の任命を求めることだけであった。プファルツ選帝侯には、当面の事態に対する援助は手遅れだと答えるしかなかった。選帝侯がこの状況に応じて、自分の配下の騎士を軍の属官に任命したのは、それからひと月半後であった。

　この頃から辺境伯側の敗色は明らかとなり、辺境伯アルブレヒトは支離滅裂な行動に出る。同11月、彼はシュヴァーベンの帝国都市に対して、金を出さなければ攻撃すると脅し、クリストフを怒らせながら、両司教側に所領から追われた配下の騎士に、ヴュルテンベルクの宮廷官職を世話するよう要求し、借金まで申し込んでいる。その上彼は、クリストフが書簡で両司教側と協議した上で、仲介の前提として求めた停戦を拒絶してしまった。それでもクリストフは調停を諦めず、12月1日、同盟諸侯に対してローテンブルクで調停会議を開くことを提案する。

　しかしこれと同日、辺境伯への制裁を決定づける事態が起こった。帝国最高法院が最終判定を下し、辺境伯アルブレヒトに帝国追放を宣告するとともに、6つのクライスに辺境伯に対する軍事的制裁の執行を求めたのである。12月初旬にクリストフの提案を受け取った同盟諸侯は、彼の提案した調停会議を、帝国追放履行のための会議に変更するように求めた。クリストフはこれに反対し、予定通りローテンブルクの会議に参議官を送って、辺境伯側との交渉に当たらせる。窮地に立った辺境伯も漸く12月31日、クリストフに釈明状を送り付けた。しかし他のほとんどの同盟諸侯は、帝国追放の履行に傾いていた。ローテンブ

— 163 —

ルクの会議は事実上書簡による協議で、年を越えた1554年2月半ば、成果のないまま終了する。その間クリストフは同盟諸侯から、繰り返し帝国追放を協議する会議を求められるが、彼は様々な口実を設けてそれを実行しない。また長官職の辞任を申し出、辞退するバイエルン公やユーリヒ公の間で、それを押しつけ合っている。⁽⁵²⁾

　彼がブルッフザールに同盟会議を召集したのは、漸く3月4日になってからであった。それはこの間、ある政治的見通しを得たからであろう。その見通しは、この会議の決議第3条に示されている。すなわち、この問題は同盟諸侯だけではなく、同じクライスに属する帝国等族にも関わることであるから、同盟諸侯が単独で援助をする形で、帝国追放令の執行に参加すべきではない。まず各クライスの内部で、執行に加わるか加わらないかを協議すべきである。ただし執行の如何に関係なく、同盟諸侯が攻撃された場合、この同盟が防衛しなければならない。⁽⁵³⁾これが意味するのは、ハイデルベルク同盟を専ら防衛同盟とし、執行に携わる組織をクライスに限るということである。クリストフの属するシュヴァーベン・クライスは、弱小の帝国等族ばかりで構成され、進んで帝国追放令を履行しようとする者はいなかったから、追放令履行に消極的であったクリストフの意向に合致した決議と言える。

　こうして同盟の目的が防衛に限定された上で、漸く軍制が定められた。当面の危機にある3諸侯がそれぞれ指揮官に騎兵200人をつけて送り、武器と給与を与えること、銃兵1000人を雇用すること、2人の高級貴族を騎兵長官と歩兵長官に任命すること、同盟諸侯はこれに要する費用の半分を直ちに支払うこと、などである。⁽⁵⁴⁾だがこの軍が出動する前の5月、ブラウンシュヴァイク公の大軍が、辺境伯の滞在する帝国都市シュヴァインフルトに迫った。辺境伯はこれを支えきれずに逃亡し、廃位され、3年後の獄死に至る。辺境伯戦争は、当事者による武力衝突、片方の破滅、勝者の権利の貫徹という、中世のフェーデと同じ結末を迎えた。しかも6月になると、辺境伯の敗残兵やブラウンシュヴァイク兵が、ヴュルテンベルク付近を荒らし回り、クリストフはその対策に苦慮している。⁽⁵⁵⁾

第7章 神聖ローマ帝国を統合する二つの道

　ハイデルベルク同盟はその後も1年あまり続くが、辺境伯戦争の解決には何の役にも立たなかった。その理由の一端は、調停に固執し、帝国追放令の発令後も執行をためらった同盟長官クリストフの行動にもある。ただ彼が辺境伯を「屑」と呼んでいたことを考えると、辺境伯に好意を抱いていたとは考えにくい。ルター派である彼は、ラントフリーデが神の業であると言っているが、パッサウ協定の「保証人」たるザクセン選帝侯への軍事援助には同意していること、最も早く同盟軍の属官を任命したこと、帝国追放令の直後、密かに軍備を強化していることは、彼が非戦主義者でもなかったことを示している。しかしその領邦の財政は急迫していた上、戦闘地域ではなかったので、領邦議会に軍費を求めるのも難しかった。軍費の割当や軍制が不明確なまま、軍隊動員のリスクは負うのははばかられたに違いない。どの同盟諸侯も長官職を嫌がっていることは、これを裏付けている。彼の持つルター派信条でも、暴力行使は隣人救済に限られていた。彼が1年を費やし、同盟の中心で活動した後、追放令を期に急速に同盟に関心を失った過程を見ると、彼はこの間に同盟の無責任と攻撃性を見たのだろう。

5．帝国クライスでの協議と執行令案の成立

　帝国追放令履行の協議をサボタージュしている最中の1月25日、クリストフはバイエルン公アルブレヒトに、この問題のためにバイエルンでクライス会議を開くかどうか尋ねている。そしてその翌々日、クリストフの参議官は、主君の諮問に対して、シュヴァーベン・クライス会議を開くには、同クライスの等族がこの問題をどう考えているか、探らせてからの方が良い、と答えた。そこで彼は書簡を通じて、彼と並んでクライス会議の招集権を持つコンスタンツ司教と、追放令問題に関するクライス会議開催の是非を協議した。その結果、同3月11日にウルムでクライス会議を開催することを決定し、自分の又従兄弟に当たる参議官カルプフェン（Eberhard von Karpfen）に法律家ゲアハルト（Dr. Hieronymus Gerhard）を付けて派遣した。3月3日と11日に送った2つの訓示には、彼の意向が読みとれる。

最初の訓示では、交渉の仕方に力点が置かれている。当クライスが援助すべきか、またするとすればどの位か、自ら兵を集めるべきか、そうでないとすれば皇帝や帝国最高法院に何と答えるべきか、この問題について他のクライスと協議すべきかなど、議論すべき問題を挙げる。辺境伯は没落し、両司教側の勝利は確実なのだから、帝国追放令は有害無益で、無理に関与すると、シュヴァーベン・クライスも被害を受ける。皇帝に停戦を命じさせ、帝国議会で解決するのが最上の道であるが、敢えてクライス等族が採決を強行し、追放令の履行を決めたら、拒否の構えを見せてから意見を調整せよ、と指示する。その際彼は、暴力行為を押さえるのに最適なのは、「隣人」、すなわちそれが起こったクライスの等族であり、そこで対処できない場合に、初めて他のクライスの援助を仰ぐべきである、と主張する。また説得中にもかかわらず等族に暴力を加える者に備えて、各クライスは同盟（verpinden）し、各クライス及びクライス同士で、兵と武器を徴用するための協議を行うべきである。その制度ができあがったら、それぞれのクライスの等族全員が、司令官と属官を選び、分限に相応しい数の兵を月単位で雇うのに必要な金額を算定し、貨幣の形でひと月以内に所定の場所に拠出し、すぐに兵を徴用できるようにすべきである、としている[60]。

　一方、次の訓示では制度論が中心である。すなわち、クライスの執行部隊を編成するための割当を、ローマ軍役、すなわち帝国台帳を基準として設定すること、執行にあたるクライスは、他のクライスと結束して内外の危機に対処できるようにすること、ある等族が他の等族の征服を企てた場合には、皇帝が全クライスの長官となって対処すること、辺境伯戦争に対しては、当事者に停戦を呼びかけ、皇帝にその裁決を委ねること、一方が戦争に固執した場合だけ、武力でその者を武装解除すること、追放令履行を命ぜられた各クライスの調停で解決できない場合だけ、クライス同士の総会を開いてこれにあたること、シュヴァーベン・クライス会議の決議は、まずクーアライン、バイエルン両クライスとの間で協議し、次に他のクライスと協議した上で、皇帝に上覧すること、等々である。帝国各地のクライスを皇帝に統括させるなど、後の執行令よりも

第 7 章　神聖ローマ帝国を統合する二つの道

皇帝の役割を重視しているが、各クライスでの執行を優先し、その上にクライス同士の協力体制を築く方法、クライス等族全員が長官と属官を選出する方法、帝国台帳に準じて執行部隊を徴用する方法など、帝国執行令の基本線は既にここで成立している。

　このクライス会議は、予定より 1 日遅れて開催されるが、その議事録と決議は発見されていない。しかしこの会議に出席したハプスブルク家の参議官は、大半の等族がクリストフの提案になびいてしまい、帝国追放令の履行は不可能だと嘆いている。したがって大方の研究者は、クリストフ案がほぼ認められたと考えている。その後、同 4 月15日にもウルムでクライス会議が開催されたが、決議は出されなかったらしい。この間に辺境伯は追われ、帝国追放令の本来の目的は失われた。一方クリストフの関心は、次の帝国議会で宗派問題を協議する計画に向けられており、諸侯を相手とする交渉を盛んに行っている。

　彼がウルムにクライス会議を招集したのは、両軍の兵の掠奪によって被害が拡大している最中の 6 月21日であった。それは皇帝から 6 クライスに、重ねて帝国追放令の実施を求める命令が発令されたためである。これを受けてシュヴァーベン以外のクライスも、次々とクライス会議を召集する。さらに 6 月22日、マインツ、ケルン、トリーア、プファルツの 4 選帝侯が、 6 クライス合同の会議を 8 月 4 日にヴォルムスで開催することを伝えてきた。彼は 7 月13日、再びカルプフェンとゲアハルトに訓示を持たせて送る。

　この訓示は、 3 月の訓示を踏襲したものになっているが、いくつかの変更が加えられている。その第一は、クライス長官を諸侯か伯から選出し、補佐は諸侯、高位聖職者及び高級貴族、都市から各 2 名選び、必要経費以外は全て無給である、というように、人事基準が明確化されていることである。また長官と補佐官に、執行に要する援助の全体額を決定する権限や、問題を公示事項担当役ないしクライス会議に任せる権限が、与えられている。さらに前の訓示では、皇帝が各クライスを統括する役割を与えられていたが、この訓示では、執行にあたる各クライスの長官から 1 人の総司令官を選ぶことに変更されている。各等族の負担は帝国台帳によること、兵員ではなく貨幣で割り当てること、クラ

— 167 —

イス合同の協議などについては、前と同じである。⁽⁶⁵⁾

　この訓示でもう一つ注目すべきことは、このクライス改革の目的が明示されていることである。彼によれば、没落している現在の辺境伯に対する執行ではなく、将来起こりうる辺境伯その他の平和破壊者に対する執行が目的である。現下圧倒的に優勢である両司教側に援助をすれば、統制がとれず、人々に多大な被害を与えている「外国の兵」を養うことになってしまう。実際彼は、この訓示を記す直前、傭兵、特にブラウンシュヴァイク兵の被害に悩まされており、「外国の兵」が彼らを指していることは明らかである。帝国執行令では、帝国等族の暴力抑止という本来の目的が若干背景に退き、代わって兵士の暴力を抑止する役割が前面に現れてくるが、それはこの案によるものであろう。

　翌々日、ウルムでシュヴァーベン・クライス会議が開かれた。公示事項担当代理として、カルプフェンらが召集理由を読み上げた後、出席するクライス等族及びその代理は、このクライスに属する4諸侯の代理と、3人の高位聖職者、2人の伯、3人の都市代表を草案づくり担当の委員に選ぶ。カルプフェンらはこの12人に、クリストフの訓示を開示して草案づくりを求めた。そこで第五次シュヴァーベン同盟の規約（1522年）を用い、訓示の主旨と摺り合わせながら法文にすることとしたのである。翌16日の午前、彼らは改めて会議を開き、この作業を行う3人の委員を選んだ。ゲアハルト、アウクスブルク司教の代理ブラウン（Konrad Braun）、ウルム市長ベッセラー（Sebastian Besserer）である。この3人はたった1日でその作業を終え、16箇条からなる法文にまとめ上げて、翌日の午後召集された12人委員会に上覧して承認を得た。そしてさらに翌日の午前、出席したクライス等族及びその代理全ての会議によって正式に了承され、シュヴァーベン・クライスの具申として、8月にヴォルムスで予定された6クライスの合同会議に提出されたのである。⁽⁶⁶⁾

　この案の内容は、既に山本氏が詳しく検討しているので、ここでは繰り返さない。ただ補足すべき点を挙げると、クリストフ案では、諸侯・伯がクライス長官の就任者として挙げられていたのに対して、この案では、就任者の身分は特定されていないこと、緊急の場合、クライス長官は補佐と公示事項担当諸侯

第7章　神聖ローマ帝国を統合する二つの道

と相談の上、自らクライス会議を招集できること（7条）、長官が招集をかけたにもかかわらず、補佐が現れなかった場合には、現れた補佐とともに当面必要な軍事行動をとる権限を持つこと、などである。このテキストは、これまでの展開を忠実に反映していて、112条に及ぶ第五次シュヴァーベン同盟規約を抜粋し、クリストフの訓示に沿う形で編集し直したと思われる箇所がいくつもある。クライス軍の最高責任者は、クリストフの言う「長官」(Oberst, Obrister) ではなく、同盟と同じ「団長」(Hauptmann) になっており、またクリストフの提案にもあった、各等族から補佐を2人選んで長官に付ける方法は、シュヴァーベン同盟の軍制であった戦争委員会（Kriegsräte）の制度と同じである。同盟規約の個々の箇条についても、クライス案13条にある、ラントフリーデ破壊者に対する出動、追跡手続きなどは、シュヴァーベン同盟規約第44〜45条及び第64条にあるそれを、抜き書きした形になっている。全く異なるのは、シュヴァーベン同盟が固有の裁判制度を持つのに対して、この案では、クライス自身の役割が調停と執行に限定された点である。クライスはあくまでも調停と執行の組織であり、司法には関わらないという姿勢が示されている。

　このシュヴァーベン・クライスの具申は、その後フランクフルトでのクライス合同会議による案を経て、翌年9月の帝国執行令発布に発展する。この具申と帝国執行令が大きく異なる点は、クライス合同の総司令官が認められず、代わりにその後の帝国の行方を大きく左右する「帝国代表者会議」が設置された点である。また帝国執行令では、各等族の割当は貨幣ではなく人員で徴集されることになった。それ以外の部分で、根本的な変更を伴った点は存在していない。この過程については、既に述べたように、参画した帝国等族それぞれの人的関係や政治的利害を解明しなければならないだろう。

6．執行令におけるクリストフの選択─「国家連合」への道

　ここに至るクリストフの行動の中で、最も大きな変化は、諸侯同盟の役割を防衛に限り、執行はクライスに任せるべく、その弱小等族と連合する方向に転換したことであったと言えよう。もともと彼にとって、ハイデルベルク同盟は

― 169 ―

防衛と仲裁のための同盟であった。しかし帝国最高法院が辺境伯アルブレヒトの行動を違法と判定すると、同盟にその執行が期待されるようになった。それは、クライスが未だ執行力を持たなかったからである。この中でクリストフがクライス改革に動いた理由は、明らかに彼の領邦の弱体さと、父と異なりそれを認識できる政治能力にあった。同盟諸侯の中で最も脆弱な地位しか持たず、パッサウ協定によって漸くそれを保つ彼にとって、防衛以外の戦争を行うことは、現在の安定を危うくするだけであった。それには、隣人防衛だけを肯定するルター派信条の影響もあろう(70)。身近に存在したシュヴァーベン同盟の軍制、ハイデルベルク同盟の長官として制度作りに苦心した経験が、彼に執行に要する軍事力の調達方法や手続きを定め、帝国各地のクライスを繋ぐ具体的な方法を提供した。

　ただしその目的のために、彼はパートナーを変えざるを得なかった。シュヴァーベン同盟の復活協議やハイデルベルク同盟における彼の姿勢から分かるように、彼は従兄弟のバイエルン公をはじめ、同格身分である諸侯との連携を求め、弱小等族を自分に「見合わない」相手と考えていた。しかしこの連携に固執すると避戦が貫けないと判断すると、各地の諸侯が結集して執行権を行使する路線を放棄し、執行権の行使を「隣人関係のある」クライスに限定すべく、敢えて身分の低い弱小等族との結合を選択した。これは結果的に身分的アイデンティティーよりも「地域性」、あるいは少なくとも、統治者を通じて人的集団であり、その領邦を通じて地域でもあるクライスの地縁性が優先されたことを示している。

　なお実務官のレベルでも、人的結合の影響は見いだせない。1554年のクライス会議に派遣された参議官カルプフェンは、クライス等族であった帝国都市シュヴェービッシュ・ハルの都市貴族と婚姻関係を結んでいる。しかし彼はハイデルベルク同盟には関わっておらず、したがってこの関係は、クライス等族の根回しには有用であろうが、クリストフの方向転換には関係ない。同様に交渉に当たった参議官プリーニンゲン（Dr. Hans Dietrich von Plieningen）の婚姻相手は近隣の騎士家であり、カルプフェンの副使ゲアハルトの婚姻関係は、テ

第7章　神聖ローマ帝国を統合する二つの道

ューピンゲン大学の法曹グループの範囲に収まる。これらの使節は、専らヴュルテンベルク宮廷で官職キャリアを築いており、その統制力は強かった。[71]

　執行令の発案に関する限り、その要因は人的・身分的な結集よりも、多様な等族が隣人として暴力を管理すべきであるという、純粋に政治的な合意に求めるべきであろう。それは有力等族が結集し、帝国全域に及ぶ執行権を行使する道ではなく、互いに所領を接する異種の等族が連合し、地域単位で執行権を行使する道であった。クリストフがその道を選択した理由は、直接的には避戦であり、その背景には領邦の安定、特に授封問題、財政、宗派問題があった。他の等族についても、人的関係に限らず、各等族が持つ財政・軍事力や、共有する歴史的経験、宗派の影響などに即して検証されるべきであろう。同じことは帝国改革全体についても言える。その評価はそれぞれの政治について個別に検証され、積み重ねられなければならないだろう。

　一方アンガーマイヤーが帝国を「連邦制」とするのは、帝国等族が帝国の諸機関に統合されていながら、多くの特権を留保する分権体制であるからで、主権的連邦国家を意味するものではない。しかしそれだけならば、統率の弱い等族制とした方が、誤解を避ける利があろう。だが近世にはスイスやオランダ、憲法制定以前のアメリカのように、領域性を持ち、連邦国家に発展する「国家連合」、すなわちプーフェンドルフの言う systema civitatum が存在した。[72]これらの「国家連合」は、近代的な意味での主権を持たない多様な地方権力が、自律性を保持しながら、地域単位で結集し、合意を通じて相互の暴力禁止と共通の軍制を樹立する点で共通している。この地域性を帯びた規範的な権力分有は、決して国民意識や主権に基づく「革新」(Neuerung)ではないが、単なるアナーキーへの分解過程とも異なる積極的な意味を持っている。そしてこの点が執行令にも共有されていることは、ここで示したその発案過程に現れている。したがって執行令発布後の帝国クライスに、この種の「連邦制」的な要素が含まれているのは確かだろう。この要素を帝国全体についてどう評価するかが、帝国の位置づけに大きく関わるが、その国制に従来存在しなかったこの要素を組み入れた政治は、やはり「改革」と呼んで良いのではないだろうか。

註
(1) Karl-Friedrich Krieger, König, Reich und Reichsreform im Spätmittelalter（Enzyklopädie Deutscher Geschichte 14）, München 1992, S.114-118
(2) Dietmar Willoweit, Deutsche Verfassungsgeschichte. Von Frankreich bis zur Wiedervereinigung Deutschlands, München 1997（3.Aufl.）, S.59f., S.66, S.77f., S.98-102, S.121f.
(3) Heinz Duchhardt, Deutsche Verfassungsgeschichte 1495-1806, Stuttgart 1991, S.13
(4) Heinz Angermeier, Die Reichsreform 1410-1555, München 1984, passim.
(5) Peter Moraw/ Volker Press, Probleme der Sozial- und Verfassungsgeschichte des Heiligen Römischen Reiches im späten Mittelalter und in der frühen Neuzeit（13.-18. Jahrhundert）. Zu einem Forschungsschwerpunkt, in : Press, Das alte Reich. Ausgewählte Aufsätze, Berlin 2000（2.Aufl.）, S.1-17, 特にS.8f., Press, Das römisch-deutsche Reich - ein politisches System in verfassungs- und sozialgeschichtlicher Fragestellung, in : ders., Das Alte Reich, S.18-66, 渋谷聡『近世ドイツ帝国国制史研究』（ミネルヴァ書房 2000）6-13頁。
(6) Press, Führungsgruppen in der deutschen Gesellschaft im Übergang zur Neuzeit um 1500, in : ders., Das Alte Reich, S.515-557
(7) Moraw, Neuere Forschungen zur Reichsverfassung des späten Mittelalters, in : Historische Zeitschrift, Beiheft 20（1995）, S.475-477
(8) Viktor Ernst, Die Entstehung der Exekutionsordnung, in : Württembergische Vierteljahrshefte für Landesgeschichte, 10（1901）S.1-110, Adolf Laufs, Der Schwäbische Kreis, Aalen 1971, S.230-297, Helmut Neuhaus, Reichsständische Repräsentationsformen im 16. Jahrhundert. Reichstag - Reichskreistag - Reichsdeputationstag, Berlin 1982, S.186-316, Alfred Kohler, Die Sicherung des Landfriedens im Reich. Das Ringen um eine Exekutionsordnung des Landfriedens 1554/55, in : Mitteilungen des Österreichischen Staatsarchivs 24（1971）, S.140-168, 山本文彦『近世ドイツ国制史研究』（北海道大学図書刊行会 1995）166-199頁。
(9) Laufs, Der Schwäbische Kreis, S.230f.
(10) 1500年アウクスブルク帝国議会の「統治院条令」第１条。Hanns Hubert

第7章　神聖ローマ帝国を統合する二つの道

Hofmann (Hg.), Quellen zur Verfassungsorganismus des Heiligen Römischen Reiches Deutscher Nation 1495-1815, Darmstadt 1976, S.19
(11) 帝国クライス成立の概要については Neuhaus, Das Reich in der Frühen Neuzeit (Enzyklopädie deutscher Geschichte 42), München 1997, S.43-46. 山本、前掲書47-72頁。執行については Laufs, Der Schwäbische Kreis, S.46f.
(12) Ebenda, S.46-48, 山本、前掲書54-57頁。
(13) Fritz Hartung, Karl V und die deutsche Reichsstände von 1546 bis 1555, Nachdr. Darmstadt 1971, S.131-138
(14) Neuhaus, Repräsentationsformen, S.189
(15) Ernst (Hg.), Briefwechsel des Herzogs Christoph von Württemberg, Bd.2：1553-1554, Stuttgart 1900, S.89-97, ders., Exekutionsordnung, S.7-33
(16) Karl S. Bader, Der deutsche Südwesten in seiner territorialstaatlichen Entwicklung, Sigmaringen 1978 (2.Aufl.), S.101
(17) Franz Brendle, Dynastie, Reich und Reformation, Stuttgart 1998, S.57-71
(18) Ebenda, S.111-119, S.257-273, Press, Herzog Christoph von Württemberg (1550-1568) als Reichsfürst, in：Wolfgang Schmierer u.a. (Hg.), Aus süddeutscher Geschichte. Festschrift für Hans-Martin Maurer, dem Archivar und Historiker zum 65. Geburtstag, Stuttgart 1994, S.368f.
(19) Dieter Mertens, Württemberg, in：Handbuch der baden-württembergischen Geschichte, Bd.2, Stuttgart 1993, S.75-82
(20) Brendle, Dynastie, S.211-215, S.223-228, S.325-327
(21) Mertens, Württemberg, S.110, Press, Herzog Ulrich von Württemberg (1498-1550), in：ders., Adel im Alten Reich, S.88-90
(22) Mertens, Württemberg, S.111
(23) Ebenda, S.111-120, Walter Grube, Der Stuttgarter Landtag, Stuttgart 1957, S.197-215, S.224, Ernst (Hg.), Briefwechsel 2, S.253f.
(24) Press, Die Bundespläne Kaiser Karls V. und die Reichsverfassung, in：ders., Das Alte Reich, S.106f.
(25) Ernst (Hg.), Briefwechsel 2, S.34
(26) 3月22日及び4月3日の書簡。Ebenda, S.84, S.100
(27) Ebenda, S.89-97
(28) Ebenda, S.113-148 の諸書簡。

(29) Ebenda, S.115, S.128f.
(30) Ebenda, S.131-133
(31) Ebenda, S.153f., S.156-158, S.160-163, S.172-174, S.180-183
(32) Ebenda, S.174-179
(33) Ebenda, S.183-188, S.194f.
(34) Ebenda, S.155f.
(35) Ebenda, S.199-201
(36) Ebenda, S.201
(37) Ebenda, S.223-228
(38) Ebenda, S.249-251
(39) Ebenda, S.259f.
(40) Ebenda, S.286f.
(41) Ebenda, S.300f.
(42) Ebenda, S.294f.
(43) Ebenda, S.307f.
(44) Ebenda, S.308f., S.314f.
(45) Ebenda, S.338f.
(46) Ebenda, S.311f., S.326f., S.347
(47) Ebenda, S.319f., S.321f., S.327, S.357
(48) Ebenda, S.345
(49) Laufs, Der Schwäbische Kreis, S.232f., Neuhaus, Repräsentationsformen, S.189
(50) Ebenda, S.355, S.358f.
(51) Ebenda, S.356, S.373-376
(52) Ebenda, S.381, S.412f., S.418, S.420
(53) Ebenda, S.406f., Laufs, Der Schwäbische Kreis, S.236f.
(54) Ernst (Hg.), Briefwechsel 2, S.440f.
(55) Hartung, Karl V. S.138, Ernst (Hg.), Briefwechsel 2, S.562-575
(56) Ebenda, S.608
(57) Ebenda, S.359
(58) Ebenda, S.387, Amn.485-1
(59) Ebenda, S.392, S.400

(60) Ebenda, S.423-427
(61) Ernst, Exekutionsordnung, S.39f.
(62) Ernst (Hg.), Briefwechsel 2, S.607, ders., Exekutionsordnung, S.40f., Anm.2.
(63) Neuhaus, Repräsentationsformen, S.191
(64) Ernst (Hg.), Briefwechsel 2, S.572, Neuhaus, Represäntationsformen, S.192
(65) Ernst (Hg.), Briefwechsel 2, S.605-611
(66) Ernst, Exekutionsordnung, S.40-43
(67) この決議はebenda, S.61-67に所収。
(68) 第五次シュヴァーベン同盟規約はJohann Phillip Datt, Volumen rerum germanicarum novum sive de pace imperii publica, S.415, S.418. この点は既に指摘されている。Kohler, Die Sicherung, S.144
(69) 山本、前掲書169頁、177-179頁。
(70) プレスが描く彼の人物像は、この解釈に合致している。Press, Herzog Christoph, S.379
(71) Siegfried Frey, Das württembergische Hofgericht (1460-1618), Stuttgart 1989, S.157, S.174, S.184
(72) Bernd Roeck, Reichssystem und Reichsherkommen. Die Diskussion über die Staatlichkeit des Reiches in der politischen Publizistik des 17. und 18. Jahrhunderts, Stuttgart 1984, S.24-74

皆川　卓

第8章

貿易ルートの統合
―17世紀初期のオランダ・バルト海貿易―

1. 貿易航路の諸問題

　17世紀前半は、オランダ経済史において特別な意味を持つ。スペインとの八十年戦争にもかかわらず、当時のオランダ共和国は経済的な繁栄を享受していた。これを可能にしたのがオランダ人の海運活動であり、中でも彼らに「母なる貿易」（moedernegotie）と呼ばれたバルト海貿易は、当時の共和国経済の基盤となったと言われている。[1] 16世紀後半から17世紀前半にかけて、西南ヨーロッパは未曾有の食糧危機に見舞われていた。当時、グーツヘルシャフトと呼ばれる領主制作物栽培の下で大量の穀物を生産していた、エルベ河以東の諸地域のみが輸出に回せるほどの穀物を生産することができた。オランダ人は自らの船舶でバルト海に面したこれらの地域へと赴き大量の穀物を買い付け、食糧不足のただ中にあった西南ヨーロッパ諸国へと再輸出し、極めて大きな利益をあげた。1609年から1621年にかけて、スペインとの戦争は一時的に休戦となるが、この期間のオランダのバルト海貿易の拡大は特にめざましかった。

　バルト海貿易は、かねてからオランダ経済史研究者の注目を集めてきた。しかも、この貿易の研究においては史料にも恵まれている。デンマークはコペンハーゲン付近のエーアソン海峡では、中世後期から1856年まで通行する船舶および商品にデンマーク王室によって通行税が課せられていた。通行税の記録は、ニーナ・バングとクヌート・コーストにより編纂され「エーアソン海峡通行税台帳」（The Sound Toll Tables、以下STTと略記）として出版されている。[2] この史料には、海峡を通過した船を指揮する船長の出身地、船舶の出港した港お

よび目的地、積載貨物等が記されている。STTは、バルト海貿易を研究するうえで欠かせない史料という評価を受けており、多くの研究者がこれを使用してバルト海地方の輸出入に関する詳細な分析を行っている。また、バルト海貿易は、我が国においても注目を集め、石坂昭雄氏や玉木俊明氏による精力的な研究が行われている(3)。こうした研究によれば、17・18世紀のバルト海貿易はオランダの独壇場であった。バルト海地方から輸出される穀物のほとんどは共和国へと輸送されていたし、これらの地域が輸入する商品の多くはオランダ人によって持ち込まれたものであった。こうした事実を明らかにした研究業績は、まさしくSTTの統計的分析の成果と言ってよい。

　バルト海貿易は、穀物の獲得とそれらの西南ヨーロッパへの輸送から成り立っていた。言い換えれば、この貿易は、西南ヨーロッパにおける貿易とバルト海地方のそれを統合した上に成り立っていたのである。それでは何がこの貿易ルートの統合を可能にしたのであろうか。この問題に答えを出すためには、当時のバルト海貿易における航路を探り、船舶がいかなるルートで航海したか、穀物を輸送するうえで商人はどのような活動を行ったか探る必要がある。しかし、貿易の長期的な変動に関する研究が活発に行われる反面、こうした問題に関する研究は決して多くない。特に、貿易商人の指示の下、船舶がどのような航路を経由してバルト海へと向かったのか、そしていかにして穀物を西南ヨーロッパへと輸送したかという点に関しては、研究が全くといってよいほど行われてこなかった。船舶がどの港からバルト海へと来たか、またバルト海からどの目的地へ向かったかは、STTの分析を通して明らかにされている。しかし、それは、バルト海貿易に使用された船舶の航路の一部を明らかにするものの全体を示すものではない。輸送船の航路は極めて多様であり、STTに記載された、これらの港は全体的な貿易航路の中の寄港地にすぎないのである。船員の社会的状況に関してはファン・ロイェンが浩瀚な研究を行い(4)、また当時穀物貿易を行った商人に関しては、ファン・ティルホフが彼らの活動を研究している(5)。しかし、こうした研究も貿易航路に関してはほとんど触れていない。本稿は、貿易航路という観点からバルト海貿易に光を当て、その全体像を探ろうとする

ものである。

　この点においては、傭船契約書が大きな手がかりとなると考えられる。傭船契約書とは、航海が行われる際に船長と船舶のチャーターを行う商人の間で作成される契約書のことである。契約においては必ず公証人が立ち会いその記録を残す。傭船契約書には、契約を行った商人の名前、船長の名前、船の名前、航路、輸送商品、輸送料金などが記されている。この史料の分析により、バルト海貿易における航路の問題に関して光を当てることが可能と考える。しかもアムステルダムで作成された傭船契約書の一部が、P・H・ヴィンケルマンの手により編纂されている。以下に、STTの分析を主眼とするバルト海貿易研究を参照しつつ傭船契約書の分析を行うことによって、オランダ共和国の穀物貿易を捉えなおしてみたい。

2．バルト海地方の輸出入

　まず、バルト海地方の輸出入を見ることにしたい。W・S・ユンゲルをはじめとする研究者は、早くからSTTを用いバルト海貿易を探ってきた。STTは、多くの研究者から一級の史料という評価を受ける一方、問題も指摘されている。関税記録という性質上、遺漏や密輸入の問題は避けられない上に、陸路で輸送される商品は当然ながら記載されていない。また、STTには船籍の記載がない。STTにおいて船舶は、船長の出身地に基づき国ごとに分類されており、チャーターした商人の国籍および実際の「船籍」は、この記録を用いる限り明らかにされない（以下、船籍は正確には船長の出身地を表す）。さらに、大ベルト（Storebælt）や小ベルト（Lille Bælt）といった水道を通れば、エーアソン海峡を通過しなくとも北海からバルト海へ到達することができる。しかし、ほとんどの穀物はエーアソン海峡を通過する船に積載されて輸送されるので、ある程度の誤差は避けられないとはいえ貿易の全体像を描くことは可能であろう。しかも、オランダの大規模な輸送活動および大量の穀物輸入という多くの研究者の分析結果が、誤差により修正されうるとは考えにくい。この地域がオランダへ輸出した穀物の量も、輸送においてオランダ船が果たしていた役割も

それほど大きかったのである。以下に、ユンゲルによるSTTの分析を手がかりに17世紀前半におけるバルト海地方の輸出入を見ることにしたい。

表1は1580年から1649年までの穀物輸出を示す。穀物以外にもこの地域からは木材、麻、亜麻といった船舶必需品や鉄、銅といった金属が輸出されているが、価格の点においても量の点においてもそれらは、穀物ほど重要でなかったので割愛する(9)。16世紀後半からバルト海地方の穀物輸出量は、常に安定しているわけではないものの極めて大きかった。穀物の大半は、オランダ船によって輸送されていた。17・18世紀においては、小麦よりもライ麦が多く輸出されている(10)。小麦の輸出量は、1640年以降急激に増加するが、ライ麦の輸出量に及ぶことは少なくとも17世紀から18世紀にかけてはなかった。ユンゲルがSTTから抽出した数字によればオランダの穀物輸送は、1610年代と1640年代に極めて活発に行われている。特に、前者においては、輸送量および輸送シェアの点で大きな拡大が見られる。当時は、スペインとの戦争が一時的な休戦を迎えた時期であり、スペインの私掠船や戦禍の拡大といった、貿易を行う上での危険が消滅したため、オランダの穀物貿易は活発になった。1610年から1619年にかけてオランダが輸送したライ麦の量は40万ラスト(1ラストは約2トン)以上に達し、輸送シェアは80パーセントを超えている。それ以降、1640年代までライ

表1　バルト海地域のライ麦・小麦輸出量　　　　　　　単位=ラスト(1ラストは約2トン)

年	ライ麦	オランダのライ麦輸送量(%)	小麦	オランダ船の小麦輸送量(%)
1580-89	311,499	192,665 (61.5%)	36,895	21,367 (58%)
1590-99	464,565	301,426 (65%)	66,017	35,923 (55%)
1600-09	473,715	352,069 (74%)	51,527	34,190 (66%)
1610-19	522,439	433,882 (83%)	61,266	50,489 (83%)
1620-29	414,812	333,334 (80%)	68,215	56,469 (83%)
1630-39	315,158	236,169 (75%)	68,753	59,380 (87%)
1640-49	578,415	403,053 (70%)	160,541	142,226 (88%)

＊1632年、34年のデータ欠如
出典：W. S. Unger, 'De Sonttabellen,' blz.154-155.

麦の輸送量は減退するが、オランダが輸送に占めるシェアが70パーセントを下回ることはなかった。したがって、休戦期間とともにオランダの穀物貿易は活発となり、この地域で生産される穀物の輸送をほとんど独占的に行うようになったと考えられる。

　ライ麦は、主にダンツィヒ（グダンスク）あるいはケーニヒスベルクから輸出された。特にダンツィヒは、オランダの穀物貿易において極めて重要であり、エーアソン海峡を通過した穀物のおよそ7割はこの港から輸出されていた。穀物は専らオランダのアムステルダムへと輸送され、それ以外の地域への輸送量は決して多くない。ファン・ティルホフによれば、エーアソン海峡を西へと通過する穀物の少なくとも4分の3がアムステルダム向けであった。これらの穀物は、アムステルダムで大量に備蓄された。オランダは、バルト海地方産穀物の最大の輸送者でもあり、エーアソン海峡を通して輸出される穀物の大部分がオランダ船によって輸送されている。その輸送シェアは、休戦期間において増大する。

　一方、バルト海地方の輸入は、輸出ほど活発には行われていない。このため商品を積載しないバラスト船の割合は、東航船において極めて高く、1622年まで3分の2の東航船が貨物を積載していなかった。この地域は、穀物貿易に欠かすことのできないライ麦の供給源ではあったが、西ヨーロッパ産商品の重要な市場たりえず、オランダ共和国がバルト海地方へ輸送した商品の総額はこの地方の輸入商品のそれを大きく上回っており、オランダ人は差額を、銀をはじめとする貴金属等で埋めざるをえなかった。

　バルト海地方が輸入した商品の中で、量的に最も重要なものは塩であった。塩の輸入量は表2にまとめた。塩の他にも、ワイン、毛織物がこの地域へと輸送されているが、量の面では塩に遠く及ばなかった。バルト海地方が輸入した商品の多くは、オランダから輸送されたが、塩だけはフランス、あるいは当時スペイン領であったポルトガルから輸送されることが多かった。輸送量に眼を向けると、ここでもオランダ船による活動が目立つ。穀物と同様、塩の輸送も

休戦期間に活発になっており、1610年から1619年までの10年間におけるオランダ船の総塩輸送量は20万ラスト以上に達し、その輸送シェアは、ほとんど90パーセントに届かんとしている。休戦期間にはマグネシウムを大量に含んだフランスの塩よりポルトガル産の塩が好まれたが、スペインとの戦争が再開されるとポルトガル産の塩が入手困難となり、代わってフランス産の塩が輸送されるようになった。(16)

表2　バルト海地方の塩輸入量およびオランダ船による輸送量　　（単位＝ラスト）

年	総輸入量	オランダ船による輸送量（％）	フランスからの輸送量（％）	ポルトガルからの輸送量（％）
1580-1589	211,462	121,922.5（58％）	67,727.5（32％）	76,420（36％）
1590-1599	243,720.5	142,056（59％）	73,437.5（30％）	106,556（40％）
1600-1609	285,350.5	177,580.5（61％）	134,458（47％）	72,602.5（25％）
1610-1619	254,230	223,291.5（89％）	107,548（42％）	102,364.5（41％）
1620-1629	300,704.5	250,778.5（80％）	187,220.5（62.5％）	27,947.5（9％）
1630-1639*	180,893	135,525（70％）	96,370（53.5％）	27,343（15％）
1640-1649	278,019	221,423（80％）	167,283（60％）	47,856（17.5％）

＊1632年、34年のデータ欠如
出典：W. S. Unger, 'De Sonttabellen,' blz.150

　他の商品の輸入状況も概観したい。(17)価格の面で最も重要な商品は毛織物であった。バルト海地方が輸入する毛織物輸入においてオランダ製のそれが占める割合は、16世紀後半においてはわずかなものであり、ユンゲルによればバルト海地方が輸入する総量の10パーセントにも満たなかった。当時、この地方が輸入した毛織物はイギリス製のものが多かった。しかし、1610年以降、オランダのシェアは、28パーセントへと増大し、1630年から1640年には50パーセントを超えている（ただし、1650年から1657年にかけて、その割合は42.5パーセントまで低下する）。(18)この点においても、休戦によるオランダの貿易の活発化が窺える。(19)オランダによるワイン輸送も活発である。STTの項目にはライン地方産のワインとそれ以外のワインが分類されている。1610年代におけるオランダ

の前者の輸送シェアは90パーセントに達し、さらにそのほとんどがオランダから輸出されていた。一方、後者の輸送におけるオランダのシェアも極めて大きく、1610年代においては97パーセントのワインがオランダの船に積載されてバルト海地方へと向かっている。しかし、「それ以外のワイン」がオランダから輸出される量は、当時44パーセントにすぎなかった（ただし、1620年代55パーセント、1630年代においては64パーセントがオランダから輸出されている[20]）。

　以上のことから、オランダは、バルト海地方への商品輸送において大きな役割を果たし、さらにこの地域の最大の貿易相手国だったことが分かる。そして、オランダ船の輸送量およびそのシェアは、休戦期間を境に急に増大している。したがって、休戦とともにオランダはこの地方における貿易をほとんど独占するようになったと考えられる。また、オランダ船が輸送した商品の多くは塩や穀物といった、大きな積載空間を要求するが安価なものであった。しかし、バルト海貿易において使用されたオランダ船の数から考えて、この輸送活動は共和国の経済にとって極めて重要な意味を有していたと考えられる[21]。

3．傭船契約書と海運

　以下に傭船契約書を分析するが、まず使用する史料の性質について述べたい。本稿で使用する傭船契約書集は、1593年から1625年にかけてアムステルダムの公証人、ヤン・フランセン・ブライニング（Jan Franssen Bruyningh）が作成した傭船契約書をヴィンケルマンが編纂したものである。この史料は、STTとは性質が異なるので、分析を行う際には注意が必要である。最大の問題は、これが統計史料ではないということであろう。STTは、エーアソン海峡を通過する船舶全てを記録した史料であり、統計としての価値は極めて高い。これに対し、傭船契約書は、航海の際必ずしも作成されない。当時、船長の中には商人と契約を行わず自ら貿易を行う者もいた。その場合は、いうまでもなく傭船契約書は作成されない。ヴィンケルマンは、STTに記録されたオランダ船の数と傭船契約書の中に見られるそれを比較しているが、前者に比して後者は極めて少なく、前者の10パーセントにすら達しなかった[22]。傭船契約書は、

貿易の全体像ではなく実際に行われた海運の例を示すにすぎず、したがってこの史料をSTTのような統計として用いることはできない(23)。また、STTと同様に正確な目的地を示すことができないという問題もある。多くの場合、契約書に記載される目的地は、単なる輸送先の候補地であり、実際の目的地は付近の商況に応じて決定される。したがって、船舶の目的地を正確に明らかにすることはできない。また、ヴィンケルマンはバルト海地方の港が目的地として現れる契約書のみを編纂しているため、オランダ穀物貿易の全体像をこの史料を用いて示すことはできない。アムステルダムは、当時のヨーロッパにおける最大の穀物備蓄所であり、バルト海に立ち寄らずに西南ヨーロッパへ直接穀物を輸送することも可能であった。しかし、ヴィンケルマンの史料にはSTTに記載されていない情報も多く見いだされる。特に傭船契約書に記載された輸送金額と船舶の航路は、バルト海貿易に光を当てる上で重要である。関税記録であるSTTに輸送料金は決して記録されないうえに、航路の記載も限定的なものでしかない。STTは、エーアソン海峡を通過した船舶が出発した港および目的地が記されているのみであり、したがって船舶が最初に出発した港や最終目的地は、この関税記録に頼る限り必ずしも明らかにされず、航路の全体像も詳らかにされないのである。

さて、傭船契約書を見ると、様々な港がバルト海地方と結ばれていることが分かる。アルハンゲリスク、アフリカあるいはブラジルを目指す船もバルト海の港に立ち寄ることがあった。だが、大多数の船舶は、オランダ、フランス、ポルトガルといった地域とバルト海の間を航海している。契約書が作成された場所がアムステルダムのため、ほぼ全ての船はこの港を出発港とするが、ゼーラント、あるいはエンクハイゼンやホールンのような西フリースラント都市を出航する船もしばしば見られ、外国の港を出発する船の契約も稀に現れる。通常、契約は船舶のオランダへの帰還と同時に終了するが、帰還せず外国の港で契約終了となる場合もある。バルト海内部の目的地としては、ダンツィヒ、ケーニヒスベルクといった穀物輸出港が圧倒的に多く、リガがこれに次ぐ。これらの港は、時代を通じて常に傭船契約書の中に現れる。西南ヨーロッパにおけ

第 8 章　貿易ルートの統合

る目的地は塩の輸出港が多く、休戦期間においてはリスボンやセトゥバルが、それ以外の時期はフランスのラ・ロシェル、ブルワージュが多く見られ、オランダ船による活発な塩輸送が推測される。休戦期間中、バルト海地方はフランスではなくポルトガルから塩を輸入することが多く、その後はフランスからの輸入が再び増加することがSTTの分析から既に明らかにされているが、傭船契約書の記録はこれを裏付ける。地中海地方、特にイタリアへ向かう船はフランスやポルトガルへ向かう船に比較して少ないが、1607年、1619年、1620年には多数見られる。

　本稿では貿易航路を以下の4種類に大別した。第一の航路は、オランダ→バルト海地方→オランダと航行する単純なもので、これを「往復航路」と呼ぶ。第二の航路は、オランダ→西南ヨーロッパ→バルト海→オランダと航海するもので、これを「西南航路」と呼ぶ。西南航路を走る船舶は、まずアムステルダムに備蓄された穀物を西南ヨーロッパへ輸送し、その後穀物買い付けのためバルト海地方へと向かう。買い付けられた穀物は、アムステルダムへと輸送され備蓄される。第三の航路は、オランダ→バルト海→西南ヨーロッパ→（オランダ）と航行するもので、「北東航路」と呼ぶ。往復航路や西南航路を走る船舶においてはほぼ常にオランダへの帰還が義務づけられているのに対し、この航路を走る船の契約において帰還が定められることは少ない。オランダから穀物をフランスあるいはポルトガルへと輸送する西南航路とは異なり、この航路においてはアムステルダムに備蓄された穀物は必要とされない。穀物は、航海における最初の寄港地であるバルト海地方の諸港で獲得され、西南ヨーロッパへと直接輸送される。当然ながら、北東航路を航行する船舶がアムステルダムへ帰還するとしても、穀物を持ち帰ることはない。北東航路の航海は、いわば穀物の備蓄所たるアムステルダムとは無関係に行われる。上述以外の航路は、便宜上全て第四の航路に分類した。この航路を走る船は長期間航海を続け、西南ヨーロッパあるいはバルト海地方に2回以上立ち寄り、例えばオランダ→バルト海地方→西南ヨーロッパ→バルト海地方→オランダと航行する。こうした航路を「長期航路」と呼ぶ。

ヴィンケルマンは、1594年から1600年、および1601年から1625年にかけてチャーターされた船舶を航路別に分けて表にしている（表3、表4）。後者の期間に関しては、西南ヨーロッパの目的地別に分類が行われている。なお、ヴィンケルマンは、1593年に関しても触れているが、この年に作成された傭船契約書はわずか3通しか残されていないので省略する。表を見る限り、バルト海貿易に使用された船舶は、西南航路で航海が行われる傾向が強かった。1594年から1600年にかけて、チャーターされた船舶866隻のうち、564隻が西南航路で航海している。1601年から1625年にかけても2780隻の船舶のうち1385隻が西南航路を走り、793隻は北東航路で、296隻が長期航路で、そして373隻が往復航路で航行している(24)。往復航路で航海する船舶は少なく、しかも、この航路を走る船がダンツィヒやケーニヒスベルクといった穀物輸出港を目指すことは稀であり、ほとんどの船がリガ（1621年からスウェーデン領）あるいはスウェーデンを目指していた(25)。

表3　西南航路と北東航路の割合

年	西南航路	北東航路	総数
1594	74	10	114
1595	148	11	194
1596	47	11	81
1597	68	36	134
1598	46	42	127
1599	93	1	102
1600	8	3	114
総数	564	114	866

出典：Winkelman, *Bronnen II*, blz.XXIII.

第 8 章　貿易ルートの統合

表4　航路別の推移（西南航路と北東航路に関しては西南ヨーロッパの目的地別に分類）
（SPI＝スペイン、ポルトガル、イタリア　F＝フランス　O＝その他）

年	西南航路			北東航路			長期航路	往復航路	季節傭船	総数
	SPI	F	O	SPI	F	O				
1601	25	52	0	1	5	0	15	2	0	100
1602	14	27	0	3	1	0	14	20	0	79
1603	27	23	0	10	2	0	27	13	0	102
1604	19	29	0	20	1	0	14	4	0	87
1605	2	40	0	9	5	2	12	3	0	73
1606	3	24	0	21	14	0	11	7	0	80
1607	2	19	0	53	23	0	12	29	0	138
1608	12	61	0	6	17	1	14	23	1	135
1609	33	40	0	9	2	4	20	46	0	154
1610	26	20	0	3	3	1	3	4	2	62
1611	18	9	0	3	3	3	9	4	0	49
1612	21	13	2	13	3	0	15	5	0	72
1613	42	2	1	16	3	1	5	15	0	85
1614	47	11	1	17	21	4	6	21	0	128
1615	47	21	1	11	12	3	9	29	6	139
1616	71	16	0	7	4	4	10	23	1	137
1617	74	12	0	13	3	4	21	25	1	153
1618	45	16	0	37	26	13	27	20	2	186
1619	27	8	0	76	17	3	11	11	8	161
1620	33	12	1	82	15	2	5	12	7	169
1621	3	32	0	11	6	1	3	6	1	63
1622	1	93	3	1	8	2	2	8	3	121
1623	0	107	1	0	3	1	14	6	10	142
1624	0	64	1	1	0	2	13	17	4	102
1625	0	27	3	0	4	3	4	20	2	63
総数	592	778	15	423	201	54	296	273	498	2780

出典：Winkelman, *Bronnen IV*, blz.XXXIII.

また、長期航路を走る船舶も、西南航路を走る船に比べて少ない。背景には、バルト海の気候と長期の航海を好まない船長や船員の心性があると考えられる。バルト海の厳しい風雨にさらされる船体は常に補修が必要であったし、航海の長期化に伴う賃金の支払い延長を船の乗組員が嫌ったことはいうまでもない。いずれにせよ、西南航路と北東航路を走る船舶の数から、バルト海貿易はオランダ共和国とバルト海の間の単純な往復から成り立つものではなく、西南ヨーロッパへの航行もその一部をなしていたことが分かる。ただし、17世紀前半においてエーアソン海峡を東航した船舶のうち、約60パーセントはオランダの港を出発していた(26)。この数字と比較すると、傭船契約書の中に現れるオランダからバルト海を目指す船舶の数はかなり少ない印象を受ける。したがって、傭船契約書を作成せずに自ら船を指揮しオランダからバルト海へと航行した船長が多数存在したと推測される。

　契約書には、通常、複数の港が目的港の候補地として記載されている。実際の目的地は、各地に居住する、代理商と思われる人物が商況を鑑みて決定する。このため船長は、航海の途中において、代理商と接触して実際の目的地に関する指示を受けることが多かった。一般に、バルト海付近における代理商との接触は、エーアソン海峡付近で行われる。フランスへ向かう船は、ラ・ロシェルで代理商から指示を受けるよう契約書に定められている場合が多い。こうした代理商は、商人の妻や未亡人がその役割を果たすこともあった(27)。

　輸送料金は、航海が終了する最終目的地で貨物を降ろした後に支払われる。通常、航海の終了地点はアムステルダムであるが、地中海地方のような遠く離れた目的地を目指して長期の航海を行う船舶は、オランダの港ではなく行き先の港を最終目的地とすることが多い。輸送料金は、バルト海地方へ向かう場合は極めて低く(28)、西南ヨーロッパや地中海地方へ向かう船舶においては比較的高額だった。輸送料金の支払い方法は、3種類に分けられる。第一のものは、輸送した商品1ラストにつき料金を算出する方法で、多くの場合この方法で料金が支払われている。第二のものは、1ラストごとに金額を決定するのではなく、一括（bij de hoop）で輸送料金を支払う方法であり、ポルトガルやイタリアを

目指す船の契約書の中にしばしば見られる。第三の方法は、特定期間船をチャーターする「季節契約」（seizoen contract）であり、この場合、輸送する貨物の量に関係なくチャーターした期間を基準にして料金が支払われる。ただし、第二や第三の方法で料金が支払われるケースは、ほとんど見られない。

　第一の方法で船舶の輸送料金が支払われる場合、港で荷降ろしされる商品の量が輸送金額の目安となる。西南航路を航行する船の場合、輸送料金は、ほぼ常にバルト海地方の港で荷下ろしされる商品（多くの場合は塩）１ラストにつき決定されている。荷降ろしは、西南ヨーロッパやアムステルダムでも行われるが、それらの地域で船倉より搬出される商品の輸送金額は、ふつう記載されない。したがって、傭船契約において決定される輸送料金には、フランスやポルトガルからバルト海地方への商品輸送の料金のみならず、バルト海地方からオランダへの輸送料金も含まれていると考えられる。反対に、北東航路で貿易が行われた場合は、西南ヨーロッパにおいて荷降ろしされる商品（多くの場合は穀物）１ラストを基準として輸送料金が決定されることが多い。また、西南航路において塩はある種の基準商品となっており、ワインが取引される際は樽２個を塩１ラストに換算されて記載されている[29]。商品によって輸送料金は若干変化する。例えば、小麦の輸送金額は、ライ麦のそれより１ギルダーほど高額なことが多かった。

4．貿易航路とバルト海貿易

　オランダのバルト海貿易は、休戦期間に拡大する。傭船契約書にも活発化する海運の痕跡が見られる。表５は、最も一般的な航海ルートであった西南航路で航行する船舶の輸送金額を1594年から1625年にかけて概観したものである。表の数字は、いずれも商品１ラストあたりの輸送料金を示す。一括で支払われるケースは、比較困難なため除外してある。北東航路の船舶も比較が困難なため、ここでは触れない[30]。また、長期航路と往復航路の契約書も数が少ないため割愛する。この表においては、船舶をフランスへ向かうものとポルトガルへ向かうものに分類した。イタリアへ向かう船舶は、極端に少ないのでここでは触

れない。表にあげた船舶の出港地および最終目的地はいずれもアムステルダムであり、輸送料金も航海終了後、この港で支払われる。輸送金額の平均値を出す際には様々な問題が生じた。料金は、航行する目的地によって変化する。例えば、バルト海においてはリガ以北へ向かう場合、輸送料金は高額になる。特に、1603年から1608年までリガやスウェーデンへ向かう場合において料金は極めて高い。[31]フランスに関しては、バイヨンヌを目指す航路はラ・ロシェルへ向かう航路よりも高額の料金が必要とされ、ポルトガルに関してはアヴェイロを目指す場合はセトゥバルを目指す時よりも割高となる。さらに、寄港する場所の数も輸送金額に影響を与える。例えば、ダンツィヒに寄港する場合とダンツィヒとケーニヒスベルク両方に寄港する場合では、当然ながら後者の方が輸送料金は高額となる。表5は、こうした問題を無視して、料金の変動を地域ごとに大掴みに述べたものにすぎない。しかし、特殊な状況を除けば、上述の状況においても輸送料金は、1ギルダーあるいは2ギルダーほど値上がりするだけだったので、輸送料金の変動を概観することは可能と考える。

第 8 章　貿易ルートの統合

表 5　西南航路における輸送料金の推移：1594-1625

単位=ギルダー（輸送する商品1ラストあたり）

年	フランスが目的地	ポルトガルが目的地
1594	25	33
1595	24	33
1596	21	31
1597	23	40
1598	24	34
1599	23	53（*1）
1600	23	42
1601	24	38
1602	23	39
1603	23	40
1604	24	35
1605	21	記録なし
1606	21	記録なし
1607	22	記録なし
1608	26	31
1609	21	23
1610	20	20
1611	16	18
1612	15	19
1613	17	20
1614	17	21
1615	17	21
1616	16	19
1617	16	18
1618	15	18
1619	16	18
1620	16	21
1621	16	20（*2）
1622	19	記録なし
1623	19	記録なし
1624	18	記録なし
1625	17	記録なし

*1 記録されている船舶は2隻のみ。
*2 記録されている船舶は1隻のみ。
出典：Winkelman, *Bronnen II, Bronnen IV, Bronnen V, Bronnen VI.*

さて、STTによれば、オランダのバルト海貿易は、休戦期間において活発になり、穀物および塩の輸送量が飛躍的に増大する。その背景には、戦闘の一時停止による輸送コストの低下がある。これは、オランダ船の輸送料金にも表れている。1608年と1609年を比較すると輸送料金は、フランスへ向かう航海で5ギルダー、ポルトガル航路で8ギルダーも低下している。輸送コスト低下が、休戦期間においてオランダのバルト海貿易が繁栄した要因の少なくとも一つとなったことは間違いない。戦闘が再開されると、料金は徐々に上昇し始めるが、フランスへ向かう西南航路における輸送金額の上昇は、決して急激なものではなかった[32]。また、1621年以降、ポルトガルへ向かう船舶がほとんど見られなくなるが、これは、ユンゲルによるSTT分析の結果と一致する。STTによれば、ポルトガルからバルト海へと輸出される塩の量は、休戦期間の終了を境に急激に低下しているのである。

　バルト海貿易において西南ヨーロッパを目指すオランダ船は、西南航路で航海することが多く、北東航路で航行するケースは比較的少ない。傭船契約書は統計史料ではないので、この傾向がバルト海貿易に使用された船舶全般に当てはまるとは限らない。しかし、エーアソン海峡を西へと通過した穀物の多くがアムステルダムへと輸送されているというSTTの分析結果から考えて、貿易に使用された船舶の多くは、バルト海からオランダへと向かう傾向が強かったといえる。つまり、エーアソン海峡からオランダに立ち寄らずに西南ヨーロッパを目指す北東航路は、バルト海貿易において多用されなかったと見てよい。アムステルダムに備蓄される穀物とは無関係に行われる北東航路を使用した場合、輸出入関税等を支払う必要がないため、航海に成功すれば利益は西南航路のそれよりも大きい。にもかかわらず、この航路を走る船の数は、1606年、1607年、1618年、1619年および1620年のみ西南航路の船舶数を上回る（表4）。オランダのバルト海貿易を探るためには、この点をさらに考察しなくてはなるまい。

第8章 貿易ルートの統合

表6 北東航路が定められた契約数の目的地別推移
（西南ヨーロッパの目的地別に分類。括弧内は、オランダへの帰還が定められた契約の数）

年	西南ヨーロッパにおける目的地			
	フランス	ポルトガル	スペイン	イタリア
1597	13(4)	23(13)	0	0
1598	3(0)	37(18)	0	0
1604	1(0)	18(5)	0	2(0)
1606	14(12)	1(0)	0	20(1)
1607	23(7)	0	1(0)	52(0)
1608	17(10)	1(1)	0	5(2)
1614	21(1)	7(0)	1(0)	9(0)
1615	12(5)	3(1)	4(1)	4(0)
1618	26(3)	16(2)	3(1)	18(0)
1619	17(2)	43(6)	5(0)	28(1)
1620	15(0)	35(1)	5(1)	42(0)

出典：Winkelman, *Bronnen II*, *Bronnen IV*, *Bronnen V*, *Bronnen VI*.

　表6は、北東航路が多用された年のオランダ船の数を、西南ヨーロッパにおける目的地別にまとめたものである。この表からも明らかなように、北東航路で航行する船はイタリアを目指すことが多い。イタリアへの航行は長期に及び、それに伴い航海が長期化する可能性は高くなる。その後にバルト海への航行が予定されていても、航行の遅延によりそれが不可能な場合もある。バルト海の航行は常に可能とは限らず、結氷が例年より早かった場合、船舶はエーアソン海峡の手前で足踏みすることにもなりかねない。このため、イタリアを初めとする地中海地方への航行は、西南航路ではなく北東航路で行われる。地中海に向かう場合のみならず、長距離を航海する船の多くは、この航路で航海していた。そうすることで、バルト海への航行を確実なものとし、航行遅延のリスクを回避したのである。北東航路は、長距離航海に適した航路といえる。
　また、前述のように北東航路において、アムステルダムへの帰還が定められるケースは少ない。表6では、オランダへの帰還が義務づけられている契約の

数を示した。北東航路においては、フランスへ向かう船もポルトガルへ向かう船もオランダへ帰還することは多くない。帰還する船は、全体の3分の1以下にすぎないのである。特に、イタリアを目指す船が帰港するケースは、全くといってよいほど見られない。このことから、バルト海地方からオランダへの穀物輸送に比べて、西南ヨーロッパからオランダへの商品輸送は、活発に行われていないことが分かる。穀物貿易が、穀物の獲得とその売却から成り立つことはいうまでもない。西南航路におけるライ麦のオランダへの輸送は、穀物獲得という点において極めて重要であるが、北東航路における西南ヨーロッパからオランダへの航行は大きな意味を有していない。さらに、食糧危機の時代においてもライ麦をはじめとする穀物は極めて安価であり、穀物を商品として西南ヨーロッパに輸送する以上、穀物の売却後に船舶に積載する商品は価格の点である程度限定されてしまう。オランダは穀物貿易の一環として大規模な塩輸送を行っているが、塩をオランダに持ち帰ることによって得られる利益は決して大きくない。[33] オランダから西南ヨーロッパには大量に穀物が輸送されたが、逆に西南ヨーロッパからオランダへと商品が輸送されることは多くなかったのである。こうした状況の中、商人達は西南ヨーロッパで傭船契約を終了することが多く、船舶がフランスやポルトガルからオランダへ帰還することは少なかった。契約の終了後、船は再び航海を開始するが、オランダへ何らかの商品を輸送しても大きな利益があがらないため、再びバルト海へ向かうことが多かった。[34] この場合、長期航路とは異なり、契約終了により輸送料金が支払われるので、船長や船乗りの不満もある程度は解消される。西南ヨーロッパからオランダへの航海が大きな利益を生み出さない状況にあって、オランダ船は、バルト海へと集中するのである。

　西南航路を走る船舶と比較して北東航路を航行する船が少ないこと、そして北東航路の船舶もアムステルダムに帰還するケースが少ないことから、当時のバルト海貿易のあり方が示唆される。穀物を積載した船はアムステルダムへ必ず帰還するが、西南ヨーロッパ産商品を輸送する船は、必ずしもこの港を目指さない。バルト海貿易において、アムステルダムは、何よりも穀物の備蓄所と

第8章　貿易ルートの統合

しての性質が強いのである。前述のように、オランダからバルト海地方へは数多くの商品が輸送されており、その中には西南ヨーロッパにおいて買い付けられたものも少なくない。しかし、そうした商品は、オランダ海運においてバルト海地方から輸送される穀物ほど大きな意味を有していなかった。西南ヨーロッパにおける貿易ルートとバルト海地方のそれが統合されて生まれたオランダの商業路は、バルト海地方における穀物の獲得と西南ヨーロッパにおける穀物の売却に偏重した構造を有していた。オランダがつくり上げたこの貿易ルートにおいては、穀物輸送が何よりも活発に行われるのである。

　それでは、西南航路に比べて北東航路が一般的に使用されない原因は、どのような点に求められるのであろうか。この問題は、バルト海地方からの穀物輸送の困難さという視点から説明されなくてはならない。秋や冬のバルト海は、結氷と悪天候のため航海が不可能であった。(35)さらに、穀物貿易の全盛期であった17世紀前半においても、バルト海地方の穀物輸出は常に安定していたわけではない。大量の穀物を生産したこの地域も、不作に見舞われることはある。当時、オランダの主たる再輸出品であった穀物は、バルト海地方において常に獲得できるわけではなかったのである。(36)このため、アムステルダムではなくバルト海地方から直接穀物輸送を行う北東航路は、大きなリスクを伴うことになる。北東航路は、西南航路以上に大きな利益を生み出しうるが、このリスクのために西南航路ほど頻繁に用いられなかった。むろん、この地域への航行は、西南航路を用いても常に可能なわけではない。しかし、西南航路で航海した場合、フランスやポルトガルにおける穀物の売却により、少なくともある程度の利益は確実にあげることができる。北東航路の航海において、穀物獲得の失敗は、極めて大きな損害を招きかねない。したがって、この航路の航海は、バルト海地方が穀物の豊作に恵まれた時、あるいは穀物の輸送先が長距離にある場合に行われたと推測される。一般に、当時のオランダ商人は、北東航路のようなリスクの高い航路は選択せず、西南航路を用いた。こうして、彼らはまず穀物売却による利益を確保し、その後、バルト海地域産の穀物を入手した。いわば、利益を確実にあげられる貿易を先に行い、リスクの高い航海はその後に行った

のである。
　これらのことから、オランダの穀物商人達は穀物の獲得と安定供給に腐心していたことが分かる。彼らは、バルト海への航行が可能な時にできる限り多くの穀物をアムステルダムへと輸送し、その備蓄を絶やさぬようにしていた。こうして、アムステルダムに蓄積された穀物のため、バルト海への航行が困難な時期の西南ヨーロッパ向け穀物輸送はある程度可能になる。この点において、アムステルダムが穀物貿易において有していた重要性が理解されよう。オランダ共和国の穀物貿易は、アムステルダムに大量に備蓄された穀物により、長期にわたり安定して行うことが可能となったのである。

5．バルト海貿易におけるアムステルダムの重要性

　オランダのバルト海貿易は、17世紀初期において極めて活発に行われた。STTによれば、多量のライ麦がダンツィヒからオランダへと輸送されており、その輸送を担ったのもオランダ船であった。さらに、休戦期間においては海上の危険が消滅したため、オランダ船の輸送料金は低下し、海運がさらに大規模に行われるようになった。輸送料金の低下は、傭船契約書にも明確に表れている。オランダは、この期間においてバルト海貿易における優位を確かなものとした。
　傭船契約書を見ると、バルト海貿易は西南航路によって行われることが多く、長期航路および往復航路で航行する船舶は比較的少なかった。北東航路の航海は、バルト海地方の穀物供給が安定している時に行われたが、この航路を走る船の数は、西南航路を航行する船舶に比べて少なかった。北東航路の船がオランダへと帰還することも多くはない。反面、西南航路の航海においてはアムステルダムへの帰還がほぼ常に義務づけられている。穀物を積載した船舶を強く引き寄せるアムステルダムの力は、それ以外の西南ヨーロッパ産商品を積んだ船にはそれほど強く作用しないのである。当時のオランダ海運は、西南ヨーロッパの商品のオランダへの輸送よりも、バルト海地方産穀物のオランダへの輸送および再輸出に重点が置かれていた。

第 8 章　貿易ルートの統合

　共和国のバルト海貿易は、フランスやポルトガル、時にはイタリアのような地域と密接に関わり合っていた。したがって、バルト海貿易は、西南ヨーロッパの貿易ルートとバルト海地方のそれが穀物という触媒により統合された結果出現したといえる。この統合は、穀物のみによって行われたのではない。安定した貿易のためにはアムステルダムに大量のライ麦を常に備蓄する必要があった。バルト海地方の穀物供給は常に安定しているわけではなく、この地方への航海も常に可能とは限らなかった。こうした中、オランダにおける穀物の備蓄は、西南ヨーロッパへ向けてライ麦や小麦を輸送する上で極めて大きな意味を有していた。当時のオランダが行った穀物貿易においては、アムステルダムという穀物の備蓄場所がなくてはならなかったのである。

註

（1）17世紀のバルト海貿易に関する主な研究としては以下の論文を挙げることができる。J.G. van Dillen, 'Stukken betreffende den Amsterdamschen graanhandel omstreeks het jaar 1681' *Economisch Historisch Jaarboek*, 3, 1917. W.S.Unger, 'De Sonttabellen', *Tijdschrift voor Geschiedenis* (*TvG*), 41, 1926. W.S.Unger, 'De publikatie der Sonttabellen voltooid', *TvG*, 71, 1958. P.Jeannin, 'Les comptes du Sund comme source pour la construction d'indices généraux de l'activité économique en Europe (XVIe-XVIIIe siècle),' *Revue Historique*, 231, 1964. 最近の研究としては M. van Tielhof, *The 'Mother of all Trades'. The Baltic Grain Trade in Amsterdam from the Late 16th to the Early 19th Century*, Leiden, Boston, Köln, 2002. が挙げられる。わが国の17世紀バルト海貿易に関する研究は以下のものがある。石坂昭雄、「オランダ共和国の経済的興隆とバルト海貿易（1585-1660）—ズンド海峡通行税記録の一分析—」（日欄学会編、栗原福也、永積昭監修『オランダとインドネシア』山川出版社、1986年、所収）。栗原福也、「オランダ共和国成立期のアムステルダム商業の一面—バルト海貿易について—」『一橋論叢』第33巻4号、1955年。玉木俊明、「バルト海貿易（1560-1660）」『社会経済史学』第57号、1991年。オランダ経済の根幹を穀物貿易に求めることに対する批判としては次の研究がある。佐藤弘幸、「穀物と毛織物—17世紀のオランダ経済」『東京外国語大学論集』、第40号、1990年。

(2) N.E. Bang and K. Korst eds., *Tabeller over skibsfart og varetransport gennem Øresund 1497-1660*, 3 vols.; Copenhagen, Leipzig, 1906-1933. N.E. Bang and K. Korst eds., *Tabeller over skibsfart og varetransport gennem Øresund 1661-1783 og gennem Storebælt 1701-1748*, 3 vols.; Copenhagen, Leipzig, 1939-1945. 実際の通行課税台帳は1856年まで記録されているが、バングとコーストは、1784年から1856年までの記録を編纂していない。
(3) 石坂、前掲論文。玉木、前掲論文。
(4) P.C. van Royen, *Zeevarenden op de koopvaardijvloot omstreeks 1700*, Amsterdam, 1987.
(5) ファン・ティルホフは、前掲書の第1章を、バルト海貿易を行ったオランダ商人、コルネリス・ピーテルスゾーン・ホーフト（Cornelis Pietersz Hooft）の研究にあてている。Van Tielhof, op. cit., pp.15-39.
(6) P.H. Winkelman, *Bronnen voor de geschiedenis van de Nederlandse Oostzeehandel in de zeventiende eeuw II : Amsterdamse bevrachtingscontracten van notaris Jan Franssen Bruyningh 1593-1600*, The Hague, 1977, *Rijksgeschiedkundige Publicatiën, Grote Serie* (RGP GS) *178*（以下、*Bronnen II*と略記）. P.H. Winkelman, *Bronnen voor de geschiedenis van de Nederlandse Oostzeehandel in de zeventiende eeuw IV : Amsterdamse bevrachtingscontracten, wisselprotesten en bodemrijen van de notarissen Jan Franssen Bruyningh, Jacob Meerhout e.a. 1601-1608*, The Hague, 1983, *RGP GS 184*（以下、*Bronnen IV*と略記）. P.H. Winkelman, *Bronnen voor de geschiedenis van de Nederlandse Oostzeehandel in de zeventiende eeuw V : Amsterdamse bevrachtingscontracten, wisselprotesten en boedemrijen van de notarissen Jan Franssen Bruyningh, Jacob Meerhout e.a. 1609-1616*, The Hague, 1983, *RGP GS, 185*（以下、*Bronnen V*と略記）. P.H. Winkelman, *Bronnen voor de geschiedenis van de Nederlandse Oostzeehandel in de zeventiende eeuw IV : Amsterdamse bevrachtingscontracten, wisselprotesten en boedemrijen van de notarissen Jan Franssen Bruyningh, Jacob Meerhout e.a. 1617-1625*, The Hague, 1983, *RGP GS 186*（以下、*Bronnen VI*と略記）.
(7) W.S. Unger, op.cit.
(8) S. van Brakel, "Schiffsheimat und Schifferheimat in den Sundzollregistern", *Hansische Geschichtsblätter* 21, 1915, S 227-228.
(9) 穀物の輸出額がポーランドの輸出総額全体に占める割合は極めて高い。A.

Maczack, "The Balance of Polish Sea Trade with the West, 1566-1646", *Scandinavian Economic History Review*, Vol. XVIII, No.2, 1970, p.135.
(10) しかし、19世紀においては、ライ麦よりも小麦が多く輸出された。拙稿、「1845年におけるバルト海地域の穀物輸出」『早稲田大学大学院文学部紀要』第44輯・第4分冊、1999年。
(11) 石坂、前掲論文、78〜79頁。
(12) Van Tielhof, op. cit., p.68. アムステルダムから再輸出された穀物の量に関しては Van Dillen, op. cit., blz.81.
(13) 石坂、前掲論文、75頁。
(14) 石坂、前掲論文、82頁。
(15) Unger, 'De Sonttabellen', blz.150.
(16) 玉木、前掲論文、50頁。フランス産の塩よりもポルトガル産のものの方が好まれたことに関しては、J. Israel, *Dutch Primacy in World Trade, 1585-1740*, Oxford, 1989, p.66を見よ。
(17) バルト海地方の輸入に関しては、Unger, op.cit., blz.150-155および、玉木、前掲論文、43頁を見よ。
(18) Unger, op. cit., blz.152.
(19) 玉木、前掲論文、49頁。
(20) Unger, op. cit., blz.151.
(21) 17世紀オランダにおいて、バルト海へ向かう船の数は他のどの地域に向かう船よりも多かった。P.C. van Royen, op.cit., blz.14-15.
(22) Winkelman, *Bronnen II*, blz.XXX.
(23) A. Christensen, *Dutch Trade to the Baltic about 1600*, Copenhagen, The Hague, 1941, pp.263-264.
(24) 別の表でヴィンケルマンは、1601年から1625年にかけて作成された契約書の数を2725通としている。Winkelman, *Bronnen IV*, blz.XXVII. しかし、航路別の表に現われる総数はこの数を上回り2780隻となっている。Ibid., blz.XXXIII. これが分類の便宜上生じたのか、単純な計算間違いなのかは不明である。
(25) Ibid., blz.XXXIII. 1601年から1625年にかけて船舶が往復航路でダンツィヒを目指すケースはわずかに20回、ケーニヒスベルクへ向かうケースも2回しか見られないのに対し、リガを目指す場合は122回、スウェーデンを目指す場合は81回見られる。

(26) 石坂、前掲論文、73-74頁。
(27) 未亡人が代理商を務めていた例としては、Winkelman, *Bronnen IV*, blz.16-17.
(28) オランダからバルト海地方への輸送料金は、しばしば無料だった。こうしたケースとしては、Winkelman, *Bronnen II*, blz.287. ただし、バルト海からオランダへ帰還する航路の輸送料金は決して安価ではない。
(29) こうした例としては、Winkelman, *Bronnen V*, blz.24.
(30) ほぼ常にオランダへ帰還する西南航路とは異なり、北東航路の船舶の最終目的地は契約によって異なる。ある船はアムステルダムへと帰還するし、ある船はポルトガルで契約が終了となる。さらに北東航路で航行する船舶は、穀物の輸送後、西南ヨーロッパにおいて小規模な地域的海運に使用されることもあった。したがって、同じ時期に傭船される場合でも、北東航路の船舶においては、個々の契約によって輸送金額は大きく異なる。
(31) にもかかわらず、傭船契約書集の中には、1601年から1608年にかけて往復航路でリガを目指す船舶が75隻も見られる。Winkelman, *Bronnen IV*, blz. XXXIII.
(32) しかし、イズラエルによると、その後、オランダ船の輸送料金は急激に上昇する。Israel, op.cit., p.135.
(33) ボグツカによれば、オランダとバルト海地方の塩の価格差は小さく、オランダからバルト海地方へと塩を輸送した場合、利益はほとんどあげられない。M. Bogucka, 'Merchants' Profits in Gdansk Foreign Trade in the First Half of the 17th Century', *Acta Poloniae Historica*, No.23, 1971, p.77. このため、ボグツカは、17世紀初期におけるオランダ塩貿易はほとんど利益をあげないどころか、赤字を出すことすらあったと主張している。ただし、バルト海地方が輸入する塩の多くは、フランスやポルトガルから輸送されたので、オランダの塩貿易が利益をあげなかったと結論づけることは危険であろう。
(34) ポルトガルで契約が終了した船が、商人により再び傭船されてバルト海へと向かう例としては、Winkelman, *Bronnen VI*, blz.245.
(35) このため、バルト海への航海は専ら3月から10月の間に行われた。Van Tilehof, op.cit., pp.210-211.
(36) Ibid., pp.47-48. 1620年代中頃、バルト海地方は穀物の不作に見舞われ、アムステルダムの穀物価格が上昇する一方、この地方の穀物輸出量は低下した。

第 8 章　貿易ルートの統合

さらに、1626年から1629年にかけて、バルト海における最大の穀物輸出港であったダンツィヒがスウェーデン軍によって封鎖されたため、バルト海地方からの穀物輸送は大きな打撃を被った。

山本大丙

Ⅲ

東ヨーロッパ・ロシアの国家・民族・社会

第9章

ポーランド1791年5月3日憲法と 周辺諸国の反応
― ザクセン公使エッセンのワルシャワ報告を手がかりに ―

1．世襲王制と憲法制定

　1791年5月3日、ポーランド議会（四年議会：1788－92年）は11条からなる5月3日憲法を採択した。この憲法では、長年の政治的混乱に終止符を打ち、国制を強化するための様々な条項が盛り込まれていた。常設議会の設置、自由拒否権の廃止、最高行政機関としての「法の番人」の設置と並んで注目に値するのが、国王選挙制にかわる世襲王制の導入であった。すでに前年から、世襲王家の候補として様々な案が浮上していた。現国王スタニスワフ・アウグスト・ポニャトフスキの甥ユゼフ、ポトツキ家の推すブラウンシュヴァイク公、チャルトリスキ家の推すヴュルテンベルク公、スウェーデンのグスタフ3世、プロイセンの王子ルートヴィヒなどが挙がっていた。特にルートヴィヒ招聘の案は支持者も少なくなかったが、プロイセン国内での反対が強く、潰えることになった。その後有力になったのは、ザクセン選帝侯フリードリヒ＝アウグスト3世（在位1763－1827年）の直系子孫を継承者とする案である。彼に男子が恵まれない場合には娘マリーを招いて、ザクセン選帝侯とポーランド議会が選択した彼女の夫を新王朝の創設者とすることが規定されていた。結局5月3日憲法ではこの案が採用された。この背景には、いわゆるザクセン朝（1697－1763年）の時代を通じて親近感が強まっていたこと、あるいは、大国でないザクセンとの王朝合同を梃子にして、近隣の大国による直接支配を避けようとしていたことなどが考えられる。だが大きな問題が控えていた。この規定は、ザ

クセンや近隣三国（プロイセン・オーストリア・ロシア）の事前の承認を経ていなかったのである。それゆえ、憲法制定後の周辺諸国の王位継承と新憲法とに対する対応が、ポーランドの新体制存続に決定的な影響を及ぼすことになるのである。本稿では、1791年5月以後の近隣諸国の憲法に対する対応の分化と統合の経緯を分析してみたい。

ところで、憲法制定後の隣国の対応に関する研究は少なくない。これらをこの小稿で包括的に論じることは難しい。そこで本稿では、1763年から外交代表としてワルシャワに駐在し、1791年以降は全権公使を務めていたザクセン選帝侯国公使アウグスト・フランツ・エッセン（1720-92年）の本国への報告集を中心に、憲法制定後からロシア＝トルコ戦争が終結する1792年1月までのザクセンと近隣三国の対応を検討してみたい。(4)当該期に100通ほど送られたこの報告集は外相ロスに宛てたものであるが、フリードリヒ＝アウグストやザクセン政府に強い影響力を及ぼしたといわれている。(5)また、比較史料として、エッセンと同時期にワルシャワに滞在していたプロイセン公使フリードリヒ・フェルディナント・ゴルツ（1790年-91年12月在任）、オーストリア公使ベネディクト・ド・カシェ（1782年-94年在任）の報告も活用する。(6)これらは、エッセンの報告の特徴を相対的に位置づける上で、有効な手段となると考えられるからである。

2．ポーランドを取り巻く国際関係（91年5月—7月）

本章では、憲法制定直後の近隣三国の対応を概観する。まずプロイセンの対応から見てみよう。

四年議会後半のプロイセンの対ポーランド外交を規定したのは、1790年3月29日に締結されたプロイセン＝ポーランド相互援助協定であった。(7)いずれかの国が侵略を受けた場合の兵士の派遣、第三国がポーランドに干渉した際のプロイセンの援助義務、領土問題の現状維持と継続協議を定めたこの同盟は、北方連合（プロイセン・イギリス・オランダ）に属していたプロイセンが、ロシアとの戦いに備えてポーランドと手を組もうとする姿勢が濃厚であった。(8)事実、

第9章　ポーランド1791年5月3日憲法と周辺諸国の反応

　1791年になると、イギリスはロシアとの対決姿勢を露わにし、3月には首相ピットがロシアに最後通牒を突きつけた。だがその直後、議会の反対に遭ったピットは、ロシアとの開戦を回避する。⁽⁹⁾しかしプロイセンは、そうしたイギリスの政策変更にすぐさま歩調を合わせたわけではない。少なくとも憲法制定時のプロイセンの公式見解は、「新憲法はポーランド人にとって不可欠なもの」⁽¹⁰⁾であり、ザクセンによるポーランド王位継承は「ポーランドとプロイセンとの長年の緊密な関係と調和を強化するもの」⁽¹¹⁾であった。確かにプロイセン内には、ポーランドの国制改革を脅威と見てこれに反対を唱える外相ヘルツベルクらの勢力も存在していた。しかし、彼らはこの時点では本音を表わそうとはしなかった。⁽¹²⁾ゴルツは、プロイセンにとっては、「プロイセンの王子をザクセン侯女マリーの婿にすることが最良の選択肢である」と断じている［nr.282, 5/11］。⁽¹³⁾プロイセンが憲法の王位継承規定に賛同していたことは、この発言からも明確に窺える。プロイセン政府は、イグナツィ・ポトツキやフーゴ・コウォンタイらの「プロイセン派」政治家を通じて、こうした姿勢をポーランドに定着させようと図った。⁽¹⁴⁾

　ではオーストリアの対応はどうか。憲法制定時にオーストリア外交を主導していたのは、皇帝レオポルド2世（在位1786－97年）と宰相カウニッツ（1753年－）であった。四年議会期のオーストリアは、対トルコ戦争、ベルギーの蜂起（－1790年）に忙殺されて、ポーランド問題に本格的に介入する余裕がなかった。⁽¹⁵⁾加えてオーストリアは、ポーランド国内に強力な「オーストリア派」を擁していなかった。⁽¹⁶⁾1790年7月27日のライヘンバッハ会談において、同年2月に即位したレオポルド2世は、プロイセンとの対立の緩和を重んじて、すでに獲得していたバルカン半島の領土を放棄し、対トルコ戦争からの大幅な撤退に合意した。しかしオーストリアにとって、東中欧におけるプロイセンの影響力拡大も傍観することの出来ない問題であった。それゆえ、対トルコ戦争での協調を目的として1781年に締結されたロシア＝オーストリア同盟は、その後のプロイセンとの対抗関係の強化と相俟って、依然としてオーストリアの東方外交を規定していた。⁽¹⁷⁾同時にオーストリア政府にとって、5月3日憲法の内容は、

脅威にならない程度に安定した国制であった。5月14日にカウニッツはド・カシェに共和国国制の変革に対して満足の意を表明するが、その後数ヶ月間、オーストリアは隣国三国の中では5月3日憲法を最も明確に支持することになる。ただし王位継承に関しては、憲法の規定からは逸脱して、レオポルド2世の娘を妻としたアントニ公（ザクセン選帝侯の弟）を推していた。

　それでは、ロシアはいかなる反応を示したか。1791年5月の段階では、ロシアの当面の課題は対トルコ戦争（1788年－）における勝利であった。それゆえ、ポーランド問題では同盟国オーストリアに譲歩し、プロイセンの領土的野心に警戒感を抱きながらも、事態を静観する姿勢が濃厚であった。エカチェリーナ2世も5月16日には、「しばらくはポーランド人を我々の方にひきつけておくべきである。我々は憲法の問題に干渉するつもりはない」と述べている。だがそれは、5月3日憲法の承認を意味するものでは決してなかった。ただしロシア国内では、寵臣ズーボフと手を組んだエカチェリーナとポチョムキンとが外交のイニシアティヴを廻って対立していた。ポチョムキンはポーランド国内に早急に武力干渉を行ってポーランドの再分割をするという野心すら抱いていた。しかしエカチェリーナはそれを斥け、ワルシャワ駐在公使ブハーコフ（1789－92年在任）を通じてポーランド内の反改革派を操って、彼らに自発的な形で反憲法連盟を結成させ、長期的な国王勢力掘り崩しの政策をとった。

　以上のような三国の対応を要約すると、プロイセンはオーストリア・ロシア両国との関係改善とポーランドとの同盟関係の保持とを天秤にかけ、オーストリアはプロイセンに対抗してポーランドの改革を支持しようとし、ロシアの主流派はポーランドの反改革勢力を裏で煽動しながら好機の到来を待っていた、ということになるであろう。

　それでは、この時期におけるポーランド政府の近隣三国に対する働きかけはどうであったのか。プロイセン＝ポーランド同盟を後ろ盾に、両国の関係強化を狙っていたポーランド政府は、ベルリンを最も重要な交渉地と位置づけていた。ここでは、90年4月以降ユゼフ・チャルトリスキに代わって、彼の姻戚のスタニスワフ・ヤブウォノフスキが公使になった。だが彼は、長期間にわたっ

てポーランドに帰国してしまうことが多かった。その間、秘書官として実質的な外交活動を担ったのは、イグナツィ・ポトツキと密接な関係をもつエリアシュ・アロエであった。91年後半から92年にかけてウィーンでポーランド外交を委ねられたのは常設会議（1773－89年）の評議員を務め、国王の信望の厚い臨時公使フランチシェク・ヴォイナである。彼は、ポーランドの改革に前向きなウィーン政府に働きかけてロシアを説得することには失敗してしまう。一方ペテルブルクでは、国王腹心のアントニ・アウグスティン・デボリが対ポーランド外交の窓口になった。ロシア貴族の女性と結婚した彼は、ロシア宮廷に関する多くの情報をもたらした。だがポーランド政府は、彼を公使ではなく全権大臣の地位に留め置いて、直接交渉に当たる権限を与えなかった。つまり、当時のポーランドが外交的に最も期待していたのはプロイセンであり、ポーランド内に十分な支持層を持たないオーストリアや「愛国改革派」のリーダーたちに軽視されたロシアに対しては、外交上の十分な配慮がなされていたとは言いがたい。

　それではこうした状況の中で、ザクセンはどう対処していったのか。

3．ザクセン選帝侯国の対応

　1789年9月、ドレスデンにポーランド公使館が設置された。臨時公使に任命されたのは、外交的経験に乏しいヤン・マワホフスキであった。彼は、秘書官ピェグウォフスキを伴って自費で赴任している。スタニスワフ・アウグストは憲法制定前にイグナツィ・ポトツキを派遣して、ザクセン侯による王位継承の承認を取り付けようとしていた。しかしポトツキら「愛国改革派」は、ザクセン侯が継承を拒絶した場合に自らの国内での影響力が低下すること恐れて、ザクセンへの事前通告に反対した。

　そのため、ザクセン侯に新憲法の内容が伝えられたのは91年5月9日になってからであった。ザクセン国内の有力者の間では、王位継承をめぐって見解の相違が見られた。ザクセン侯の母や妻、あるいは国内の「ポーランド派」は継承を支持していたが、外相ロス、内相グートシュミットを筆頭に、レーベン、

シェーンベルクなどの大臣は概ね反対していた[29]。たとえ継承を認める場合でも、ザクセン侯の弟を継承者とすることでザクセン家の永続性を高めたいという意見も見られた。また、近隣諸国との関係では、この時点でポーランド王位を受諾することはロシアとの関係悪化を意味した。加えて、フランス革命の影響下でザクセン各地に騒擾が起こっていることも、継承反対の根拠になった[30]。さらに、王位継承によって、人口200万人のザクセンは700万人のポーランドに従わざるを得なくなり、都市民の生活水準が下がるという意見もあった。他方で王位受諾を即時に拒否することは、ポーランド国内の反改革派・ロシア派の増大を許し、プロイセンの不満を招くことになる。こうした意見を前にして、ザクセン宮廷は決定を延期しつづけることになる。

　近隣諸国の対応を別に考えた場合、ザクセン国家が王位継承を逡巡する根拠は、以下の３点に集約できよう。すなわち、（１）ポーランド王位を継承すること自体に関する疑念。（２）憲法の正当性・永続性に対する疑問。（３）反対派の動向、ポーランド国内の治安への懸念。本章では、エッセン、ゴルツ、ド・カシェの報告を比較しつつこの問題を検討してみたい。

　まず、ザクセンによる王位継承の得失がどのように捉えられていたのかという点である。

　ゴルツは、「プロイセンにとって最も好ましいのは、王子がザクセン侯女と結婚して両国のつながりを高める事である」と主張した［nr.282, 5/11］。なぜなら、「ポーランド国民を支持することが、ポーランドをオーストリア側に走らせないようにする秘訣である」［nr.281, 5/7］からである。ここでは、もっぱらオーストリア・ロシアに対抗するために、ザクセンの王位継承を支持しようとするプロイセンの姿勢が垣間見える。

　これに対してド・カシェは、ザクセン侯女の夫にプロイセン王子のいずれかが選ばれる事を強く懸念している［nr.771, 5/4］。そしてプロイセンが憲法を祝福した理由として、以下の４点を憶測している。（１）ポーランド王位の獲得。（２）改革容認と引き換えにグダンスクやトルンの割譲を求める。（３）他国、とりわけオーストリアにポーランドが引き付けられる事への牽制。（４）

第9章　ポーランド1791年5月3日憲法と周辺諸国の反応

時間を稼いで様子をみるため［nr.715, 5/13］。ここには、ポーランドとザクセンに対してプロイセンが主導権を握ることに対する強い懸念が表明されている。2人の報告から窺えるのは、プロイセン・オーストリア両政府とも、両国の勢力均衡が王位継承で崩されることを何より警戒しているということである。

　ではエッセンの見解はどうか。そもそもザクセン侯は、新憲法で規定されたポーランド王位に関して、次のような不満を漏らしていた。「法の番人」の決定が議会の過半数の反対によって覆されてしまうなど王権が制限されている点、侯女が夫を選ぶ権利のない点、国王の子供たちの教育をポーランドの諸身分と共同で行わなくてはならない点、軍が国王だけでなく国民にも誓約しなくてはならないという点。(31)エッセンも侯女の夫の最終承認権がポーランド議会にあることに反発する。そして、これはザクセン侯女の夫の選定権を外交的カードとして握ろうとするポーランドのエゴイズムであり、「ザクセン侯を共和国の問題に関与させるために計られた陰謀・狂気である」［nr.30, 6/11］とまで主張している。さらに軍隊の現状については、「訓練の乏しい兵士しかおらず、嘆かわしい状況である」と述べる［nr.34, 7/2］。また、王権に関しては、憲法制定後の実際の法の運用における国王の恩赦権と官吏任命権の制限を嘆いている［nr.26, 5/21］。エッセンは、こうした両国の国制の違いに対する不安をさらに誇張して、「いつの日かザクセンをポーランドが併合しようとする要求が高まるのではないか」［nr.34, 7/2］と警告している。

　それでは、5月3日憲法の法的正当性に関する疑問についてはどうか。

　この点に関してもゴルツとド・カシェの見解は対立している。ゴルツは、この憲法がポーランド人に対するプロイセンの不信感を払拭することを願う、と改革の成果を評価している。あわせて、ポトツキ家がポーランドに大きな影響力をもち、公然と一貫してプロイセンとの同盟体制を支持していることを満足気に伝えている［nr.283, 5/14］。また、「憲法制定時にロシア派の人々は全く反対しなかった」［nr.281, 5/7］ことや、マウォポルスカ地方のみで一定の不満が見られるが、ワルシャワはもとよりヴィエルコポルスカ地方、リトアニア、ジュムチでも憲法が支持されているという情報をもとに、5月3日憲法は全国

― 211 ―

民の支持を得ていると結論づけている［nr.294, 6/30］。同時に、「零細シュラフタたちは、新憲法がマグナート支配から自分たちを解放してくれたと喜んでいる。憲法が将来変更されることは考えられない」［nr.297, 7/13］とも記している。

　一方、ド・カシェは、「5月3日憲法は不意打ち、計略、一部の強制によって制定されたものである」と断じている［nr.771, 5/4］。またその際に、「私が憲法に従わなくてはならぬなら、息子と私を殺して欲しい」と嘆願したスホジェフスキの発言［nr.774, 5/11］を引用している。そして、「とりわけルブリン、グロドノ、ヴォウィンではシュラフタの反対にであっている」ことを強調している［nr.777, 5/18］。

　それではエッセンの見解はどうか。まず彼はワルシャワ在留者の反応について、「10の在外公館があるが、今回の共和国の決定を認める者、ポーランド側の衝動性や思慮不足を批判しない者はいない」［nr.24, 5/14］と述べている。プロイセン以外にもスウェーデン・イギリス・スペイン・トルコなどの政府が憲法制定直後に賛意を示していることを考慮すれば、この発言は明らかな誇張であろう[32]。また、これらの企ては国民の合意に基づくものではなく、幾人かの政治家や有力者の陰謀であると述べている［nr.28, 5/28］。彼は、5月3日憲法は賛成者88名、反対者69名、19名の賛成多数で可決された［nr.36, 7/16］、あるいは、世襲制に賛成した県はたかだか10県ないし15県に過ぎない［nr.22, 5/7］と伝えている。これらは事実であるが、後者に関しては、90年11月の地方議会でヴォウィン、ブラツワフ、キエフ以外の県はザクセン侯をポーランド国王存命中に次期国王に選出することに賛成したという点は看過されている[33]。データの誇張だけでなく、エッセンはポーランドの政体の不安定さにも言及する。「そうした行為はあくまで一過性のものでしかない。ポーランド人はその性格上、プランを実行するだけの継続性を持ち合わせていない。特に政府の交代ということに関しては、彼らは満足するということを知らない。これは一時的な熱病でしかない」［nr.22, 5/7］。あるいは、「ポーランドに着任して以来、ここでは4つもしくは5つの政府が交代した。1764年、1766年、1768年、1773

第9章　ポーランド1791年５月３日憲法と周辺諸国の反応

年、1788年の交代である」といった発言である［nr.26, 5/21］。後者については、上述の時期に国制の変化が見られたのは確かであるが、政策の方向性が信用できないほど変わったと考えるのは、スタニスワフ・アウグスト期の国制改革の継続性を無視するものといわざるを得ない。

　それでは第三の疑問点、すなわち反改革派の煽動活動に関しては、公使たちはどのように捉えていたのだろうか。この時期のポーランドの国政における勢力を大別すると、憲法を支持していたのは、国王派（国王の腹心、ヨアヒム・フレプトヴィチらの「改革ロシア派」を含む）とイグナツィ・ポトツキやフーゴ・コウォンタイを指導者とする「改革愛国派」であった。外交的には1788年以来外交委員会で実権を握ったのが親ロシアのフレプトヴィチと親プロイセンのイグナツィ・ポトツキであった。両者はライバル関係にあったが、５月３日憲法によって創設された「法の番人」所属の外相には５月17日以降フレプトヴィチが任命されていた。他方で、ウィーン在住のシチェンスヌィ・ポトツキとセヴェリン・ジェヴスキ、ワルシャワ在住のクサヴェリ・ブラニツキらの「ヘトマン（軍司令官）派」は、各地の保守的なシュラフタの支持を求めながら新憲法体制を批判していた(34)。

　この点についても、ゴルツとド・カシェの見解は対照的である。ゴルツは、フレプトヴィチが外相に任命されたことに批判的であった。そして、「フレプトヴィチには外交経験も行動力もない。まもなく彼はイグナツィ・ポトツキに取って代わられるだろう」［nr.284, 5/21］と予見している(35)。「ヘトマン派」の動きについても、シチェンスヌィ・ポトツキの反政府活動には言及する［nr.292, 6/23］ものの、憲法の崩壊を明確に予見するような兆候はないと断言している［nr.247, 6/23］。一方ド・カシェは、ポトツキ家が外交において発言力を誇示することに警戒感を露わにしている。そして、プロイセン側が望み、ポトツキ家の支持を得たグダンスク・トルンのプロイセンへの割譲というプランが1790年９月に議会の反対によって否決された出来事に触れて、「この憲法はグダンスク・トルンの割譲を議会で説得できなかったポトツキ一派が、主導権回復のために国王と結びついた結果なのではないだろうか」と分析している

[nr.773, 5/7]。「ヘトマン派」については、「シチェンスヌィ・ポトツキの反対行動はワルシャワでは反響が少ないが、幾つかの県では影響を及ぼしている」[nr.787, 6/22] と記している。

ではエッセンの立場はどうか。「フレプトヴィチは憲法そのものが無意味なアイデアであり、国内に混乱をもたらす根本要因であると考えている」[nr.39, 7/30]。「彼の考えは性急で欺瞞に満ちたポトツキのそれとは全く異なっている。彼はオーストリア政府がこの継承には容易に同意しないと考えている」[nr.31, 6/18]。「公正で誠実なフレプトヴィチは、マワホフスキやポトツキらのように、ポーランド王位をザクセン王に強制したりはしない」[Ad.nr.42, 8/13]。このようにエッセンも、ド・カシェと同様にポトツキ家の外交方針に対抗し、ザクセンによる王位継承に批判的なフレプトヴィチに共感を抱いている。他方で、コンスタンティノープルで公使職にあったピョートル・ポトツキついては、「公使館の維持費は10万ドゥカトにも及んでいる。にもかかわらずこの機関は、オーストリア・ロシアに対抗する同盟を結ぶこと以外にはトルコに何も提案していない」と批判している [nr.67, 12/7]。

「ヘトマン派」の動きについても、チェンストホーヴァで国王暗殺が企てられたという真偽不明の情報を強調して、国王の政治的立場が脆弱であることを示そうとする [nr.40, 8/6]。同時に地方の情勢に関しても、「地方において憲法に反発する動きがあるということは他国の代表者たちには隠されている」[nr.28, 5/28] と述べて、地方社会の混乱ぶりを強調する。また7月末の報告では、ブラニツキによるクーデタ計画を取り上げて、国王がこれらの陰謀に対して断固たる処置を取れないことを強調するのである [nr.39, 7/30]。しかし、こうした地方での騒擾やクーデタ計画は完全な計画倒れに終わる。このことは、国内の反国王勢力が脆弱であったことを何よりも雄弁に物語っている。

以上のような一連のエッセンの報告には、5月3日憲法が、一部の者たちの賛同しか得ていないこと、また国王の立場が脆弱であることが極端にデフォルメされた形で記されている。こうしたエッセンの姿勢は、4000ターラーと引き換えにポーランド側から情報操作を持ちかけられた [nr.26, 5/21]、「50名から

第9章　ポーランド1791年5月3日憲法と周辺諸国の反応

60名の代議員は毎月30～50ドゥカトの賄賂をもらっている」[nr.51, 9/28]。「チャルトリスキ家は15名の代議員を養っており、ポトツキ家ほかのリーダーたちも同様の事をしている」[nr.51, 9/28] といったポーランド人の金銭感覚への疑問にもあてはまる。さらに、「外交官としての個人的安全、私の家すら危険にさらされている。襲撃者や犯罪者に対する保護と正義の保障とをザクセン侯にお願いしたい」[nr.66, p.s., 12/3]、とワルシャワの治安維持への強い懸念を示す。そして、「一体市民に法を保障できないような国家を国家と呼べるのだろうか」[nr.70, 12/17] とも嘆いている。他の駐在公使の報告の中で、これほど社会の不安定さが強調された例はない。

　同年12月に議会の中心議題になった王領地売却の問題も、公使たちの報告の対象になった。本来この改革は、それまで大貴族が保有していた王領地を競売にかけて、一部を国家の収益とし、同時に多くの中産シュラフタに土地を分配することが目的であった。(39)この問題に関してゴルツは、この法案の制定によって財政難を打開することが肝要である［nr.31, 11/26］と述べている。またド・カシェは、改革推進はと反対派の間での王領地保有者に対する保障の問題を中心に、議事の過程を詳細に記し、「彼らは、王領地の売却が共和国の赤字減少と軍備強化につながると主張した」などと客観的な分析を加えている［nr.831-834, 11/12, 11/16, 11/19, 11/23］。一方エッセンは、王領地すべてを分配するという決定は、土地の所有権を規定する5月3日憲法の規定と矛盾するものであり、憲法の体制自体が砂上の楼閣と化しているのではないかと位置づけている［nr.71, 12/21］。そして、「4000の家族がこの売却によって没落する」［nr.72, 12/24］と記して、王領地売却政策が王権の基盤を掘り崩す、誤った政策であることのみを強調する。

　以上のようにエッセンは、王位継承やポーランドの改革に対して一貫して否定的な立場をとりつづけていた。だがその姿勢は、91年後半以降一層激しくなっていくように思える。例えば11月5日には、ザクセン政府はポーランド国民とも、議会とも、国王・「法の番人」とも交渉すべきではない［nr.61］と報告している。その背景には、ポーランドとザクセンを取り巻く国際関係の変化

があったと考えられる。その点を以下に考察してみたい。

4．国際関係の変化とザクセンの立場

1791年7月頃まで、ロシアはポーランドの改革に対して沈黙を保っていたが、オーストリアとプロイセンは基本的にそれを擁護する姿勢を見せていた。しかし同年7月以降、両国の5月3日憲法に対する姿勢は徐々に変化を見せていく。この過程をエッセンの報告を基にして、以下の3つの側面から考察したい。

A）オーストリア＝プロイセン関係の改善とオーストリアのポーランド政策

1791年7月6日、レオポルド2世はヨーロッパの主要な君主に向けてフランス革命に対する統一戦線を呼びかけた。[45] プロイセンはこの提案には必ずしも前向きではなかったが、オーストリアは、対仏同盟にプロイセンを引き込むための譲歩を見せ始めた。[40] その最大の成果が、同年7月25日のプロイセン＝オーストリア間の予備交渉（ウィーン協定）である。[41] この協定では、ポーランド問題に関して以下の3点が定められた。（1）両国はロシア政府にも呼びかけて、ポーランドの領土不可侵と自由な憲法の維持とを誓う。（2）1790年に締結されたプロイセン＝ポーランド相互援助協定は依然として有効である。（3）両国の王子をポーランド王位にはつけず、他国の王子をつけるときには両国の合意を必要とする。結局この会談によってオーストリアは、プロイセンとの同盟関係を強化しつつ、プロイセンの領土的野心に歯止めをかけることに成功したのである。[42] さらに8月4日にオーストリアは、前年のライヘンバッハ協定に基づいてトルコとの間にシストーヴァ条約を締結し、トルコにおける獲得地を完全に放棄した。[43] そして同月のピルニッツ協定において、オーストリア・プロイセンはザクセンに対してポーランド王位継承を勧めている。この後のオーストリアは、同年9月にルイ16世がフランス憲法を承認した段階で、一時フランス革命の状況を静観する姿勢に転じることになった。[44]

オーストリアのザクセンに対するポーランド王位受諾の説得はその後も続いた。91年12月にはリウギ・ランドリアーニがドレスデンに派遣され、ザクセン

— 216 —

侯が求める王権の強化と合同の永続性とに関する憲法改正の点についても、オーストリア側は概ね合意した。カウニッツも、ロシアに対して憲法承認を働きかけた。オーストリアは、ロシアの対応を窺いつつ、ポーランドの改革を支持するという選択肢に望みをつないでいたのである。[(45)]

だが、この時期のエッセンは、「ウィーン政府の政策が本質的にベルリンのそれと異なっているようには思えない」[nr.47, 9/10]、あるいは、「ウィーンでもベルリンでも、憲法はポーランド人自身に守らせるべきであるという意見が強まった」[nr.55, 10/12]という報告を通じて、両国のポーランドに対する冷淡な対応を強調する。また12月14日には、「オーストリア政府は憲法を支持せず、分割の提案に歩調を合わせようとしている」[nr.69]と伝え、ポーランドの改革に対するオーストリア政府の否定的姿勢を誇張して、ドレスデン政府にポーランド王位継承を断念させようとしている。

92年1月になってレオポルド2世は、ルイ16世の諸君主への援助要請を受けて、フランス干渉を決意する。だが、1月13日にプロイセンとの間に締結されたベルリン協定では、オーストリアは「自由な憲法」すなわち5月3日憲法に反対しないことを主張した。この主張は、プロイセンの提案に従って、「両国はいかなる自由な憲法にも反対しない」、つまり5月3日憲法以外の憲法や基本法も対象とするという内容に改変された。とはいえ先のオーストリアの主張は、依然としてポーランドの新憲法改革に期待を抱いていた証拠である。[(46)]こうしたオーストリア政府の政策が決定的に変化するのは、ポーランドの改革に好意的であったレオポルド2世が死去する同年3月以降になる。[(47)]

こうした状況の推移を勘案すると、エッセンはオーストリアの政策を意図的に歪曲して報告していたと考えられる。

B）プロイセンのポーランドに対する態度の冷却化とロシア＝プロイセン関係の改善

プロイセンのポーランドに対する態度が冷却化した遠因は、91年4月のイギリスによる反ロシア政策の放棄である。[(48)]9月26日にはフリードリヒ＝ヴィルヘ

ルム2世が、「憲法に対して保障はしない」と明言する(49)。さらに11月27日になると、「5月3日憲法制定の事柄はプロイセン＝ポーランド同盟締結以降のことであり、プロイセン政府の関知することではない」と伝えている(50)。エッセンは、9月24日以降の一連の報告の中で、これらの発言に同意する旨を本国に報告している〔nr.50, 9/24, nr.51, 9/28, nr.53, 10/1, nr.64, 11/19〕。また12月21日には、「ルッケシーニ（ゴルツと交代したワルシャワ駐在プロイセン公使）はポーランド問題に関しては沈黙を守り、プロイセン＝ポーランド同盟以降に起こったいかなる出来事についても論議をしないようにという訓令を受けていた」と記している〔nr.71〕。その後、プロイセンの対ポーランド政策は一層冷淡な姿勢を帯びていった。1月9日にプロイセン国王は、「ポーランドは改革のプランを事前に知らせなかった。仮にポーランドがロシアの脅威にさらされても、プロイセンからは何の援助も期待できない」と発言している(51)。この発言と91年5月の段階での彼の発言とを比べれば、ポーランド側から二枚舌的行為と罵られても弁明の余地のない豹変ぶりは明らかであろう。

1791年秋以降のロシア＝プロイセン関係も大きく変化していた。

そのきっかけになったのは、フランス革命に対する近隣諸国の干渉の強化であった(52)。この時期ワルシャワで、ロシアに対するスタニスワフ・アウグストの反応をつぶさに見ていたエッセンは次のように記している。「ポーランドの君主は、現在ペテルブルクで憲法に対する厳しい意見が聞かれているということに同意した。（中略）彼の不安はかなり深刻で、議会の最後の議事に際しても、来るべき嵐に対して一致団結することを呼びかけたほどである」〔nr.56, 10/15〕。この直後の10月半ばには、それまでロシア外交を主導してきたポチョムキンが死亡した。スタニスワフ・アウグストやフレプトヴィチは、ポチョムキンの死に伴って「ヘトマン派」は完全に後ろ楯を失うものと考えた(53)。その後、ベスボロトコらのポーランドとの平和的対話を主張する一派を斥けて外交の主導権を握ったのは、ポーランド問題の早急な解決を求めるズーボフらの一派であった(54)。エッセンはこの時期のロシア外交について以下のように記している。「ペテルブルク宮廷は、ウィーン宮廷がポーランド勢力の働きかけでポーランド問題を

第9章　ポーランド1791年5月3日憲法と周辺諸国の反応

支持しているような行動をとっていることへの驚きを表明した」[nr.69, 12/14]、「ロシアは、ポーランド問題に対するプロイセン・オーストリアの攻撃がロシアの脅威にならないということを知っていた。それゆえ共和国の統合や独立に関するいかなる義務にもロシアは同意しない」[nr.69, 12/14]。その後12月末になってスタニスワフ・アウグストは、友好を求める書簡をエカチェリーナに送ったが、これはあまりにも遅きに失した措置であった。

さらに1792年1月9日には、ロシア＝トルコ戦争の和平条約が締結された。その結果、ロシアのポーランドへの干渉が動かしがたいものになった。そして2月末になるとエカチェリーナは、プロイセン・オーストリア両政府に対して、新たな分割も視野に入れた四年議会改革に対する干渉戦争を呼びかけることになるのである。

C）ポーランド政府のザクセン政策とドレスデンの対応

それでは、このような隣国の対応の変化に対して、ポーランド政府はどう対応したのか。

ウィーン会談後、ポーランド議会はドレスデンへの使節を派遣することを定め、8月から9月にかけて、「法の番人」の秘書官であったアントニ・ジェドゥシツキをリーダーとする一行がドレスデンに滞在した。8月6日にはザクセン侯は彼らに対して、「ポーランド王位にまつわる重要性と自国の平和や繁栄とに鑑みて、新憲法が実際に機能するまで決定を猶予する」と伝えた。その後、10月23日になってザクセン侯が示した回答は、「憲法に関する幾つかの項目を協議したいが、それは継承を最終的に受け入れるものではない」という、依然として中途半端なものであった。また10月には、ポーランド政府はレオポルド2世に対して憲法制定を漸く公式に伝えるとともに、ロシアに対するとりなしを求め、スタニスワフ・ポニャトフスキをウィーンに派遣した。だが11月になってもワルシャワでは、「プロイセン・オーストリア・ロシアいずれも継承には反対ではない」という、不正確で極めて楽観的な情報が流布していた。この時点でのポーランドの対ザクセン外交は完全に行き詰まっていた。11月3日に

— 219 —

は、閉塞状態にあるポーランド＝ザクセン関係を打開する切り札として、アダム・チャルトリスキをドレスデンに派遣するという議会の決定が下った。彼は最も影響力のあるマグナートの一人で、ザクセンとのパイプも太かった。チャルトリスキは12月2日にユゼフ・モストフスキとユゼフ・シマノフスキを伴ってドレスデンに赴き、グートシュミットやロスと会見した[63]。ザクセン侯との会談では、ポーランドがロシアに対して公式に恭順の意を示して憲法に対する承認を得ることが第一条件とされた[63]。12月13日にはザクセン秘密委員会がポーランド王位継承に関する結論をまとめた。そこでは、近隣三国の同意なしには条約締結は不可能であること、防衛同盟・商業協定はザクセンにとって利益とならないことを根拠にして、ポーランド王位受諾は意味がないと記されていた[64]。

しかし、チャルトリスキはこの決定をすぐに本国に伝えなかった。彼は、1792年2月に開催される地方議会での支持低下を懸念して、本国への通知を怠った可能性もある[65]。いずれにせよ、92年1月になっても、ポーランド政府のザクセンに対する見方は、エッセンが驚くほど楽観的であった[66]。だが同年2月14日には、ザクセン侯の正式な回答がポーランドに送られた。この回答では、近隣三国の同意なく5月3日憲法は受け入れられないこと、ザクセン王の承認なき憲法は無効であることが明記されていた[67]。その後3月3日にザクセン侯が発布したノートにおいては、ドレスデンからワルシャワに派遣団を遣わして、再度協議する余地があると伝えられたが、ザクセン侯の基本的姿勢は変わらなかった。それにもかかわらず、4月上旬に帰国したチャルトリスキは、4月16日のポーランド議会においても、楽観的な口調で使節の成功を喧伝していたのである。このように、91年後半以降のポーランドの対ザクセン外交は一進一退の状況に終始したのである[68]。

5．ザクセン侯招聘はなぜ実現しなかったのか

前章で考察したように、1791年7月以降、ポーランドを取り巻く国際関係は段階的に悪化していった。91年秋以降のプロイセンの態度の変化、92年1月のロシア＝トルコ戦争の終結、同年3月のレオポルド2世の死去がそれに拍車を

第9章 ポーランド1791年5月3日憲法と周辺諸国の反応

かけた。その結果、ザクセン侯によるポーランド王位継承、新憲法の国際的保障は絶望的になった。そして同年4月には、ロシア保護下で、5月3日憲法体制を否定するタルゴヴィツァ連盟が結成される(69)。さらに6月には、ポーランド国王自身がこの連盟に加盟することで、新憲法体制は有名無実となる。本稿冒頭で記した近隣諸国の憲法に対する政策の分化と統合という問題について触れるならば、1791年7月までは大きく分化していた各国の対応は、翌年3月以降はほぼ完全に統合したということができる。

　この間エッセンは、ワルシャワから情勢を伝えつづけた。彼はブハーコフやゴルツらと親交を保って、彼らの間の情報交換も盛んであったといわれている(70)。ド・カシェがポーランドの改革を客観的かつ詳細に伝え、ゴルツが改革の長所を好意的に引き出しているのと比べると、エッセンのそれは、ポーランドの政治・社会情勢、ポーランドを取り巻く国際関係の評価いずれにおいても、根拠を欠いた批判の強いものになっている。こうしたエッセンの姿勢に対しては、フリードリヒ＝アウグストもしばしば懐疑的姿勢でその報告を受けていたといわれ、「事実のみを報告するように」という訓令を出したりもしている(71)。一方エッセンもロスに対して、「各国宮廷が、政治的安定性のない国で義務を遂行している代表者の役割を正当に評価することができる程度に、思考力に富んでいることを願うばかりである」[Ad.nr.69, 12/14]と報告に耳を傾けるように嘆願している。これらを勘案すると、エッセンがザクセン侯から全幅の信頼を得ていたとはいえない。だが、ザクセン侯がポーランド王位継承に対して曖昧な態度に終始した背景には、エッセンの報告が少なからず影響を及ぼしていることは否定できないだろう。

　同時に、この時期のザクセンとポーランドとの外交関係を見た場合、やはり疑問を抱かざるを得ないのは、ポーランド側の対応である。まず第1に、ザクセン家を継承者に選んだことへの疑問がある。この段階でポーランド人による世襲王朝という選択肢を何故捨ててしまったのか。この選択には、5月3日憲法で国民国家形成の第一歩を法的に記しながら、未だに国民統合の象徴が十分に確立されていない状況が見え隠れしているようにも思える(72)。第2には、ポー

ランド政府が事前にザクセンとプロイセンに王位継承に関して確認を取らなかったという点がある。こうした失策の背景には、国家外交の指針を欠いたまま、有力マグナートに外交活動が委ねられていたという点が考えられる。とりわけ91年7月の時点までは、ポトツキ家の私的利害が外交上の決定権を握っていた。一方、1791年7月以降においては、「法の番人」担当大臣に就任したフレプトヴィチがスタニスワフ・アウグストと協力してポーランド外交を推進するはずであった[73]。だが実際には、フレプトヴィチは強力なイニシアティヴを発揮できず、ロシアやオーストリアの真意を見極めて交渉に従事することができなかった[74]。これらの背景には、専門的外交官の不足、政府と外交官の意思伝達の不備といった問題点が未解決のまま残されていたようにも思われる[75]。これらの問題の追究については、今後の課題としたい。

註

(1) *Konstytucja 3 Maja*, J.Bardach (ed.), Warszawa, 2001, s.55-75.

(2) R.H.Lord, *The Second Partition of Poland*, New York, 1969, (初版は1911年刊行) p.195；J.Michalski, "Dyplomacja polska w latach 1764-1795," *Historia dyplomacji polskiej*, t.2, Warszawa, 1982, s 640 (以下HDPと略記する)。なお最近コンパクトになった大幅な改訂版が出版された。*Historia dyplomacji polskiej X-XXw.* Warszawa, 2002.

(3) E.Rostworowski, *Legendy i fakty XVIII wieku*, Warszawa, 1963, s.431-435. 白木太一、『18世紀ポーランドにおける共和主義的国制改革論の変遷-四年議会(1788-1792年)の改革を中心に-』博士論文(早稲田大学)、2002年3月、143-144頁。

(4) 19世紀末のものとしてはカリンカやスモレンスキの研究がある。W. Kalinka, *Ostatnie lata panowania Stanisława Augusta*, t.I-II, Kraków, 1880-81；W.Smoleński, *Ostatni Rok Sejmu Wielkiego*, Kraków, 1897. 20世紀初頭のものでは、ロードやアスケナーズィの研究がある。Lord, *op.cit.*；S.Askenazy, *Przymierze polsko-pruskie*, Warszawa, 1918. また、第2次大戦後の研究としては、ミハルスキMichalski, *op.cit.*, ウォイェクJ.Łojek, *Geneza i obalenie Konstytucji 3 Maja*, Łódź, 1986、コンジェラŁ.Kądziela, *Rozbiory Polski 1772-*

第 9 章　ポーランド1791年 5 月 3 日憲法と周辺諸国の反応

1793-1795, Warszawa, 1990, が代表的である。これら外交史の流れに関しては、A.Zahorski, *Spór o Stanisława Augusta*, Warszawa, 1988.を参照されたい。
（ 5 ） *Konstytucja 3 Maja w relacjach posła saskiego Franciszeka Essena*, H.Kocój（ed.）Kraków, 2000. 原文はドレスデンのアルヒーフに所蔵（フランス語）。なお、エッセンの略歴については、W.Konopczyński, August Franciszek Essen, *Słownik Biografii Polskiej*, t.VI, s.297-298.
（ 6 ）（ゴルツの報告）*Konstytucja 3 Maja w relacjach posła pruskiego Fryderyka Ferdynanda Goltza*, H.Kocój（ed.）Kraków, 2000.（原文はフランス語。メルセブルク蔵）；（ド・カシェの報告）*Konstytucja 3 Maja w relacjach posła austriackiego Benedykta de Cachégo*, H.Kocój（ed.）Kraków, 2000.（原文はドイツ語、ウィーン蔵）。
（ 7 ） Kądziela, *op.cit.*, s. 195-196.
（ 8 ） *HDP*, s.613.
（ 9 ） *Ibid*, s.618.
（10） Kocój, "Stosunek prus do Konstytucji 3 Maja," *Konstytucja 3 maja w tradycji i kulturze polskiej*, Łódź, 1991, s.50.
（11） Lord, *op.cit.*, p.202.
（12） J. Dutkiewicz, "Prusy a Polska w dobie Sejmu Czteroletniego," *Cztery lata nadziej, 200 rocznica sejmu wielkiego*, Katowice, 1988.（1936年の論文の再刊）, s.44-45.
（13） 以下、ゴルツ、ド・カシェ、エッセンの報告集の引用については、その番号、日付を本文に記す。
（14） *HDP*, s.637, 642.
（15） D.Rolnik, "Stosunek Austrii wobec Konstytucji 3 Maja," *Konstytucja 3 maja w tradycji i kulturze polskiej*, Łódź, 1991, s.42.
（16） *Ibid.*, s.45.
（17） Rostworowski, *Historia powszewna XVIII wieku*, Warszawa, 1984, s.201. Kądziela, *op.cit.*, s.198, 201-202.
（18） Rolnik, *op.cit.*, s.44.
（19） *Ibid.*, s.44, Kądziela, *op.cit.*, s.217.
（20） *HDP*, s.618.
（21） *Ibid*, s.614；ロシアが 5 月の段階でポーランド干渉を決めていたとするスモ

レンスキ説は、現在ではほぼ否定されている。Łojek, *op.cit.*, s.171 ; J.Lukowski, *The Partitions of Poland*, London, 1999, p.142.
(22) W.A.Serczyk, "Rosja wobec Konstytucji 3 Maja," *Konstytucja 3 Maja w tradycji i kulturze polskiej*, Łódź, 1991, s.35 ; Łojek, *op.cit.*, s.171.
(23) *HDP*, s.685 ; Łojek, *op.cit.*, s.173.
(24) *HDP*, s.660 ; M.Kucharski, "Poselstwo polskie w Berlinie 1789-1792", *Dyplomacja, Polityka, Prawo*, Idzi Panie (ed.) Katowice, 2001, s.62 ; Smoleński, *op.cit.*, s.241.
(25) W.Zarzycki, *Służba zagraniczna okresu stanisławowskiego*, Poznań, 1971, s.126.
(26) Serczyk, *op.cit.*, s.37 ; Deboli, *Rok nadzej i klęski 1791-1792*, J.Łojek (ed.), Warszawa, 1964, s.8-9.
(27) H.Kocój, *Elektor saski Fryderyk August 3 wobec Konstytucji 3 maja 1791 roku*, Kraków, 1998.（以下Elektorと略記）
(28) *HDP*, s.672-674.
(29) Kocój, *Elektor*, s.12 ; A.Kobuch, *Das Angebot den polnischen Königskrone an Kurfürst Friedrich August III. von Sachsen durch die Verfassung der Rzeczpospolita vom 3 Mai 1791*, Berlin, 1994, S.13.
(30) Staszewski, *Polacy w osiemnastowiecznym Dreźnie*, Wrocław, 1986, s.148.
(31) Kocój, *Elektor*, s.90.
(32) *Ibid.*, s.62.
(33) *Ibid.*, s.22 ; Lord, *op.cit.*, p.196 ; Z.Zielińska, "*O sukcesyj tronu w Polsce" 1787-1790*, Warszawa, 1991, s.218-219.
(34) Łojek, *op.cit.*, s.187. ただ、ジェヴスキとブラニツキが軍司令官の権威復活を求めていたのに対して、シチェンスヌィ・ポトツキはロシア保護下での国王なき連邦共和国結成を主張していた。Lukowski, *op.cit.*, p.145.
(35) ワルシャワ駐在フランス公使デコルシェも同様の見解を抱いていた。K.Tracki, "W 270 rocznice urodzin kanclerza Joachima Litawora Chreptowicza, Portret kanclerza", *Dyplomacja, Polityka, Prawo*, s,421.
(36) *HDP*, s.644.
(37) スタニスワフ・アウグストはピョートルのトルコ公使任命には難色を示していた。*HDP*, s.661. ピョートル・ポトツキは各国駐在外交官の中では唯一、大使 wielki poseł の職名を持っていたKucharski, *op.cit.*, s.58.

(38) Łojek, *op.cit.*, s.190.
(39) 議会での論議の過程は、A.Stroynowski, *Reforma królewszczyzn na sejmie czteroletnim*, Łódź, 1979, s.34-60.
(40) Kądziela, *op.cit.*, s.223 ; Lord, *op.cit.*, p.218.
(41) *Ibid.*, p.212 ; Kądziela, *op.cit.*, s.220.
(42) Rolnik, *op.cit.*, s.45 ; Smoleński, *op.cit.*, s.240.
(43) Kądziela, *op.cit.*, s.221.
(44) Lord, *op.cit.*, p.218 ; Kądziela, *op.cit.*, s.224.
(45) Lord, *op.cit.*, p.225-226 ; Łojek, *op.cit.*, s.202 ; Rolnik, *op.cit.*, s.46 ; Kądziela, *op.cit.*, s.224.
(46) Łojek, *op.cit.*, s.197 ; Lukowski, *op.cit.*, p.146. ドゥトキェヴィチは、この「自由な憲法」を過去のポーランドの基本法と捉えている。Dutkiewicz, *op.cit.*, s.46.
(47) Rolnik, *op.cit.*, s.47 ; Kądziela, *op.cit.*, s.230.
(48) Lord, *op.cit.*, p.232.
(49) H.Kocój, "Fryderyk Wilhelm II wobec drugiego rozbioru Polski", *Oświeceni wobec rozbiorów Polski*, J.Grobis (ed.), Łódź, 1998, s.32.
(50) *Ibid.*, s.33.
(51) Dutkiewicz, *op.cit.*, s. 47.
(52) Lord, *op.cit.*, p.233.
(53) Smoleński, *op.cit.*, s.244.
(54) Serczyk, *op.cit.*, s.38 ; ズーボフはポチョムキンと対立していた時期は中庸路線をとっていたが、ポチョムキン死後、対ポーランド強硬路線に転じたといわれる。Łojek, *op.cit.*, s.173-174. これについては、ザホルスキの反論がある。Zahorski, *op.cit.*, s.414-415.
(55) Serczyk, *op.cit.*, s.38. ウォイェクは、すでに9月の段階でロシアが5月3日憲法に賛同していなかったことはスタニスワフ・アウグストもわかっていたはずだと主張する。それゆえ、12月まで交渉を怠ったのは国王自身の責任であると強調する。Łojek. *op.cit.*, s.219. コンジェラはこれに反論している。Kądziela, *Narodziny konstytucji 3 maja*, Warszawa, 1991, s.113.
(56) Serczyk, *op.cit.*, s.39
(57) *Ibid.*, s.39 ; *HDP.* s.620.

(58) Kocój *Elektor*, s.90 ; Kobuch, *op.cit.*, S.16.
(59) Smoleński, *op.cit.*, s.242.
(60) Kocój, *Elektor*, s.95.
(61) Lord, *op.cit.*, p.221 ; Smoleński, *op.cit.*, s.243 ; Łojek, *op.cit.*, s.198.
(62) Kocój *Elektor*, s.92-93.
(63) *Ibid.*, s.142 ; Kobuch, *op.cit.*, S.17.
(64) Kocój, *Elektor*, s.144.
(65) 92年地方議会開催前の状況については、W.Szczygielski, *Referendum trzeciomajowe*, Łódź, 1994, s.9-42.
(66) K Zienkowska, *Stanislaw August Poniatowski*, Wrocław.1998, s.343.
(67) Kocój, *Elektor*, s.154 ; *HDP*, s.674 ; Kobuch, *op.cit.*, S20-21.
(68) *Ibid.*, S.21.
(69) *HDP*, s.621.
(70) Kocój, *Elektor*, s.134. 痛風に病んではいたが、老練なヴェテランとして、ワルシャワ駐在の外交官の間では人望が厚かったという。L. Engeström, Pamiętniki, *Polska stanistawowska w oczach cudzoziemców, t.II*, Warszawa, 1963, s.152.
(71) Kocój, *Elektor*, s.133.
(72) ウォイェクは、この時期に世襲王制を導入しようとした政策自体を疑問視している。Łojek. *op.cit.*, s.212.
(73) *Ibid.*, s.169.
(74) Tracki, *op.cit.*, s.421.
(75) *HDP*, s.658, 682-683 ; Łojek, *op.cit.*, s.168 ; Zarzycki, *op.cit.*, s.19-21.

白木太一

第10章

ロシア帝国憲法案(1820年)と
ポーランド王国の成立

1. 帝国憲法の立案

　アレクサンドル1世(1777-1825、在位1801-1825)は、ポーランド王国における全権代表ニコライ・ノヴォシリツォフ(1761-1838)に命じて、1818年から1820年にかけて帝国憲法案をワルシャワで極秘に作成させた。本稿では、この憲法案の特徴のひとつである帝国の総督府への分割に注目し、憲法案における国家再編策とその動機を探る。

　憲法案が総督府制を採用したことに関連して、ヴェルナツキーは、その連邦主義的傾向と、行政分野におけるその傾向からの逸脱とを指摘した。このような連邦主義的傾向が憲法案に持ち込まれた原因については、帝国内部で特別な行政を享受する、あるいは、享受すべき諸地域が増加したことのほか、とりわけ、帝国とポーランド、フィンランド両地域の政治体制の相違を解消し、かつ、ポーランド王国とロシア領西部諸県の統合問題を解決する必要性を挙げた。そのために、アレクサンドルは、帝国に憲法を与え、その際、帝国を連邦主義的に再構築して、両地域を総督府化しようとしたとヴェルナツキーは考える。しかし、後述のように、アレクサンドル自身が総督府化を目指したという主張は十分な根拠に欠ける。また、帝国憲法案の先行研究は憲法案とポーランド問題との関連を十分に分析してきたとはいえず、1814年にチャルトリスキがポーランド再建に関して皇帝に行った提言がその関連を知る上で重要であると思われるにもかかわらず、取り上げていない。この提案は、帝国の再編策を示唆したのみならず、一定の影響力を持ってもいたのである。

そこで、本稿では、帝国憲法案の国家再編策を考察するとともに、ポーランド王国の成立と帝国との合同が憲法案に与えた影響を探る。第1に、1814年のチャルトリスキの件の提案を取り上げる。第2に、1815年にポーランドが得た制度、王国と帝国の合同関係を整理する。アレクサンドルは、1818年の第1回ポーランド議会における有名な開会演説で、ロシア帝国にポーランド王国に倣った制度、すなわち、憲法を導入する意向を表明した。(8)皇帝が帝国憲法案の範として示した制度はいかなるものであったか。第3に、総督府制度を中心に帝国憲法案を分析し、帝国再編策の本質を明らかにする。最後に、帝国憲法の作成と内容にポーランド王国の成立と帝国との合同が与えた影響について検討を加える。

2．チャルトリスキのショーモン覚書

　アダム・チャルトリスキ（1770 - 1861）は、ポーランドの指導的マグナートの家門に生まれ、ポーランド国家の改革を担うことを期待されていたが、ロシア、オーストリア、プロイセンによる第3次ポーランド分割で国家が消滅した1795年、ロシア勤務を開始した。アレクサンドルは96年春に彼を散歩に誘い、祖母エカテリーナ2世のポーランド政策を批判するなどした。この会話が2人の友情の契機となった。アレクサンドルの即位後、チャルトリスキは、皇帝とその「若き友人たち」からなる秘密委員会で改革を立案したほか、1802年9月20日に外務大臣補佐官、1804年1月28日に外務大臣代理の命を受けた（- 1806年6月29日）。外交政策全般に関する1803年の覚書では、全ポーランドを再統合し、皇弟コンスタンチン大公を国王とし、憲法を有する国家を形成するように提案した。(9)1805年、ナポレオンとの戦争の機会にポーランドの復活を試みたが、アレクサンドルの支持を得られなかった。(10)

　対仏積極策を主導していたチャルトリスキはティルジット条約成立後ロシアを去っていたが、1813年春にアレクサンドルがワルシャワ公国を事実上支配下に入れた後、ロシア皇帝がこの旧ワルシャワ公国領の将来を決するという認識を固めて、1814年2月25日、ショーモンの陣営に皇帝を訪ねた。(11)チャルトリス

第10章 ロシア帝国憲法案(1820年)とポーランド王国の成立

キは、同年3月19日に、ポーランド再建に関する覚書をアレクサンドルに提出し[12]、その中で帝国の再編策にも触れている。アレクサンドルはこの元外相代理を側近として復活させ、6月のイギリス訪問に伴った。9月のウィーン入りの直前にチャルトリスキ家の所領プワーヴィを訪ねてもいる。チャルトリスキは、ウィーン会議で、ポーランドとザクセンの問題に関する事実上の外相とさえ目された[13]。このようなチャルトリスキに対する皇帝の態度からも、また、後述のポーランド再建に関する皇帝の姿勢からも、チャルトリスキの提案はある程度受け入れられたと考えられる。アレクサンドルは、イギリスやオーストリアの反対に抗してポーランド支配を確立するために、チャルトリスキの自分に対する支持を誇示する必要があり[14]、そのためにも、彼の提案に示された要求をある程度考慮しなければならなかったであろう。

　チャルトリスキは、この覚書で、ポーランドの「風習、習慣、思い出、制度、言語、服装」を保護し、支持するようにアレクサンドルに訴えた（第12項）。チャルトリスキは議会主義的な1791年5月3日のポーランド憲法を視野に入れて[15]、成立すべきポーランド王国の憲法が、ポーランドの政治的社会的伝統を尊重するものとなるように求めた。特に次の諸点を要求した。分割前の委員会制度かプロイセン時代の官房制度を復活させる。ワルシャワ公国時代に導入されたナポレオン民法典とフランスの司法手続きを廃止する。ポーランドの文武の勲章を確認する。聖職者に財産と教育を与える。クラクフ大学の特権を復活させるなど、教育の向上に努める。所有権の不可侵を保障する。都市の市政機関の復活。農民の状況の改善（第3項）。ポーランド軍は、王国の必要に合致した組織と、制服などの伝統的特徴とを維持する（第4項）。ロシア人雇用者を多数解雇する（第7項）。

　このポーランド王国はロシアと「連邦」union fédérative を形成する（第11項）。皇帝（王）がワルシャワに不在の際に王国の問題に関して裁量を仰ぐため、皇帝（王）の傍にポーランド人を置き、個別の書記局ないし官房を設置する。王国には「副王」を置く。

　チャルトリスキは、この「連邦」がロシアに与える利点として、ロシア帝国

の諸地域に対する統治手段の例として有用であると示唆した。ロシア帝国は「あまりに広く、言語、特性、風習においてあまりに多様な住民を含んでいるために、一括してはうまく統治されえない」。チャルトリスキは、帝国全体が、ポーランドを範とし内政面で自立した立憲君主国から構成される連邦になるべきである、という考えを示したのである。

チャルトリスキはまた、こう要求した。王国と、王国に段階的に統合されるべき「ポーランド8県」(ロシア領西部諸県)との双方で、「行政と司法の分野で特定の不平や要求に関して発せられる布告や決裁が同じ傾向を持つ」ようにすべきである。そのため西部諸県に、「予定された再統合を準備しかつ促す変化」を導入するほか、西部諸県の知事にポーランド人を任命する(第10項)。

1814年9月20日、プワーヴィでアレクサンドルは、多くのポーランド人の前で、旧ワルシャワ公国とロシア領西部諸県とを統合して、「立憲ポーランド」にすると非公式に表明した。(16)その際、この統合のために公国と西部諸県の諸制度をできるかぎり近づける必要があると述べた。憲法と、西部諸県との統合という2つの要素が、ポーランド人の心を掴むために重要であるということをアレクサンドルは認識していた。

3．ポーランド王国の成立とロシア帝国との合同

アレクサンドルが1818年に、将来の帝国憲法案の模範とすると宣言したポーランド王国の諸制度は、1815年に次の3つの文書を経て定められた。ウィーン会議最終議定書、アレクサンドルが発した「ポーランド王国憲法の原則」、王国憲法である。

1815年5月3日、ウィーン会議での激しい交渉の結果、ロシアとオーストリアとプロイセンの3国は、ポーランドに関する条約に調印した。その主要な部分は6月9日のウィーン会議最終議定書に挿入された。(17)それによれば、アレクサンドル1世は旧ワルシャワ公国領の大部分を獲得し、「ポーランドのツァーリ、王」という称号を得る。この「国家」は「憲法」によって永遠にロシア帝国に結びつき、「異なる行政を享受し」、他の2国のポーランド地域同様に「代

第10章　ロシア帝国憲法案（1820年）とポーランド王国の成立

表制と国民的諸制度を得る」（最終議定書第1条）。こうして、成立すべきポーランド王国が憲法と代表制、独自の行政を得ることが国際条約によって保障された。アレクサンドルは、先に彼がプワーヴィで約束した憲法の付与の実現に踏み出した。西部諸県との統合の可能性もまた、ロシア皇帝は「この国家に適切と判断する内的拡大を与える権利を自らに留保する」と（同条）、婉曲ながら言及された。

1815年5月25日にアレクサンドルが署名した「ポーランド王国憲法の原則」[18]は、前年9月21日にプワーヴィで彼がチャルトリスキと議論した文書をもとに作成されたといわれる。[19]

「原則」は次のように定めた。「ポーランド王国の名称のもとロシアに結合されたポーランド諸地方は、永遠にその帝権に結びつき、秩序と正義と自由の原則に基づいた憲法 constitution nationale を享受する」（第1条）。「余が余のポーランド王国の住民に付与する大憲章（憲法）は、余個人と余の継承者すべての治世において、この王国が全ロシアの帝国に永遠に不可分に結合される要にして最も神聖な絆として見なされねばならない」（第37条）。こうして「原則」は、ポーランドに王国の存在と憲法を与え、さらに憲法を、ロシアとポーランドの合同の要と位置づけて、ポーランドが憲法を享受することを保障した。

「原則」は、カトリック信仰を保護した（第2条）。人身保護律を全住民に適用し（第4条）、所有権の不可侵を保障した（第6条）。出版の自由を明記した（第10条）。委員会制を復活した（第12条）。司法は独立し（第24条）、司法手続きと司法組織に関する法典が、伝統に則って新たに設けられる（第26条）。聖職者は財産を与えられ（第31条）、公共教育のポーランド的伝統の維持と予算が約束された（第33条）。都市の自治機関が復活し（第34条）、農民は人身の自由と不動産を獲得する権利を保障された（第35条）。公務はポーランド人がポーランド語によって遂行する（第9条、第11条）。「ポーランド国民軍」が王と王国を守るために組織される。[20]軍は伝統的制服を維持し（第28条）、ヨーロッパ以外に派兵されない（第29条）。ロシア軍が通過や一時的駐留を行う場合には、その費用は帝国の財政によって賄われる（第30条）。このような憲法は、

― 231 ―

ワルシャワ公国時代に導入された農奴制の廃止を追認するとともに、チャルトリスキの覚書を考慮し、ポーランドの政治的伝統やシュラフタの従来の特権に十分に配慮したものとなるであろう。「原則」はこの憲法を、「状況と時代が許すかぎり国民的で1791年5月3日憲法に近いもの」にすると表明した (第1条)。5月3日憲法への回帰は、チャルトリスキが覚書で暗に求めていたものである。ただ、「原則」における君主権力、君主権力と議会の関係は、5月3日憲法と本質的に異なっている。5月3日憲法においては、主権 (最高権力) は「国民」にあり、議会は立法権の排他的最高機関であるとともに、執行権力に対して圧倒的優位に立っていた。対して、「原則」は、明示はないものの最高権力を君主に与え、議会と君主の双方が立法権を有したのである (第8条)。また、帝国との関係では、彼が要求していた「副王」職は導入されず、皇帝 (国王) への従属度がより高いと思われる「総督」職が設けられた (第12条)。

　1815年11月27日にアレクサンドルが欽定したポーランド王国憲法は、帝国と王国の関係を次のように定めた。「ポーランド王国はロシア帝国に永久に結合 réuni する」(第1条)。王位はロシア皇帝によって世襲される (第3条)。帝国の外交政策が王国にも適用される (第8条)。

　王が不在の場合、王国を統治すべき総督 lieutenant；namestnik を任命する (第5条)。王が在国時に総督の権限は停止する (第71条)。総督と、〔王ないし総督が主宰する〕国家評議会とは、王が不在の場合、王の名で王国の公務を行い (第63条、第64条)、総督は憲法と法、ならびに王の全権にしたがって決定を行う (第67条)。総督は君主の代理であった (第6条、第35条、第63条)。この総督と王との間で命令と報告を仲介し、ポーランド王国に関する外交関係を司るために (第81条)、国務大臣 ministre secrétaire d'État；minister sekretarz stanu が王のもとに置かれた (第77条)。

　ポーランド王国とその臣民は、帝国と異なる政治的社会的体制を得た。

　王国は、王と、元老院と代議院の二院とからなる議会を持つ (第31条)。執行権力は王に専属する (第35条)。立法権は王と議会によって共有される (第31条)。王は法案の提出権と拒否権を持つ (第91条、第96条、第105条)。文脈

から、議会は、王が提出した法案を拒否しうる。大臣は王の命令に副署し、元老院の議会法廷は、「王ないし総督の提案と、代議院の告発」により大臣の法律上の責任を裁く（第82条、第116条、第152条）。司法の独立が謳われた（第138条）。イェリネクによれば、立憲君主制の特徴は、「法律を可決し、行政をコントロールする議会、君主の行為に対する大臣の副署の必要、独立した裁判所」である。王国憲法の規定は立憲君主制憲法の基準を満たす。

専制君主であるアレクサンドルが、ロシアと合同関係にあるポーランドに、5月3日憲法の議会主義と異なるとはいえ、立憲君主主義的諸制度を与えたことは、チャルトリスキの提案にしたがって、ポーランドの議会と憲法の伝統を考慮したことを示している。

ポーランドの国民的伝統と国民感情への配慮は、次の諸点にも現れた。省制ではなく委員会制を採用したこと（第76条）や、カトリック信仰の保護（第11条）、聖職者への財産の付与（第13条）、出版の自由の保障（第16条）、ポーランド人によるポーランド語での公務（第28条、第29条、第34条）、固有の国民的特色を持つ軍の制服の採用（第156条）、ポーランドの文武の勲章の維持（第160条）などである。ロシア軍の駐留や通過などの費用はロシア帝国が賄い、ポーランド軍はヨーロッパ以外に派兵されない（第10条）。王国憲法はまた、農民について特別に定めることはなかったものの、全臣民に人身保護律（第18-23条）、移動の自由（第24条）、所有権の不可侵（第26条）などを保障し、「原則」同様、農奴制の廃止とともに、シュラフタの従来の特権や伝統を考慮した。

4．帝国憲法案の国家再編策

アレクサンドルが議会で表明したように、帝国憲法案は、実際、ポーランド王国憲法を重要な源泉のひとつとしていた。

帝国憲法案の特徴は、管見では、次の3点にある。第1に、主権は不可分に君主に存することを宣言し、君主主義原則を明示した（第11条、第12条）。立法権は君主にあり、議会はそれに協力するにすぎない（第13条、第101条）。議

会の行政に対するコントロールは有効ではない。王国憲法が執行権力を君主に与え、立法権力を君主と議会に共有させたうえで、議会に君主の執行権力を制限する権限を認めたのと対照的である。こうして帝国憲法案は、王国憲法の規定の多くを取り入れながらも、立憲君主主義的要素を大幅に削減した。(24)第2に、帝国憲法案は、移動の自由こそ採用しなかったが、王国憲法に倣って臣民の権利を定めた。(25)第3に、帝国を総督府に分割した。

ここでは、この総督府制度を分析し、憲法案の国家再編策の本質を探る。

憲法案にはこう記されている。「ロシア帝国と、どのような資格や名称であろうともそこに結合した réunies 全ての領土は、総督府 lieutenance；наместничество と呼ばれる大きな地域に分かれる」。その数と区分は「添付の表に従う」（第1条）。総督府は一定数の県から構成されるが、その構成は、各県の人口と遠近に応じて、また、共通の「風習、慣習、特別法」を持つ県を同一総督府とするような方法で定められる（第2条）。

第1条は、帝国に結合したポーランドの王国としての地位にも、その憲法の存在にも、矛盾する疑いがある。つまり、ポーランド王国の憲法を廃止し、総督府として帝国に編入することが可能になる。ヴェルナツキーはこの規定をもって、アレクサンドルがポーランドの総督府化を目指したと判断した。なるほど、ノヴォシリツォフにとってはそうであったであろう。彼はまさに王国の総督府化を提案していた。(26)

しかしながら、アレクサンドルがそれを認めたかどうかは疑わしい。憲法案が予定したこの分割表は、憲法案に添付される形で発見されておらず、王国を含む区分も知られてはいない。総督府区分としては、12総督府に分割する噂が1818年に存在しており、(27)1826年12月6日委員会の書類の中には、12総督府への分割案がある。これが添付の表である可能性も考えられている。(28)この分割案にも、ポーランドやフィンランドの名はない。(29)

ポーランドの総督府化に関する第1条の定めは、アレクサンドルにとって、むしろ、ポーランド人に対する一種の牽制であったのではないか。1817年8月16日にアレクサンドルはペテルブルク常駐の王国国務大臣に、秩序の維持のた

第10章　ロシア帝国憲法案(1820年)とポーランド王国の成立

めに憲法体制を制限することもありうると総督に内密に伝えさせた。「陛下がその約束を守るのは、陛下の叡智がその約束を国民の福利に一致すると判断する間に限られるであろう(30)」。これに類する示唆がその後繰り返された。すなわち、1818年3月27日の第1回ポーランド議会開会演説では、アレクサンドルはポーランド人に穏健な議会運営を説くため、自分に引き続いて演説した王国内務警察大臣モストフスキにこう言わせている。「もしこの憲法が常に我々の愛と敬意の対象となるならば、それはその作者が望んだように忠実に実行されるであろう」。つまり、王国憲法の実行は皇帝次第であるという(31)。さらに、4月27日の閉会演説で、ポーランド人から世論の穏健化を引き出すために、アレクサンドルは自らこう述べた。「この体制は、法の権威がその支配を諸君の心に及ぼし、諸君の行動を律しているときに限り、諸君にとって確固たる恩恵たりうるであろう(32)」。アレクサンドルは自分の期待にポーランド人が応えなかった場合、憲法体制が永遠とは限らないことを自らの発言によって公の場で示した。このように憲法体制が皇帝に依存することを強調することによって議会をコントロールしようとする姿勢は、1820年の第2回ポーランド議会開会演説においても同様に見られた(33)。帝国憲法案第1条の規定もまた、総督府化がいつでも可能であり、皇帝次第であることを示し、ポーランド人に自制を求めるための手段であったと推論される。

　各総督府には、総督 lieutenant；наместник と評議会とが置かれる（第47条）。総督は君主の代理である(34)。総督は、評議会における決定を、「憲法原則と法と、君主が彼に与えた全権とにしたがって行う」（第52条）。「君主が滞在する時」、君主が望まない限り、「総督の権威は停止する」（第56条）。各総督府評議会には国務官 secrétaire d'État；статс-секретарь が1名置かれ、国務官は首都の政府のもとで、総督府に関する諸関係と伝達を担う（第62条）。

　帝国と各総督府の立法、行政制度は並行している。帝国の中央と各総督府には、議会と評議会がそれぞれ設置される。

　全国議会と総督府議会はともに、君主と、元老院と代議院の二院とからなる（第91条、第102条）。全国議会は5年ごとに、総督府議会は3年ごとに召集さ

― 235 ―

れる（第100条）。通常議会と臨時議会の召集と延長、延期、解散の権利は君主に属する（第126条）。

　法案は君主によって提出される（第117条、第129条）。議会は法案を審議し、両院によって可決された法案は君主の裁可に付される。君主が拒否すれば、法律は成立しない（第133条、第134条）。帝国全体の統治に関わる法案は国家評議会一般会議によって作成され、全国議会に、君主の命により提出される（第42条、第117条）。総督府に関する地方法案、特別法案は総督府評議会一般会議によって作成され、総督府議会に、君主の命によって提出される（第60条、第103条）。立法の分野において、総督府は、一定の独立性を有するように見える。

　評議会は、行政評議会と一般会議とからなる(35)。国家評議会の場合、行政評議会は大臣委員会に当たる（第36条、第49条）。総督府の行政評議会構成員は、国家における大臣に相当する一面を持ち、「諸部門の長として……自らに委任された行政分野に属する全ての事案の進行と結果を監督する」（第51条）。行政評議会と一般会議は、中央においては皇帝によって、総督府においては総督によって主宰される（第35条、第37条、第42条、第49条)(36)。国家評議会一般会議は、帝国全体の統治に関わる法律のほか、規定、規則の草案を作成する（第42条）。総督府評議会一般会議の権限は国家評議会に準じ、総督府に関する地方法、特別法と、規定、規則の草案を作成する（第60条）。

　このように、総督府は立法において独立的な権限を持っただけでなく、立法と行政の双方において国家機構に準じた組織を持ち、総督と評議会は君主と国家評議会に、総督府議会は全国議会に似た役割を総督府で果たす。これらのことは、総督府に「国家の中の国家」のイメージを与える。

　しかしながら、それは印象に留まった。

　総督府行政評議会の構成員は、既述のように国家における大臣に相当する一方で、「各省から派遣された官吏」として、担当分野の行政を司る役割を担った（第51条）。彼らは中央各省に従う官僚であった。

　また、総督と総督府評議会はともに大臣委員会の指揮監督下にあった。大臣委員会は、総督府評議会で総督が発した文書が法令（法律、規定、規則、命令）

第10章　ロシア帝国憲法案(1820年)とポーランド王国の成立

に違反している場合、当該文書を破棄する。より下位の行政部門の文書についても、中間権威が見過ごしている場合には同様に破棄できる（第39条）。これらの文書が社会の安全と平穏を脅かす場合、総督を除き、当該官吏を解任できる。ただし、国家評議会一般会議に起訴権限がある官吏の場合には、君主に報告のうえ一般会議に伝達する（第40条）。総督を解任すべき場合には、君主に報告のうえ元老院に伝達する（第41条）。県における総督府評議会評議員の選出は、大臣委員会の上申に基づいて、君主によって確認される（第58条）。総督府評議会一般会議は、大臣委員会が提示した総督府に関する問題についても、審議する（第59条）。同会議は総督を通じて、大臣委員会に報告書を毎年提出する（第60条）。[37]

　憲法案の総督府が国家のような印象を一部与えるのは、ポーランド王国の諸制度とある程度類似しているからでもある。なるほど、両者には多くの類似点があった。王国も、通常は総督によって統治される。総督は君主の代理であり、国務大臣が王と総督間の伝達を仲介し、王国に関する外交関係を司る。二院制の議会と評議会の制度も似通っていた。議会が君主権力を制限する権能に相違はあるとしても、法案の提出から裁可に至る枠組みは共通していた。王国国家評議会もまた総督が主宰し、大臣たちから構成される行政評議会と、一般会議とからなった。一般会議は、やはり法案を作成する。

　しかしながら、総督府と王国との間には、その名称の違いに留まらない相違が存在していた。王国の総督が君主に直属するのに対し、帝国の総督は中央の大臣委員会のもとに置かれる。このことと関連して、帝国の国務官もまた、王国の国務大臣とは異なる。王国の国務大臣は常に王のもとに座す（第77条）。一方、帝国総督府の国務官は、君主に直属するのではなく、「政府」のもとにある（第62条）。したがって、帝国の総督府は、帝国中央に対して王国よりも従属的な関係にあった。

　以上から、本質的に総督府は、「国家の中の国家」でも王国に近いものでも決してなかったということができよう。総督府議会には一定の独自性があるものの、総督とその行政組織は中央の統制に服する地方行政機関であった。この

ような総督府体制は、支配領域ごとの固有の伝統や慣習に応じた立法と行政を制度上可能にする。同時に、その法行政体制がどの程度地方の事情を組み入れるかは、制度が保障するのではなく、中央の指揮監督下にある総督府評議会と、地方議会とを介して、最終的には皇帝と中央政府の決定に委ねられる。このような体制は、独自の法律と行政を有する各総督府を帝国中央に牽引し、中央からの命令の実行を地方に効率的に行わせ、中央に諸領域をしっかりと統合させる効果を持つであろう。したがって、憲法案は、帝国の多様性を維持し、促進させつつ、その国家統合を図るものであったといえる。

5．帝国再編策の動機

すでに述べたように、チャルトリスキは、1814年の覚書の中で、帝国を、ポーランド王国を範とする諸地域からなる連邦とすることと、王国への西部諸県の統合のために両地域の行政や司法を近づけることとを提案した。この覚書はポーランド再建に対して一定の影響力を有しており、帝国再編に関するこの提案もまた、アレクサンドルに働きかけるところがあったであろう。実際に、帝国憲法案の総督府の構造や権限は、ある程度王国に類似していた。アレクサンドルは1814年には西部諸県の王国への統合を非公式に約束したし、翌年には条約でその権限を自らに残してもいる。とはいうものの、すでに論じたように、憲法案における帝国の諸地域、つまり、総督府は決して王国と同じではなかった。王国への西部諸県の統合においても、アレクサンドルは、チャルトリスキが求めた通りには動かなかった。

1815年11月中ごろ、アレクサンドルは西部諸県の一部ヴィルノとグロドノ、ミンスク3県の使節の代表者、ミハウ・オギンスキを非公式に接見した際に、こう明かした。「これらの地方をロシアから切り離すことを私が考えているという仮定は、〔分別のある者ならば〕決して認めえない……。それどころか、私は私の帝国とこれらの地方を結びつける絆を、私のポーランド臣民が嘆く理由を持たないような形で締め直すことを望んでいる」。アレクサンドルは、西部諸県をロシア帝国から切り離す形でポーランド王国と統合する意思を否定し

第10章 ロシア帝国憲法案(1820年)とポーランド王国の成立

た。反対に、西部諸県と帝国の紐帯を強化する考えを示した。しかし同時にアレクサンドルは、リトアニアが憲法の欠如ならびに王国のポーランド人との不統合のために不満を持っていることをもこの時に指摘していた[38]。これらのことから、皇帝は、西部諸県を帝国から切り離すことなく、むしろその結合を強化しつつ、ポーランド王国との国境線の移動を伴わない何らかの「統合」と憲法を与え、西部諸県のポーランド人の不満を解消したいと考えたように見える。アレクサンドルは、チャルトリスキが求めたのとは異なる形で王国と西部諸県を「統合」することに傾いたようである。

　アレクサンドルはその際、この計画を実行する時機についてこう語った。「この計画を実行する私の動機は、私が今日そうであるように、将来この王国の軍と文官に満足できる時、一層強まるであろう」。「私がこの政府をモデルとして引き合いに出せる時、帝国にとっていかなる不都合もそこから生じないと考えられる時、残りのことを行うのは私には容易であろう[39]」。

　その好機の到来を、アレクサンドルは、1818年3月27日、第1回ポーランド議会で、ロシア帝国にポーランド王国に倣った制度を導入するという考えを明かした時に、感じ取っていたようである。なぜなら、アレクサンドルはこの時、議員に穏健な議会運営を求めつつ、ポーランドをヨーロッパ諸国のモデルとして引き合いに出したからである。「諸君はヨーロッパに偉大な例を与えるように定められている。……自由主義的諸制度……は危険な幻想では全くなく、……完全に秩序と調和し、……諸国民の真の繁栄を生み出す、と諸君の同時代人に証明せよ[40]」。

　この演説の後、遅くとも同年末までに帝国憲法案の作成は始まった[41]。憲法案は、帝国の諸地域の多様性を促進させる。また、この憲法のもとで、西部諸県は、王国憲法が王国民に与えたものとある程度類似した臣民としての権利と、議会と統治機構を憲法のもとに得ることになる。西部諸県は王国との一定の「一体感」を獲得するであろう。その一方、憲法案は、帝国諸地域を中央の指導下に置き、西部諸県と中央政府の絆がかえって強化することを期待している。したがって、帝国憲法案は、西部諸県に帝国との結合を強化させつつ、ポーラ

ンド王国との何らかの「統合」と憲法を与え、西部諸県の不満を和らげるという1815年にアレクサンドルがオギンスキに示した意思を実行するものであった。

　翻って、王国のポーランド人がロシアの立憲君主主義に不信を抱く理由のひとつもまた、明らかに帝国の体制にあった。チャルトリスキが帝国を、ポーランドを範とする立憲君主国からなる連邦とすることを提案した動機のひとつも、そこにあったと思われる。ロシアがポーランド流の憲法を持てば、王国のポーランド人をロシアに引き寄せうるという計算がアレクサンドルには働いたはずである。

　したがって、帝国憲法案は、ポーランド王国の成立と帝国との合同に伴う2つの問題、すなわち、王国と西部諸県の統合問題と、両地域の体制の相違の問題とを解決するために作成された帝国統合策としての側面を持っていたといえる[42]。

　もっとも、出来上がった憲法案は、相反する2つの課題、すなわち、一方で、ポーランド王国を範とする地域（総督府）を単位とした帝国の連邦化と、王国と西部諸県の何らかの「統合」という課題を、他方で、帝国諸地域の統合という課題を同時に担ったがゆえに、王国のポーランド人を満足させるようなものにはなり得なかった。憲法案は、ポーランド王国に倣った制度を帝国に導入するというアレクサンドルの約束を忠実に実現したとはいいがたい。たしかに、憲法案はポーランド憲法に沿って作成された。しかし、その引き写しの際には、前述のように重大な変更が加えられていた。つまり、帝国憲法案は、王国憲法と同じ立憲君主制を帝国に実現するようなものではなかった。したがって、そのような憲法の導入は、王国の立憲君主制に対する不安をかえって掻き立てるであろう。さらに、帝国憲法案は総督府にポーランド王国と近い立場という印象を一見与えるものの、総督府は本質的に中央の統治に従属する地方機関であった。このような帝国憲法が導入されれば、同じく「総督」の支配下にあるポーランド王国の地位が事実上低下する懸念が生まれる。

　なお、王国と西部諸県との何らかの「統合」の意図は、ポーランド軍を任されていたコンスタンチン大公に、王国と西部諸県双方における実質的な支配権

を与えることにも進んだ。1817年7月13日、アレクサンドルは新設のリトアニア軍司令官にコンスタンチンを任命した。同時に、大公はヴォルイニとポドリアの軍司令官に任じられた。1819年7月11日、アレクサンドルは西部諸県における大公の権限を拡大した。⁽⁴³⁾

6．帝国憲法案とポーランド問題

　以上を総括する。

　アレクサンドル1世が作らせた帝国憲法案には、ポーランド王国の成立を契機とした帝国再編策としての側面があった。連邦主義の導入においては、チャルトリスキの1814年の覚書が一定の役割を果たしたと考えられる。この提案は王国の成立に一定の影響力を持ったが、チャルトリスキが同覚書で示したロシア帝国の将来像、内政面で自立したポーランド王国を範とする立憲君主国から構成される連邦という青写真もまた、アレクサンドルは無視しなかった。

　とすれば、すでに1814年には、アレクサンドルの頭の中に、帝国に連邦主義的な憲法を与えるという選択肢が存在していたことになる。翌1815年にオギンスキに、リトアニアが憲法の欠如と王国との不統合のために不満を持っているという認識を明かした時には、アレクサンドルは帝国に憲法を与える意思を固めていたと思われる。1818年にアレクサンドルはポーランド王国を軌道に乗せたと感じるや、帝国憲法案の作成に向かい、憲法案に連邦主義的要素を持ち込もうとした。

　だが、帝国を統合する必要性は、連邦主義の十全な適用を決して許さなかった。また、ポーランド王国憲法に類似する諸制度を導入したとはいえ、立憲君主主義は慎重に排除された。チャルトリスキが王国の自律性と立憲君主主義の保証として望んだと思われる形では、帝国憲法案は作成されえなかった。

　これらのことから、帝国憲法案の作成とその内容には、ポーランド問題が深く関与していたことがわかる。この関連は従来も指摘されてきたが、1814年のチャルトリスキの提案を考察対象に加えることによって、その可能性は一層高まったといえよう。

帝国憲法は結局のところ制定されなかった。その理由として、1820年秋の第2回ポーランド議会における批判勢力の成長が思い浮かぶ。また、帝国を統合する必要性と連邦主義原則との調整を図り損ねたこと自体が、憲法案を草案のままで終わらせた一因である可能性も捨てがたい。ここにもまた、ポーランド問題の影がある。その後、ポーランドの人心は次第にロシアから離れ、1830年の11月蜂起を迎えることになる。

　註
（1）ノヴォシリツォフは、後述のチャルトリスキと同様、アレクサンドルの「若き友人たち」のひとりであり、秘密委員会に参加した。1802年－1808年、司法大臣補佐官。1813年にアレクサンドルが形成したポーランド臨時政府に参加。1815年12月1日（以下新暦）、全権代表。1816年7月11日、行政評議会に正式に参加。秘密警察を指揮し、王国憲法の実行に多大な影響力を与えた。
（2）M. Theodor Schiemann（éd.）, *La charte constitutionnelle de l'Empire de Russie*, Berlin, 1903, 10-113. シーマンは、ロシア政府のアルヒーフに保存されている原文から、フランス語版と、ロシア語版のテキストを起こしている。
　帝国憲法案の先行研究には次のものがある。Georges Vernadsky（traduit par Serge Oldenbourg）, *La charte constitutionnelle de l'Empire russe de l'an 1820*, Paris, 1933；A. V. Predtechenskii, *Ocherki obshchestvenno-politicheskoi istorii Rossii v pervoi chetverti XIX v.*, M.-L., 1957, 367-424；N. V. Minaeva, *Pravitel'stvennyi konstitutsionalizm i peredovoe obshchestvennoe mnenie Rossii v nachale XIX veka*, Saratov, 1982, 157-207；S. V. Mironenko, *Samoderzhavie i reformy : Politicheskaia bor'ba v Rossii v nachale XIX v.*, M., 1989, 147-206.
（3）帝国憲法案の作成とそのロシア語への翻訳には、フランス出身のペシャル＝デシャンとピョートル・ヴャゼムスキーが関与したことが知られている。ヴャゼムスキーの役割は翻訳に限定される可能性もある。Vernadsky, op. cit., 67-74；Mironenko, op. cit., 170；Minaeva, op. cit., 185-186.
　憲法案の作成時期に関する明確な証拠はないが、1818年から20年にかけて作成されたと考えられる。1818年3月27日の第1回ポーランド議会で、アレクサンドルは帝国への憲法導入の考えを表明した。一般的には、アレクサンドルがワルシャワ出立後間もなく、憲法案作成の作業が始まったと考えられ

第10章　ロシア帝国憲法案（1820年）とポーランド王国の成立

ているが、ミロネンコは、十分な証拠がないと見なす。いずれにせよ、1818年末にノヴォシリツォフがアレクサンドルに会うためにヴャゼムスキーを伴ってミンスクに向かったことが知られており、遅くとも1818年末までに憲法案作成に関して何らかの動きがあったことがわかる。1819年3月には何らかのフランス語の草案が存在し、ロシア語訳が始まっていた。1819年10月16日にアレクサンドルは憲法案の原則を承認するとともに、憲法案の修正を命じた。1820年1月末にヴャゼムスキーは、ワルシャワを訪れたセルゲイ・ツルゲーネフに憲法案の一部を明かしたが、その内容から、この時すでに憲法案は最終案に近い形で整えられていたと考えられる。憲法案は、1820年5月末から6月初頭にヴャゼムスキーがアレクサンドルに拝謁するまでに、アレクサンドルに再度提出された。この謁見の際に、アレクサンドルはさらなる修正点を秋にワルシャワでノヴォシリツォフに伝えると語った。ヴャゼムスキーは、1820年秋の第2回ポーランド議会開会の前後に憲法が帝国に導入されるという見通しを示していた。憲法案は議会開会中に最終的にいくらか修正され、提案されたと考えられる。Mironenko, op. cit., 163-184；Vernadsky, op. cit., 80-81；Th. Schiemann, "Eine Konstitution für Rusland vom Jahre 1819," *Historische Zeitschrift*, LXXII, 1894, 65.

（4）ロシア領西部諸県は、1802年から1842年の区分によれば、ヴィルノ、グロドノ、ミンスク、ヴィテプスク、モギリョフ、キエフ、ヴォルイニ、ポドリアの8県と、ビャウィストク地区。1803年に創設されたヴィルノ教育管区の領域と重なり、ポーランド分割によってロシアが獲得したポーランド領全域を含む。ただし、ビャウィストクは1807年、キエフ市は1667年からロシア領。ヴィルノ教育管区総監は1823年までチャルトリスキ。学校のポーランド的伝統が保持、促進された。W. H. Zawadzki, *A Man of Honour：Adam Czartoryski as a Statesman of Russia and Poland 1795-1831*, Oxford, 1993, 53-58.

西部諸県は、1863年のポーランド蜂起までロシア側からも「ポーランド諸県」などと呼ばれ、ポーランドと認識されていた。Ibid., 86. 右岸ウクライナにおけるポーランド系住民の強固な優位性については、松里公孝「19世紀から20世紀初頭にかけての右岸ウクライナにおけるポーランド・ファクター」『スラヴ研究』（北海道大学スラブ研究センター）第45巻、1998年、101-138。

（5）Vernadsky, op. cit., 36, 42-47, 157-160, 171-172.

（6）ミロネンコは、ポーランド、フィンランドを総督府から除外した。

（7）この提案が示した帝国再編策と帝国憲法案との間に共通した傾向があることは、ザヴァツキによって指摘された。Zawadzki, op. cit., 225.
（8）「この自由主義的諸制度は私の関心であり、目的であり続けた。この自由主義的諸制度が、神が私の配慮にお任せになった全ての地域に有益な影響力を行き渡らせることを期待している。かくして、私が以前から私の祖国に何を準備してきたか、かくも重要な事業の諸要素が必要な発展を成し遂げた時に、祖国が何を獲得できるかについて私の祖国に示す手段を、諸君は私に与えた」。Discours prononcé par S. M. l'empereur et roi Alexandre Ier à l'ouverture de la première diète du royaume de Pologne, 27 mars 1818, Comte d'Angeberg（éd.）, *Recueil des traités, conventions et actes diplomatiques concernant la Pologne 1762-1862*, Paris, 1862, 734-737.

「自由主義的諸制度」はロシア政府にとって、憲法体制にかかわる概念であり、君主の主導によって制定される憲法を意味したと思われる。1819年12月3日づけのドイツ問題に関する外務省覚書にはこうある。「今日の諸政府……のすべての力は、……諸政府がその国民に享受させる自由主義的諸制度の力にのみ存しうる。自由主義的諸制度という時、我々は弱さから採用された協定や、国民の指導者によって君主に命じられた契約や、困難な状況下でそのときの雷雨をかわす手段として与えられた憲法を視野に置いているのではない」。Mémoire du ministère des affaires étrangères, 3 décembre 1819, *Vneshniaia politika Rossii XIX i nachala XX veka*, XI, M., 1979, 153-158.
（9）拙稿「アダム・イェジ・チャルトリスキ公のロシア外交政策（1803-1805）」『西洋史論叢』（早稲田大学西洋史研究会）第15号、1993年、41-53による。
（10）Zawadzki, op. cit., 125-136.
（11）Ibid., 209-223.
（12）Note du Prince Adam Czartoryski présentée à l'Empereur Alexandre Ier à Chaument en 1814, Rękopisy Zbioru Biblioteki Fundacji Książąt Czartoryskich przy Muzeum Narodowym w Krakowie, 5239, IV, 207-216；Handelsman, *Adam Czartoryski*, I, Warszawa, 1949, 99-100；Zawadzki, op. cit., 223-226.
（13）Ibid., 233.
（14）アレクサンドルは自分に対するコシチューシコの支持をも誇示しようとした。Réponse de l'Empereur Alexandre au général Kosciuszko, à sa lettre du

9 avril 1814, *Recueil des traités, conventions et actes diplomatiques,* 600-601 ； A. Zahorski, "Historia dyplomacji polskiej 1795-1831," w：L. Bazylow (red.), *Historia dyplomacji polskiej,* III, Warszawa, 1982, 124-125 ； Zawadzki, op. cit., 258.
(15) 5月3日憲法のテキストはM. B. Biskupski, James S. Pula (eds), *Polish Democratic Thought from the Renaissance to the Great Emigration：Essays and Documents,* n.p., 1990, 178-188. 正式名称は「政治制度法」Ustawa Rządowa. 同憲法については、中山昭吉『近代ヨーロッパと東欧』ミネルヴァ書房、1991年、213 - 257。ポーランドにおける代議制、立法権を有する議会の伝統と、それによって育まれたシュラフタの政治的自律性については、井内敏夫「シュラフタ共和政とポーランドのお国柄」、和田春樹、家田修、松里公孝編『スラヴの歴史』(『講座スラヴの世界』第3巻) 弘文堂、1995年、99 - 125。
(16) Zawadzki, op. cit., 232.
(17) Traité concernant la Pologne, conclu à Vienne entre la Russie et l'Autriche, 3 mai 1815, Martens (red.), *Sobranie traktatov i konventsii zakliuchennykh Rossieiu s inostrannym derzhavami,* III, Spb., 1876, 317-333 ； L'Acte principal du Congrès de Vienne, ibid., 231-315.
(18) Bases de la Constitution du Royaume de Pologne, citées dans：Józef Bojasiński, *Rządy tymczasowe w Królestwie Polskim,* Warszawa, 1902, 178-184 ； Zawadzki, op. cit., 256-258 ； H. Izdebski, "Ustawa Konstytucyjna Królestwa Polskiego z 1815 r.," w：M. Kallas (red.), *Konstytucje Polski：Studia monograficzne z dziejów polskiego konstytucjonalizmu,* I, Warszawa, 1990, 191-193.
　1816年、皇帝は「原則」の効力について判断を求められ、憲法制定による消滅を宣言した。「原則」はその後も、政治的には一定の意味を持ち続けた。Izdebski, op. cit., 198.
(19) Zawadzki, op. cit., 256 ； Izdebski, op. cit., 191-193.
(20) 「ポーランド国民軍」は「市民citoyensの集合体と見なされ、君主と祖国を守るために徴集され組織される。その身分（市民）がその維持を担う」（第28条）。この規定は5月3日憲法の規定を彷彿とさせる。「国民naródは、侵略から防衛し自らの一体性を守る義務を自らに負う。したがって、すべての市民が国民の一体性と自由の防衛者である。……国民は自らの軍隊に、軍が国民の防衛のみに尽くしているゆえに、報酬と尊敬を与える義務を負う。……」

(第11条)。「原則」が5月3日憲法から多くを継承したことは、イズデプスキが指摘している。Izdebski, op. cit., 185-193.
(21) Charte constitutionnelle du royaume de Pologne de 1815, Varsovie, 27 novembre 1815, *Recueil des traités, conventions et actes diplomatiques*, 707-724 ; *Dziennik praw*, I, 1-103 ; Ustawa konstytucyjna Królestwa polskiego z 27 listopada 1815 r., w：J. Sawicki（red.）, *Wybór tekstów źródłowych z historii państwa i prawa polskiego*, II, Warszawa, 1953, 51-64. フランス語が原本。Izdebski, op. cit., 185-232 ; Mironenko, op. cit., 150-153.
(22) イェリネク、芦部信喜他訳『一般国家学』学陽書房、1974年、560。
(23) もっとも、伝統への配慮は「原則」に比べて少しく後退している。「原則」が定めた司法手続きと司法組織に関する新しい法典の制定や、「ポーランド国民軍」としての軍の性格づけなどを憲法は含まなかった。伝統的公共教育の実施とその予算は保障されなかった。また、都市機関は、「原則」が予定した自立的機関として定められなかった。
(24) 議会は法案を審議するが、規定、規則、命令は、議会の関与なしに公布されうる（第33条）。王国憲法は、命令の公布を王の権限としたものの、組織規則の修正については王と議会の双方に権限を認めていた（第163条）。代議院解散後の一定期間内に選挙を実施するという定めは、王国憲法（第124条）と異なり、導入されない。

また、たしかに、大臣は法令に副署するし（第34条）、元老院は、「君主の提案ないし議会の請求」（もっとも、ロシア語訳では「君主の提案、ないし、君主が許した議会の請求」）により、大臣等の法律上の責任に関して帝国高等法院に起訴しうる（第145条、第182条）。しかし、帝国高等法院には、王国の元老院の議会法廷と異なり、元老院議員の他に君主が指名した個人が参加する（第180条）。したがって、君主の意向に沿わない形で議会が大臣に法律上の責任を問うことは制度上保障されておらず、大臣の責任は君主に対するものでしかなかった。

ヴェルナツキーも、議会を、君主権力の行使に協力する機関として位置づけた。Vernadsky, op. cit., 198-199. プレツェチェンスキーは、憲法案は既存の政治体制を何ら変更しないとさえ見なす。Predtechenskii, op. cit., 385-387. これに対して、ミナエヴァは、議会は立法権において皇帝と対等ではないものの、皇帝と立法権を分かちあっていたと考える。Minaeva, op. cit., 195-197.

ミロネンコは、やはり議会が皇帝と立法権を共有すると見なし、議会が皇帝の立法権に「協力する」などの表現は、カモフラージュであると論じ、憲法案はロシアを「立憲君主国」に根本的に変えるものであったと考える。Mironenko, op. cit., 184.
(25) ミナエヴァは、「政治的自由に対するブルジョア的要求」の実現が憲法案の特徴のひとつであり、都市においてこの要求は最もよく満たされたと述べた。Minaeva, op. cit., 201. ヴェルナツキーは、憲法案は農奴制の廃止を想定していると分析した。Vernadsky, op. cit., 183-185, 191-192. ミロネンコは、憲法案が貴族の特権を維持し、農奴制に一言も言及していないことを認めざるを得なかった。Mironenko, op. cit., 197. プレツェチェンスキーは、憲法案は農奴制と貴族特権を全く害さず、「第3身分」の権利の拡大を確立せず、「封建的、農奴制的君主制」を維持すると結論した。Predtechenskii, op. cit., 392.
(26) Mironenko, op. cit., 182, 198；Vernadsky, op. cit., 44-45.
(27) Mironenko, op. cit., 179.
(28) Ibid., 192-193. 12月6日委員会は、バラショフの任務に関するアレクサンドル1世の意図と書類を見直す作業を行った。Vernadsky, op. cit., 56-61.
(29) 12月6日委員会の書類の中の分割案は次のとおり。[ ]内は総督所在地。
　　第1地方［リガ］：クールラント、リフラント、エストラント、プスコフ県。
　　第2地方［ヴィテプスク］：ヴィテプスク、スモレンスク、モギリョフ、カルーガ県。
　　第3地方［キエフ］：チェルニゴフ、キエフ、ポルタヴァ、ハリコフ、クルスク県。
　　第4地方［オデッサ］：ベッサラビア。ヘルソン、エカテリノスラフ、タヴリダ県。
　　第5地方［アルハンゲリスク］：アルハンゲリスク、オロネツ、ヴォログダ県。
　　第6地方［トヴェリ］：ノヴゴロド、トヴェリ、ヤロスラヴリ、ウラヂーミル、コストロマ県。
　　第7地方［ツーラ］：ツーラ、オリョール、ヴォロネジ、タンボフ、リャザン県。
　　第8地方［オレンブルク］：ヴャトカ、ペルミ、オレンブルク県。

第9地方［カザン］：ニジニノヴゴロド、カザン、シンビルスク、サラトフ、ペンザ県。
第10地方［チフリス（トビリシの旧称）］：アストラハン県。カフカス。グルジア。イメレチ。メグレル。
第11地方［トムスク］：トボリスク、トムスク、イルクーツク県。カムチャツカ。
第12地方［ヴィルノ］：ヴィルノ、グロドノ、ミンスク、ヴォルイニ、ポドリア県。ビャウィストク。Mironenko, op. cit., 192-193 ; Vernadsky, op. cit., 39-40.

(30) Frank Thackeray, *Antecedents of Revolution : Alexander I and the Polish Kingdom 1815-1825*, N. Y., 1980, 31 ; Lettre confidentielle du ministre secrétaire d'État du royaume de Pologne au prince-lieutenant du Roi à Varsovie (extrait), Spb., 16 août 1817, *Recueil des traités, conventions et actes diplomatiques*, 733-734.

(31) Discours prononcé par M. le Comte Mostowski, ministre de l'intérieur et de la police du royaume de Pologne, à l'ouverture de la diète, le 15 (27) mars 1818, à Varsovie, *Mémoires de Michel Oginski sur la Pologne et les Polonais depuis 1788 jusqu'à la fin de 1815*, IV, Paris, 1827, 298-314.

(32) Discours prononcé par S. M. l'empereur et roi Alexandre Ier à la clôture de la première diète du royaume de Pologne, 27 avril 1818, *Recueil des traités, conventions et actes diplomatiques*, 737-739.

(33) Discours prononcé par l'empereur-roi Alexandre Ier à l'ouverture de la seconde diète polonaise, 13 septembre 1820, à Varsovie, ibid., 741-745.

(34) 帝国憲法案には、lieutenant ; наместник を「代理」という意味で用いたと思われる場合もある。「君主は〔国家評議会の〕行政評議会における自分の権限の全てないし一部を、代理 lieutenant ; наместник ないし、君主が適切と判断する他のあらゆる人物に委任しうる」（第38条）。国家評議会一般会議は、「君主ないし特別代理 lieutenant ou délégué spécial ; наместник あるいは最年長者が主宰する」（第42条）。

(35) 明記されないが、行政評議会が一般会議に優越する。

(36) 帝国の総督府評議会一般会議は、中央や王国と異なり、選挙と議会期間中にのみ置かれ、それ以外は君主の命令と総督の召集によって開催される（第

59条)。
(37) Vernadsky, op. cit., 223-225.
(38) 1811年から12年に、オギンスキたちリトアニアのマグナートがアレクサンドルの支持を期待して、複数のリトアニア大公国憲法案を作成していた。Ibid., 27-29；Zawadzki, op. cit., 203-204. イエジィ・スコヴロネク、早坂真理訳「ナポレオンに対するポーランド貴族の姿勢――拒否か協力か――」、阪東宏編著『ポーランド史論集』三省堂、1996年、9－10。Izdebski, op. cit., 187-188.
(39) *Mémoires de Michel Oginski*, 229-237；Mironenko, op. cit., 153-155. 同時期にオギンスキを正式に謁見した際には、皇帝は、西部諸県と王国との統合をポーランド人に期待させるような曖昧な言質を与えていた。*Mémoires de Michel Oginski*, 238-242；Réponse verbale d'Alexandre I, *Recueil des traités, conventions et actes diplomatiques,* 706. 1818年の議会の開会、閉会演説、1820年の議会の開会演説(本稿註8、32、33)においても同様である。
(40) 本稿註8参照。
(41) 本稿註3参照。
(42) 皇帝が憲法案を作成させた動機としては、ポーランド問題のほかに、内政問題、外交問題などが考えられる。
(43) Thackeray, op. cit., 43, 59.

池本今日子

第11章

19世紀前半バルト海沿岸地方における知識人
——エストフィルとエストニア人——

1．バルト海沿岸地方とエストフィル

　建国以来、一貫して拡大・膨張を続けたロシア国家において、国家「統合」の促進と維持強化は、歴代の支配者が直面する主要な課題の一つであった。この課題は、領土が拡大し、非ロシア系住民の居住地域が広がるに従い、より重要かつ困難なものとなった。

　現在のエストニア共和国・ラトヴィア共和国に相当するバルト海沿岸地方（以下「バルト地方」と記）は、18世紀にロシアに併合され、ロシア帝国の行政区分として、北からエストラント・リフラント・クールラントの３県を構成していた。エストラントとリフラントは大北方戦争（1700-21）の後スウェーデンからロシアに割譲され、クールラントは1795年の第３次ポーランド分割でロシアに併合された。３県のうち、エストラントとリフラント北部がほぼ現在のエストニアにあたり、エストニア人が住民の多数を占め、リフラント南部とクールラントがほぼ現在のラトヴィアにあたり、住民の多数がラトヴィア人であった。[(1)]

　しかし、このバルト地方における事実上の支配階層は、13世紀以来この地に断続的に入植したドイツ人であった。バルト・ドイツ人と呼ばれる彼らは、領主貴族や富裕市民として、時の支配者から様々な特権・自治権を確保し、独自の統治機構を確立した。一方、先住民として多数派を成すエストニア人・ラトヴィア人は、農民・下層市民として、これら少数のドイツ人領主・富裕市民への従属を余儀なくされた。このようなドイツ人領主・市民の自治権・特権は、

徐々に縮小を強いられながらも、帝政末期まで維持された。必然的に、バルト地方ではドイツ語が事実上の公用語となり、公務の遂行、中等教育・高等教育はほとんどすべてドイツ語で行われた。宗教的にはルター派が主流を占め、その聖職者も多くはドイツ人であった。

　このようなバルト地方において、18世紀後半から顕著となった現象の一つが、リテラーテン（Literaten）と呼ばれるドイツ人知識人層の形成とその活発な活動であった。これら知識人層の一翼を担ったのは、諸学校の教員、領主貴族の家庭教師、牧師、ジャーナリストなどとして、新たにバルト地方に移住したドイツ人であった。また、1802年にはリフラント北部のドルパト（露名：デルプト、現タルトゥ）に大学が開校され、この大学の教員・学生そして卒業生がまた、バルト地方の知識人層を形成した。この大学は、教員・学生の多くをドイツ人が占め、講義も一部を除いてドイツ語で行われた。そして、啓蒙主義の影響を受けたこれらリテラーテンのなかには、農奴制をはじめとする、バルト地方の伝統的な社会構造に対し、批判的な見解を有する者も少なくなかった。

　彼らリテラーテンにみられた今ひとつの特徴は、バルト地方の歴史や地理、あるいはエストニア人・ラトヴィア人など地域住民の言語や文化への関心の高まりであった。当然、エストニア人住民が多数を占めるエストラントとリフラント北部では、エストニア人の言語・文化などに関心を抱くドイツ人が現れた。彼らは、エストニア語の理解・習得とその言語学的研究、エストニア人に受け継がれてきた民間伝承・詩歌などの収集、エストニア人の伝統的風俗習慣の観察などに従事した。また、エストニア人への初等教育の普及、農業など諸産業に関する知識・技術の開発や普及といった、一連の啓蒙活動にも積極的であった。このように、エストニア人とその言語・文化に関心を持ち、彼らの地位向上・利益確保などに努めたバルト・ドイツ人は、後に「エストフィル（Estophile）」と呼ばれた。そして、彼らエストフィルの活動を背景として、1838年「エストニア学識者協会」（Die Gelehrte Esthnische Gesellschaft：以下本稿では、しばしば「協会」と略記）が設立された。

　この協会ではまた、バルト・ドイツ人のみならず、少数ながらエストニア人

第11章　19世紀前半バルト海沿岸地方における知識人

の先駆的インテリゲンチアがより積極的に活動し、エストニア人の民族的覚醒を促す契機を生みだした。本稿では、このエストニア学識者協会の設立過程と、その初期の活動状況を考察し、バルト地方という「地域」、そしてエストニア人という「民族」への関心の高まり、さらには彼らの民族的覚醒へと続く、同地域の「分化」の一面を検証する。

2．19世紀前半のエストフィルとエストニア人インテリゲンチア

　エストフィルのなかには、その職務において日常的にエストニア人と接触する機会の多い聖職者が多く見られた。教会では、早くも16世紀にエストニア語の問答書や説教書が作成され、17世紀には新約聖書のエストニア語訳が試みられていた。また教会は、教区民に聖書などの講読を促すため、初等教育にも従事した。それらの活動が、聖職者自身にエストニア語の理解・習得を要求したことは言うまでもない。しかし、フィン＝ウゴル語に属し、ドイツ語などのインド＝ヨーロッパ語とは異なった構造を持つエストニア語を、正確に理解することは容易ではなかった。また、庶民の日常語にとどまっていたエストニア語は、文法や正書法も定まっておらず、地域による方言の差違も著しかった。当時のエストニア語は、レヴァル（現タリン）などを含むエストラントとリフラント北西部で話されていた北部エストニア語（北部方言）と、ドルパトなどリフラント東北部で用いられていた南部エストニア語（南部方言：「ドルパト・エストニア語」と称されることもある）に大別され、その差違は小さくなかったといわれる(6)。このような状況のなかで、エストニア語の語彙の収集、文法の整理、正書法の確定などに取り組むドイツ人、すなわちエストフィルの活動が展開された。

　1813年、ドイツ人聖職者ローゼンプランター（J. H. Rosenplänter：1782-1846）の編集により、ペルナウ（現パルヌ）で『エストニア語のより正確な知識のための寄稿論集（*Beiträge zur genauern Kenntniss der ehstnischen Sprache*）』（以下『寄稿論集』と記）が出版され、1832年まで刊行が続いた。同誌には、エストニア語の文法や正書法をめぐる言語学的な論文の他、未成熟ながらその

萌芽をみていたエストニア文学、エストニアのフォークロア研究、などに関する論文が寄稿された。またドイツ人だけでなく、エストニア人とスウェーデン人の混血とされ聖職者であるとともに作家・言語学者としての業績も注目されるマシンク（O. W. Masing：1763-1832）、エストニア人の学生で詩人であったペテルソン（K. J. Peterson：1801-22）、そしてフィンランドの民族ロマン主義者アルヴィドソン（A. I. Arwidsson：1791-1858）なども同誌に寄稿した。また、同誌に寄稿していたドイツ人聖職者で、医師でもあったルーツェ（J. W. Luce：1750-1842）は、1817年、エーゼル島（現サーレマー島）のアレンスブルク（現クレッサーレ）で「エストニア文芸協会（Ehstnische Literarische Gesellschaft）」を設立した。この組織は、諸方言を含めた単語の収集、各単語および同意語の意味の正確な定義、語法の完成、新語の導入、外国語の単語のエストニア語への転換、正書法の改良、文法的規則の定式化などを目的として、約15年間活動を続けた。[7]

『寄稿論集』の刊行や「文芸協会」の設立は、北部方言の使用地域での活動であったが、南部方言の使用地域でも新たな動きがみられた。1819年、聖職者でウルブス（現ウルヴァステ）の監督教区長であったF・G・モーリツ（F. G. Moritz）、ドルパトの聖ヨハネ教会教区の聖職者でドルパト大学のエストニア語講師であったL・W・モーリツ（L. W. Moritz）らにより「ドルパト・エストニア学会（Ehstnische Gelehrte Gesellschaft zu Dorpat）」が設立された。当時のエストフィルの間では、北部方言地域と南部方言地域との間の対抗意識も強く、ドルパトの「学会」は、北部の『寄稿論集』や「文芸協会」と対立する性格を有していた。特に、正書法の確定、辞書の作成などの業務において、いずれの方言を基盤とするか議論がかわされた。しかしまた一部では、方言の存在を言語としての豊かさを表すものとして肯定的にとらえ、両者の融合を促進すべきであるという主張もみられた。ドルパトの学会では、エストニア語に関する一連の課題・論題を示した回状を発送し、これに対する意見・回答を求めるという形式で活動が続けられたが、そこでは北部の『寄稿論集』の協力者から回答が寄せられるなど、南北の交流もみられた。

さらに、この時期の注目すべき今ひとつの現象が、前述のマシンクやペテルソンに代表される、エストニア人インテリゲンチアの形成とその活動である。1810年前後から、ドルパト大学にも少数ながらエストニア人学生がみられるようになり、そのなかからドイツ人エストフィルと活動をともにする者も現れた。[8]そのような先駆的インテリゲンチアとして特に注目すべき人物が、フェールマン（F. R. Fählmann：1799‐1850）とクロイツヴァルト（F. R. Kreutzwald：1803‐82）である。フェールマンは、エストニア人農民の家庭に生まれたといわれるが、ドルパト大学で医学を学び、医師として勤務するかたわら、学生時代からエストニア語研究、エストニア人に伝わる伝承の収集・記録に従事した。クロイツヴァルトも、ドルパト大学医学部で学んだ後、リフラント東部のヴェロー（現ヴォル）の病院に勤務し、その一方でエストニアの伝承・詩歌などの収集・記録を行った。[9]彼らは、1820年代中頃に出会い、1830年代には、自らの活動のため、新たな組織の形成を模索し始めた。それはまた、前述の『寄稿論集』・「エストニア学会」など、1810年代に始まったエストフィルの活動が一時停滞し、新たな世代の台頭が待たれていた時期であった。

　一方1830年代には、ドルパト大学においても新たな動きがみられた。1831年から、大学の教員を中心に、各種の研究発表と討論のための交流会が毎月開かれるようになった。機関誌が発行され、国外の研究者も招待された。交流会は30年代後半までに法学・哲学系、自然科学・医学系、神学系などの各部門に分割され、その一つとしてエストニアの言語・文学・歴史・地理などを研究対象とした部門も形成された。そこには、先のフェールマンの他、ドルパト大学解剖学教授のヒュエック（A. Hüeck）、1837年から同大学のエストニア語講師を勤めたユルゲンソン（D. H. Jürgenson）らが含まれていた。そして彼らによる独立した組織設立への志向が、「エストニア学識者協会」の創設をもたらしたのである。[10]

3．エストニア学識者協会の設立

　「協会」の創設は、1838年1月、ドルパトの牧師ゲーヴェ（C. H. Gehewe）

の自宅で開かれた会合において決定された。この会合には19名が出席し、彼らが事実上の設立メンバーとなったが、うち3名がドルパト大学教授で、前述のヒュエックと、法学教授ブンゲ（F. G. Bunge）、歴史学教授クルーゼ（F. Kruse）であった。さらにゲーヴェを含めて聖職者が11名を占め、他5名のなかにユルゲンソン、フェールマンらの名が見受けられる(11)。

また、ゲーヴェの他、同様に牧師のボウブリヒ（J. S. Boubrig）は、前述の「ドルパト・エストニア学会」の一員でもあった。以上から、「協会」創設にいたる3つの背景がうかがわれる。第1に1810年代以来のエストフィルの活動、第2に1820年代からのエストニア人インテリゲンチアの活動、そして第3がドルパト大学における学術的交流促進へ向けた活動である。大学を舞台にした「交流会」などの活動と、いわば民間のエストフィル、エストニア人インテリゲンチアの活動が、相互にどのような結びつきをもっていたのかは明確ではない。しかし、両者の活動の接点にフェールマンが位置していたことは予想される。医師であった彼は、医学研究の分野でも業績を残し、1830年代にはドルパト大学で講座を持つことも可能な状態にあった。結局、彼は医師としての業務を継続し、教授職に就くことはなかったが、1842年からはエストニア語の講師となり、翌年からは薬理学・調剤法の講義も担当するなど、常に大学との関わりを持ち続けていた(12)。

またこの会合において、ブンゲにより起草された会則が可決された。協会は、会則をロシア国民教育省に提出し、その認可を求めた。国民教育省は、「協会」はドルパト大学に付属する機関であること、その総裁の指名は国民教育相の承認を必要とすること、などを条件に、1839年1月、「協会」とその会則を承認した(13)。

会則では、

> 第1項　ドルパト帝国大学に併設されるエストニア学識者協会は、エストニア民族の過去と現在、彼らの言語と文学、ならびに彼らの居住する地方（Land：筆者）について知識を追及することを目的とする。

とされ、協会の基本目標が明示されると同時に、ドルパト大学に付属する組

織であることが確認されている。さらに具体的な活動方法に関して、

第2項　協会は、これらの目的を充足させるため、1）会合においてこれに属する対象について論議を行い、2）エストニア民族の詳細な情報を導き出すあらゆる種類の文書もしくはその他の文化遺産の収集を行う。

第3項　協会の会合は毎月、常にその月の第1水曜日に開催する。その他協会は、創立記念日である1月18日に、大学の大ホールにおいて総会を開催する。

第4項　毎月の会合において会員は、第1項で掲げられた協会の目的に適合する課題について論議を行い、これに属する講演を行う。何らかの情報や調査が必要な際は、過半数の得票を得た会員がこれを委託され、それにより後の協会の会合において彼に依頼された調査の結果について口頭もしくは文書による報告を行うことが義務づけられる。

第6項　協会はその業績を、一部は"Verhandlungen der gelehrten Esthnischen Gesellschaft zu Dorpat"（以下「会報」もしくは「V. d. G. E. G.」と記：筆者）の表題のもとに分冊で出版し、一部はその他の定期刊行物を通じて公表する。

として、毎月の会合における研究報告、および「V. d. G. E. G」などの出版物による論文等の発表を、その活動の主体とすることが定められた。また、

第9項　協会の収集品は以下の状態にされる。1）エストニア図書館。この図書館のため協会はエストニア語で著されたあらゆる文書、もしくはエストニア民族の情報にかかわるあらゆる文書の入手に努める。2）エストニア博物館。ここは、協会の目的の充足に何らかの寄与をし得るすべての他の文化遺産を受容する。

とされ、文献をはじめとする史料の収集と保管を、協会の重要な活動の一つとして定めている。一方「協会」の会員については、

第10項　協会は不特定数の会員で構成され、会員はドルパト居住の会員と

その他に居住の会員に分割される。
第11項　協会の最初の組織化に際してこれを構成した会員は、創立者とみなされ、将来会員を選出する権利が与えられる。
第13項　すべての創立者、そして今後は彼らによって受け入れられたすべての会員は、新たな会員を推薦する権利を有し、次の回の会合においてその被推薦者の選出が秘密投票によって行われる。すべての会員の受け入れ、同様にすべての協会の確定的決議は少なくとも8名の会員の出席のもとで行われる。被推薦者の受け入れは、出席会員の4分の3以上の同意を必要とする。

とされた。さらに組織・運営に関して、

第14項　すべての会員は、とりわけ以下のことにより協会の目的を力のかぎり充たすことを義務づけられる。1）協会が研究を求めた分野における彼の研究結果の報告、2）協会により彼に委託された業務の引き受けと遂行、3）協会の収集の拡大への配慮、4）協会の財政に対する年間50ルーブルの出資。
第16項　協会は毎年創立記念日に、ドルパト在住の会員の中から、多数決により総裁と書記を選出する。総裁は規定の方法により、国民教育相に承認を求める。

と定められた[14]。

4．エストニア学識者協会の研究活動

こうして「協会」は、当初19人の会員により発足したが、1840年までに会員数は39名に倍増した。その後、名誉会員（Ehrenmitglieder）、通信会員（Correspondirende Mitglieder）の地位が追加され、1847年には名誉会員11名、通信会員15名、正会員62名で、総計88名に、1852年には名誉会員8名、通信会員16名、正会員72名で総計96名にまで増加し、組織の急速な拡大がみられた[15]。

先に見たように、「協会」は、原則として毎月会合を開き、講演（研究報告）を行うこと、会報である「V. d. G. E. G.」を発行し、そこに論文などを発表す

ることが会則で定められていた。会報は1840年から、原則として毎年1分冊、4分冊で1巻という構成で発行され、一連の論文が掲載されるとともに、各年の活動報告が記されている。以下、この会報を手がかりに、発足から10年前後の活動状況を考察する。

1840年の第1巻第1分冊から1854年の第3巻第2分冊までの10冊の会報では、2～3ページの小論も含め、総計67点の論文が発表されている。これを、取り扱われた分野別に分類したのが〈表1〉である。また会報においては、原則として各年度の「協会」の活動報告が掲載されている。そのうち、1839年から46年までの活動報告では、その年の月例会もしくは総会で行われた講演・研究報告について、その題名と報告者が記載されている。残念ながら、1847年以降については同様な記載がなく、どのような講演・研究報告がなされたのか不明である。1846年までの活動報告をみると、この7年間で183の講演・研究報告が記録されている。その内容は、表題から推測しうるのみであるが、2つは死亡した会員の追悼、また別の2つは「協会」の活動・組織などに関する報告もしくは提言と思われ、学術的報告とは考えられない。また、研究者本人による講演・報告とともに、論文の「朗読」とされているものもある。この「朗読」をふくめ、学術的報告とみなしうるもので取り扱われた分野は、〈表2〉のとおりである。

論文・報告ともに、エストニア語およびエストニア文学に関わるものが多数であることは明らかである。しかしまた、それ以上に多数を占めるのが歴史に関わる論文・報告であり、その大半はバルト地方を対象としたものであるが、エストニア史に特定しうるものが圧倒的というわけではない。また、バルト地方以外では、フィンランド文学に関する論文・報告が比較的多いことがわかる。

論文の執筆者、研究の報告者をみると、まず目を引くのがフェールマンとクロイツヴァルトの2人のエストニア人である。フェールマンは、「会報」のなかで10点の論文を発表している。うち5点はエストニア語に関するもので、「エストニア語における語幹の変化について」(B.I, H.2, 1840)、「エストニア語の名詞の格変化について」(B.I, H.3, 1844) など文法を扱ったものが4点、さ

らに「エストニア語の正書法について」(B.II, H.4, 1852) という論文がみられる。また4点は民間伝承や詩歌の紹介と分析など、エストニア文学の考察で、「ドルパトおよびその周辺に関連するエストニアの説話」(B.I, H.1, 1840) などがある。残る1点は「古エストニア人の異教信仰はいかにして形成されたか？」(B.II, H.2, 1848) という、キリスト教化以前のエストニアおよびエストニア人を考察したものである。また掲載された10点のうち、「エストニア語の正書法について」を含めた3点は、彼の死後、1852年に発表されており、事実上「遺稿」と呼ぶべき論文となった。これら論文の他、1846年までの例会において、18回の報告がフェールマンによって行われている。その表題から推測して、前述の論文と内容が重複すると思われるものも含まれるが、14回はエストニア語の文法・正書法などの考察・分析と考えられる。また3回は文学、1回は文学および言語に重複する内容とみられる。文学に関しては「カレヴィ＝ポエクの武勇と冒険」(1839)、「夜明けと夕暮れの伝説」(1843) などの報告で、長くエストニア人の間で親しまれてきた伝承の紹介と考察と思われる。またフェールマンは、1843年の年次総会で「総裁」に選出され、1850年の彼の死までその職責にあった。

表1　論文の対象分野：会報第1巻第1分冊（1840年）から第3巻第2分冊（1854年）

言語学	17点	エストニア語	14点
		フィンランド語	2点
		その他（言語一般）	1点
文学	18点	エストニア文学	16点
		フィンランド文学	2点[1]
歴史学	32点	バルト地方	30点（エストニア史は18点）
		その他	2点
総計	67点		

[1] いずれも "Kalevala" に関する論文

表2　講演・報告の対象分野（題目から推定）：1839年から46年

言語学	43回	エストニア語	38回
		その他	5回
文学	21回	エストニア文学	16回
		フィンランド文学	5回
歴史学	92回	バルト史	81回（エストニア史は37または38回）
		その他	2回
その他	8回	経済学	1回
		民俗学	3回
		自然科学	2回
		法学	1回
		人類学	1回
2分野以上に重複	13回	言語学・文学	3回
		言語学・歴史学	3回
		文学・歴史	4回
		言語学・民俗学	1回
		言語学・宗教	1回
		文学・民俗学	1回
総計	177回		

　クロイツヴァルトは「会報」に5点の論文を発表している。うち4点は「エストニア神話の性格について」（B.II, H.3, 1850）、「動物の創造（エストニアの民間伝承）」（B.III, H.2, 1854）など、エストニアの伝承文学を考察したもの、1点は現在のタリン市の古称の由来について民間伝承との関係から考察した「エストニア人の視点から明らかにされる、レヴァルのより古いエストニア語の名称リンダニッセ」という小論である。また例会では、論文の朗読を含め13の報告がなされ、うち4回は、エストニアの民族歌謡・民間伝承の紹介・考察あるいはドイツ語訳と思われる。また4回はエストニア諸地域の墳墓、発掘された貨幣などの歴史的考察、2回は植物や人間の身体の各部分を表すエストニア語の名称に関する考察、2回は伝承を手がかりにエストニア人の歴史を考察したものと推測される。
　フェールマンとクロイツヴァルトの活動がもたらした最も重要な成果のひと

つが、叙事詩『カレヴィポエク』("Kalewipoeg"：カレヴィの息子）の編集と発表である。この作品は、エストニアの王となったカレフとその妻リンダの間に生まれたカレヴィポエクの、戦い、冒険、あるいは苦難の物語を中心に展開される民族叙事詩である。カレヴィポエクとその父母にまつわる物語は、伝承や歌謡としてエストニア各地で語り継がれ、歌い継がれてきていた。フェールマンはこれらの伝承や歌謡を収集し、前述の論文「カレヴィポエクの武勇と冒険」によってその概要を紹介した。フェールマンの死後、その業務を継承したクロイツヴァルトは、彼らが収集した資料に基づき、叙事詩『カレヴィポエク』を完成させた。作品は、1857年から61年までに、協会の「会報」第4巻および第5巻において、エストニア語とドイツ語で公表された。19世紀後半、エストニア人の民族的覚醒は急速に進み、エストニア人ナショナリズムの高揚をみるが、クロイツヴァルトらによる『カレヴィポエク』の編集と発表は、エストニア人の民族的覚醒を促す先駆的事業となった。[16]

　しかし、協会において積極的な活動を展開したのは、フェールマンとクロイツヴァルトだけではない。会員の大半はドイツ人であったが、彼らも「会報」に多数の論文を発表し、例会において様々な報告を行っている。以下同様に、1854年までの論文、1846年までの例会での報告を見ていくと、ドルパト大学の教員としては、先に挙げた歴史学教授クルーゼが、バルト地方の研究旅行に関する報告文を含め、エストニア史に関する5点の論文を発表している。また、例会においては28回の報告を行い、うち20回はエストニアを含めたバルト地域の歴史に関する報告と思われる。同様に前述のヒュエックは、解剖学教授でありながら「リフラントとエストラントの先住民の幾つかの城壁に関する覚え書き」（B.I, H.1, 1840）という論文を載せている。また例会において9回の報告を行い、これも7回がバルト地方の歴史に関する報告である。法学教授のブンゲは、3回の報告を行い、うち1回は法学に、2回はバルト地方の歴史に関する報告と思われる。さらに歴史学の講師であったハンセン（A. Hansen）は14点の論文を発表し、うち歴史関連の論文は11点、そのなかで10点はエストニアを含めたバルト地方の歴史を主題としている。残りの3点は、エストニア語・

フィンランド語など言語に関するものである。例会では22回の報告をおこない、明らかに歴史に関すると思われるものが16回、うちバルト地方の歴史についての報告とみられるものが9回なされている。その他は、言語学・民俗学などの分野の報告と推測される。またエストニア語講師であったユルゲンソンが、エストニア文学に関する論文を2点、エストニア語に関する論文を1点発表している。同様に例会においても、エストニア語に関する報告を2回、エストニア史もしくは文学に関すると思われる報告を1回行っている。

　その他の会員では、ドルパトの聖職者で創立会員の一人であったボウブリヒが、エストニア語に関して1点、エストニア文学に関して2点、そしてエストニア史に関して3点の論文を発表している。彼はまた、例会においても、エストニア文学、エストニア史などに関して9回の報告を行っている。ドルパトのギムナジウム教員であったザント（G. M. Santo）は、エストニア文学に関して3点、バルト地方の歴史に関して2点の論文を発表している。またドルパトの聖職者ケルバー（E. P. Körber）は、例会において17回の報告を行い、うち15回は歴史に関して、そのなかで12回はエストニアなどバルト地方の歴史を課題としたものと思われる報告を行っている。同様にドルパトの聖職者で、フェールマンの死後、協会の総裁を引き継いだラインタール（C. G. Reinthal）は、エストニア語・エストニア文学・フィンランド文学などに関すると思われる7回の報告を行っている。また、前述の『寄稿論集』の編集者ローゼンプランターも、名誉会員として協会に参加し、エストニア語に関する3回の報告を行っている。

5．エストニア語の文法と正書法

　会員個人の論文・報告と関連しながら、この時期の協会が取り組んだ主要な課題が、エストニア語文法の定式化と正書法の統一であった。これらは、バルト地方のエストニア人・ドイツ人知識人に共通の課題であり、その論議は、協会以外の場でも19世紀後半まで繰り返された。エストニア語文法に関して協会は、各地方の方言を含めた語彙・表現の収集に努め、その一環としてエストニ

ア語による事典の作成、エストニア語ドイツ語辞典の作成に取り組んだ。また、エストニア語文献の収集と保管、蔵書目録の作成などを通じ、過去にさかのぼった語彙・表現の収集もなされた。
　文法の問題において協会は、18世紀末までの研究に対し批判的な立場を示した。特に、それまでエストニア語の学習において主要なテキストとされていた『二つの主要な方言のためのエストニア語文法』（"Ehstnische Sprachlehre für die beyden Hauptdialekte"：初版1780年、第2版1818年）と、その著者フーペル（A. W. Hupel：1737-1819）を厳しく批判した。前述のラインタールは、フーペルをはじめとする18世紀末までの文法研究について、「……手元にある資料から独自に言語法則を発展させるという原則から始めるのではなく、エストニア語をすでに確立された形態、すなわちラテン文法に、無理やり押しこもうと、あくせく努力をした……(17)」と述べている。また、協会の書記であったザクセンダール（E. Sachsendahl）は、フーペルを批判する一方で、ローゼンプランターの『寄稿論集』を中心としたエストニア語研究、特にマシンクの業績を評価し、彼らの業績を継承し発展させることが協会の進むべき道であるとみなした。ラインタールはマシンクについて、「同時代人たちの中に、文法から言語が獲得されるのではなく、言語から文法が得られるのであるという認識を呼び起こした」と述べ、『寄稿論集』については、「……その中でエストニア語の問題に関する無数の声が、あらゆる可能な関係において聞かれ、……多くの優れた人々が、喜びと成果をともなってエストニア語の研究に専心するために、非常に多くの貢献をしてきた。(18)」と述べている。そして、各地の方言を含む日常の会話、出版された文献、そして伝承・歌謡などから、できる限りの語彙・表現を収集し、それを分析することが、エストニア語文法の体系化のために協会がなすべき業務であるとみなされた。
　正書法に関しては、統一が求められたものの、当初は協会でも見解の一致はみられず、その出版物においても著者により異なった正書法が用いられていた。(19) 従来エストニア語の表記には、18世紀初頭までにほぼ確立された「旧正書法」が用いられてきたが、19世紀になると、やはり『寄稿論集』において、マシン

クらを中心にその見直しを求める動きがみられ、「新正書法」の作成が試みられた。当初「新正書法」も、必ずしも統一されていなかったが、『寄稿論集』の執筆者の一人であった前述のアルヴィドソン、フィンランドの民族叙事詩『カレヴァラ』の編集者で協会の名誉会員にもなったレンルート（E. Lönnrot：1802-84）らフィンランド人の助言を受け、フィンランド語の正書法を取り入れながら改良が進められた。協会では、フェールマンがこの流れを受け継ぎ、先の論文「エストニア語の正書法について」を執筆した。フェールマンは、フィンランド語の正書法の利用については、必ずしも積極的に評価していなかったといわれるが、協会における出版物を「新正書法」に統一することを主張した。[20]

　これら、エストニア語の文法や正書法をめぐる問題は、協会だけではなく、バルト地方のエストニア人社会全体が取り組むべき課題であったことはいうまでもない。エストニア語をめぐる問題は、エストニア人自身の課題であり、ドイツ人が会員の多数を占める学識者協会から、エストニア人インテリゲンチアを中心とする新たな組織・団体にその主導権が移行していくことは、必然的な結果であった。したがって、文法や正書法に関して、この時期の協会の活動だけでしかるべき成果が得られたとは言い難い。しかしまた、語彙や表現の収集をはじめとする協会の様々な蓄積が、その後の一連の成果の基盤となったことは疑いえない。最初のエストニア語ドイツ語辞典は、ロシア帝国アカデミー会員であったヴィーデマン（F. J. Wiedemann：1805-87）によって1869年に完成された。彼は1840年代に協会の正会員となり、その後協会を離れたが、1860年代には名誉会員となっている。ヴィーデマンはまた、1875年に『エストニア語文法』（"Grammatik der Ehstnischen Sprache"）を著すなど、19世紀後半のエストニア語文法研究において中心的な役割を果たした。正書法に関しては、フェールマンの死後、引き続き新旧両派の対立が協会の内外で展開された。協会では、前述の『カレヴィポエク』が新正書法で発表されたのち、1863年に協会の出版物の表記を新正書法に統一することが決定された。翌年には、エストニア人でギムナジウム教員であったフルト（J. Hurt：1839-1906）による

『新正書法に関する小論』("Lühikene õpetus õigest kirjutamisest parandatud viisi")が協会により出版されたが、同書の出版は、新正書法普及への転換点となったとされる。フルトもまた、1860年代に協会の正会員となっている。新正書法がほぼ定着するのは19世紀末のこととされるが、フェールマンからフルトへと至る1860年代までの協会の活動は、新正書法の確立と普及の推進力となったといえる。[21]

さらに協会では、内外の研究者や研究組織との交流も促進された。1853年までに、協会は26の各種の研究組織との間に交流を持つに至った。地域別にみるとバルト地方の組織が6、サンクト＝ペテルブルクの組織が5、フィンランドが2、ドイツ諸邦が9、ハプスブルク帝国が2、オランダが1、スイスが1であった。[22] また、名誉会員・通信会員のなかには、ドイツ諸邦・フィンランドなど国外の研究者や活動家の名も見受けられた。[23]

特に、設立直後の時期に注目されるのは、フィンランドのレンルートとの交流である。先に述べたように、医師であったレンルートは、フィンランド各地の民間伝承の収集に努め、民族叙事詩『カレヴァラ』を編集するとともに、フィンランド語の文章語の形成にも貢献するなど、19世紀フィンランド民族ロマン主義を代表する人物であった。彼は、1844年に協会を訪れ、例会において「フィンランド語・エストニア語・チュード語のことわざの収集」、「フィンランド語とエストニア語の変化と活用の比較」という2つの報告を行い、その後協会の名誉会員とされた。前述のとおり、エストニア語の新正書法はフィンランド語の正書法の影響を受けていたが、レンルートは、協会を訪れた際、エストニア語の正書法をめぐる論議に参加し、新正書法の採用を強く主張したといわれる。[24] またエストニア語文法の研究やその体系化においても、フィンランド語文法との比較研究は、重要なテーマであった。[25] さらにレンルートの『カレヴァラ』が、フェールマンやクロイツヴァルトによる『カレヴィポエク』の編集を導いたことはいうまでもない。レンルートに代表される、19世紀前半のフィンランド大公国における自民族の言語・文化への意識の高まりと、それを背景とする民族ロマン主義は、バルト地方のドイツ人・エストニア人のインテリゲ

ンチアに少なからぬ刺激を与え、協会においても主要な関心の対象であったと考えられる。協会の会報には、カレヴァラに関する論文が2点掲載され、例会においても、カレヴァラをテーマにした4つの報告がなされている。

　また、会則に定められているように、バルト地方を中心とする各地の文献、古美術品、古銭などの史料収集も協会の主要な業務とされ、設立以来、購入や寄贈によりその収集が図られた。1854年の報告では、協会の蔵書は1135点、1679冊とされている。同様に貨幣は、バルト地方のものが718種、ロシアの貨幣が202種、国外のものが908種で、重複する644点を含め総計2472点が収集された。そのなかにはローマ時代の銀貨や、ウマイヤ朝、アッバース朝などイスラム世界の貨幣も含まれていた。考古学的収集品としては、武具、印章、装身具、墓碑など441点を数えた。そのほとんどがバルト地方で発見されたもので、エストニア人の装身具が多数含まれていた。その他オリジナルと複製とを合わせ148点の古文書と、123点の絵画・地図などが、同時期までに収集された。[26]

6．啓蒙主義・民族ロマン主義と「分化」

　以上の考察で明らかなように、エストニア学識者協会の主体となったのは、エストフィルと称されるドイツ人たちであった。彼らは、バルト地方で生活し、聖職者や教員などとして自らの職務を遂行するなかで、地域の言語・歴史・文化、すなわちエストニア人の言語・歴史・文化などに、強い関心を持つにいたった。彼らの意識や活動の背景に、18世紀以来の啓蒙主義の理念があったことは疑いえない。このような、啓蒙主義にもとづく地域の言語や文化への意識の高まりは、それ自体、バルト地方の、そしてエストニアの「分化」に結びつきうる現象であったといえる。それはまた、エストニア語やエストニア人の言語や文化が、ロシア帝国の他の地域の言語や文化とは性格を異にしていたことから、「分化」を導く傾向をより強く有していたといえる。

　しかしまた、協会では、その設立時から、フェールマンやクロイツヴァルトなど、エストニア人のインテリゲンチアも活動の中心に位置していた。協会は、彼らエストニア人の先駆的インテリゲンチアの重要な活動舞台ともなった。そ

こには、エストニア人自身の、自らの言語・文化・歴史などへの意識の高まり、さらには自らの民族に対する自覚、すなわち民族的覚醒へ向かう動きが、はっきりと現れていた。また、エストフィルに見られた啓蒙主義的理念のみならず、民族ロマン主義の傾向を見て取ることもできる。そして、このエストニア人の民族的覚醒は、より明確に「分化」へ向かう要素であった。

　ロシア帝国下のバルト地方では、バルト・ドイツ人の分離主義的傾向、すなわち彼らの特権・自治権の維持・強化の意図が、明らかに「分化」の動きとして存在した。この動向は、19世紀後半には、帝国諸地域の「ロシア化」により「統合」の強化を図る帝国政府との間に緊張を生み出すことになる。さらに、帝政末期には、エストニア人・ラトヴィア人のナショナリズムが政治的運動に発展し、彼らの自治を要求する運動も展開される。このように、バルト地方においては、帝政ロシア時代を通じ、政治的「分化」へ向かう動きが常に存在していた。それは、当初はもっぱらドイツ人が求める「分化」であったが、やがては、エストニア人・ラトヴィア人の民族的覚醒に裏づけられた「分化」を促すに至った。

　しかし、このような「分化」をもたらす政治的運動に先立ち、精神的領域におけるエストニア人の「分化」が進んでいたことを否定することはできない。そして、この精神的領域における「分化」を促す契機の一つが、エストフィルの出現とその活動であり、さらにそれと並行したエストニア人の先駆的インテリゲンチアの形成であった。エストフィルとエストニア人インテリゲンチアの背景にあった理念、あるいはその活動において現れた傾向は、必ずしも共通ではなかった。前述のとおり、エストフィルの背景にあったのは18世紀以来の啓蒙主義であり、エストニア人インテリゲンチアの活動には、19世紀の民族ロマン主義の傾向を見ることができる。しかしまた、各々異なった理念と傾向を有しながら、彼らの活動は相互に結びついたといえる。そして、このような両者の結びつきが、「エストニア学識者協会」の形成を促し、またその協会が、両者の新たな活動舞台を提供するに至ったのである。

註
（1） 1897年の統計による同地方の人口比は、下表のとおりである。

注(1)表

	エストラント	リフラント	クールラント	3県総計
ドイツ人	3.90（％）	7.57（％）	7.57（％）	6.94（％）
ラトヴィア人	0.11	43.40	75.07	44.84
エストニア人	88.67	39.91	–	37.08
ロシア人	5.07	5.36	5.68	5.39
ポーランド人	0.29	1.16	2.92	1.51
リトアニア人	0.02	0.51	2.45	0.97
ユダヤ人	0.31	1.83	5.59	2.65
その他	1.63	0.76	0.72	0.61
人口総計（人）	412,716	1,299,365	674,034	2,386,115

Tornius, V., *Die Baltischen Provinzen*, Leipzig und Berlin, 1918, 23.

（2） バルト地方の地名は、19世紀と現代ではかなりの差違がある。19世紀には総じてドイツ語式であった地名の多くが、現在ではエストニア語・ラトヴィア語の名称に変わっている。本稿では、原則として19世紀に一般的に使用されていたと思われる名称、多くはドイツ語式の名称を使用し、できる限り現在の名称を併記するように努めた。

（3） ドルパトでは、1632年、同地方を支配下においていたスウェーデン政府の下で大学が設立されたが、1699年にペルナウ（現パルヌ）に移転し、大北方戦争下の1710年に閉鎖されていた。このような経緯から、1802年のロシア政府による大学の開校は、「再建」と呼ばれることもある。同大学の開校については、拙稿「1802年のデルプト大学の創設－帝政ロシア教育史への一考」『北欧史研究』第3号、1884年、1-13。

（4） バルト地方では、1816年にエストラント、17年にクールラント、そして19年にリフラントで農民解放が実施された。この解放は、土地の賃貸借など領主と農民の間の自由契約を原則とし、農民の土地所有を保障するものではなかったが、形式的には自由身分としての地位が農民に確保された。

（5）「エストニア学識者協会」は、現在では"Õpetatud Eesti Selts"と称され、タルトゥ大学を中心に活動が続けられている。

(6) Kurman, G., *The Development of Written Estonian*, Bloomington, 1968, 4-6.
(7) Kurman, op cit., 22-26., Oinas, F. J., *Studies in Finnic Folklore : Homage to the Kalevala*, Helsinki, 1985, 21-22., *Õpetatud Eesti Selts 1838-1938 : Lühike tegevusülevaade*, Tartu, 1938. (English Summary)：以下、*Õpetatud Eesti Selts 1838-1938*と略記。同書は、1938年、エストニア学識者協会の創立百周年に際して出版されたパンフレットである。本稿では、同協会のホームページ上の英文要約を参照した（http://www.ut.ee/OES/MoreHistory.html）。
(8) したがって、初期のエストニア人インテリゲンチアの多くは、親ドイツ的な傾向が強く、ドイツ語を日常語とするなど、「ドイツ化」した者も少なくなかったといわれる。Martis, E., "The Role of Tartu University in the National Movement", in Loit, A. (ed), *National Movements in the Baltic Countries during the 19th Century*, Stockholm, 1985, 317-25.
(9) Русский Биографический Словарь, СПб, 1903 (Reprinted, N.Y., 1962).
(10) Kurman, op cit., 27, *Õpetatud Eesti Selts 1838-1938*, Петухов, Е. В., Императорский Юрьевский, бывший Дерптский, университет:за сто лет его существования (1802-1902), т.I, Юрьев, 1902, 560-63.
(11) クロイツヴァルトは、1840年には正会員となっているが、設立時の19名のなかには含まれていない。*Verhandlungen der Gelehrten Estnischen Gesellschaft zu Dorpat* (以後V. d. G. E. G. と略), B.I, H.1, Dorpat, Leipzig, 1840, 15-16.
(12) *Õpetatud Eesti Selts 1838-1938*, Русский Биографический Словарь.
(13) *Õpetatud Eesti Selts 1838-1938*, Петухов, Указ. соч. 561-62.
(14) V. d. G. E. G., B.I, H.1 (1840), 11-14.
(15) V. d. G. E. G., B.I, H.1 (1840), 15-16, B.II, H.1 (1847), 93-96, B.II, H.4 (1852), 97-100.
(16) Oinas, op cit, 52-59.
(17) V. d. G. E. G., B.II, H.4 (1852), 82.
(18) V. d. G. E. G., B.II, H.4 (1852), 91.
(19) V. d. G. E. G., B.II, H.1 (1847), 86-87.
(20) Kurman, op cit., 21-29.
(21) Kurman, op cit., 30-50., Peegel, J., "Collection and Research of the Estonian Language and Folklore in the Learned Estonian Society" (Summary of "Eesti keele ja rahvaluule kogumis-ning uurimistööst

Õpetatud eesti seltsis"), *Õpetatud eesti seltsi aastaraamat 1988-1993*, Tartu, 1995. 17., *Sitzungsberichte der gelehrten estnischen Gesellschaft zu Dorpat*, Dorpat, 1868.
(22) V. d. G. E. G., B.III, H.1 (1854), 93-94.
(23) V. d. G. E. G., B.II, H.1 (1847), 93-94, B.II, H.4 (1852), 97-98.
(24) Kurman, op cit., 28.
(25) V. d. G. E. G., B.I, H.4 (1846), 15-16.
(26) V. d. G. E. G., B.III, H.1 (1854), 94-106.

今村　労

第12章

20世紀初頭ロシアの地方自治と国家
―ペテルブルク市自治行政改革―

1．近代ロシアの地方統治をめぐる問題―農奴解放～20世紀初頭

　近代ロシアにおける本格的な地方自治は、1864年、県・郡の単位でゼムストヴォと呼ばれる地域住民団体が設けられたことに始まる。都市団体に関しては、遅れて1870年に設置された[1]。これらの「自治」体[2]の創設は、1861年の農奴解放とともに地方社会の再編をもたらす大事業であり、いわゆる「大改革」の一環を成していた。以降、ロシア社会は、農村共同体、ゼムストヴォ、都市という団体を通じて国家に統合されることになった。

　本稿は、1903年に帝国第1の首都サンクト・ペテルブルク市に限定して行われた都市規程の改訂を題材に、帝政ロシアにおける国家と地方自治体との関係から「分化と統合」の問題を考察する。20世紀初頭のこの時期、地方自治体、特にゼムストヴォは、国家の統制から分化しようとする動きを見せ、政府との間には政治的な緊張状態が存在した。これは、ロシアが「国家を揺るがす変動の前日に」[3]あることの一つの現れであった。都市とゼムストヴォは、国家との関係性においては基本的には同じ立場にあり、ペテルブルク市自治体に対する政府の対応にも、同時期の自治体一般に関する政府の姿勢が反映されていると言ってよい。この点は、自著の中でペテルブルクの都市規程改訂について詳細に検討しているナルドヴァも指摘している[4]。だが本稿では、法改訂に至る経緯を、特に自治体監督官庁である内務省の論理に焦点を当てつつ検証し直し、さらに当時の内相Ｂ・Ｋ・プレーヴェ（1902-04年）の対地方自治政策全体と関連づけることによって、単に都市自治体と政府の関係のみならず1905年革命を前

にした地方統治政策の特質を浮き彫りにすることを課題とする。以下では、まず農奴制廃止以降の地方統治制度とそれをめぐる国家と社会の関係、都市自治の基本的な形態を概観したのち、実際の改革過程を検討していく。

　農奴制廃止後のロシアでは、農民は身分団体である村団と郷に組織され、政府の後見下で一定の自治を営むこととなった。それに対して、郡・県、都市の単位では、全身分的な地方自治体が導入された。この自治体は、地域住民によって選出された議会と、その執行機関である参事会から構成され、専ら地方の社会的・経済的必要に関する行政分野に関して、「自立的に活動する」ことが許された。これは裏返せば、自治体は、警察業務など国家の権能、当該地域外の問題、「政治的な問題」への関与を禁じられるということでもあった。

　こうして郡・県、都市のレヴェルで国家行政と自治行政が併置され、その下に農民自治が置かれた新たな統治体制が成立した。だが、まもなく政府は、各行政レヴェルでの混乱を目の当たりにすることになった。1882年に内相に就任したД・А・トルストイは、秩序を回復するために必要なのは、「抽象的な原理」や「西欧の国家理論」ではなく、地方統治諸機関に対する専制権力の強化であるとして、内務省の統制を拡大する形で地方統治体制の再編を試みた。それが、大改革と対比させて「反改革」と呼ばれる一連の改革——農民統治に関する1889年の改革、1890年のゼムストヴォ規程変更、92年の都市規程変更——につながった。地方自治体の改革において内相は、自治に関する、彼によれば誤った考え方、つまり「ゼムストヴォとその利益が、何か国家とその要求とは別個なものであるかのような」思想とそれを体現している自治体の自立性を一掃し、「権力の単一性」を確立しようとした。言いかえれば、地方自治体を社会・経済的行政のみに従事する国家機関の一種として国家行政体制の中に位置付けることが彼の目的であった。しかし、彼の意図は達せられなかった。制度的な面では、参事会を政府任命制にするなどの構想が1889年のトルストイの死後放棄され、また、すでに人々に根付いてしまった「誤った」思想は一掃できなかった。こうして反改革後、政府は、自治活動の「合法性」のみならず、「合目的性」にまで監督対象を拡大させたが、自治体は国家からの一定の自立性を保持

したのである。

　反改革後の政府監督は、自治活動を主導したリベラルにとって、自治への不要な「後見」、自治権の侵害に他ならなかった。こうした認識から、彼らゼムストヴォ・リベラルは、いわゆる政治的な問題に足を踏み入れることになった。特にニコライ2世の即位（1894年）にあたって、いくつかのゼムストヴォが、祝辞の中で「ゼムストヴォが内政に参加する」ことを「希望」し、それをニコライが「ばかげた夢想」だと一蹴した事件は、彼らを逆に反政府化させたのである。1902年5月はゼムストヴォ・リベラル運動の一つの転機となった。25県のゼムストヴォ活動家が集会し、地方の統治構造そのものの変更、つまり、農民の身分自治の廃止、郷以下へのゼムストヴォ制度拡大等を含む綱領を採択したのである。この5月大会に対して、皇帝と内務省は、「ゼムストヴォの統合」の動きと政治への介入を断固として拒否することで応え、既存の地方統治体制を保守する姿勢を明示した。(6)

　本稿で取り上げる都市規程の改訂は、ペテルブルク市のみにかかわる改革であるが、以上のような状況下で行われたことは念頭に置いておかねばならないだろう。

2．都市自治行政の基本的形態

　ペテルブルク市の自治活動は、1904年の新規程施行まで、他の都市と共通の法律によって規定されていた。まず都市行政の基本的な形態を1870年規程に沿って概観する。(7)都市自治体は、意思決定・命令機関である市会と、その執行機関である参事会とから構成された。財源は、不動産税や商工業税、市営の公共施設の利用料などであり、交通、運河等の整備や教育、衛生、医療、商業の振興などに従事した。市会の選挙参加権は、25歳以上の不動産所有者・商工業施設所有者、不動産を所有するか商工業税を納税する団体が有し、4年ごとに納税額を基準とする3つの選挙人集会で議員を選出した（三級制）。市会は、市長と2名以上の参事会員を選出し、市長が市会議長と参事会長とを兼任した。この他、各種の事業を直接管掌するために、議員または有権者から構成される

執行委員会が市会の決定で設けられ、「参事会に従って」活動した。以上が都市自治の主な機構と役割であるが、その活動は県知事（ペテルブルク市に関しては、県知事に相当する権限を有した特別市長官）とその上級機関である内務省の監督下に置かれていた。知事は、市会の全ての決議と条例案に目を通し、法律違反がないか点検するなど全般的に自治活動を監督した。県知事が差し止めた市会決議や条例案を審査するのが、県知事を長とし、地方諸官庁と自治体側双方の代表から構成される県都市問題審議室であった(8)。この機関では、一定の場合、私人や政府機関、ゼムストヴォなどから市自治体への訴訟の審査が行われた。

　1870年規程は前述のトルストイの意図から1892年に改訂される(9)。その特徴は次の2点にあった。第1点は選挙法の改訂で、有権者の数も議員数も大幅に削減され、都市自治体の「質の向上」が図られた(10)。すなわち有権者は、一定の課税評価額以上の不動産を持つ個人と団体、そしてギルドに属する商工業施設の所有者などに限定された。例えば、ペテルブルクでは、有権者は約21000人から約6000人に、議員数は250から160に削減された。さらに重要なのは、第2点の自治体の「準国家機関化」とそれに伴う自立性の制限である。議員の市会への出席は義務化され、市長と参事会員は国家勤務者扱いとなった。また市長に加えて参事会員の人事も政府の承認が必要になった。そして92年規程では、前規程にあった文言──自治体は「その権限内で自立的に活動する」が削除され、政府は自治活動を「合目的性」の観点からも監督することになった。それに伴って、例えば市会の決議の多くが、知事または内相の施行前の承認を必要とするようになるなど、自治体の自立性はいっそう制約された。また、県都市問題審議室は、1890年に新設された県ゼムストヴォ問題審議室と統合され、自治活動の監督・指導機能を果たすことになる。こうして92年規程は、政府による都市自治行政への積極的介入を可能にしたのである。

第12章　20世紀初頭ロシアの地方自治と国家

3．ペテルブルク市自治行政改革の試み
3－1．改革準備過程

　1892年規程は、基本的に帝政崩壊までロシア帝国の都市自治一般のあり方を規定することになった。だが、その例外を成したのが、ペテルブルク市である[11]。20世紀初頭、ペテルブルクは、90年代の工業発展期に約40％の人口増加を記録し、140万強の人口に膨れ上がっており[12]、経済恐慌、学生運動や労働者運動の勃発、そして政府要人の暗殺といった不穏な情勢にもあった。ペテルブルクは首都であるだけに、その都市生活の改善とそれを直接行うべき自治体の改革は急務と見なされていたといえよう。

　改革の動きは、1901年9月、内相Д・С・シピャーギンが恭順報告書においてペテルブルク市に限定した都市規程の改訂を皇帝に提言したことに始まる[13]。内相は、自治体の都市経営には一貫性も計画性もないとして、特に、「公共の利益」を省みない人々に牛耳られた市会が、参事会の業務に介入している点、執行権が参事会と様々な委員会との間で分割されている点を問題視した。こうした状況を改善するために、内相は初め、選挙制に基づく自治制度そのものを廃止することも考えたという。しかし、この措置は首都住民に対する「政府の不信の印」と受け取られ、また他地域の自治機関の漸次的廃止に向けた第1歩であると「誤って理解され」かねない。また「啓蒙的で、公共の利益のために献身する一部の議員」の行政経験は貴重である。以上のような配慮から、彼はまず現行制度の部分的な変更を提案した。第1に、市会の権限を狭め、都市整備の一般的問題と予算の審議に限定し、同時に、参事会を政府当局と緊密に結びつけ、市会から自立した地位を与える。その際、市長と少なくとも半数の参事会員は政府が任命する必要がある。第2に、不動産所有者以外の富裕層にも選挙権を与えるとともに、議員数を削減する。また市会議員の部分的改選制度を導入する。第3に、政府が市政一般に対する「実際的指導」権を掌握するため、市会の決定を執行する手続き等を変更する。以上のような改革によっても、自治行政に改善が見られない場合、内相は、「いっそう純粋な政府機関」に都市行政機能を集中させることも示唆していた。

このシピャーギンの上奏を受けて、この年11月に予定されていたペテルブルクの市会選挙は中止され、内務省では彼の提案に基づき、具体的な改革案の作成作業が始まった。だが、完成された法案が皇帝に提出される前に、1902年4月2日、シピャーギンは暗殺された。計画は新内相プレーヴェに引き継がれ、まもなく改革実行に向けた新たな動きが生じた。6月半ば過ぎから8月初めまで、内務省は、ペテルブルク市自治体の全面的査察を行ったのである。査察団は、内務次官Н・А・ジノヴィエフを団長とし、内務省の中央・地方の官吏や他省の地方機関の官吏から構成された。

　この査察は、後に「前提とされた改革を実際に正当化し、根拠付けることを課題として」行われたと評されたが、実際内務省はペテルブルク市の自治行政をどのように見ていたのか、ジノヴィエフの査察報告を概観してみる。まず、彼は1892年以降の選挙における問題点を指摘する。彼によれば、92年選挙法は、「都市経営の発展にほとんど全く関心のない最小規模の商人や手工業者の群れ」から選挙権を奪ったことは正しかった。だが、議員のほとんどが「家屋所有者」となったことは、住民全体の中に占める彼らの割合がごく小さいペテルブルク市においては適切とは認められない。また、三級制の廃止は、93年の選挙で、160議席に対して55名の議員しか選出されないという事態を生じさせた。

　諸機関の関係の不正常さも強調された。法律上、市会は都市経営の一般的方向付けや予算の決定、執行活動の点検などを行い、執行活動自体には関与しない。これを行うのは、「市会に対しても行政当局に対しても……責任を負う」参事会である。しかし、ペテルブルクではこの原則は守られていなかった。自治体に委ねられた重要な事業——教育、病院、水道などは、独立した官房を持つ各執行委員会の所管に移り、議員の多くがその委員になることで事実上市会は執行機関化している。彼らは、「党派」に分かれて私的利益を追求し、執行活動に関する些細な問題に介入して議論を長引かせている。他方、参事会は執行委員会に対する影響力を失い、執行権の分裂の結果生じた書類のやりとりのみに追われている。こうして、ペテルブルクでは「重要な問題が適切に解決されたのは、……大臣委員会の決定」によって市会の決議が覆された場合のみと

いう事態に至っている[19]。

　以上のような「無秩序」状態について、ジノヴィエフは各事業分野ごとに具体的に述べている。例えば、1890年代初めに自治体の直接運営に移された水道事業に関しては以下のごとくである。市会は濾過設備の増設に消極的であり、1895年、大臣委員会の決定で、やっと実現されることになった。とはいえ市の中心部の水道整備には多少の配慮がされている。対して、人口の多い大ネヴァ川の対岸地域には、市会は無関心であり、参事会と対立している。その結果、この地域の住民はいっそう汚染が進んだ、濾過されていないネヴァ河の水を飲み続けている。下水道に関してはこの30年間、全く整備が進んでいない[20]。

　ジノヴィエフによれば、自治体の活動のうち「最も本質的でありながら弱体な」側面は、大規模な支出を伴い、請負業者によってなされる公共事業であった。まず、請負業者選定のための入札は、名目的であり、契約も文書が作成されない等、不適切である。さらに、近年の学校校舎建設では大幅な予算超過が行われ、会計報告も１年半後彼が要求してやっと提出された。このような状況が生じるのは、複雑化した都市経営に対して監査制度が不備なためであった。また監査委員会に、執行委員会の委員が選出されるなどの問題もあった[21]。現状は、不正行為を容易にしていた。

　最後に、政府による監督体制の不備が指摘された。まず、都市問題特別審議室が適切に機能せず、権威の低下が生じている。その原因は、特別市長官をはじめ、政府側の構成員が自ら会議に出席せず、代理を出席させること、それも関係して、審査結果に「間違いや見落とし」が発生することにある。また、特別市長官個人による監督も、市会の活動にしか及んでおらず、執行委員会の活動を恒常的に監督する手段がないことが問題である[22]。

　以上の査察結果を踏まえて、ジノヴィエフは、「公共の利益を常に追求しているとは全く言えない、専ら家屋所有者によって構成されている市会」に「命令・執行・監督の権限が集中している」ことから生じる不備を一掃し、また執行活動も厳密に監督しうる、恒常的政府監督機関を設ける必要があると主張した。しかし、同時に彼は、列挙された欠陥が現在の「都市行政の原理」に由来

するものではなく、問題はそこからの逸脱にあると強調し、政府の過度な監督が、自治活動への無関心を引き起こしてはならないと指摘していた。[23]

査察報告は、政府公報で1903年1月に公表されたが、各種新聞・雑誌はこれに対する批判的な論評を掲載した。『モスクワ市会報』によると、こうした論評全てが、自治体の活動に本質的な欠陥があることは認めているが、その原因についてのジノヴィエフの説明と改善法には反対していた。例えば、参事会対市会・執行委員会という構図に関しては、参事会側の恣意性が批判された。[24] ジノヴィエフ報告の真偽はどうあれ、内務省はこの査察後、改革への動きを活発化させた。

査察が終了してまもない1902年8月10日、ペテルブルク市自治体の改革に関する内務省委員会の第1回会議が開かれた。会議は、11月半ばまでに数回にわたって開かれ、内務省の官吏の他、ペテルブルク市特別市長官、市長、市長経験者3名、市会議員数名が招かれた。プレーヴェは、改革については白紙状態であるとしつつも、内務省の改革案を提示し、彼らに意見を求めた。この法案はシピャーギン期に作成されたものと考えられるが、自治体側出席者は、参政権拡大に関しては概ね賛意を示したが、その他の主要点には反対したという。その結果、市長と参事会員は、現行法どおり市会で選出されることになった。[25] 市長らを政府による任命とすることは、既存の自治原理に抵触するとも見なされる措置であり、内務省は世論の反発を招くのみで利点は少ないと判断したのであろう。[26] こうして前内相の改革案で不可欠とされた要素がまず削除されることになったのである。

3-2．改革構想の完成

以上の過程を経て、内務省は、1902年12月初めまでに新たな法案（内務省原案）を準備した。プレーヴェ期の内務省は、どのような意図を持ってこの改革を行おうとしていたのか。法案と付属の法案説明書によって検討していく。[27]

この説明書はまず、この法案作成に至るまでの経緯を述べたうえで、改革の目的は現行制度の諸欠陥の一掃にあり、制度が立脚する原理を否定するもので

はないことを確認している。そして改革の主要点として、１．選挙人・議員構成の改善と都市問題への社会の関心の活性化、２．市会を都市経営の基本的な問題に専心させ、執行的性格を持つ些事から解放する、３．執行権の統一性の確立、４．ペテルブルクの特殊性により適応した政府監督機関の設置と、全国家的利益と地域利益とのより適切な結合、５．市の財政運営に対する統制の確立、を挙げ、それぞれ具体的に解説している。[28]

第１点に関しては、まず選挙人層の拡大である。一定額以上の住宅税の納税者に選挙参加権を与えることで、富裕な「借屋人」に新たに選挙参加権を与える。彼らの中から、「個々の住民層の狭い利益を超えて……自らの義務に意識的に対応しうる活動家」が現れることが期待できる。同時に等級別選挙を復活する（選挙人を２等級に分け、第１級選挙人が定員162名中３分の１の議員を、第２級選挙人が残りの議員を選出する）。また、政策の一貫性を保障するために、議員の任期が６年に延長され、３年ごとに半数が改選される。[29] また、投票方法が、投票用紙に候補者名を記入し、多数の票を得た者から当選する方式に変更される。これによって、規定の議員数を確保することが出来、かつ間接的に「教養のない者」が投票に加わることを防止できる。その他被選挙資格として中等学校修了相当の教育を定め、１年間に１度も市会に出席しなかった者からは議員資格を剥奪する規定を設ける。[30]

第２、第３点は、言いかえれば市会と参事会が置かれている「不正常な状態を一掃する」ことである。まず、市会に議員以外の参加者が加えられる。第１に、「国庫と国家機関の利益の代表者」である。従来も政府諸機関は、不動産所有団体として選挙参加権を有していたが、この制度では、政府機関代表の市会への参加と、これらの機関と自治体との「活発な交流」が十分保障されないからである。第２に、市長経験者とペテルブルク市名誉市民である。彼らの経験は有益であり、政策の一貫性の保障にもなる。[31]

次に、市会の権限の削減がなされる。これは２種類に分けられる。１つは、根本的に都市自治の管轄から外される権利で、条例の作成権がこれにあたる。その主な理由は、条例のほとんどが、「警察的・行政的」なものや、議員であ

る家屋所有者や商工業者に規制を加えるもので、実際、当局の要請がなければ作成されず、その際の市会の対応も消極的だからである。したがって、条例の作成・発布権は内務省に移管するのが適切である。いま1つは、自治体の執行権の行使に関わるもので、まず参事会の活動を規制する権限（活動規則の制定、訓令の発布）が挙げられた。それはこの権限が、市会に参事会の活動に介入する余地を与え、また「社会機関」である市会の定める規則に皇帝が任命する首都の市長が従う形となることが不都合とされたからである。したがって、これらの規則・訓令は都市問題特別審議室で作成され、内相の承認を得て発布されるべきであった。また、「執行的性格」を有する問題の決定権は、市会から参事会の所管に移管される。例えば、「行政的－警察的な」性格を有する各種公定料金（パン、肉、市営以外の公共交通機関の利用料）の制定などの4項目である[32]。

議員個人の活動も規制される。自治体の雇用職につくこと、及び自治体と請負・配給契約を結ぶことの禁止、執行委員会委員を含め自治体の何らかの役職についている者を監査委員に選出することの禁止である[33]。

以上のように市会の権限、議員の行動を限定した上で、執行権の強化・統一が行われる。まず、市長の権限、単独決定権が強化され、例えば、市長には参事会の決議を差し止める権限（破棄の決定は都市問題特別審議室でなされる）や、個人の裁量で執行機関の職員を任命し、専門家を招く権限が与えられる。また、副市長を1名から2名に増やし、参事会員は12名と定める[34]。その上で、参事会は活動の効率化のために、重要問題を扱う一般審議室と特殊な問題や重要度の低い問題を扱う特別審議室の2つに分けられる。この措置により、参事会員は全ての会議に出席する必要がなくなり、それぞれの任務に専念する余裕ができる。以上の諸変更によって、「現在の都市行政体制の混乱」と「執行権の一体性の崩壊」を生み出した執行委員会の設置の必然性は、原則的になくなるのである。ただし、参事会が政府に請願し、その承認を受けた場合、執行委員会は設置されうる[35]。

次に、市会に対する参事会の独立性を高めるための諸変更が行われる。既に

述べた市会の権限の制限以外に、まず参事会の執行行為に対する訴願の審査・処理方法が変更される。つまり、参事会が独自に行う事柄に関しては、訴願は市会ではなく、都市問題特別審議室に提出される。この措置は、参事会には法律上、市会の執行機関としてではなく、「地方行政機関」としての業務（都市民の徴兵リスト・陪審員リスト作成等）が委ねられていることからも必要とされた。その他の場合の訴願に関しても、参事会は市会決議に違法性を認めた場合、都市問題特別審議室に提訴することが認められる。さらに参事会は、予備基金の中から一定の枠内で自らの裁量で支出する権利を得る。これにより、市会が予算の細目まで決定する必要がなくなり、参事会は迅速に緊急の必要を満たすことが出来る。[36]

　第4点に関して、現行制度の問題点の一つは、まず特別市長官と都市問題特別審議室が、市自治体に対してしかるべき権威や影響力を有していないことである。これには、ジノヴィエフが挙げた要因以外に、首都の市長が皇帝から任命され、特別市長官と同じ官位を有するのをはじめとして、議員の地位も地方都市に比べて高いことが関係していた。さらに、重大な原因は、特別市長官府に、首都の複雑化・多様化した行政活動を監督・指導するための専門組織がないことである。こうした点から、市自治体の監督は、内務省に直接委ねるのが適切である。この変更により、例えば、政府の承認を要する市会決議は、全て内相に提出されることになる。また、内相の承認を要する事項に、執行委員会の委員長と委員の人事や、公共施設の建設・運営に関する市自治体と私企業との契約が追加される。他方、都市問題特別審議室は内務省内に移され、政府側の構成員は「格上げ」される。まず議長は内務次官が務め、他に内務省はその代表として特別市長官と経済局長を参加させる。その他、大蔵省の代表は本省の官吏に、法務省代表は控訴院の検事か裁判長に交代し、従来代表を送っていなかった宮内・御料地省の代表と、国庫からの支出に関わる問題の審議には、国家会計検査院の代表も加わる。さらに、この審議室に付属して、経済局長の管轄下に特別官房を設ける。これは審議室の権限の拡大（以下参照）に対応するためと、内務省本省がペテルブルクの行政・経済に通じた官吏を持つ必要が

あるからである。
(37)

　第5点は、首都ペテルブルクの利益が国益と分離不可能であり、実際にこの市には多額の国家予算が投じられていることから正当化され、自治体の財政運営に政府が「直接参加」するための現行法の変更と、政府による財務監査機関の設置が行われる。前者に関しては、一つに都市問題特別審議室は、「国家の利益と必要」または「地域住民の利益」のために支出される特別予備費を管理する。この措置は、上級国家機関に解決を委ねずに「行政当局の要求と市会の多数構成員の見解と要望とを一致させる可能性を開く」ものであり、また選挙権のない住民や少数派住民の要望や緊急の必要への対処が可能になるという利点を持つ。いま一つは、市自治体が国家に対する義務（軍人・警官への住宅手配や各種機関への補助金の支給等）を履行しない場合、特別市長官にこれを強制執行する権限を与えることである。そのための財源には予備基金が当てられるが、それが不足する場合、自治体の現有資金も用いられる。他方、後者の財務監査に関しては、都市問題特別審議室に付属し、内務省経済局長の管轄下に置かれる監査部が新設され、重要分野について監査を実施する。ペテルブルク市は、巨大な債務を抱えているのに加え、「無秩序」な支出が行われ、市会が選出する監査委員会も機能しておらず、政府による監督は不可欠とされたのである。
(38)

　以上が内務省原案の要点であるが、これによって成立する都市自治行政は、92年規程に基づくそれと比べてどのように変わるのだろうか。まず、都市住民から選出される市会、市会によって選出される参事会、そして政府機関代表と自治体側代表からなる合議制監督機関という外的構造には変化はない。また、自治体に委ねられる事業分野の削減もされない。しかし、それぞれの権限や構成要素、相互関係に変化が生じている。何よりも、参事会に関して、政府に責任を負う地方行政機関としての役割が強調されている点が挙げられる。つまり、参事会は内務省への従属度を強め、同時にその市会に対しての自立性・優位性が明確化されたのである。そして、市会の執行機関化の原因として批判された執行委員会は、参事会の一部として位置付けられ、自治行政の執行権は、市長

単独制的要素が強まった参事会を核に統一され、組織化されるのである。他方、市会はさらに役割を限定されながらも、都市経営の基本的方針を決定する機関として規定されている。議員は、国益と都市住民全体の利益に配慮して行動しうる者でなければならなかったが、いずれにせよ、富裕層に限定されていた。さらに、国益と「住民全体の利益」をより確実に擁護するために、内相自らと、内務省に属し、「権威」を高められ、権能も強化された都市問題特別審議室とが自治体の活動の監督・指導、あるいは「代行」を行う体制が整えられた。

このような都市自治体制は、自治行政が何より国家行政の一種であるという、反改革時に内務省の論理として用いられた概念をより明瞭に具現していると言えよう。反改革は、自治体を政府からの後見なくしては適切に機能しないものと見なして、内務省の監督・指導を強めるものであったが、今回の改革も同様に、市会が、国益に反した、または利己的な行動をとることを前提とし、参事会をいわば官僚機関化することによって、自治行政を「改善」しようとするものであった。つまりこの改革案は、シピャーギンの否定にもかかわらず、市自治体への内務省の「不信」の現れに他ならなかったのである。

3－3．内務省構想からの後退

さて、内務省は、国家評議会に法案を提出する前段階として、まず1902年12月から翌年1月に省庁代表者審議会を設け、先の原案についての意見を求めた。出席者は、総じて、市会の権限を都市問題特別審議室に移管するような措置や、自治体の自立性を著しく狭めるような変更には否定的であった。そこで内務省は、以下のように条文のいくつかを変更、または取り下げた。[40]

内務省は、まず大きな抵抗もせず、市会の権限から除外すべきとされた権利をいずれも従来通り市会に残すことに同意した。また、市長個人の権限強化につながる一連の規定も削除された。さらに、政府による財務監査は、国家会計検査院が行うことになった。部分的に修正に応じたのは、まず都市問題特別審議室の議長を、内相の推薦を経て皇帝が任命するとした点である。また、特別市長官による予算の強制執行については、彼が使用できる費目が予備費と予備

基金に特定された。他方、内務省が批判にもかかわらず、一貫して修正に応じなかったのは、市長経験者や官庁代表を市会に参加させること、議員に教育資格を要求すること、参事会の執行行為に関する訴願について、市会の下した決定に対する異議申立て権を参事会側に与えること等であった。

また、審議会での検討の過程で、原案になかった現行法の変更も生じた。一つは、市長による市会議長と参事会長の兼任制の廃止である。この制度は、市会と参事会の権限分離の原則に反するなどの理由で、以前から問題視されていた。にもかかわらず、原案で内務省が兼職制を残したのは、市会に対する参事会の優位性を確保するために好都合と見なしたからであろう。しかし、審議会では兼任制廃止の主張が強く、内務省もこれに応じ、任期1年の市会議長を市会で選出させる案を提示した。任期の短さは、議長が大きな影響力を持つことを防ぐ措置であったが、内務省は、国家評議会に提出した法案で、選出された者を内相が承認しなかった場合、議長職は市長が兼任するという補則を加え、再び兼任の可能性を残した。[41] いま一つは、市会が2度続けて定足数を満たさず、審議不能となった参事会報告の処理方法である。この場合、参事会報告は、現行法では特別市長官、原案では都市問題特別審議室の判断で承認、あるいは破棄等の手続きが取られた。しかし審議会は緊急を要する問題以外は、市会に差し戻すことが適当であるとし、内務省も同意したのである。ただしこれも、国家評議会提出法案では、原案通りの条文に差し替えられた。[42]

以上のように内務省は多くの点で妥協を強いられたが、内務省の構想を根本的に破綻させるような修正には応じなかったと言えよう。つまり、修正後1903年2月に国家評議会に提出された法案では[43]、原案での新体制の枠組み——都市経営における最小限の決定権を与えられた市会と、市会から独立して執行権を行使し、市会に対するよりも政府に責任を負う参事会、そして内務省主導の政府監督——は、輪郭はぼやけつつも残されていた。しかしながら、国家評議会での審議を経ることによって、内務省は再び後退を強いられることになった。つまり、先の審議会での検討後、部分的修正に応じた条文に関して、さらに大きな譲歩をし、また1度は修正に応じながらも国家評議会には原案のまま提出

した条文は、修正案に戻され、原案を押し通したものに関しても、議員の教育資格以外は、削除（市長経験者と官庁代表の市会参加等）・修正を行うことになったのである。

　国家評議会での審議は、まず同年３月から４月にかけて、法律部会他からなる合同部会において行われた。合同部会では、92年規程をペテルブルク市の特殊性に合わせて改訂することが同意されたが、その上で内務省構想の根本を脅かす議論がなされたのである。まず、合同部会は、政府の都市自治政策の課題は、「地方のよい人材を都市勤務に引き付ける」ための「社会機関の自立性」と「国家的要求とを両立させる」ことであり、「過剰な後見は、監督の不足と同様に有害である」と主張した。合同部会は、これらの原則から逸脱することは許されないとして、暗に内務省案を批判し、自治体の「自立性」を制限するような部分には修正を求めたのである。その中には、自治体の財務監査を政府機関によって行うべきではないとする、提案された監査制度の完全な見直し要求も含まれていた。また、自治行政の直接監督者を内相とし、都市問題特別審議室を再編することに関しても、正面切った批判は避けられたが、例えば、経済局長の参加や、官房を彼の監督下に置くことは、必要性を認めないとされた。このような批判に内務省は抗しきれず、法案に一連の修正が施されることになった。同年５月24日には国家評議会総会で、合同部会の結論が基本的に了承され、皇帝の裁可がなされた。こうして６月８日ペテルブルク市の都市規程が公布され、翌年からの施行が決定した。

　この新都市規程は、最終的に内務省の改革意図をどの程度実現しているのだろうか。原案の５つの主要点に則して検討してみよう。第１の選挙人・議員構成の改善に関しては、ほぼ内務省案は採用された。第２、第３の、市会を「執行的性格」の問題から解放し、参事会の執行権を強化するという点に関しては、不徹底に終わったと言えよう。内務省の構想では、市会は、自治行政の基本的な方向のみを定め、その後は、参事会が市会の干渉を受けず自由に執行権を行使しなければならなかった。しかし、修正を受けた結果、参事会自体の人数も市会によって左右され、その活動も市会の定めた規則に従い、参事会の裁量下

に置かれる予備費の額も市会が決定することになった。執行委員会設置への市会の関与も残された。第4の政府の監督制度に関しては、内務省原案の柱は、直接監督権を内相に移管し、都市問題特別審議室を内務省の一機関化することであった。しかし、内相の権限は、実質的に以前と同様「上級監督」権として規定され、審議室およびその官房と内務省との直接的な関係は否定された。自治行政への内相の監督は、執行委員会の設置の許可・人事の承認や、一定規模以上の公共施設の建設等に関する私企業との契約の承認などに新たに及んだが、他方で、内相の承認が必要とされる市会決議の種類は、全体としては削減された。第5に、政府と都市住民全体にとって「適切な」財政を確立させるために、内務省は監査面でも、予算執行の面でも、内務省の関与を保障しなければならなかった。しかし、財務監査に関しては、まず、同じ政府機関ではあるが国家会計検査院による監査へ、最終的には、内務省が任命する議長と委員1名が含まれるとはいえ、自治体の機関としての監査委員会へと譲歩を重ねた。政府の財政参加も、都市問題特別審議室への予算配分は否定され、特別市長官の強制予算執行権が、より限定された形で実現したに留まった。

以上の状況を見れば、新規程は当初の内務省の意図を部分的には反映しているが、原案における新体制の全体的構図は崩されていると言えよう。内務省の意図した改革が、このような結果に終わった主要な原因は、国家と自治体との関係に関して、内務省と政府内多数派とでは異なる認識を有していたことにあった。内務省は、この改革が、都市自治の原理——政府当局の監視と、ある場合には指導下で、都市住民から選出された代表の配慮に委ねられた都市行政——に基づいて行われることを強調し、国家評議会も、改革案が1870年来の都市行政の「根本的な体制」を侵していないと述べている。しかし、反改革以降、政府の監督権が自治体の活動の「合目的性」に及んだことによって、厳密には自治行政の原理は変質していた。内務省はそれを自覚的にとらえ、政府は自治体を「指導」する義務があるとして、政府が実質的に自治体の管轄領域に介入することを正当化したのである。今回の改革は、こうした内務省の論理をさらに推し進めるものであった。しかしながら政府内部では、92年規程で定められ

た監督のあり方を、一応「適度な後見」と見なして、それ以上に自治行政に介入（指導）すべきではないという考えが原則化していたと言える。さらに政府の中には、政府の監督権を限定しようとする立場も存在した。例えば、数人の国家評議会議員は、特別市長官が市会決議の施行を差し止める条件をより具体的に規定する必要性を指摘した。しかし、これは、逆の意味で92年規程の枠を逸脱することになる。したがって、国家評議会では、この提案の実現は「不可能であるだけでなく、その検討さえも時期尚早」と結論付けられたのである。こうして、政府高官は、92年規程における政府監督の範囲をできるだけ維持することで、とりあえず都市自治体の自立性と国家的要求とのバランスを保とうとしたのである。

いま一つ間接的な原因としては、政府内で内務省の権限強化に対して抑止機能が働いたことが挙げられよう。もともと内務省は、内政上の広範な権限を有していたが、この時期さらに勢力拡大に動いていた。例えば、従来から政策をめぐって大蔵省と対立していた労働者問題において、内務省は1903年5月、大蔵省所管の工場監督官に対して県知事の権限を強める法改訂に成功し、さらに工場監督官を内務省の管轄に移管することも画策していた。また、1902-04年にかけて県の官僚制機構の改革が試みられた。これは、各省からその県の支部に権限を移管するとともに、それら県諸官庁と自治体に対して知事の権限を強化するというもので、間接的に内務省の影響力の拡大を図った改革であった。ペテルブルク市の改革は、こうした中で行われようとしていたのである。この改革は他の省庁の権限を直接侵害するものではないが、全般的に内務省の権限は強化されることになる。特に都市問題特別審議室が、原案どおり内務次官が議長を務める内務省の一機関として再編され、さらに自治行政に大きな影響力を行使するような事態は、内務省の膨張を警戒する政府高官にとっては好ましいことではなかったであろう。こうした思惑は、都市問題特別審議室から内務省色を出来るだけ薄めようとした合同部会の姿勢に特に見て取れよう。

以上のように改革を阻害する要因が政府内には存在した。とはいえ、首都の自治行政は事実、不満足な状況にあり、それが国家の利益に大きくかかわるこ

とを否定することも出来なかった。こうして、内務省の主張とそれに反対する主張のすり合わせが行われ、「過剰な後見」にあたる部分や「反内務省」側にとって不都合な部分は、削ぎ落とされるか修正されていった。その結果、新都市規程においては、内務省の監督権の拡大と同時に、部分的には市会の自立性の強化が生じるなど、一貫しない変化が現れたのである。

1903年11月、新規程に基づく選挙が行われた。その結果、議員の教育水準は上昇し、新たに選挙権を得た「借家人」が61議席を占め、委員会活動などに積極的に参加していくことになる。だが、新都市規程は、ペテルブルク市自治体の活動に根本的な改善をもたらすことはなかった。つまり、首都の自治行政体制は、そこから利益を得る少数の富裕層以外にとっては、不満足な状態に留まった。(50) その原因がどこにあったのか、あるいはそもそも自治行政を改善するためには、いかなる措置をとるべきだったのかを論じることは本稿の課題を超えている。だが、いずれにせよ、政府全体としては、極めて限定的な選挙権拡大以外は、いかなる方向にも思いきった手段をとることはできなかったのである。

4．内務省の対自治体政策とペテルブルク自治行政改革

ペテルブルクの都市規程改訂は、当時内務省が行っていた地方自治政策の文脈の中で考えるとき、どのような意味を持っているだろうか。プレーヴェは、内相就任時の課題として、中央・地方の行政機構の改革、なかでも官僚機構と地方自治体との活動を「有機的に関係付ける」という目的を持っていた。(51) これは国家行政機構の中に自治体を組み込むことを意味し、反改革の課題を追求する意図を示していると言えよう。そのために、プレーヴェが実際に着手した事業の一つが先に述べた県制改革である。この改革の柱の一つは、県レヴェルの各種地方官庁と地方自治体の活動とを統合することを目的とした県評議会の設置であった。この県評議会は、地方諸機関への知事の影響力強化の手段になる一方、自治体から選出された代表が政府機関の代表と並んで県レヴェルの政策決定に関与する場でもあったのである。また、1904年3月の内務省の組織改革

でつくられた地方経営問題総局においても、中央レヴェルでの県評議会にあたるともいえる地方経営問題評議会が付置された。この総局は、地方自治体に委ねられた諸事業に関する法律作成や、自治体への指導を行う機関であったが、同評議会には、他省庁の代表と、内相によって任命された自治体関係者が出席し、内務省所管の問題のみならず、他省庁に管轄権のある問題も審議される予定であった。ペテルブルク市の都市規程改訂は、これらの改革に先立って、同じ目的、つまり「自治機関と政府機関との統合」を唯一自治体の制度改革を通して実現しようとしたものであったと言える。

　以上のような諸政策は、地方自治体と政府との「協同」を謳ったものであり、自治体に政府の政策決定への参加の場を提供する試みであった。しかし、この「協同」はあくまで、官僚による後見下で行われるものであり、ある意味それは、内務省を頂点とした「後見体制」の徹底化の一環であった。このような試みは、当然ゼムストヴォ・リベラルの反発を招くことになった。なぜなら彼等は、まさにこの後見体制から分化し、自立しようとしていたからである。彼らにとっては、自治と後見は、「完全に矛盾し、相容れない原理」であり、反改革はこの２つの「驚くべき混合」が行われた「改革」であった。他方、内務省の諸改革案は、政府内部でも十分な支持を得られなかった。それは、政府高官のほとんどが、内務省の強大化を伴い、リベラルのみならず教養ある社会一般の反発を買うであろう内務省主導の後見体制の実現には反対であったからである。とはいえ、彼らは内務省の提案の正当性を完全に否定し、それに代わる改革案を提示することも出来なかった。このように、当時、政府の地方統治政策は行き詰まり状態にあり、それが浮き彫りにされたのが、ペテルブルク市自治体の改革であったと言えよう。

5．20世紀初頭の国家と社会―国家統合の危機

　大改革期以降、選挙制地方自治体、つまりゼムストヴォと都市団体は、政府にとって地方統治の不可欠な道具となった。これらは、「国家的要求」を満たすために設置されたものではあったが、同時に一定の「自立性」が与えられな

ければならないという共通認識があったと言える。反改革によって、「国家的要求」がより重視される形で、両者のバランスが再規定され、政府内ではこの状態を維持することが原則化された。ところが、この均衡を崩し、「国家的要求」に自治体の自立性を従属させる方向を推進しようとしたのが内務省であった。なぜなら、「国家を揺るがす変動」と対抗するためには、政府＝官僚主導の統治体制の強化が不可欠と見なされたからである。内務省にとってそれは、自らを頂点とする官僚機構を整備し、社会の諸団体の国家からの分化を阻止して、逆により密接な「後見関係」を確立することを意味していた。つまり、地方自治体のみならず、農村共同体に対しても、内務省のより直接的な監督・指導体制を追求し、また新たな社会層である労働者集団に対しても旧来の原理を援用して、内務省の一元的な権力下に統合しようとしたのである。

　プレーヴェが試みた内務省主導の国家統合方式は、政府内の抵抗と特にリベラルの反発を引き起こした。1904年7月の彼の暗殺後、新内相は「社会との和解」を打ち出すが、それはますます「分化」への志向を急進化させることになる。この混乱は日露戦争敗戦と1905年革命を経て、収拾されなければならなかった。1906年憲法下では、内閣制度によって統合された政府が新たな国家統合の枠組みを模索することになるだろう。

註

（１）ゼムストヴォ制度は19世紀末の時点でヨーロッパ・ロシア34県に適用されていた。都市自治体にも帝国全土に導入されたわけではない。

（２）「自治」にあたるロシア語はсамоуправлениеであるが、ゼムストヴォ・都市団体の活動を規定した法律は、この語を使用していない。法律上、これらの団体は、国家（政府）機関государственные учреждения（администрация）と対比して、社会機関общественные учреждения、その行う行政活動は、社会行政общественное управлениеと呼ばれる。しかし、一般的に、ゼムストヴォと都市団体の活動は「自治」と理解され、本稿でもゼムストヴォ、都市団体に自治体の語をあてる。

（３）プレーヴェ内相の言葉である。"Отрывки из воспоминаний Д.Н. Любимова

(1902-1904)," *Исторический архив*, 18 (1926), 82.
(4) Нардова, В.А. *Самодержавие и городские думы в России в конце XIX-начале XX века*, СПб., 1994, 88-135, 154-55
(5) *Министерство внутренних дел 1802-1902гг*. СПб., 1902, 171-73, 193.
(6) 拙稿、「20世紀初頭の帝政ロシアにおける地方統治問題－内務省とゼムストヴォ・リベラルの関係を中心に－1902－1904年」『ロシア史研究』第63号 1998年、24,26.
(7) *Полное собрание законов Российской Империи (ПСЗ)*, собрание 2, no.48498 (июнь 16, 1870).
(8) ペテルブルク市には、特別市長官が議長を務める都市問題特別審議室が置かれていた。
(9) *ПСЗ*, собрание 3, no.8708 (июнь 11, 1892).
(10) *Министерство внутренних дел 1802-1902гг*, 198.
(11) ただし、92年規程そのものの部分的見直しの可能性もなかったわけではない。詳細はНардова, 1994, 68-87；Российский государственный исторический архив (РГИА), ф.1287, оп.27, д.3724, л.443-44. 参照。
(12) McKean, R.B. *St. Petersburg between the Revolutions : Workers and Revolutionaries, June 1907-February 1917*, New Haven and London, 1990, 4.　郊外を含まなければ、124万強、10年間での増加は約30％となる。Нардова, 1994, 88.
(13) この背景には、市自治体の活動に対する特別市長官の否定的報告や、市会から特別市長官や都市問題特別審議室に対する行政訴訟の増加があった。Нардова, 1994, 93-94. 以下、この恭順報告書 всеподданнейший доклад の内容はРГИА, ф.1284, оп.241 (1901г.), д.166, л.144-51об.
(14) シピャーギン内相期の改革案についてはНардова, 1994, 96-99. 参照。
(15) Там же, 99；РГИА, ф.1287, оп.27, д.3725, л.1-1об.；д.3724, л.1-50.
(16) Шрейдер, Г. "О городской реформе", *Право*, no.12 (1903), 835.
(17) ジノヴィエフの査察報告には、概要 (РГИА, ф.1149, оп.13 (1903г.), д.76, ч.II, л.517-67) と、組織・議員構成や各事業分野に関するもの (там же, л.95-516) があるが、本稿では、皇帝に提出され、また『政府公報』でも公表された短い報告書 (Государственный архив Российской федерации (ГАРФ), ф.543, оп.1, д.214, л.1-22об.) から引用する。

(18) 市会の選挙では、候補者それぞれに賛成・反対何れかの玉を入れ、過半数の賛成票を得た者が当選とされた。当選者の数が規定の人数に達しない場合は2度目の選挙が行われた。2度目の選挙でも定員の2/3の当選者が得られなかった場合は、元議員から得票が多かった順に補充される。この方法は、特に大都市で問題を生じさせた。選挙人の候補者への認知度が低いため、候補者が過半数票を獲得することが困難だったからである。投票方法の詳細については、Нардова, В. А. *Городское самоуправление в России в 60-х начале 90-х годов XIX в.*, Л., 1984, 51-58. 参照。

(19) ГАРФ, ф.543, оп.1, д.214, л. 3-7.

(20) Там же, л.7, 12-15.

(21) Там же, л.16-18.

(22) Там же, л. 18об.-19об.

(23) Там же, л. 20об.-22.

(24) Шрейдер, "О городской реформе", 833-48 ; Шрейдер, "О городской реформе II", *Право*, no.14 (1903), 998-99 ; *Вестник Европы*, т.2, кн.3 (1903), 363-75 ; *Русское Богадство*, no.2 (1903), 180-92 ; *Известия Московской городской думы*, no.3 (1903), 129-33.

(25) *Новое Время*, no.9495 (11 август, 1902), 4 ; no.9584 (13 ноябрь, 1902), 3 ; *Русские Ведомости*, no.226 (17 август, 1902), 1 ; no.227 (18 август, 1902), 2-3 ; no.282 (12 октябрь, 1902), 1 ; no.287 (17 октябрь, 1902), 2 ; no.331 (30 ноябрь, 1902), 2. なお、市長、市長経験者は後の国家評議会合同部会にも出席したが、彼らの見解は、市長レリャーノフ以外は、国家評議会の多数派と大きな違いはなかった。彼は、選挙権の拡大や市長による市会議長と参事会長との兼任を廃止することに反対するなど独自の態度をとった。*Отчет по делопроизводству государственного совета за сессию 1902-1903гг.*, СПб., 1905, 337-38. なおレリャーノフは世襲名誉市民であるが、他の市長経験者は貴族身分である。Нардова, В.А. "Городские головы Санкт-Петербурга. 1873-1903гг." *Отечественная история*, no.3 (2003), 20-39.

(26) 首都の副市長・参事会員は、政府が承認しなかった場合と選挙不成立の場合、2度目の選挙が実施されるが、同様のことが繰り返された場合、内相によって任命される。実際に、1902年の時点で在職していた参事会員7名のうち、副市長と2名の参事会員は政府から任命された者であった。РГИА,

ф.1149, оп.13（1903г.), д.76, ч.II, л.115об.
(27) РГИА, ф.1149, оп.13（1903г.), д.76, ч.II, л.568-96об.；РГИА, ф.1287, оп.27, д.3724, л.425-93об.（Объяснительная записка к проекту положения об общественном управлении С.-Петербурга）
(28) Там же, л.439об.
(29) 1898年の選挙では61％の議員が初めて選出された。Там же, л.451.
(30) Там же, л. 439об.-55об., 477-78об.
(31) Там же, л. 455об.-57об., 475об.-76.
(32) Там же, л. 458-66об.
(33) Там же, л. 476об.-77, 480-80об. 議員が雇用職につくことは、1880年にペテルブルク市会自らが禁止した。Там же, л. 447.
(34) РГИА, ф.1149, оп.13（1903г.), д.76, ч.II, л. 576об.-77. なお、92年規程では参事会員数は市会が決定する。首都では参事会員を7名以上任命することには、内相の許可を必要とした。
(35) РГИА, ф.1287, оп.27, д.3724, л.460об.-63.
(36) Там же, л. 463-63об., 491об.-92.
(37) Там же, л. 463об.-68об., 481об.-82
(38) Там же., л.468об.-74.
(39) 都市整備のいくつかの点で自治体の権限を拡大するとも述べられた。Там же, л, 474об.
(40) 以下、審議会での議論については、РГИА, ф.1149, оп.13,（1903г.), д.76, ч.II, л.596-634об 及び Нардова, 1994, 106-110. による。
(41) *Отчет по делопроизводству...*, 334.
(42) Там же, 336.
(43) РГИА, ф.1287, оп.38, д.3706, л.510-32об.
(44) *Отчет по делопроизводству...* 344, 351-52, 377-401.
(45) *ПСЗ* 3, no. 23101（8 июня 1903）.
(46) *Отчет по делопроизводству...*, 333.
(47) Там же, 389-90.
(48) 拙稿「帝政ロシア内務省と労働者問題－工場監督官をめぐって1882－1904」『早稲田大学文学研究科紀要』第45輯第4分冊、2000年、45-56参照。
(49) 県の機構改革に関しては、1903年2月に内務省内に設けられた委員会で検

討が進められていた。地方分権に関しては、1903年5月に皇帝が議長を務め、各省大臣が出席した審議会が開かれ、地方分権の促進が決定された。しかし、内務省－県知事の権限強化を警戒した諸省の抵抗は強く、各県機関に移管された事柄は重要性の低いものがほとんどであった。また県改革も実現されなかった。「帝政ロシアの地方統治政策1902－1904－内相プレーヴェの県政改革案を中心に」『西洋史論叢』第18号、1996年、29-41.

(50) Лукомский, М.Я. *Городское самоуправление в России*., М., 1905, 56 ; *Очерки истории Ленинграда*, т.3, М., Л., 1956, 892-94, 896 ; Нардова, 1994, 133-34.

(51) Гурко, В.И. *Черты и силуэты прошлого : Правительство и общественность в царствование Николая II в изображении современника*, М., 2000. 136.

(52) 拙稿、1998年、33－34参照。

(53) Гурко, 150. この都市規程改訂の「失敗」によって、内務省は全般的な自治体改革には着手せず、官僚制整備に向かったとも思われる。

(54) Шрейдер, Г. И. *Наше городское общественное управление*, 1903, СПб., 314.

(55) 拙稿、2000年参照。

付記：本稿は、平成15年度－17年度文部科学省科学研究費補助金（特別研究員奨励費）、及び早稲田大学特定課題研究助成費（課題番号2001A-053）による研究成果の一部である。

草野佳矢子

Ⅳ
近・現代ヨーロッパの国家・民族・社会

第13章

ディアス・デル・モラールと「アンダルシアの農業問題」

1．ブハランセの公証人と「知識人の共和制」

　1931年4月のスペイン第2共和制の誕生に一役買ったのが、ホセ・オルテーガ・イ・ガセーを旗頭とする「知識人」の集団——「共和制奉仕団」——である。同年2月の設立の趣意書のなかで、「奉仕団」は王政の打倒・祖国の救済の営みへの参加を「すべての同胞」に呼びかけた。そして、4月の地方選挙における都市部での共和派の勝利が1875年以来の復古王政の時代の終焉を招く。作家のアソリン（本名ホセ・マルティネス・ルイス）が第2共和制を「知識人の共和制」と呼んだのも、決して不当ではない。マヌエル・アサーニャ（1931年以降、首相・陸相・大統領を歴任）以下の「インテリゲンツィヤ」が、社会党との握手のもとにさまざまな社会改革に着手したこの第2共和制の「改革の2年間（1931-1933）」は、一面では共和派の「知識人」たちがそれぞれに構想した理想の政治体制へと一般国民の「統合」を企てた2年間とも見なされうる。1890年の普通選挙制の導入にもかかわらず、カシキスモ——反体制派の政権獲得への回路を予め遮断し、保守・自由両党間の所謂「平和裡の政権交代」を可能にした暴力的な政治支配装置——の圧力にあって、復古王政期のスペイン人はその大半が政治参加の機会を実質的に奪われていたのであった。[1]

　第2共和制が抱えた最大の問題の1つが、大土地所有制に起因する「アンダルシアの農業問題」の解決にあったことに疑いの余地はない。共和制の樹立が宣言された翌日の1931年4月15日、臨時政府は悲惨な状況に放置されてきた「膨大な数の農民大衆」の存在に触れ、私的所有を保障しながらも「農業上の

権利は土地の社会的機能に対応しなければならない」との立場からの農地改革の実施を明言した。[2]「奉仕団」所属の憲法制定議会議員ディアス・デル・モラールも、第2共和制の農地改革の事業に携わった人物のひとりである。フアン・ディアス・デル・モラールは、1931年5月に発足した農地改革の専門委員会への参加を経て、8月には同じく農地改革の国会委員会代表に就任する。だが、自身が統轄した国会委員会が取りまとめた農地改革法案に難色を示して独自に「私案」を公表、1932年5月10日の国会では「私案」の擁護演説を行なった(「私案」は10日に即日否決)。8月25日に国会委員会代表の職を辞した彼は、農地改革法が成立した翌9月9日の国会審議の場には姿を見せなかった。[3]

　名著『アンダルシアの農民騒擾史／コルドバ県（農地改革の背景）』(1929)を残したフアン・ディアス・デル・モラールは、1870年にコルドバ県のブハランセに生まれ、1948年にマドリードに没している。セビーリャ大学で文学と法学の博士号を取得、スペインがアメリカとの戦争に惨敗した1898年以降、ブハランセで長く——1935年にマドリードに移るまで——公証人の職にあった。「ブハランセの公証人」の呼び名で、彼はコルドバ県では今日なお親しみを込めて語られている。1931年6月の憲法制定議会選挙では社会党陣営から出馬し、7万票を上回るコルドバ県民の多大な支持を得て全県区での首位当選を果たす。ディアス・デル・モラールは、農地改革を扱った3部作を執筆する構想を持っていた。『騒擾史』に続く第2の著作『第1次大戦後のヨーロッパの農地改革(1918–1929)』は、スペイン内戦のさなかの1938年にバレンシアで脱稿され、著者の没後の1967年に子息のカルメーロ・ディアス・ゴンサーレスが自ら序文を付して出版に漕ぎ着けた。3部作の最後を飾るはずの『メンディサーバルから今日までのスペインの農地改革』は、結局書かれずに終わる。

　「改革の2年間」に参集した多くの「知識人」の例に漏れず、ディアス・デル・モラールの人格形成は、復古王政期のスペインの知的刷新の砦であり続けた「自由教育学院」との関係を無視しては考えられない。[4]『騒擾史』は、セビーリャ大学時代の師であるフェデリーコ・デ・カストロと、セビーリャでの学業の修了後にマドリードで知遇を得たフランシスコ・ヒネール・デ・ロス・リ

第13章 ディアス・デル・モラールと「アンダルシアの農業問題」

ーオスのふたりの思い出に捧げられた。ふたりは、「学院」の理念の原点であるフリードリヒ・クラウゼの哲学をスペインに伝えたフリアン・サンス・デル・リオの謦咳に接した過去を共有する。特にヒネールの方は、他ならぬ「学院」の創設者である。また、「奉仕団」を介してのディアス・デル・モラールの第2共和制への関与はオルテーガの要請に負うところが大きいが、この両者の親交も「学院」を取り巻く環境のなかで培われた。その限りで、ブハランセの公証人は「知識人の共和制」の、いわば本流に連なる人材だったのである。

後述のように、われわれはディアス・デル・モラールが農地改革の議論の核心において自身の階級の利害に強く拘束されていた点を容易に認めることができる。その「私案」が大地主やカトリックの陣営から好意的に評価された事情も手伝って、ディアス・デル・モラールの農地改革論に関しては保守的な傾きを強調する向きが多い。『騒擾史』の著者自身、公証人としての職務の傍ら農業経営に勤しむ紛れもない農業ブルジョワであり、1923年に始まるプリモ・デ・リベーラ将軍の独裁期には、アンダルシアの他の「名士」たちと手を携えて「あらゆる農業経営者」の結集を企図する「農業ブロック」を形成した。プリモ独裁の反対を前に、この――1つにはオリーヴ栽培家の利益の防衛を目指した――「ブロック」の試みは挫折を余儀なくされたものの、コルドバの『ラ・ボス』紙その他に掲載された自らの論考を収めた小冊子『オリーヴ油訴訟』(1924)のなかで、ディアス・デル・モラールは当時禁じられていたオリーヴ油輸出の再開を独裁者に進言している。また、プリモ独裁期から第2共和制期にかけてはANO（全国オリーヴ栽培家協会）の書記長の要職にもあった。「階級闘争の現実を把握するのに充分な知性に恵まれながらも」、ディアス・デル・モラールは「アンダルシアの農業問題」をめぐる大地主の責任を告発するには「自身が闘争の現実にあまりに深くはまり込んでいた」「開明的なブルジョワ」以上の存在ではない。ブハランセの公証人の位置をこう計測するのは、『アンダルシアのアナキズム』を著したジャック・モリスである。とはいえ、「改革の2年間」にコルドバ県民の最も厚い信任を受けた代議士がこの「知識人」であったことも事実なのである。そこで本稿の狙いは、『騒擾史』や農地

— 301 —

改革の「私案」とその擁護演説に凝縮された「アンダルシアの農業問題」に対するディアス・デル・モラールの関心の置きどころのなかに、スペインの近代化・ヨーロッパ化を標榜しながらも、理想と現実の狭間で脆さを露呈した「知識人の共和制」の、「すべての同胞」の「統合」のもくろみに孕まれた射程の限界の一端をむしろ見定めることにある。なお、文中の市町村のうち、県名が併記されていないものはコルドバ県内のそれ。大都市はこの限りではない。

2．「アンダルシアの農業問題」

　第２共和制の「改革の２年間」におけるアンダルシアの失業率は29.5%に達し、スペインはおろか、ヨーロッパ全体でも最悪の水準を記録した(9)。グアダルキビール川流域を中心に展開する大土地所有制のもとでの、大量の日雇い農の存在。その失業の構造化に派生する社会不安の蔓延。われわれは、「アンダルシアの農業問題」をこのように要約することができる。劣悪な労働条件を強いられた彼らアンダルシアの日雇い農は、スペイン内戦（1936-1939）までのおよそ１世紀の間、しばしば大土地所有制への抗議行動に訴えた。「アンダルシアの土地はアンダルシアの日雇い農の手に」とは、アンダルシア地域主義の総帥ブラス・インファンテ・ペレスの言葉である(10)。多分に歴史的な根拠に乏しい議論ではあれ(11)、20世紀初頭に勃興したアンダルシア地域主義が「土地」を「アル・アンダルスの民」のアイデンティティの根拠に据えたのは偶然ではなかった。19世紀の前半から中葉にかけての一連の「自由主義的農地改革」に伴う大土地所有制の確立を受けて、本格的には1857年のセビーリャ県エル・アラアールの反乱を皮切りに、アンダルシアの農民騒擾はまず一揆の形態を取って噴出した。リベルテール的な色彩の労働者組織の――1870年成立のFRE（第１インターナショナル・スペイン地方連盟）から1910年誕生のCNT（全国労働連合）への――紆余曲折を経た進展を背景に、南スペインの騒擾は次第にストライキを闘争の主要な武器とするアナルコサンディカリズムの傾向を強めていく。20世紀に入って定着したこの傾向が頂点に達したのが、ロシア革命の衝撃がコルドバ県の南部をはじめアンダルシア各地を揺るがした「ボリシェヴィキの３

第13章 ディアス・デル・モラールと「アンダルシアの農業問題」

年間(1918-1920)」であり、間近に目撃したこの激動の一時期を自ら「ボリシェヴィキの3年間」と命名し、さらにそのありさまを稀に見る筆致で克明に再現してみせたのが、フアン・ディアス・デル・モラールその人であった。

「アンダルシアの農業問題」は1880年代以降の所謂「世紀末の農業危機」のなかで深刻化し、国民的な、さらには国境を越える関心の対象へと転じていった。1882年末、カディス県ヘレス・デ・ラ・フロンテーラとその周辺でアナキストの地下組織（？）「マノ・ネグラ（黒い手）」をめぐる騒動が持ち上がる。1892年1月、同じヘレスを「アナーキー万歳！」と叫ぶ数百名の「アル・アンダルスの民」が襲撃。ほぼ10年後、グアダルキビール川沿いのカディス県からコルドバ県までの広い範囲にわたって、それまでのアナキストの地下組織とは「まったく性格を異にする」合法的な「抵抗組織」が増殖し、従来にない数の農業ストが観測されるようになる。1905年には、アソリン（！）のルポルタージュ『悲劇のアンダルシア』と、共和派の作家ビセンテ・ブラスコ・イバーニェスの長編小説『ラ・ボデーガ（酒蔵）』が国民の手許に差し出された。1892年の事件に取材し、ヘレスのシェリー酒醸造業者の倨傲と日雇い農の悲惨を描いた『ラ・ボデーガ』は、発売から20年ほどの間におよそ6万部を売り上げたといわれる。ピレネーの北での、アンリ・ロランの「アンダルシアにおける農業労働の環境」(1905)やアンジェル・マルヴォーの『スペインの社会問題』(1910)の出版も、「世紀末の農業危機」に苦悶するアンダルシアでの階級対立の激化へのスペイン内外での関心の一層の深まりと無縁ではない。1903年には、「南スペインの農業問題」に関する国王アルフォンソ13世の懸賞論文も募集されている。こうして、既存の秩序の維持と労使の和解を自明視する国家をも含めて「アンダルシアの農業問題」が広範な論議を呼び起こすなか、1つの概念──「土地の社会的機能」──が世論の間に定着を見た。教皇レオ13世の回勅「レールム・ノウァールム」(1891)の社会カトリシズムに立脚し、農地改革の実現を謳った第2共和制臨時政府の声明に盛り込まれたこの概念は、ディアス・デル・モラールの「私案」にも1つの論拠を提供する。

3．フアン・ディアス・デル・モラールの農地改革構想
a．ディアス・デル・モラールの「私案」

1932年5月10日の、自身が作成した農地改革の「私案」の擁護演説のなかで、ディアス・デル・モラールは農地改革を「土地所有の再分配」と定義した。[17]ことは、収用の対象となる土地と改革の恩恵に浴する階層の選定に関わっている。彼がここで自らの「私案」の拠所とするのが、「土地の社会的機能」である〔RER：316〕。「私案」では、「土地（tierra）」と「農地（campo）」とは区別されている。長期にわたる資本と労働の投下の結果、「土地」は「農地」になる。「社会的機能」を果たす土地は、より正確には「農地」を意味する。この「農地」としての土地にあって最も重要なのは、むろん蓄積された労働であり資本である。ディアス・デル・モラールが考える「土地の社会的機能」とは、農業生産を通じて土地が人類に寄与することである。人口は自然に増加するから、土地が「社会的機能」を果たすには土地から上がる富を維持し増大させ、さらには変革――再投資？――する必要がある〔RER：319-320〕。ブハランセの公証人は、借地経営の場合と直接経営の場合とに土地のあり方を分類する。借地農には自身の生産物を充分に享受することができない以上、労働と資本の積極的な投下・蓄積は不可能である。また、土地は「労働の道具」に他ならず、地代で懐を潤す人間だけのものであってはならないが、自分の所有地を貸し出す者には地代の確保のみが目的であり、その改良は望むべくもない。借地農の境遇も地代で暮らす地主の心理も、「土地の社会的機能」には適合しない。そこで、借地に――12年以上一貫して――供されている土地が「私案」の農地改革の主要な標的としてまず設定される〔RER：320-322 y 332〕。同様の趣旨に沿って、借地や分益小作の形で経営されている公共団体の土地も収用の対象に入る〔RER：330〕。一方、直接経営の場合、大量の資本や労働力の投入や大規模な機械化が必要な大規模な土地の分割は、かえってその「社会的機能」を損なう結果をもたらしかねない。大規模な経営は「資本主義の立場に立つ土地所有者」の手に委ねられねばならず〔RER：323-324〕、それ故「私案」では直接経営の土地は自ずと農地改革の対象から除外される〔RER：344〕。

第13章　ディアス・デル・モラールと「アンダルシアの農業問題」

　かつてのカディス議会の政令（1811）に準じれば、裁判権領主所領を喪失していたはずの旧領主貴族の後を受けた者の地所。これが「私案」のもう１つの大きな標的である。1837年の領主制の廃止後も、貴族は概ね自らの旧所領を「私有地」として保持した。ブハランセの公証人は、領主制・限定相続の廃止、デサモルティサシオン（不可譲渡財産の解放）――教会や自治体の所有地の大々的な市場放出――を骨子とする「自由主義的農地改革」を高く評価する。彼の「政治的な」判断に従えば〔RER：330-332〕、特に第１次カルリスタ戦争中の1836年にアルバレス・メンディサーバルが着手した聖界デサモルティサシオンは、カトリシズムを礎に絶対主義への回帰を狙うドン・カルロスの支持層の切り崩しと、イサベル２世の立憲王政の確立に大きく貢献したのであり、そこで第２共和制の土台を強化するうえで、復古王政の主な支えと目された名門貴族の経済的な基盤である土地に打撃を与えることには重要な意味があった。彼らの土地を獲得する者は「必ずや共和制の熱烈な擁護者となるであろう」。

　農業史家のアントニオ・ミゲル・ベルナールによれば[18]、アンダルシアでの直接経営の普及の開始は19世紀中葉のことであり、しかもそれは17～18世紀に領主貴族の土地を手広く借りていた大借地農が「自由主義的農地改革」を通じて農業ブルジョワジーとしての自己を確立した時期に符合していた[19]。ディアス・デル・モラールの父方の曾祖父も、正しくデサモルティサシオンの対象となった土地を集積したうえでオリーヴ畑の――確実に直接――経営に成功した人物である。そして、祖父・父の代に一旦は失われた資産の一部の再建を成し遂げたのがブハランセの公証人であった[20]。曾祖父の血筋には「ただの日雇い農」もおり、例えばほぼ同時代を生きたと推測されるセビーリャのイグナシオ・バスケス・グティエーレス[21]に比べれば、曾祖父の資産はおそらくささやかなものであったにちがいない。それでも、ブハランセの公証人と、公証人の――その子息カルメーロの表現を借りれば――「並外れた知性と労働意欲に確かに恵まれていた」曾祖父とが、直接経営へと傾斜する南スペインの農業ブルジョワジーの１つの流れを体現していたのは間違いない。「自由主義的農地改革」は私的所有の不可侵の原則を確立する一方で、領主制の廃止のされ方に象徴されるよ

うに貴族とブルジョワジーとの妥協の産物でもあった。「直接経営者を窮地に陥れないこと」を念頭に置いて収用地を限定したディアス・デル・モラールの「私案」に、われわれはアンシャン・レジームの残滓とも見なされる要素の清算を通じて大土地所有制下のアンダルシアの農業の資本主義的経営の合理化を図るひとりの農業ブルジョワの意志の現れを見て取ることもできる。他方、「アンダルシアの農業問題」の顕現を促したのが他でもない「自由主義的農地改革」であったという事実の認識が、『騒擾史』に自ら「農地改革の背景」との副題を付したディアス・デル・モラールの農地改革構想には欠けていた。

　「私案」の擁護演説では、改革の受益者の選定も「土地の社会的機能」と関連づけられつつ論じられている。ディアス・デル・モラールは、日雇い農の農業経営の能力に懐疑的な態度を隠さない。仮に日雇い農に土地が分与されるとすれば、それは日雇い農が「最も熟練し、如才なく、堅実な生産者」である場合に限られる。擁護演説は「労働者の権利」と「土地の分割」との間に「必然的な関係」を認めない〔RER：325-326〕。日雇い農の「権利」は、差し当たり「国家」——第2共和制——の労働立法を通じて満足させられるべきであった。「私案」は日雇い農の組合への大農場の暫定的な譲渡の可能性をも示唆しているが、その際にも「国家」の直接的な介入が——「教育的な」見地から——前提とされている〔RER：340〕。ディアス・デル・モラールが考える最良の「土地所有の再分配」は、借地農への、借地農自身が借りている土地の引き渡しである〔RER：342〕。第1次大戦後のチェコスロヴァキアやフィンランドでの農地改革の成功も、擁護演説によればこの手続きに負うていた。借地農こそは「活力に富み、知的で、土地の社会的機能に通じた分子である」〔RER：333-334〕。後に書かれた『ヨーロッパの農地改革』も、ギリシャやルーマニアやユーゴスラヴィアでの極端な土地の細分化に基づいた農地改革の失敗を例に取り、やはり日雇い農への土地の分与には否定的な結論を導き出した。「私案」が想定する「共和制の熱烈な擁護者」の「一番手」は、インファンテらが思い描く「アル・アンダルスの民」の精髄としての日雇い農ではない。

　ディアス・デル・モラールの「私案」とその擁護演説にすぐさま批判の矢を

第13章 ディアス・デル・モラールと「アンダルシアの農業問題」

放ったのが、ハエン県選出の社会党代議士ルシオ・マルティネス・ヒルである。社会党系労組FNTT（全国農業労働者連盟）の書記長でもあったこの人物は、国会委員会での討論のなかでもブハランセの公証人とは大きな見解の齟齬を来していた[26]。土地が「労働の道具」であり「社会的機能」を有すること。「反経済的な」借地や、旧領主貴族の家系のなおも根強い影響力の源泉であるその所有地に改革の鋒先が向けられるべきであること。2つの点では「私案」に概ね同意するマルティネス・ヒルは、だが土地の「社会的機能」が現実には「私的所有」と結びついた「個人的機能」に堕している現実に警鐘を打ち鳴らした[27]。

このFNTT書記長のおそらく最も重要な批判は、ディアス・デル・モラールの語る「直接経営（者）」の内実に関わっている。怠惰な地主に農作業の実施を促した「強制耕作法」が頻繁に執行されている当時のありさまにも言及しながら、マルティネス・ヒルは農業経営に意欲を示さない南スペインの「セニョリート（旦那様）」たちを「直接経営者」と見なすことを拒絶した。貸し出されている公共団体の土地は限られており、旧王領地や国家が差し押さえた土地等、「私案」に列挙された他の収用の対象となりうる不動産も、その多くは劣悪な状態にある。そもそも直接経営の土地が農地改革の対象から除外されたのでは、「入植に値する土地はない」〔OT：190-192〕。また、「私案」がデサモルティサシオンの結果失われた自治体の旧所有地の扱いを先送りにした点を衝いたマルティネス・ヒルの指摘は〔OT：194-195〕、「自由主義的農地改革」を称賛するブハランセの公証人とFNTT書記長の状況認識の階級的な隔たりを際立たせたものといってよい。土地は「労働の道具」であればこそ、「耕作者」の手に確保されねばならない〔OT：185〕。農地改革は「第2共和制を支え、そのありうべき敵と戦う農民の巨大な部隊」〔OT：189〕を創出する。「貧困と空腹」に苛まれた「農業労働者」の救済は「共和制にとって最大・最強にして、最も価値ある軍隊」〔OT：196〕の形成へと結実する。彼ら「耕作者」「農民」「農業労働者」は、ディアス・デル・モラールの言う「共和制の熱烈な擁護者」──主として借地農──を明らかに大きく超える広がりを持っていた。

ディアス・デル・モラールの「私案」には、自身の階級の匂いが確かに染み

— 307 —

ついている。しかし、そんなブハランセの公証人が1933年1月にはインファンテらがコルドバに催したアンダルシア地域主義者の集会に顔を出し、さらに1936年2月の総選挙に際しては人民戦線の候補者への支持を表明してもいた。この2つの行動から、「改革の2年間」に逆行する「暗黒の2年間（1934-1935）」の論理には埋没しないブハランセの公証人の精神を読み取ることはたやすい。ディアス・デル・モラールは、1934年5月にANOの書記長の座を自ら退く。その後、アントニオ・スリータ・ベラ、サルバドール・ムニョス・ペレス、アントニオ・ナバハス・モレノら同じコルドバ県内の有力な農業ブルジョワの参加を得て、ANOのコルドバ県支部委員会が発足した。同年の秋口のことである。「改革の2年間」に終止符が打たれた1933年11月の総選挙の折、アントニオ・スリータとムニョス・ペレスは「農業の防衛」を掲げて中道（急進党）-右翼（CEDA〔スペイン独立右翼連合〕・農業党）への投票を呼びかけた。カストロ・デル・リオのナバハス・モレノは、この総選挙に勝利した農業党——国会の内外で農地改革法案の審議を一貫して妨害した集団——の代議士である。アントニオ・スリータは、ディアス・デル・モラールと同郷の農業経営者。アナルコサンディカリストにはかねて対決姿勢を鮮明にしていた。ムニョス・ペレスは、1936年7月18日、コルドバでの軍事クーデタの成就と同時にフランコ派として初の同市市長に就任する人物である。ディアス・デル・モラールとムニョス・ペレスらのANOにおける「すれ違い」が偶然にすぎなかったのかどうか、われわれには判断する材料がない。いずれにせよ、フランコ将軍のスペインにあってブハランセの公証人は不遇に泣く。内戦後の人事——ムルシア県カラバーカでの公証人の職務への従事——は、ひとりの「知識人」の第2共和制期の営為に向けられた報復措置以外の何ものでもなかった。

b．農地改革の背景？

第2共和制の農地改革を論じた大著のなかで、マレファキスは『アンダルシアの農民騒擾史』の著者には「19世紀末から1920年にかけて社会状況が際立って悪化した、ちょうどその時期のコルドバ県の経済の改善をときおり誇張す

第13章 ディアス・デル・モラールと「アンダルシアの農業問題」

ぎる嫌いがある」と述べ、その理由をブハランセの公証人の「郷土愛と逆説を好む性癖」に帰している。事実、ディアス・デル・モラールが描くコルドバ県の騒乱の背景は、ラティフンディオ（大土地）が醸し出す反経済的・反社会的なイメージ——粗放農法に委ねられた大農場・貧困に苦しむ日雇い農——を覆す内容を含んでいた。『騒擾史』によれば、20世紀初頭のコルドバ県内、特に騒乱の主な舞台と化したグアダルキビール川以南のカンピーニャ（平野部）では農業生産性が急速に増大しつつあった。また、ディアス・デル・モラールは騒乱の頻度と土地の集中の度合いとの間に直接の因果関係を認めない。なるほど「土地の集中が著しい」コルドバと並んで、騒乱の発生源は「かなり以前から小規模な自作農や、極めて安い地代を支払っている小規模な借地農が異常なまでに多かった」カストロ・デル・リオやブハランセその他のプエブロ（町や村）であり、彼ら小農の多くこそが『騒擾史』の立役者だったのである。

コルドバ県下の農業の発展は、ドミンゲス・バスコンの研究からも裏付けられる。小麦とオリーヴ油がコルドバ県の農業を支える2本柱である。オリーヴの生産性（Qm./Ha.）は、6.20（1905-1909）→11.30（1915-1919）と大幅な伸びを示し、ほぼ同じ時期の全国平均7.80（1906-1909）→10.30（1916-1920）に追いつき、追い越している。小麦の生産性も、6.71（1901-1905）→9.53（1909-1913）→10.70（1915-1919）と順調に上昇線を描いた。『騒擾史』では、小麦の生産性（1916-1920）はコルドバ県の11.16に対して全国平均が8.90〔HACA：37〕。「ボリシェヴィキの3年間」には、コルドバ県の2大農作物の生産性が全国の水準を凌駕していたのは間違いない。ディアス・デル・モラールは、この生産性の上昇をそのままカンピーニャの「社会状況」の改善にも結びつける。「1905年の凶作を最後に、カンピーニャはもはや飢えを知らない」と述べるブハランセの公証人は〔HACA：20〕、『騒擾史』に先立ってともに1923年に刊行された、ジャン・コストドア・ラマルクの『アンダルシアの農業問題』とモンタルバン生まれの共和派エロイ・バケーロの『アンダルシアのドラマ』が揃って「3年間」の闘争の原因として重視した、第1次大戦中に始まる物価上昇が低所得者層にもたらした窮乏化の過程を掘り下げようとしない。

「異常なまでに多かった」小農に関連して、「3年間」の闘争の前衛を成したカストロの土地所有の実態を一瞥しておこう。パスクアル・カリオンの、『騒擾史』に劣らず古典的な著作に依拠すれば、1930年のデータながらこの優れて「リベルテール的なプエブロ」の階級構造が垣間見える。第2共和制前夜のカストロには250ヘクタール以上の———一般にラティフンディオと見なされる———地所が21あり、それらの地所、併せて5442ヘクタールは、カストロの総面積21118ヘクタールの25.77％に相当する。全県の総面積1329983ヘクタールに250ヘクタール以上の地所（合計579001ヘクタール）が占める割合は43.54％であるから、カストロでの土地の集中の度合いは確かに全県平均をかなり下回っている。ところで、課税対象所得が5000ペセタ以上の高額納税者がカストロには51人おり、その額は併せて622965ペセタに上る。カストロの全納税者1734人の課税対象所得の総額は1180388ペセタ。51人の同所得は1734人のそれの52.78％で、この高額納税者の比率は全県平均の51.08％を逆に上回っている。そこで、カストロでは相対的には面積の小さな地所を複数併せ持ち、そのため地租の支払いは高額になる農業経営者———経営規模のうえでは「大地主」———が多い、との『騒擾史』の主張には合致しない構図が浮上する。

ここでコルドバ県立文書館所蔵の文書を用いてアントニオ・バラガンが作成した同じ1930年の地租の支払い状況一覧を見てみると、カストロでは完全な日雇い農と並んで農地改革法（1932）の受益者となりうる、地租の支払い額が50ペセタに満たない階層の者が1332名を数え、この人数は全納税者———バラガンによれば1778名———のほぼ75％に相当する。このうち、地租の支払い額が10ペセタ未満の者が最も多く687名。彼らだけで全体の4割に近い。この687名の支払い額を合計しても3744.67ペセタにすぎない一方、カストロには納税額が併せて17217.22ペセタに達する「大地主」がふたりいる。所得の格差は圧倒的であり、カストロの小農———むしろ過小農———の多くは日雇い農を兼ねざるをえない、あるいは実質的には日雇い農に分類されるべき境遇にあったものと推察される。日雇い農と過小農との重なりに関しては、20世紀の初頭にレブリーハを訪ねた際のアソリンの指摘がある。『悲劇のアンダルシア』に綴ら

第13章　ディアス・デル・モラールと「アンダルシアの農業問題」

れた彼の証言では、当時のこのセビーリャ県のプエブロの3000名ほどの日雇い農のほぼ半数が「完全な」日雇い農であり、残る約半数は零細ながらも何がしかの土地を持っていた。しかし「みな一様に苦境に喘いでいる(43)」。

1934-1935年の統計は、ブハランセの下層社会のむしろはっきりとプロレタリア的な性格を浮き彫りにする。ブハランセ、カニェーテ・デ・ラス・トーレス、エル・カルピオ、ペドロ・アバで構成されるブハランセ地方裁判所管轄区にあって、農地改革法の恩恵に与りうる2809名のうち「完全な」日雇い農は2554名を数え、全体の9割以上に達していた(44)。同時代人のディエゴ・パソス・イ・ガルシアは、ブハランセ地方裁判所管轄区を襲った「3年間」の騒ぎに「小農」ではなく、「プロレタリア」と農業経営者との対立を見たのであった(45)。

要するに、ディアス・デル・モラールは農業生産性の向上を「社会状況」の改善へと短絡させ、その多くが実際には過小農と見なされるべき小農を日雇い農からあえて区別し、あるいは実質的な日雇い農を小農へといわば「底上げ」していることになる。もっとも、『騒擾史』は「3年間」に急速に増殖・肥大した組織の「プロレタリア的な」性格に言及したり〔HACA：280〕、騒乱の激化した若干のプエブロに「一種のプロレタリア独裁」の発現を見たりもしており〔HACA：269〕、「底上げ」の作業に綻びが散見される点は否めない。また、上述の通り「土地の集中が著しい」県庁所在地も騒乱を免れなかった事実に、ディアス・デル・モラール本人が触れている。問題の核心は、ブハランセの公証人の「郷土愛と逆説を好む性癖」にはおそらくない。副題が想起させるものとは裏腹の、『騒擾史』に込められたラティフンディオの社会的・経済的弊害の否定、少なくともその相対化への志向は、「自由主義的農地改革」が南スペインにもたらした負の側面を黙過した先の「私案」に通じているように思われる(46)。『騒擾史』では、アンダルシアの停滞を強調したロランやマルヴォーらの先駆的な仕事は酷評の対象であり〔HACA：33 n.12 y 515〕、カシキスモも「どこにでもある現象」としてほとんど等閑に付されている〔HACA：222〕。とはいえ、FRE以降の労働者組織が有効に機能することを阻み続けた因子が、大土地所有制に癒着したカシキスモの軛にあったのも確かであった(47)。

—311—

ところで、「3年間」のアナルコサンディカリズムの敗北の主因をブハランセの公証人は「あらゆる社会的な営みに不可欠の、強靱で持続的な努力のできない大衆の無自覚・無教養」〔HACA：360〕に求めている。『騒擾史』の主役が小農であれば、この「大衆」は小農でなければならない。だが、一方で「私案」とその擁護演説に従えば、小農、特に借地農は「共和制の熱烈な擁護者」になりうる有能な集団のはずである。この撞着は、農業経営者へと社会的に上昇する可能性を内包した借地農と、日雇い農への転落を免れぬ借地農という2つの範疇を設定することによりひとまず切り抜けられる。前者が「私案」による救済の対象であるとすれば、「完全な」日雇い農とともに「無自覚・無教養な」「大衆」を構成すると考えられるのが後者である。ディアス・デル・モラールの見通しでは、より公正で豊かな社会が実現しても富の不平等は解消されない。社会の序列が生み出されるなかでものを言うべきは、結局のところ「徳と才覚」である〔HACA：26〕。借地農の2つの範疇の境は曖昧であり、2つを分かつ基準は「徳と才覚」の違いを除いて他にない。ブルジョワ的な自由競争の原則の是認が、彼の発想の根底にはやはり横たわっているのである。

4．「知識人の共和制」の破綻

　「共和制奉仕団」が「すべての同胞」に共闘の手を差し伸べるわずか前に出版された『大衆の反逆』(1930)のなかで、オルテーガは20世紀の「顔」と化した「大衆」の傲慢を——前年に『アンダルシアの農民騒擾史』を世に問うた友人よりも、はるかに大きな視野のもとに——厳しく批判した。論壇への登場以来、「大衆」と自分たち「知識人」との間に一線を画するオルテーガの姿勢は一貫している。一方で、反体制派としてのオルテーガは早くから「大衆を教育する」エリートを組織する必要をも痛感していた。そうした企ての1つが1914年の「政治教育連盟」であり、「知的職業に従事するすべてのスペイン人を……共和制のプロパガンディスト、擁護者の一大集団へと転じることをもくろんだ」「奉仕団」は、アサーニャもその趣旨に賛同した1914年の「連盟」の延長線上に位置づけられる。(48) オルテーガの「大衆」とは、「自らに義務を課す

第13章　ディアス・デル・モラールと「アンダルシアの農業問題」

高貴さを欠いた人間」を指す(49)。「階級」を「大衆」分析の基軸に据えないその発想は、必ずしも不当なものではない。とはいえ、階級間の憎悪がついには破滅的な内戦を惹起することになる第 2 共和制の現実に当惑し幻滅したオルテーガは、1931年12月の「共和制の修正」に関する講演を経て、翌年 2 月には国家委員会代表の職を投げ出すに至る。「奉仕団」も同じ1932年の10月に解散した(50)。

「徳と才覚」を重んじるディアス・デル・モラールと、「自らに義務を課す高貴さ」を愛するこのオルテーガとの間には、双方の本質に関わる類似性が指摘されうるであろう。優れてリベラルな見地から、オルテーガはソヴェト憲法（1918）を個人の権利の蹂躙と見なし、ボリシェヴィキのロシアを「アジア的」と形容した(51)。ブハランセの公証人のロシア革命観も、オルテーガのそれに一致している。メンシェヴィキやリベルテールらの反対派を残らず粛清し、思想の絶対的な統制を強要するボリシェヴィキの姿勢は、ディアス・デル・モラールにも「アジア的」と受け止められたのであった〔HACA : 154〕。

将来の国家が「合理化された工房、完璧に整えられた病院、万全な実験室が持つ清潔さ・精密さ・厳格さのもとに組織・運営されること」。第 2 共和制憲法の作成の過程でのこのオルテーガの発言に託された「唯一の願い」は、「知識人」の政治参加に詳しいポール・オベールによれば資本主義のダイナミズムの堅持に他ならない(52)。ディアス・デル・モラールの「私案」の狙いも資本主義的な農業経営の推進に向けられていた点は、われわれがすでに検討したところである。だが、ふたりの「知識人」を支えるリベラルで資本主義的な精神を正面から脅かしていたのが「無自覚・無教養」と覚しい「大衆の反逆」であったとすれば、理想の社会を建設する営みへと「すべての同胞」を誘った「奉仕団」に所属する両者の思惑には、ほとんど解決不可能な矛盾が内包されていた。

第 2 共和制と文字通り命運をともにし、内戦の敗北の翌年（1940）に南仏に客死したアサーニャは、「取り澄ました、難解で現実性におよそ乏しい」発言を繰り返した「奉仕団」の代議士たちに比べ、はるかに本来の政治家らしい資質を備えていたように思われる(53)。社会党と協調したうえで「改革の 2 年間」を指導したこの「知識人」の意図は、再びオベールに倣えば「大衆」を議会政治

の枠内に「統合」〔ママ〕しつつ「社会革命」の発生を阻止することにあった[54]。死を目前にして認められた一文のなかで、アサーニャは日雇い農への同情心を吐露している[55]。しかし、自身が決断したIRA（農地改革庁）の予算の削減措置が物語るように、そのアサーニャも農地改革には概ね冷淡な姿勢に終始した。「膨大な数の農民大衆」に配慮した臨時政府の声明に反して、「知識人の共和制」に泥沼化した農地改革法案の審議をまとめ上げるだけの強い意志の働きを見出すことは難しい。1932年8月10日に突発したサンフルホ将軍のクーデタ騒動の衝撃のみが、農地改革法の成立をともかくも可能にしたのである[56]。

　1932年5月のディアス・デル・モラールによる自らの「私案」の擁護演説の直後、セビーリャ県では、「直接行動」の原理に立脚するCNTが「5時間労働」その他の要求を掲げて第2共和制への対決色を露にした全県規模の農業ストライキに打って出る[57]。1933年1月にはカディス県カサス・ビエハスの、そして同年12月にはディアス・デル・モラールを生んだブハランセのアナルコサンディカリストが、いずれもリベルテール共産主義体制の樹立をもくろんで武装蜂起した。共和制の治安維持装置によって20名以上が虐殺されたカサス・ビエハスでの惨劇は、1933年9月のアサーニャ政権の倒壊へと帰結する[58]。

　「共和制は労働者にとっての神話であることをやめた」との、労相ラルゴ・カバリェーロが執筆したとされる社会党の文書の発表は1932年7月[59]。アサーニャ首班の連立政権に生じた亀裂は農地改革法の成立にもかかわらず修復されず、改革自体の遅れも手伝ってむしろFNTTの攻勢を招く[60]。1933年夏には、アナルコサンディカリストの独壇場の観があったセビーリャ・コルドバ両県でも、FNTTがCNTを制して農業ストを指導するまでになる[61]。ディアス・デル・モラールの「私案」には反対しつつも、第2共和制を支持するに吝かではなかったマルティネス・ヒルに代わり、1934年1月には強硬派のリカルド・サバルサがFNTT書記長に就任。同年6月、FNTTは全国の700以上の市町村を巻き込む空前の規模での、そして自ら甚大な痛手を被る破目になる農業ストに突入する[62]。約3年前にマルティネス・ヒルを国会へ送り出していたハエン県では、このとき労使双方に死者が出る局面も出来するなか、1200名もの「共和制にとっ

て最強・最大にして、最も価値ある軍隊」の兵士たりうるはずの者たちが逮捕・収監の憂き目を見る。(63)アンダルシアにおける1931年4月以降の政治力学は日雇い農——と過小農——の急進化へと、換言すれば「インテリゲンツィヤ」が夢見た「すべての同胞」の「統合」とは逆の方向へと作用したのであった。

註

（1）アントニオ・バラガン・モリアーナ、渡辺雅哉訳「ディアス・デル・モラールの政治的軌跡」『西洋史論叢』24、2002、63-75
（2）E. Malefakis, *Reforma agraria y revolución campesina en la España del siglo XX*, Barcelona, 1982, 199. M. Tuñón de Lara, *Tres claves de la Segunda República*, Madrid, 1985, 41.
（3）ディアス・デル・モラールの生涯については、概ね孫のアントニオ・タステ・ディアスが書いた略伝（A. Tastet Díaz, "Semblanza sobre la vida y obra de Don Díaz del Moral", *Revista de Estudios Regionales*, 4, 1979, 283-314.）に従う。
（4）P. Aubert, "Los intelectuales y la II República", *Ayer*, 40, 2001, 131.
（5）A. Molero Pintado, *La Institución Libre de Enseñanza. Un proyecto de reforma pedagógica*, Madrid, 2000, 19-41.
（6）Malefakis, *op. cit.*, 224-225 y n. 8. バラガン・モリアーナ「政治的軌跡」
（7）J. L. Casas Sánchez, "La obra de Juan Díaz del Moral：un modelo de historia social", *Juan Díaz del Moral. Vida y Obra*, Córdoba, 1995, 28.
（8）J. Maurice, *El anarquismo andaluz. Campesinos y sindicalistas, 1868-1936*, Barcelona, 1990, 13-16.
（9）アントニオ・ミゲル・ベルナル、太田尚樹他訳『ラティフンディオの経済と歴史／スペイン南部大土地所有制の研究』農文協、1993、191
（10）Maurice, *El anarquismo andaluz*, 133.
（11）A. M. Bernal, "Reforma agraria, República y Nacionalismo en Andalucía", *Histoire et Mémoire de la Seconde République espagnole*, Nanterre, 2002, 96-97.
（12）Casas Sánchez, *op. cit.*, 22. 19世紀中葉以降のアンダルシアの農村部における階級闘争の包括的な展望として、Maurice, *El anarquismo andaluz*, Cap. VI., 310-376.
（13）ジャーナリスト、カルロス・デル・リオの観察（*El Liberal*, 29-VI-1901.）。

(14) G. Brey y R. Forgues, "Algunas rebeliones campesinas en la literatura española : Mano Negra, Jerez, Casas Viejas y Yeste", *La cuestión agraria en la España Contemporánea*, Madrid, 1976, 333 n. 9.

(15) ベルナル『経済と歴史』93-96

(16) J. Maurice, *La reforma agraria en España en el siglo XX (1900-1936)*, Madrid, 1978, 16.

(17) *Revista de Estudios Regionales*, 4, 1979, 317. この「私案」と国会でのその擁護演説は、初めカタルーニャの自治問題をめぐるオルテーガの国会演説と併せて出版され（J. Díaz del Moral y J. Ortega y Gasset, *La reforma agraria y el estatuto catalán*, Madrid, 1932.）、*Revista de Estudios Regionales*, 4, 1979, 315-356, に再録された。本稿は再録されたテキストに依拠し、以下は〔RER：ページ〕として文中に挿入。紙数の関係上、本稿ではディアス・デル・モラールの農地改革構想の核心と考えられる部分のみに考察の対象を限定する。彼の農地改革論の全体像に関しては、バラガン・モリアーナ「政治的軌跡」。A. Barragán Moriana, *Realidad política en Córdoba 1931*, Córdoba, 1980, 168-177. Tastet Díaz, *op. cit.*, 300-312.

(18) ベルナル『経済と歴史』143-156

(19) この経緯に照らして、「名門貴族」と「借地経営」という「私案」の主な標的には重なり合う側面がある。ちなみに1919年のフェルナン・ヌーニェスでは、フェルナン・ヌーニェス公爵がその所有地のうち約1800ヘクタールを借地に出し、残る約450ヘクタールを直接経営に当てていた（Archivo Histórico Provincial de Córdoba, leg. 162.）。

(20) C. Díaz González, prólogo de : J. Díaz del Moral, *Las reformas agrarias europeas de la posguerra 1918-1929*, Madrid, 1967, XVI.

(21) 晩年（1872）のバスケス・グティエーレスは6200ヘクタール以上の土地を所有（ジャック・モリス、渡辺雅哉訳「カストロ・デル・リオ／あるリベルテール的なプエブロの歴史と伝説」『西洋史論叢』22、2001、43－54、訳註6）。

(22) Bernal, "Reforma agraria", 86-89.

(23) バラガン・モリアーナ「政治的軌跡」

(24) 現代史家のアントニオ・バラガンは、国家権力に内在する階級性を無視したうえでその調整機関としての機能を過大に評価したとの一般論的な見地から、「私案」のこの主張を批判する（Barragán Moriana, *Realidad política*, 174.）。

第13章　ディアス・デル・モラールと「アンダルシアの農業問題」

もっとも、ここでブハランセの公証人は、自らも直に関与した「改革の2年間」に労相ラルゴ・カバリェーロ（社会党）らの肝煎りで導入された「強制耕作法」の施行等の措置に一定の評価を与えている観もある。バラガン自身も述べるように、実際「これらの措置を通じて、法的諸権利の力点は地主重視から農業労働者重視へと初めて移動したのであった」（「政治的軌跡」）。

(25) Díaz del Moral, *Las reformas agrarias*, 162-170, 178-182 y 204-205.
(26) バラガン・モリアーナ「政治的軌跡」
(27) *El Obrero de la Tierra*, 14-V-1932. Reproducido en：M. D. Borrell Merlín, *Lucio Martínez Gil：Representación política（PSOE）y liderazgo sindical（FTT）, 1883-1957*, Madrid, 2002, 185-187. 以下は〔OT：ページ〕として文中に挿入。
(28) *Olivos*, V-1934.
(29) *ibid.*, IX-1934.
(30) *Diario de Córdoba*, 16-XI-1933.
(31) 農業党は私的所有を絶対視し、ブハランセの公証人の農地改革構想の要である「土地の社会的機能」をも否定（Barragán Moriana, *Realidad política*, 178-179.）。
(32) モリス「カストロ・デル・リオ」
(33) アントニオ・スリータの所見では、「アナキズムのまたとない温床」であるアンダルシアを蝕む「飢えと失業」は、就中CNTのもとでの「ストライキの乱発」と「労働の拒絶」の産物である（*Boletín Agrario*, VII-1931.）。少なくとも労働運動に対する剥き出しの階級的な憎悪や敵意は、ディアス・デル・モラールの言動には認められない。「自由教育学院」に感化されたこの人物は、1905年以降しばらくコルドバで労働者の教育に従事し、「労働運動史」等を講じた経験をも持っている（Casas Sánchez, *op. cit.*, 19-20.）。
(34) F. Moreno Gómez, *La Guerra Civil en Córdoba（1936-1939）*, Madrid, 1986, 34-36.
(35) Malefakis, *op. cit.*, 101 n.21.
(36) ベルナル『経済と歴史』64
(37) J. Díaz del Moral, *Historia de las agitaciones campesinas andaluzas-Córdoba（Antecedentes para una reforma agraria）*, Madrid, 1984（1ª ed.：1929), 29-46 y 220-221. 以下は〔HACA：ページ〕として文中に挿入。
(38) P. Domínguez Bascón, *La modernización de la agricultura en la provincia de*

Córdoba (1880-1935), Córdoba, 1993, 170（小麦）y 177（オリーヴ）.
(39) J. Costedoat-Lamarque, La question agraire en Andalousie, Paris, 1923,23 et 83. E. Vaquero, Del drama de Andalucía. Recuerdos de luchas rurales y ciudadanas, Córdoba, 1987（1ª ed.：1923), 143-150.
(40) モリス「カストロ・デル・リオ」。渡辺雅哉「カストロ・デル・リオとブハランセ／FAI派と第2共和制期コルドバ県の階級闘争」『史観』138、1998、32-47
(41) P. Carrión, Los latifundios en España. Su importancia. Consecuencias y solución, Barcelona, 1975（1ª ed.：1932), 214-220.
(42) Barragán Moriana, Realidad política, 220.
(43) J. Maurice, "Azorín y La Andalucía trágica：¿Una nueva escritura de lo social?", España Contemporánea, 1, 2000, 102.
(44) Id., El anarquismo andaluz, 88. ただし、1930年のブハランセ地方裁判所管轄区の全人口29107人を考慮すれば（Censo de la población de España, t. I, Madrid, 1932, 84-85.)、この統計にはかなりの不備がある。
(45) D. Pazos y García, Política Social Agraria de España（Problemas, situación y reformas), Madrid, 1920, 254. 1920年のカストロでは大農場の約6割が借地経営のもとにあり、1934年にもほぼ同様の傾向が看取されるのに対し（モリス「カストロ・デル・リオ」)、1934年のブハランセでは直接経営の地所10007ヘクタールが借地経営の地所2360ヘクタールを圧倒している事実にも注目（J. Carandell, Distribución y estructura de la propiedad rural en la provincia de Córdoba, Madrid, 1934, 26.)。
(46) 大量の小農の存在は、実際にはコルドバ県の農業の相対的な後進性――「自由主義的農地改革」に伴う階層分化の不徹底――を反映していた。カディス県やセビーリャ県に遅れて始まったコルドバ県の騒乱は、(「世紀末の危機」への対処の一環として）農業が活性化されるなかでカンピーニャにようやく労働市場が形成された証でもあった（Maurice, El anarquismo andaluz, 69 y 75-77.)。化学肥料の投入と機械化に加えて、『騒擾史』が農業の活性化の一因として重視する旧領主貴族の大農場の分割・貸与、あるいは売却の進展も〔HACA：45〕――この現象にはマルヴォーも着目していた（A. Marvaud, La cuestión social en España, Madrid, 1975〔1ª ed. fr.：1910〕, 179-181.)――、多分に「世紀末の危機」への応急処置としてのミニフンディオ（小土地）創出

第13章　ディアス・デル・モラールと「アンダルシアの農業問題」

の域を出ない（ベルナル『経済と歴史』99）。『騒擾史』には「経営」戦略としての大農場の分割を「所有」構造の変革にまで結びつける傾きがあるが、この傾向は「名門貴族」への著者の姿勢から説明されうるかもしれない。

(47) Bernal, "Reforma agraria", 91-92.
(48) S. Juliá, "Protesta, liga y partido : tres maneras de ser intelectual", *Ayer*, 28, 1998, 175-186. バラガン・モリアーナ「政治的軌跡」
(49) オルテガ、桑名一博訳『大衆の反逆』白水社、1982、20
(50) Aubert, *op. cit.*, 124-125.
(51) J. Avilés Farré, *La fe que vino de Rusia. La revolución bolchevique y los españoles (1917-1931)*, Madrid, 1999, 92.
(52) Aubert, *op. cit.*, 112.
(53) バラガン・モリアーナ「政治的軌跡」
(54) Aubert, *op. cit.*, 108-109.
(55) M. Azaña, *Causas de la Guerra de España*, Barcelona, 1986, 27.
(56) C. Barciela López, "La réforme agraire de Manuel Azaña", *Azaña et son temps*, Madrid, 1993, 190-192.
(57) Maurice, *El anarquismo andaluz*, 186-189.
(58) 渡辺「カストロ・デル・リオとブハランセ」
(59) Aubert, *op. cit.*, 124.
(60) 農地改革法の成立から1年以上が経過した1933年12月の時点でも、例えばカディス県では、今やリベルテールの「聖地」と化したカサス・ビエハス（Brey y Forgues, *op. cit.*, 343-348.）とエスペーラの双方で併せて4522ヘクタール——改革の対象となりうる県内の土地の1％——が収用されていたにすぎない（F. Sígler Silvera, *La reforma agraria en Espera*, Madrid, 2000, 70.）。
(61) Maurice, *El anarquismo andaluz*, 354-357.
(62) Borrell Merlín, *op. cit.*, 90-91. Tuñón de Lara, *op. cit.*, 130-142.
(63) F. Cobo Romero, *Labradores, campesinos y jornaleros*, Córdoba, 1992, 422-433.

渡辺雅哉

第14章

国境の変容とヨーロッパ連合の拡大
―エストニアを事例として―

1．ヨーロッパの分断線

　2004年、ヨーロッパ連合(EU)は第5次拡大を行う。今次の拡大は、一挙に10カ国の加盟を認めるだけでなく、旧共産主義諸国を対象とする点で、これまでのものとは比較にならないほどの影響を、現加盟国、新規加盟国およびEU域外諸国それぞれに及ぼすと予想される。

　そうした影響は国境の意味・機能の変化にも表れるであろう。新規加盟国となる旧東欧の人々にとっては、10余年前には「鉄のカーテン」の向こう側にあった国々との往来が自由化されるだけでなく、かつての「鉄のカーテン」の向こう側でEU市民として暮らすことが可能になる。(1)他方、これまで密接な交流のあった東側との関係には多くの制限が課されることになる。EU拡大は、ヨーロッパにおける分断線の消滅ではなく、分断線の東への移動であるといわれるゆえんがここにある。換言すれば、旧東欧諸国にとっては、「要塞のヨーロッパ」の一員になることで西側の国境が「低くなり」、他方、東側に新たな「壁」ができることになる。むろん、こうして生じる分断線は、もはやイデオロギー上の対立軸に沿ったブロック間を隔てるものではなく、主に経済格差に基づく境界線になる。その意味で、絶対的な境目ではなく、ある意味では一時的な境界であるともいえる。この場合の境界線は、冷戦期のように関係を遮断するためのものではないから、一定の条件下での相互交流は可能である。それゆえ、第5次EU拡大によって生じる分断線を冷戦期の「鉄のカーテン」と同一視することはできない。

— 321 —

しかしながら、こうして生じる分断線に関し、EU域外になる諸国に不満と不安が広がり、EUから阻害される緊張感を抱いているという指摘がある。また、長らく続いてきた越境が制限ないし廃止されることによって起こりうる民族的・経済的・政治的紐帯の切断が招く危険性について、注意を促すEU内部の声もある。これに対し、ノルウェーやスイスのように、国民の意見が分かれて自ら加盟を希望しないことになった国々ではEUからの阻害を取り上げた議論が目立たないことを根拠として、長期的には欧州に位置する民主主義国には加盟が開かれていることから、EUの拡大こそが究極の安定化政策であるとする見方もある。とはいえ、第5次拡大後にEUと隣接することになるロシア（ロシアはすでにフィンランドの加盟でEUと隣接したが、今次拡大でさらに多くのEU諸国と国境を接することになる）やウクライナ、ベラルーシは、ノルウェーやスイスとは経済水準も政治体制の安定度も異なる国であり、近い将来、ロシアやウクライナがノルウェーやスイスと同様の関係をEUとの間に築く可能性は低い。上記の「EU拡大による安定化作用」の議論が長期的関係を視野に入れたものであるように、EU域外に残される国や地域の懸念は短期的に見れば見当違いとはいえないであろう。こうした懸念を解消し、不安定化の予防を目的として、EUは隣接地域との協力促進のためのプログラムを策定しているが、現在のところ十分機能しているとはいえない状況にある。

　本稿が対象とするエストニアは、まさに国境の変容を経験しつつある国である。1991年にソヴィエト社会主義共和国連邦（以下、ソ連邦）からの独立を回復し、2004年5月の拡大でEU入りを果たす同国を上述の文脈においてみると、「鉄のカーテン」の東側から「要塞のヨーロッパ」であるEU域内に入ることにより、その東側にあるロシアとの間に新たな分断線が引かれることになるといえる。しかし、エストニアにとって、EUへの統合はそのまま単純にロシアからの分化を意味するのであろうか。こうした一見、首肯するのが当然であるような問いに、この10余年間の両国関係の再検討を通じて答えを出すことが、本稿の第一の目的である。第二の目的は、近代国民国家の枠組みの中で国籍とならんで国家を規定する柱のひとつであった国境の役割の変容を、EU拡大の文

脈の中で検討することにある。国境の役割のひとつがアイデンティティの守護者としてのそれであるとするなら、エストニアにとってはまさにロシアとの国境こそ文化的・民族的差異の隔壁となることが期待されるものであった。国民国家の形成とEUへの統合を同時に国家的課題としたエストニアにとって、国境はこうした役割を果たしてきたのであろうか。

2．国境の変遷

　本稿の目的に沿ってEU拡大と国境との関係を検討するに当たり、具体的事例として取り上げるのは、ロシアとの「国境」付近に居住するナルヴァ市住民およびペッツェリ地方住民の越境問題である。2003年9月14日に実施されたEU加盟の是非を問う国民投票で、エストニア全体では加盟賛成という結果が出たのに対し、これらふたつの地域ならびにその周辺には反対票が賛成票を上回る選挙区が存在した。[5]このような投票結果を招いた原因はどこにあったのであろうか。以下では、これらの地域の帰属をめぐる歴史的経緯を紹介した後、エストニアのEU加盟交渉が地元住民に与えた影響を中心に現在の問題について検討したい。

　エストニアが91年の独立回復後に主張した国境線は、エストニアとソヴィエト・ロシアの間で締結された1920年のタルトゥ条約によって規定された国境である。同条約締結の経緯を簡単に見ておこう。

　1918年2月のエストニアの独立宣言直後に始まったドイツ軍による占領はドイツの敗戦で終結したものの、その後まもなく侵攻してきたソヴィエト・ロシア軍を相手にエストニアでは独立戦争が続いていた。他方、ソヴィエト・ロシアはエストニアだけでなく、同時にロシア白軍や連合国との干渉戦争を戦っており、戦況が不利になった1919年半ばごろからエストニアとの講和を望んでいた。対するエストニア側も連合国から独立の法的承認が得られないまま戦争状態が長引く中で状況打開の方策を模索していた。こうして始まった講和交渉は両者の主張が折り合わないために難航したが、最終的には早期講和を望むソヴィエト・ロシアがややエストニアに有利な条件をのむ形で妥協し、1920年2月

2日、タルトゥ講和条約の調印が行われた。同条約により画定した国境は、当時建前であった民族自決の原則を根拠としたエストニアの主張に沿っていたとはいえ、国境付近の複雑な民族構成を反映したものにはならなかった[6]。国境線の位置は住民の意思ではなく、全般的戦況によって決定したといった方がよい。それゆえ、国際環境が全く異なる状況下で、タルトゥ講和交渉時に問題となった領土が、同じ民族自決を口実としてロシア社会主義共和国に編入されたのは当然の帰結であった。すなわち、タルトゥ条約でエストニアへの帰属が認められたペッツェリ地方の大半とナルヴァ川をはさんでナルヴァ市の対岸に位置するイヴァンゴロド市（エストニア語ではヤーニリン市）は、それぞれ1944年と1945年のソ連邦最高会議令に基づいて行政区分の上でエストニアから切り離されたのである[7]。

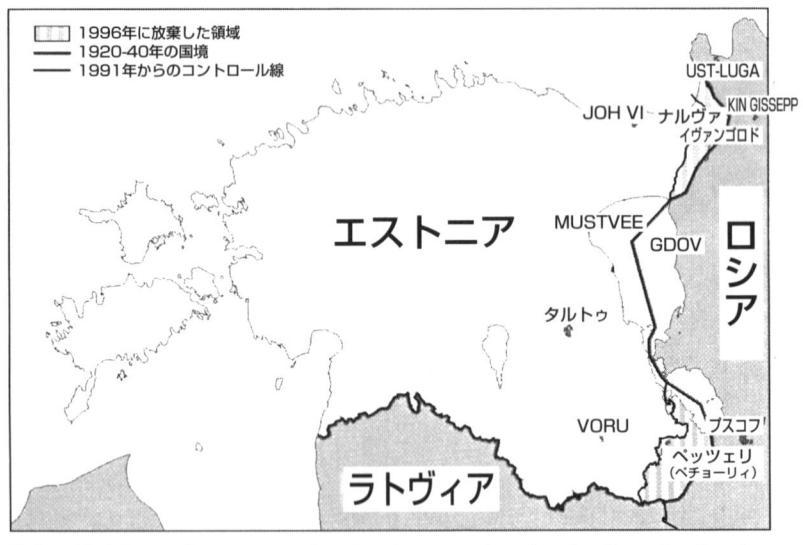

出典：Eiki Berg, De-constructing border practices in the Estonian-Russian borderland, *Geopolitics*, 2000, Vol. 5, No. 3.

1991年に独立を回復したエストニアは、ソ連時代を占領期と見なす立場を公のものとし、1940年6月以前の状況の回復を掲げた。この立場を強硬に貫こうとした姿勢は、エストニアのような小国の行動としては異例と評される。これを理解するには、エストニアをはじめとするバルト三国の有する特別な意識に目を向ける必要があるだろう。バルト三国は、東西大国の狭間にあってソ連邦に占領された歴史的背景と大国ロシア／ソ連邦を隣国とする地政学的条件ゆえに、社会主義時代の負の遺産を払拭するための政治的・経済的・道義的支援を欧米諸国から得られると考えていた。ロシアを悪役に仕立てるような90年代前半の挑発的な言動はこうした発想からでなければ理解できない。本稿の目的と重なる部分があるので簡単に触れておくと、後述するように、国境だけでなく、国籍問題に関しても、エストニア（とラトヴィア）は、他の旧ソ連邦構成共和国が採用したいわゆる「ゼロ・オプション」によってソ連時代の移民、すなわちロシア語系住民に自動的に自国の国籍を付与する道を選ばず、当初は帰化か母国帰還かの二者択一を迫って譲らなかった。

　それでは、エストニアとロシアはそれぞれどのような立場を国境交渉の場で主張したのであろうか。エストニアは1940年のソ連邦による「併合」を不法とみなし、両国間関係を規定する唯一の条約はタルトゥ条約であるとして、1944年と45年にロシア社会主義共和国に移管された領土の返還を要求した。これに対しロシアは、1940年の「編入」はあくまでエストニア議会の決定に基づく正当な申し出によるとして、タルトゥ条約の無効性を主張した。このような歴史認識の違いに基づく立場の相違があっただけでなく、それぞれの国家事情もからみ、交渉は平行線をたどった。エストニアの領土返還要求は、対象領域の住民の大半が現時点ではロシア人であることに加えて、地域の経済的後進性を勘案すると、非合理的であったといわざるを得ない。それにもかかわらずエストニアは、1992年に制定した新憲法の第122条で、「エストニアの陸上国境は1920年2月2日のタルトゥ条約ならびにその他の国家間条約によって規定されている。国境の変更に関する協定の批准には国会議員定数の3分の2の賛成を必要とする」と定めている。要するに、憲法の拘束を受けるため、タルトゥ条約に

示された国境の放棄はきわめて難しくなっているといえる。他方、ソ連邦の後継者としてロシアは、ソ連崩壊後、周辺諸国の大半との間に領土問題を抱えることになった。こうした状況下でエストニアに対して譲歩すると他の国々との交渉にも不利に作用しかねなかったため、エストニアの要求の受け入れは、はじめから論外であったといえる。なお、1996年11月にエストニア側が領土要求を放棄したことにより、領土の帰属問題そのものは一応の解決を見た。しかし、99年3月に仮調印が行われた国境協定の本調印の見通しは立っていない（2003年9月現在）。交渉過程については後で詳しく見ることにする。

3．国境地域の概況

それでは国境交渉の対象となった地域はどのような状況にあるのであろうか。

ナルヴァ市はソ連時代、モスクワやレニングラード（現サンクトペテルブルク）のエネルギー供給地としてソ連邦全体を取引相手とするような大企業を抱える産業都市であった。しかしながら、独立後の市場経済化の中で、共産主義時代の非効率的な産業は例外なく構造改革を迫られ、失業率は公式統計でも全国平均の2倍近くになっている。対岸のイヴァンゴロド市は、行政区分とは関係なく、ソ連時代にはナルヴァ市のベッドタウンとして密接なつながりを有し、上下水道などの社会基盤設備を共有していた。民族構成では、ナルヴァ市の住民の95％以上をロシア語系住民が占める。その多くが第二次世界大戦後にエストニアに移住してきた労働者であり、住民の約27％がロシア国籍である。

ロシア語系住民が圧倒的多数を占める住民構成から容易に想像がつくように、ナルヴァ市はエストニアの独立回復に際し、抵抗を示した唯一の地域である。しかし、抵抗というと語弊があるかもしれない。独立そのものに異議を唱えたのではなく、地方自治体の自治権拡大を要求したのである。この要求を通すため、ナルヴァ市は、同じくロシア語系住民が多数を占める近隣のシッラマエ市とともに、1993年7月16、17日の両日、自治権拡大に関する住民投票を実施した。この住民投票はエストニア中央政府の反対を押しきって強行され、民族紛争の勃発を警戒する国際社会の注意を喚起したが、実際には目立った混乱はお

こらなかった。その理由のひとつは、これはあくまで中央のエストニア人政治エリートと既得権益の喪失に直面していた地方のロシア人政治エリートとの対立であり、住民の大半は自らの問題として事態を認識していなかったことにあるといえる。いまひとつの理由としては、国際社会の介入が考えられるだろう。ナルヴァ市側は、住民投票では市の要求に対する賛成が過半数を大きく上回ったにもかかわらず、最高裁違憲審査委員会の違憲判決を受け入れて[9]、投票結果の政治的利用を控えた[10]。いずれにせよ、経済発展の進まないナルヴァのような地方都市の場合には、この時点での自治権拡大は現実的ではなかった。この後ナルヴァ市に設置されたCSCE（欧州安全保障協力会議。95年以降はOSCE）ミッションの事務所が推移を見守ったこともあり、事態は沈静化した。とはいえ、衝突に至らないまでも、民族に起因すると見られる多くの問題が存在した。そのひとつがロシア語系住民の家族の再結合問題である。前述のように、イヴァンゴロド市はナルヴァ市の事実上のベッドタウンであったため、様々な理由から夫婦の一方がナルヴァ市で居住登録を行い、もう一方がイヴァンゴロド市で登録している夫婦が少なくなかった。ところが、独立回復後、ナルヴァ市での登録者は申請によりエストニアの居住許可の発給を受けられたのに対し、イヴァンゴロド市の登録者に対しては、こうした便宜は図られなかった。その上、ロシア語系住民の増加を懸念するエストニア政府が、旧ソ連諸国からの移民に対しては年間の割り当てを設定したため[11]、とくにナルヴァ市では家族の別居状態や不法滞在を余儀なくされるケースが問題となったのである。この問題が法律上の解決を見たのは後述するように2002年のことである。

　いまひとつの交渉対象地域であるペッツェリ地方は、ナルヴァとは民族構成も経済状況も異なる状況にある。ペッツェリ地方に居住するセト人はセト語というエストニア語に近い言語を話し、ロシア正教を信仰する民族集団であり、独特の歌や踊りなどの民族文化を伝承している。その数はわずか1万から1万5千人程度といわれており、1944年にペッツェリ地方の大半がロシア社会主義共和国のプスコフ管轄下に移されると、セト人の多くがエストニア側に移住したので、ロシア側には約1千人程度が居住するのみとなっていた[12]。エストニア

側に居住するセト人にとっての今日の問題は、ロシア側にある教会や墓地を訪れるために定期的な越境の必要が生じたことにある。また、両大戦間期の国家承継の原則に基づけば、土地・家屋等の不動産に対する権利が発生するので、ペッツェリ地方では、ロシア側に残された領土のエストニアへの返還を要求する市民運動が90年代初頭に組織された。そのほかに、民族文化の保持を掲げたセト会議と称する会議も開催されるようになった。ペッツェリ地方では、対象人口はナルヴァと比べて少ないものの、民族的権利の要求と財産権要求が絡み合って問題が複雑化しているといえるだろう。

このようにふたつの地域では、形式的な行政区分を意味するにすぎなかった境界がエストニアの独立回復の結果、事実上の国家間の境界になったことから、地域住民の定期的な越境を保障するためのさまざまな方策がとられることになる。民族が複雑に入り組み、中央とは異なる論理が働く国境地域で見られるのは、国境の彼岸と此岸との間の対立関係ではない。エストニアの中央がロシアからの分化に向けて努力をしていく中で、国境地域ではそれとは反対の動きが見られるのである。しかし、それは国家としてのロシアとの統合という形を住民が希望していることを意味するわけではない。次項では、そうした中央と地方の関係を国境交渉の過程に沿って見ていきたい。

4．国境交渉の経緯

本項では、今日に至るまでの国境交渉の過程を、エストニア、ロシア、EUの三者関係の変化から3つの時期に分ける。

国境交渉の第1期は独立回復から1994年8月のロシア軍撤退までである。この時期の特徴としては、前述したような、エストニア側の妥協の余地のない交渉姿勢が指摘できる。とはいえ、エストニア側は独立回復前からそのような強硬姿勢をとっていたわけではない。

独立回復後のエストニア・ロシア関係の基本となるはずであったのは、1991年1月12日に調印されたエストニアとエリツィンのロシア共和国との二国間協定である。この協定は、対ソ連邦中央、言い換えれば対ゴルバチョフという共

第14章　国境の変容とヨーロッパ連合の拡大

通の「敵」の前に相互協力を必要としていた両国の当時の友好的な関係を反映していた。同協定の内容をエストニアが遵守していれば、国籍問題も領土問題も生じていなかったであろう。国境に関しては第6条で、別途定めるという条件付ではあったが、CSCE原則に従い、互いの領土的一体性を尊重するとしていた。すなわち、実質的には現状維持がこの時点での暗黙の了解であったといえる。

ところが、独立回復後、エストニアは、ソ連邦を含めた国際社会との関係の構築にあたり、両大戦期の国家継承という方針を選択した。いわゆる「回復主義」である。この回復主義に基づき、1940年時点の領土・国民・外交関係の回復が原則として掲げられた。しかしそれはあくまで原則であって、その実現は別の問題であった。91年9月12日にエストニア最高会議が採択した法律はこれをよくあらわしている。同法は、タルトゥ条約ならびに国際法に矛盾するという理由でエストニア社会主義共和国の国境変更にかかわる1945年と57年の法律の無効化を宣言すると同時に、今後の国境については協議によって画定するという意思を示している。領土返還要求についてはここではまったく触れられていない。[13] 91年後半から92年の国会選挙までにとられた政策を見ても、現実に即した関係の構築が進められていたことがわかる。例えば、91年12月には、既存の国境において出入国の検問が開始された。これにあわせ同12月16日、エストニア共和国の時限立法により、恒常的に越境が必要となる地域住民に対し、越境手続きの簡素化が図られる。この間、ソ連邦の崩壊を受けて交渉相手はソ連邦の後継者であるロシア連邦に交代したが、この交代は後で見るように交渉の進展に肯定的影響を及ぼすものではなかった。[14]

92年4月、二国間の懸案事項として駐留ロシア軍、退役ロシア軍人の処遇、ロシア語系住民の国籍問題とともに国境問題も取り上げた二国間交渉が開始された。交渉開始当初、国境付近の住民に越境を保障する内容の協定案が準備されていたことから明らかなように、国境問題についてはかなり柔軟な対応が見られた。ところが、92年9月の国会選挙を機に「脱植民地化・脱ソヴィエト化」を掲げる民族主義的政党「祖国」を中心とするラール政権が発足すると、エ

— 329 —

トニア側の対応が急変することになる。

　このときの変化は急激な民族主義化と評されることが多いが、実際には、急進的な要求は独立回復以前から存在していた。それが交渉の表舞台に出なかった背景には次のような事情がある。急進的な要求を行っていたのは、社会主義時代からの機関である最高会議とは別個に90年春の選挙で選ばれた議会（「エストニア会議」）の中核を担った「エストニア国民委員会」であった。彼らはエストニア人の中に十分に支持者を見出しながらも、ソ連邦中央との交渉においては副次的な役割しか果たすことができなかったのである。ところが、独立回復後、それまで政権を率いて穏健路線をとってきた人民戦線が内部分裂を起こした。その分裂した一部が民族主義的主張を掲げる「祖国」と協力して政権についたため、「祖国」の主張がエストニア政府の公式な立場として表明されることになったのである。

　いずれにせよ、エストニア側の対応の変化により、交渉は白紙状態に戻った。エストニア側はあくまでタルトゥ条約で規定された国境を正当とみなして領土返還要求を行い続けた。簡素化された方法での往来を国境地帯住民に保障する越境体制の確立を優先するロシアとの交渉は、平行線をたどったまま暗礁に乗り上げ、94年5月に交渉は中断した。交渉が進まなかったいまひとつの理由として、エストニア側の具体的方針の欠如が挙げられる。欧米諸国はCSCEのヘルシンキ最終議定書（1975年）で規定されているとおり、既存国境の変更には否定的であった。その他の問題をめぐるロシアとの交渉で、欧米諸国からのロシアに対する圧力や財政支援を頼みの綱としていたエストニアにとって、国境問題で欧米諸国の不興を買うのは得策ではなかった。ところが、エストニアにとってこの問題は、ロシア語系住民の国籍やソ連時代に国有化された不動産所有権の問題同様、回復主義に基づく主張であったので、簡単に引き下がることができなかったのである。エストニア側が94年4月に提案した国境画定の10年間の凍結案は、そうしたジレンマの表れであったといえよう。エストニアは譲歩しようにもどこまで譲歩すべきかについて、国内での議論ができない状態にあったのである。また、この時点で国境問題は、難問が山積するエストニアに

とって優先順位の低い問題であった。こうして態度の留保を余儀なくされていたエストニアが、凍結提案を無視したロシアの行動への対応に苦慮したであろうことは想像に難くない。ロシアは、同年6月22日の大統領令に基づき、エストニア・ロシア間の既存の境界線を国境線として一方的な国境画定に着手した。これに対する反撃としてエストニアは、国境法の採択により現行の境界線を一時的なコントロール線として再確認するとともに、ロシア大使に抗議を表明しただけであった。エリツィン・ロシア大統領が11月23日にペッツェリの「国境」を訪れ、「ロシアの土地は何があっても一片たりとも誰にも渡さない」と発言した事件により両国間の緊張はいっそう高まった。同時に、エストニアの政策転換への最後の一押しにもなった。

　この間、ロシアは93年2月にCIS諸国との公式国境を画定し、エストニアおよびラトヴィアに対しても同年4月から査証制度を導入した。しかしながら、旧ソ連国民にとってはソ連邦の旅券が95年2月まで有効であったために、実際には、ロシアとの自由な往来は依然として事実上可能であった。また、エストニア政府が91年12月に時限立法として制定した簡素化された越境制度に関する法律が93年に廃止された後も、地方自治体が独自に名簿を作成して地元住民の越境に便宜を図っていた。対象者は、①近親者のいる者、②教会に通う必要がある者、③近親者の墓地がある者、④不動産を所有する者、⑤通勤者、通学者など、約1万7千人から2万人であった。こうした措置は厳密に言えば非合法であったが、政府が目をつぶって見逃していたので、2000年9月に正式に廃止されるまで続くことになる。

　国境交渉の第2期はロシア軍撤退から97年までである。ロシア軍撤退はエストニアの安全保障観に大きな影響を及ぼし、対ロシア政策を変更させた。本稿の目的からは、撤退交渉の詳細については省略して差し支えないと考えられるので、ここではその結果の重要性を指摘するにとどめる。ロシア軍撤退は、エストニアにとって直接的な軍事的脅威の解消であっただけでなく、真の意味での独立の達成でもあったといえる。それまでは独立国であるにもかかわらず国家の意思に反して外国軍が駐留している事実により、ある意味で独立は名目的

なものであるとも言えた。同時に、ロシアの政策決定者のあいだで「近い外国」論が取りざたされ、旧ソ連諸国に対する特別な権利が主張されている状況は警戒心をあおるのに十分であった[18]。こうしたロシアの大国主義的傾向がロシア軍撤退によって一変したわけではなかったが、それでも直接的脅威の解消はエストニア人に心理的に大きな安心感を与えたといってよい。それまでロシアとの「決別」に主眼をおいていたエストニアの外交政策がヨーロッパへの統合に重心を移したことにそれは表れている。ルィック外相もロシア軍の撤退が外交政策転換の契機となったことを指摘している[19]。この時期エストニア外交は、「東との正常化、西への統合」を掲げ始める。そして、歴史的・地政学的条件の特殊性を主張して欧米諸国の支援を勝ちとることではなく、ヨーロッパの一員となることがエストニアの外交目標となったのである。

袋小路に入っていた国境交渉に関する変更方針が政治家の一部ですでに形成されつつあったことは、94年12月末、タラント首相がヘルシンキにおいて行った領土要求の放棄に関する発言にあらわれている。タラント首相の発言は個人的な意見であって政府の見解でないことを政府報道官は強調したが、依然、政府の方針にまではなっていなかったにしろ、こうした方向での解決に道が開かれつつあったことはその他の政府高官の発言からも確認できる。発言の背景に関して、タラント首相に外からの圧力がかかっていたという見方は当時からあった。当時の国際社会は、欧州安定化条約の策定・締結が議論されていた例からもわかるように、旧ソ連・東欧諸国の領土・少数民族問題を原因とする武力衝突の回避に心を砕いていた。圧力とはいわないまでも、EU・NATO加盟に本格的に名乗りを上げることを念頭におき、ヨーロッパの動向をにらみながら国内外向けの観測気球をタラント首相が上げた可能性は十分に考えられる。しかし、国内の反応は芳しくなく、またロシアの反応はなかった。このため、正式に領土要求が放棄されたのはそれから2年後の96年11月であった。とはいえ、96年の時点ですでに調印可能なほどに国境協定がほぼ完成していたということは、それ以前の早い段階で領土放棄方針があったことを示唆しているのである。

94年5月から中断されていた国境交渉は、95年10月、技術的な問題に絞った

専門家交渉として再開された。翌96年11月5日にロシアのペトロスコイで行われた外相会談で、カッラス外相が正式に領土返還要求の放棄を明らかにしたのは、この会談に向けて準備されていた国境協定調印への障害を除去するためであった。しかし、ロシア語系住民の国籍問題についてエストニアからの譲歩を引き出せなかったロシア側は調印に応じず、国境問題の解決は再び遠のいたのである。ところで、エストニア政府の領土要求放棄は、タルトゥ条約の無効を主張するロシアの立場に与したことを即意味するわけではない。先述のように、それはEU・NATO加盟を外交上の最優先課題とするエストニアが、加盟の障害となる国境問題の早期解決をねらってとった戦略であった。EU・NATOはともに、隣国との紛争を抱える国の加盟は認めないとの方針をとっている。それゆえエストニアは、原則としてはタルトゥ条約の有効性の承認をロシアに求めていく方針を変更したわけではなかったが、実行上、ロシアに譲歩したのである。

　第3期は、EUとエストニアの関係の進展が、それまで以上にエストニア・ロシア関係に影響を与えた時期である。この時期、EUを外圧として、無国籍者問題の解決とロシア語系住民の社会統合にエストニア政府は本格的に着手した。その直接の引き金となったのが、97年7月に欧州委員会が公表した加盟申請国に関するいわゆる「意見」である。エストニアはその中で、98年から正式加盟交渉を開始すべき国として、ポーランド、チェコ、ハンガリーなどの改革先進国とともに名前が挙げられた。その後加盟申請国に期待されたのは、政治・社会・経済状況に関して毎年公表される各国別年次報告書の評価に従って改革を進めることであった。それまで非合法でありながら慣例として続いていた名簿に基づくエストニアの越境体制は、その年次報告書の98年および99年版で加盟までに改善すべき点として指摘されたのである。ところで、前述のようにエストニアとロシアの間では国境協定の本調印が済んでいないが、エストニア政府の説明によれば、EUは正式な協定の有無を重視していないという。それよりもEU側が重視したのは、この越境体制であった。

　そもそもEUは、域内における人・モノ・サービスの自由移動を可能とする

単一市場を重要な柱のひとつとしている。域内の自由移動を確保するためには、必然的に厳格な外囲国境管理の実施が不可欠になる。エストニア・ロシア国境の越境体制はEUの国境管理体制の基準を満たすものではなかった。このため、エストニアは2000年9月、名簿に基づく越境体制を廃止した。これに対し、従来、国境地域住民の自由な移動を保障する体制の確立を求めてきたロシア側も抵抗を示すことはなかった。2000年5月に大統領に正式に就任したプーチンの下、ロシアでは旧ソ連諸国に居住するロシア語系「同胞」に対する対応の明確化が行われた。最も顕著な影響を及ぼしたのが、外国人旅券を保有するエストニアおよびラトヴィアの無国籍者にそれまで認められていた無査証越境の廃止である[22]。このように越境体制の厳格化はエストニア側からだけでなく、ロシア側からも行われたため、関係の悪化につながることはなかったといえる。

名簿による越境の代替措置としては、いわゆる「人道的」理由で越境を必要とする地域住民に無料の数次査証が発給されることになった。その数はエストニア側、ロシア側でそれぞれ4000件である。また、ロシア側に居住していたエストニア国籍者でエストニア側への移住を希望する者には定住支援金が支払われ、300～500人がエストニア側に移住した。注目すべき変化としては、ナルヴァ市で、2001年のロシア国籍取得者が600人にのぼったことが報告されている。これは、安いガソリンやウォッカ、その他の食料品などをロシア側からエストニアに持ち込んで利益を上げていた人々が、簡素な越境体制の廃止とほぼ同時期に、外国人旅券の保有者にもロシアが査証を要求するようになったことから、越境の便宜上ロシア国籍を申請した結果とも推測される[23]。査証体制の導入が地元住民の一部にとって不便に感じられていることは事実であろう。中にはふたつの旅券を場合に応じて使い分ける者もいると伝えられる[24]。

国境協定はいまだ締結されていないにせよ、エストニア・ロシア国境は正式な国境としての機能を完全に果たし始めたといえるだろう。しかし、こうした移動に対する国境管理の厳格化は、人々の移動を完全に止めてしまうものではない。

5．国家にとっての国境、生活者にとっての国境

　ナルヴァ市とイヴァンゴロド市の住民は、エストニアの独立回復後も往来を続けていた。ナルヴァ市は、エストニアの中では経済改革に取り残された地域になったとはいえ、ロシア側のイヴァンゴロド市と比較すると生活水準は相対的に高く、逆に言えば、イヴァンゴロド側の物価は安かった。そのため、ナルヴァ・イヴァンゴロド間では、経済格差を利用して利益を上げようとする人々による越境が頻繁に行われていた可能性は高い。98年のロシアの経済危機後、名簿を利用した越境者が急増した事実は、そうした経済的動機による営利目的の越境者の多さを示す証左であろう。[25]

　こうした状況にもかかわらず、簡素化された越境手続きが廃止されても地元住民が抗議行動を起こすことはなかった。4000件の無料査証の発給は、いわゆる人道的理由による越境者の必要を十分に満たしているといえる。むしろ、外務省の調査によれば、人道的理由という条件を満たしていない者も無料査証受給者の中には多いという。[26] しかしその一方、次第に煩雑になる越境手続きに対する不安の声が聞かれることも事実である。[27] 国境地帯で高齢化が進んでいることも、そうした手続き上の問題が生じる一因であろう。

　営利目的の越境に関しては評価が分かれている。経済的に遅れた当該地域では、失業率は高く、平均収入も低い。社会保障が十分整備されていない状況下では、越境によってもたらされるなにがしかの利益が社会の安全弁になっていたという見方もある。他方、名簿に基づく越境だけでなく、無料査証の発給すらも結局のところ基準が不明瞭であるため、人々の間に不平等感・不公正感を惹起しているという批判もある。

　国家の周辺部に位置する地域が経済的な後進地域となるのはエストニアに限ったことではない。EUはそうした地域の振興を目的とした財政支援を行っているが、支援プログラムの策定・実行に当たっては国家レベルの理解と支援が不可欠である。ロシアを含めたバルト海地域については、EUの下位協力として北方ダイメンションの枠組みでの地域協力が進められているものの、地元住民と中央政府レベルとの間で地域協力の取り組みに対する温度差があり、それが[28]

地域発展の障害になっている可能性は否定できない。他方、下からのイニシアチブによる越境協力も全般的に低調である。EU加盟を見越し、ユーロリージョン形成とEU構造基金からの支援金獲得とを目的として、ロシア、エストニア、ラトヴィア3カ国の地方自治体によって1996年に結成された越境協力評議会は、これまでのところ大きな成果を挙げていない。そうした低調さの理由として、国境協定や通商協定のような国家間の基本的条約が未締結であることに加え、自治体間の相互不信などが挙げられるだろう(29)。

　それではEU加盟とともに国家にとっての国境はどう変わるのであろうか。エストニアの観点から言えば、東からの移民の国境での統制を目的の一部とするシェンゲン協定(30)の受け入れは、ロシア語系住民の増加防止という国益と一致しているといえる。エストニアをはじめとするバルト三国は、ロシアならびにベラルーシと国境を接しているため、不法移民にとってEUへの入り口となりやすい。そのため厳格な国境管理が求められており、EUからの援助を受けて着々と「壁」が出来上がりつつあるといえる。また、従来、不法移民の再受け入れに関する協定締結を拒んでいたこれらの国々との交渉が、エストニアのEU入りにより円滑に進む可能性もあり、そうなれば、法制度上も国境が保障されることになる。

　他方、ヨーロッパの人権基準に照らし、エストニアは2002年6月、外国人法の改正を行った。それは配偶者や近親者を呼び寄せる権利を永住者に保障することを趣旨としている。いうまでもなく、エストニアの永住者の大半はロシア語系住民である。エストニアの外国人法は、明示的にではないにしろ、CIS諸国からの移民の流入防止を目的としていた。このため、年間の居住許可の発行割り当てを極端に少なく定めているのである。この割り当ては永住者の配偶者や近親者であっても適用される規則であったため、中には、別居や不法滞在を余儀なくされる家庭もあったことにはすでに触れた。こうした状況は前述のようにナルヴァ市とイヴァンゴロド市の間で特に問題となり、CSCE／OSCEから改善の必要を指摘されていた。エストニアは2000年ごろからこの問題に取り組み始めていたが、問題が最終的な解決を見たのは、ようやく2002年のことで

あった。これを簡素化された越境体制の廃止と比べてみると、ロシア語系住民の流入に対し神経をとがらせているエストニア政府の姿勢がいっそう明確に浮かび上がるだろう。

簡素化された越境体制は実際の加盟までに廃止すればよかったにもかかわらず、加盟の日程が未定であった2000年9月の段階で早くも廃止されたのに対し、より切実な問題として、EU加盟への障害ではないにしろ、改善を促されていた家族の呼び寄せに関する永住者の権利については法的な解決が2002年にまでずれ込んだのである。EU加盟は、こうしたロシア語系住民に対するエストニアの偏った政策を正常化するてこになっているといえる。エストニア政府は、正当な理由をもって国境を越えてくる者を、国家の論理だけで止めることはもはやできない。

エストニアおよびラトヴィアの人々がおそれているようなアジアやアフリカからの大量の移民の流入が近い将来現実に起こることはないだろう。しかし、ロシアやその他の旧ソ連諸国からはどうであろうか。EUは、域内に住むEU加盟国の永住者に対してもEU市民同様の移動の自由を認める方向で制度を改正しようとしている。こうした動向がこの地域の人の移動に及ぼす影響については、今のところ予測が難しい。

6．統合と分化

エストニア・ロシア関係の文脈では、EU拡大によって生じる「壁」は、両国にとっては実は新たな分断線ではなく、すでにある境界線を補強する役割を果たすにすぎない。そもそもエストニアが91年8月に独立した時点で、本来であれば築かれてもよかった通常の国家間の国境とそれはなんら変わりないものである。ところが、エストニアとロシアの間には、植民地と宗主国の関係に似ていなくもないが、ロシア軍の撤退問題やロシア語系住民問題が存在したことから、曖昧なままになっている領域が残っていた。それは、「近い外国」論によって旧ソ連圏での「特別な権利」を主張するロシアの側からいえば、都合のいいものであり、進んで解決すべき理由はなかったといえる。いずれにせよ、

エストニア・ロシア関係は90年代を通じてすでに冷え切っていた。エストニア外務省が90年代半ばに掲げた「東との正常化」路線は、ロシアからの反応がない限りはかけ声倒れにならざるを得なかった。エストニア・ロシア関係は、経済においてもエストニア・EU関係に大きく引き離され、輸出入に占める割合では、ここ数年、ロシアは上位3カ国の中にすら入っていない。こうしたエストニア経済のロシア離れを促進したのが、ロシア政府によって95年以来エストニアからの輸入品に課されてきた2倍の関税率である。こうしたロシアとの冷え切った関係を正常化するための努力が、EU加盟交渉の過程でエストニアでは始まったといってよい。

　確かに、シェンゲン協定の遵守にあたり、越境管理が厳格化されたが、これは、密輸や不法出入国の取り締まりを第一の目的としたものである。地方を経済的に周辺化しないために越境貿易の活発化は必要であるが、それは合法的措置によっても可能である。そのための優遇措置の導入ならびに社会基礎設備の整備が検討されるべきであろう。国境地帯の発展は、ロシアの政治体制がそうした措置に必要な地方の権限をどこまで許容できるか、またエストニアがそうしたロシアとの関係促進を脅威と受け取らずに積極的に進められるかなどといった両国の対応にかかっている。

　国境外に居住する民族的「同胞」との関係を維持してきたハンガリーとは異なり、エストニアではロシアからの形式的な「分化」はすでに91年に始まっていた。EU加盟はその延長線上にあるに過ぎないといえる。むしろEU加盟後は、望むと望まざるとにかかわらず、EUの一員としてエストニアは、これまでのかけ声だけの「正常化」ではなく、本格的にロシアとの関係を構築していく必要に迫られるだろう。ロシアにとってEUは地域としては最大の貿易相手であり、その出入り口となるバルト三国に対する経済的関心は強まりこそすれ、弱まることはないだろう。

　ロシアの影響圏から離脱するためのEU加盟という議論がエストニアでは依然根強い。これまでの歴史がそうしたエストニア人の思考様式の基底をなしているため、ロシアとの関係が早期に正常化するのは難しいかもしれない。しか

し、エストニアのEU加盟はエストニアとロシアの特殊な関係を解消し、EU加盟国とEU域外国との関係として再構築する契機になるとみることもできる。とくにこれまで棚上げになっている国境協定の調印も、こうした文脈で実現する可能性があるだろう。

それではアイデンティティの守護者としての国境の役割はどう変化したのか。EU加盟後、エストニアの東部国境はヨーロッパの境界として象徴的・機能的役割の両方を果たすことになる。しかし、もはや国境は文化や民族にとっての障壁としての役割を期待されているわけではない。グローバリゼーション時代の国民国家、とりわけEUと国民国家の関係についての議論は別の機会に譲ることにするが、エストニアに関していえば、そうした障壁がなくなりつつあるいま、文化や民族の守護者としての役割を期待されるものこそ、憲法に規定されているように国民国家それ自体なのであろう。しかし他方で、人口の約30％をロシア語系住民が占める事実から目をそらすことはできない。EU加盟は内政・外交問題解決の万能薬ではないのである。

註
（1）厳密には、加盟と同時にEU域内の自由移動が可能になるのではなく、移行期間が設定される。エストニアに対して加盟と同時に労働市場を開放するのは、スウェーデン、イギリス、デンマーク、オランダ、アイルランドの5カ国であり、それ以外は2から7年の移行期間を設ける。
（2）羽場久浘子「EUの壁、シェンゲンの壁」『国際政治』2002年。
（3）"Seventeenth Report on Enlargement and EU External Frontier Controls", October 24, 2000, http://www.parliament.the-stationary-office.co.uk/pa/ld199900/ldselect/ldeucom/110/11003.htm.
（4）植田隆子「欧州連合の拡大と欧州安全保障防衛政策（危機管理問題）」『現代ヨーロッパ国際政治』2003年。
（5）エストニア全体の結果は、賛成67％、反対33％（投票率64％）。ナルヴァ市は賛成51.27％、反対48.73％。反対票が賛成票を上回ったのは6地方自治体で、そのうち5つが、イタ・ヴィル県のアラヨエ村（賛成38.76％）、タルト県ペイプシアーレ村（同23.95％）などの東部国境付近の村であった。残りのひ

とつはサーレマー県。
（6）現在のイヴァンゴロド市ならびにナルヴァ市を含む領域では、エストニア人とロシア人が40%ずつを占め、そのほかに、ドイツ人ならびにフィン系のイジョール人などが居住していた。Edgar Mattinsen, *Searching for a Dignified Compromise*, Tallinn, 1996, 37-38.
（7）Mattinsen, *op cit.*, 141-146.
（8）Pertti Joenniemi, "The Baltic Countries as Deviant Cases : Small States in Search of Foreign Politics, Pertti Joenniemi & Peeter Vares (eds.), *New Actor on the International Arena : The Foreign Policies of the Baltic Countries*, Tampere, 1993.
（9）ナルヴァ市では賛成97.2%（投票率53.2%）、シッラマエ市では賛成98%（同61%）であった。
（10）Vello Pettai, "Ethnopolitics in Constitutional Courts : Estonia and Latvia Compared", *East European Constitutional Review*, 2002 Fall/2003 Winter, Vol. 11/12, No. 4/1, 102.
（11）外国人法は、年間の居住許可発行数を国民の0.05%に定めているが、EU、アメリカ、日本などの国籍保有者はその割り当てから除外されているため、事実上この割り当てはロシアをはじめとするCIS諸国を対象としたものと考えられる。
（12）Eiki Berg, "De-constructiong Border Practices in the Estonian-Russian Borderland", *Geopolitics*, 2000, Vol. 5, No. 3, 6.
（13）*Riigi Teataja*, Nr. 32, Art. 389.
（14）Mattinsen, *op cit.*, 87.
（15）Eiki Berg ja Saima Oras, "Eesti piiritlemine läbirääkimisel", Eiki Berg (Toim.), *Eesti tähendused, piirid ja kontekstid*, Tartu, 2002, 87-88.
（16）*Postimees*, 1994/12/20.
（17）Eiki Berg, "Kümme aastat Eesti Vene piiriläbirääkimine", Andres Kasekamp (Toim.), *Eesti välispoliitika aastaraamat 2003*, Tallinn, 2003, 50.
（18）「近い外国」論については佐瀬昌盛「バルト三国、NATO、ロシア」『海外事情』第48巻7・8号、2000年を参照。
（19）Juri Luik, "Quo Vadis, Estonian Foreign Policy", http://www.vm.ee/est/kat_140/1366.html（2003/10/3）.

(20) Berg 2002, *op cit.*, 112.
(21) 1998 Regular Report from the Commission on Estonia's Progress towards Accession, http://www.europa.eu.int/comm/enlargement/report_11_98/pdf/en/estonia_en.pdf：1999 Regular Report from the Commission on the Estonia's Progress towards Accession, http://www.europa.eu.int/comm/enlargement/report_10_99/pdf/en/estonia_en.pdf.
(22) ソ連邦の消滅とともに有効な旅券を持たなくなった旧ソ連国民である無国籍者の海外渡航を保障するため、外国人法に基づき外国人旅券が発給されている。同旅券の有効性は渡航先の国との二国間協定の締結をもって認められる。
(23) Eiki Berg & Piret Ehin, "Report 4：Estonian-Russian Border Regime and the Impact of Schengen：Local Reaction and Perspectives", Impact of EU Enlargement and the Schengen Treaty in the CEE Region, 18. http://www.isp.org.pl/libr/pobierz/pmEN.htm（2003/9/11）.
(24) エストニアの国籍法は二重国籍を禁止している。しかしながら、例えばアメリカやカナダに1940年6月以降に亡命した者およびその子孫の場合、国籍法では自動的にエストニア国籍が付与されることになっているため、実際にはこれらの亡命系エストニア人の中にも二重国籍者が存在すると推測される。
(25) Eiki Berg & Piret Ehin, "Report 1. Schengen-Consequences for National Migration Policy", Impact of EU Enlargement and the Schengen Treaty in the CEE Region, 7-8. http://www.isp.org.pl/libr/pobierz/pmEN.htm（2003/9/11）.
(26) Berg 2002, *op cit.*, 128.
(27) *Maaleht*, 2003/9/4.
(28) Berg 2002, *op cit.*, 133.
(29) Berg 2000, *op cit.*, 11-12.
(30) 人の自由移動の保障を目的とした域内国境の完全撤廃と出入国管理の共通化などに関する協定。締約国はイギリスおよびアイルランドを除いたEU加盟国。EU外ではノルウェーとアイスランドが参加している。アムステルダム条約により、99年にEU法に組み込まれた。
(31) エストニアの諸港を利用したトランジット貿易を含めた場合、ロシアは依然上位3カ国の中に入っている。Statistical Office of Estonia, *Statistical*

Yearbook of Estonia 2002, Tallinn, 2002, 262.

小森宏美

第15章

スロヴェニア人の過去と未来

1．中世初期とカランタニア

　有名なポーランドの詩人アダム・ミツキェヴィチは、1840年に、パリのコレージュ・ド・フランスでスラヴ文学の講義をはじめた。ここで彼は、バルカンの諸スラヴ人について詳細に講義し、セルビア人、クロアチア人、ブルガリア人の文学活動に大いなる関心を寄せた。だが、スロヴェニア人については一言も触れなかった。ミツキェヴィチが生きた時代を考えれば、彼がスロヴェニア人について一切言及しなかったことは、さして驚くにはあたらないし、そのことでこのポーランドの詩人が責められることもない。19世紀初頭のヨーロッパに限っていえば、スロヴェニア人は実際に存在しなかった。フランスの旅行家シプリアン・ロベールとイポリット・ドプレは、1848年前後の数年間にスロヴェニア人の地域を旅して歩いたが、彼らは2人揃って次のように考えていた。スロヴェニア人はドイツ化の圧力にこれ以上抵抗することはできず、遅かれ早かれ、スラヴ世界から消滅するであろう、と。

　チェコ人、ポーランド人、セルビア人、クロアチア人と違い、スロヴェニア人は「栄光の」歴史をまったくもたず、むしろその歴史的伝統は貧しいものであった。彼らの祖先にあたるスラヴ人は、中世初期、すなわち、6世紀から8世紀の時期に、アルプス山脈とアドリア海とに挟まれた現在のスロヴェニアの一角に定住した。7世紀にはこの地域の大部分に広がり、カランタニアと呼ばれる政治体が設立された。その中心は今日のオーストリアのクラーゲンフルト市近郊にあたる。カランタニアは8世紀にバイエルン公国の支配に服し、9世紀にはフランク王国に編入された。フランクが9世紀に分裂すると、スロヴェ

ニア人の祖先とその子孫たちは、フランク王国につづく数々の政治体のなかで生活を送ることになった。こうした状態は1918年までつづいた。彼らは8世紀にキリスト教化され、13世紀から14世紀にかけて、ハプスブルク家の家領の一部となった。封建制の導入によって、多くがドイツ人貴族からなる新たな上流階層が形成され、また、そうした封建制度と結びつくかたちで教会組織も整備された。

カランタニアとその「独立性」の名残りが、カリンティア公とのちの大公の任命式である。それは、15世紀に執り行われたのが最後となっている(1)。前封建社会に起源をもつこの儀式は、数世紀のあいだに幾分か変化を被ったが、その基本的な理念は維持されつづけた。その理念とは、ある自由農民が戴冠式に際してスラヴ＝スロヴェニア語を使って、その地方の統治者たる公や大公に権力を託すというものであった。公や大公は、古代の柱石の一部たる「公の石」がある場所で農民によって任命された。この公の石はクラーゲンフルト近郊のカランタニアの中心部に置かれていた。公は任命式のあと、その石の上に座り、公平な君主となり裁判官となることを誓約せねばならなかった。カリンティア大公の任命式は、すでに16世紀に、ヨーロッパの思想家と哲学者たちの注目するところとなった。この任命式については、ジャン・ボダンの『国家論六書』のなかで、人民から君主への主権の移譲原則を根拠づける歴史的事実として言及されている。だが、19世紀も末にさしかかった頃、スロヴェニア人は、このカリンティア大公の任命式を自らのナショナルな伝統および遺産と考えはじめるにいたった。こうして、クラーゲンフルトの州博物館に収められていた「公の石」は、不幸にも失われてしまった中世スロヴェニア人のナショナルな国家性のシンボルとして、20世紀初頭の政治的・文化的エリートたちによって大々的に宣言されたのである。公の石は、公式には決してナショナルな象徴として認められることはなかったが、それ以来、広く知れわたるようになり、現在でもすべての歴史教科書にその写真が掲載されている。

今日のスロヴェニアの歴史家たちが主張しているように、カランタニアは一般的にスラヴ人の政治体であり、スロヴェニア人の政治体ではなかった。言語

学者たちによれば、スロヴェニア人が、クロアチア人、スロヴァキア人、モラヴィア人と異なる別個の言語集団になったのは、12世紀であった。古スラヴの貴族層はそのときまでに消滅するか、もしくは、より強力で豊かなゲルマン系貴族や（アドリア海沿岸の）ロマンス系貴族の一門に同化していた。つまり、スロヴェニア語話者の大半は農民から構成されることになり、商人や職人はほんの一部しかいなくなった。農民がスロヴェニア語の口承と言語の伝統を維持し、受け継ぐことになったのである。これに対して、貴族や都市の上流階層、地方および国家の役人、高位聖職者や知識人たちが話し、書き、相互に意思疎通をはかるときに使用した言語は、当時のエリートの話し言葉、行政、教養上の言語、すなわち、ラテン語、ドイツ語、イタリア語であった。

2．宗教改革、啓蒙思想、最初のスロヴェニア語の書物

　民衆の言語であるスロヴェニア語が文語の域に達したのは、16世紀のことであった。つまり、教養層とルター派の宗教改革者とからなる小さなグループが、最初のスロヴェニア語の書物を出版し（1550年）、聖書をスロヴェニア語に翻訳したのである（1584年）。こうした活動の中心人物は、農民出身のプロテスタント牧師プリモシュ・トゥルバル（1508-86）であった。彼は1550年にスロヴェニア語の教理問答書と小祈祷書を著した。それゆえに彼は、のちにスロヴェニア人の最初のナショナルな英雄と認識されることになった。トゥルバルはまた、スロヴェニア人のプロテスタント教会の創設に勤しむなかで、スロヴェニア語が話されている地域の境界線をかなり正確に割り出した初めての人であった。このため、スロヴェニア人のプロテスタント派の活動は、トゥルバルを描いた絵と最初のスロヴェニア語書籍の挿絵とともに、今日、すべての歴史教科書のなかで詳細に述べられている。そこでは、彼らの活動はスロヴェニア人のアイデンティティの形成に向けた出発点であると強調されている。[2]

　16世紀末以降、ハプスブルクの反宗教改革は、プロテスタント派の出版を無情にも禁止し、スロヴェニア語による学術活動は（完全に妨害されたわけではないが）衰退した。ドイツ啓蒙主義の影響下にあった18世紀後半になって、民

衆が使用する言語への関心がふたたび高まりはじめた。1768年にアウグスティヌス修道会士のマルコ・ポフリンは、自らがドイツ語で執筆したスロヴェニア語の文法書のなかで、「自らの言語を恥じるな」と同胞に呼びかけ、スロヴェニア語が近い将来、科学、高文化、教育用の言語として導入されるよう訴えた。これに向けた最初の一歩が、ハプスブルクの君主マリア・テレージアが1774年に布告した「学校令」によって現実のものとなった。この法令によって、ハプスブルクの全領邦で初等義務教育が導入されたのである。この新たな学校システムにおいては、すべての子供たちが理解できるような生きた言語である母語が低学年の教育語となった。まさに初等教育のレヴェルではあったが、スロヴェニア語が初めて学校で使用され、教えられたのである（ただし、初等学校の３年生以上はドイツ語が使用された）。

　学校教育へのスロヴェニア語の導入がもつ意味は大きかった。結果として、単語帳、教科書、宗教書、文学の著作が集中的に出版された。このことが、書き言葉としてのスロヴェニア文語を標準化していく契機となったのである。さらに、スロヴェニア語を使用する学校のネットワーク化によって、スロヴェニア語が使用されている地域の境界がかなり明らかになった。このような状況下でポフリンの後を受け継いだのは、学術活動に従事していた聖職者や世俗の知識人たちであった。1789年——フランス革命の年——には、リュブリャーナの劇場で初のスロヴェニア語の歌劇が上演された。これは、フランスのピエール・オーギュスタン・カロン・ド・ボーマルシェの「フィガロの結婚」に手を加えたものであったが、この歌劇の作者が、当時もっとも重要なスロヴェニア人知識人で歴史家でもあったアントン・トマーシュ・リンハルト（1756-1795）である。彼は1790年代初頭に、全２巻からなるドイツ語の著作『カルニオラ及びオーストリアの南スラヴ人居住地域の歴史的考察』を出版した[3]。そこで彼は、スロヴェニア語話者は、ドイツ人やイタリア人のみならず他のスラヴ人とも異なる別個のエスニック・グループであると主張した。このことは、様々なオーストリア諸州[4]に分散して居住し、当時自らの名称さえ持たなかったスロヴェニア人（実際、彼らは19世紀初頭になってようやく、スロヴェニア人という名称

を与えられた）が、初めて固有のエスニック・グループであると宣言されたことを意味する。スロヴェニアの歴史家によれば、リンハルトがスロヴェニア人を固有のエスニック・グループと認識したことは、18世紀のスロヴェニア人の文化的・言語学的な活動のなかでもっとも重要な偉業であった。それゆえその著作は、20世紀前半になると、ポフリンの文法書とともに、スロヴェニア人のナショナルな覚醒および文化運動の出発点であるとして声高に唱えられた。今日もなお、それはすべての歴史教科書のなかで、スロヴェニア史上、最も重要な転換点のひとつとして記述されているのである。

3．19世紀前半のスロヴェニア人の文化運動

　スロヴェニアのナショナルな運動は、1848年まで、もっぱら言語学を中心とした学術的な性格を有していた。その運動の初期の信奉者たちは、カトリック司祭と世俗の知識人であり、そのほとんどが農民の出自であった。両者は、スロヴェニア文語とそのアルファベットの制定に従事し、のちには、不朽の価値をもつ科学技術に関する著作や文学作品を出版するなど、より野心的な活動に専念した。こうした努力は、イリリア諸州の設置という、4年間（1809年-13年）もの長いフランス統治下でさらに進んだ。このイリリア諸州は、リュブリャーナに行政の中心を置き、ダルマチア、イストリア、クロアチア内陸部の一部（軍政国境地帯）とドゥブロヴニクに加えて、スロヴェニア地域の3分の2を含んでいた。イリリア諸州の住民は、開明的なフランスの行政を目の当たりにした。地方行政および小学校高学年の授業にスロヴェニア語を導入するというフランスの決定と軌を一にして、芽がでたばかりの彼らのナショナルな感情は一層強められた。1810年頃、スロヴェニア人知識人たちは、フランスの高級官僚との議論のなかで、スロヴェニア語を使用する人々に「スロヴェニア人」という名称を使用しはじめた。この名称は、かつて使用されていた（クライン人、シュタイアーマルク人、ケルンテン人といった）オーストリア諸州にちなんだ名称に徐々に取って代わっていった。こうしたことから、スロヴェニア人知識人は、20世紀になっても、フランスによる統治とイリリア諸州を良き記憶

として心に刻んでいた。例えば、イリリア諸州120周年記念にあたる1929年には、ナポレオンを称えて、リュブリャーナに記念碑が建立された。この碑は、今日もなお、リュブリャーナの観光客を魅了しつづけている。

　スロヴェニア人の文化活動は、フランスの支配が終焉し、イリリア諸州の領域がふたたびオーストリアの統治下に入った1813年以降もつづいた。1813年から1848年までのハプスブルク帝国の絶対主義的統治体制といえども、また、官庁語およびエリートのコミュニケーション上の言語としてドイツ語が強制的に使用させられたとはいえ、もはやスロヴェニア人の学術活動を阻止することはできなかった。この活動はロマン主義の影響のもと、1830年代から1840年代に最初の絶頂を迎えた。1830年には、『カルニオラの蜜蜂』(Kranjska čbelica)という最初のスロヴェニア語の文芸雑誌がリュブリャーナで出版された。1843年になると、スロヴェニア語の初めての定期刊行物『ノヴィツェ』(Novice)紙が刊行された。これは、農業問題や手工業に関してのみ取り扱っていたが、のちに、(当初は取り上げることに慎重であった) ナショナルな文化に関する問題も扱うようになった。『ノヴィツェ』紙を通じて、スロヴェニア語の書記法に統一性をもたせることができた。それと同時に（この新聞が、直接、すべてのスロヴェニア人に向けて書かれたものであったため）、ナショナルな意識の強化に著しく寄与した。スロヴェニア・ロマン主義のなかでもっとも著名な人物は、詩人のフランツェ・プレシェレン（1800-49）であった[6]。フランスとポーランドの革命精神の影響を受けていたプレシェレンは、1844年に『乾杯』(Zdravljica) という詩を書いた。彼は農民に対してだけでなく、知識人や中産階級にも向けてこの詩を作った。そのなかで彼は、諸国民の同胞愛と親交を支持する一方で、同時に「抑圧された人々」に抵抗を呼びかけた。この抑圧された人々とは、平和な方法で自らの自由を得ることができなかった人たちのことである。プレシェレンは、ハンガリー人にとってのペテーフィやベレシュマルティ、ポーランド人にとってのミツキェヴィチ、ウクライナ人にとってのタラス・シェフチェンコのように、今なお、多くのスロヴェニア人にとっての国民的詩人である。例えば、スロヴェニアの最も重要な祝日のひとつである、いわ

ゆる「文化の日」は彼に捧げられている。また、20世紀初頭以来、リュブリャーナの中心部に彼の記念像が佇んでいる。さらに、1990年には、プレシェレンの『乾杯』の冒頭と結びの箇所がスロヴェニアの国歌となり、スロヴェニア人のナショナルなアイデンティティについて物語る知識人たちは、今でも、彼を19世紀のスロヴェニア史におけるもっとも重要な人物であるとしている。

4．1848年革命とスロヴェニア人の政治運動

　しかし、それでも、当時のスロヴェニアのナショナルな運動は迅速に発展しえなかった。それを妨げた最大の要因のひとつは、スロヴェニア語話者が、行政区分のうえで、それぞれ異なるオーストリア諸州に分散して居住していたということであった。こうした離散状況を克服したいという願望は、詩人のヨヴァン・ヴェセル・コセスキーによって明確に表されている。彼は、1844年にオーストリア皇帝フェルディナント１世に献上した詩的寓話のなかで初めて、スロヴェニア人の想像上の故国として「スロヴェニア」という名称を使用した。それから４年後の1848年にハプスブルク帝国内で三月革命が勃発したとき、スロヴェニア人の学生と知識人たちは、チェコ人、クロアチア人、ドイツ人自由主義者の影響のもと、スロヴェニア人の政治綱領を体系化した。それは、スロヴェニア語話者が居住するすべての地域を、「統一スロヴェニア」と呼ばれる自治行政体へと統合するよう要求していた。彼らは「統一スロヴェニア」を、連邦化したハプスブルク帝国の枠内におけるひとつの自治単位として認識した。この自治案で打ち出された重要な特性のひとつが、官庁、学校、そして公共の場におけるスロヴェニア語の自由な使用であった。この綱領への支持を通じて、ナショナルな運動はスロヴェニア語話者が居住するオーストリア諸州に1848年に広まることになるが、このときスロヴェニア人はナショナル・フラッグという最初のシンボルを手に入れたのである。それは、第二次世界大戦までの時期における唯一のナショナル・シンボルであった。白・赤・青の三色旗は、ロシアやスロヴァキアの旗と同じ色の組み合わせであるが、スロヴェニアの旗は両者を真似たものではない。それらとは関係なく、オーストリア・クライン州の

盾の紋章に源を発している。この地域はずっとスロヴェニア人が人口の大半を占めていた。いずれにせよ、1848年の綱領の定式化によって、従来、文化的な要求にとどまっていたスロヴェニア人のナショナルな運動は政治性を帯びるにいたった。この綱領は、19世紀のスロヴェニア史における中心的な出来事として、現在もスロヴェニア人の歴史的記憶のなかにとどめられているのである。

　しかしながら、ハプスブルクの至高権は、周知のように、1848年の革命的でナショナルな要求にまったく耳を傾けなかった。この結果、スロヴェニア人もまた、1918年に帝国が崩壊するまで、オーストリアの諸州に分かれて居住することになった。彼らは、ハプスブルク家の統治下にあって、要求に掲げていた「スロヴェニア」も自治も獲得することができず、スロヴェニア人の居住地域の多くでは、引きつづきドイツ語が、行政上、教育上、司法上の公用語として居座った（アドリア海沿岸ではイタリア語であった）。そうした状況にもかかわらず、スロヴェニアのナショナルな運動は、スロヴェニア系住民のあいだで以前にもまして強力な支持を得たことにより、19世紀後半に急速に進展した。1860年代末になると、それは比較的強力な保守派と脆弱な自由派の2つの集団に分かれた。だが、ナショナルな綱領に関しては、両者のあいだに際立った相違は存在しなかった。双方はともに、スロヴェニア語とその文化を肯定する意義を探りあてていたのである。つまり、スロヴェニア人の中産階級や知識人にとって、言語や文化は、スロヴェニア人のナショナルなアイデンティティの侵されがたい基盤となっていたのである。スロヴェニア人は、自らの苦境とオーストリア当局の干渉にもかかわらず、1900年までに、社会的に近代的な構造をもつ、成熟したナショナルな共同体へと発展した。この共同体は、標準化された言語、専門分化したナショナルな知識人、独自の経済、教育、文化機関を有し、また、多くの刊行物を出版していた。さらに、保守派と自由派がそれぞれ政党を結成した1890年以降、このナショナルな共同体において、高度に発達した政党活動も行われることになった。

　スロヴェニア人の居住地域は、社会経済的な見地からすれば、ハプスブルク帝国の周辺地域の一部であり、一般的には農業的特性を有していた。スロヴェ

ニアの発展のあり方におけるおもな特色として、都市、工業、中産階級の成長の遅れが挙げられる。こうした不利な状況下で、スロヴェニアのナショナルな運動が急速に発展するにいたったのは、なによりもまず、効率的で社会的に開かれたオーストリアの学校制度に理由を求めることができる。この学校制度は、スロヴェニア人のナショナルな意識の広まりと文化的・政治的エリートの形成とに、2つの点で貢献した。第1に、学校教育によってスロヴェニア人が、1800年から1900年までの100年間に、90パーセント以上が文盲の状態にある言語集団から、85パーセント以上の識字率を誇るエスニック・グループへと変化したという点である。第一次世界大戦直前の識字調査によれば、スロヴェニア人は、ドイツ人、イタリア人、チェコ人に次いで、帝国内で第4位の地位を占めていた。第2に、スロヴェニア人の中産階級のエリートたちは、19世紀中にスロヴェニア人のナショナルな運動とナショナルな意識のもっとも重要な担い手となっていたが、その大半が学校教育によって形作られていたという点である。この展開を決定づけたのは、1840年頃から第一次世界大戦までの70年あまりの時期、約3世代から4世代をかけて、高度の教育を受けた様々な中産階級からひとつの強力な階層が形成されたことである。彼らこそ、スロヴェニア人のナショナルな政治のもっとも重要な原動力へと成長することになるのである。

5．スロヴェニア人地域のユーゴスラヴィア主義とユーゴスラヴィア王国

このように、学校教育はスロヴェニア人のナショナルな発展にとって重要な意味をもった。だからこそ、スロヴェニア人の政治指導者たちは、学校や行政にスロヴェニア語を導入することに拘ったのである。スロヴェニアの政治的・文化的エリートは、第一次世界大戦期まで、またそのあとも、その大部分が弁護士や作家、教師からなり、医者や歴史家も含まれていた。彼らは、自らのナショナル・アイデンティティと帰属意識の根拠を、おもに言語に置いていた。一部の人はすでに1848年に、多くの者はとりわけ1871年のドイツ統一後に次のような見解をもっていた。つまり、将来、ドイツ人とハンガリー人という帝国内の二大ネイションと協定しても、スロヴェニア人が自らの政治目標を達成す

ることは不可能であろうから、なにか他の同盟を模索せざるをえないだろう、と。それゆえ、スロヴェニアの諸政党は、19世紀末に高まったスラヴ人とドイツ人の対立を経て、他の南スラヴ人、すなわち、クロアチア人、一部のセルビア人、ブルガリア人との結びつきを強めようとした。たとえ南スラヴ人との提携や協力に関する理念が抽象的で可変的であったとしても、諸政党が抱いた理念には同じ傾向が存在していた。第1に、（20世紀初頭でせいぜい150万人にすぎない）スロヴェニア人という小さなエスニック共同体を守ろうとする傾向であり、第2に、言語や歴史的な運命、そして、彼らが呼ぶところの「血」からみてもっとも近しい同族たちと一緒になって、ナショナルな発展を一層確固たるものにしようとする傾向である。

　第一次世界大戦以前の数年間に、3つのすべてのスロヴェニア人政党（人民党、自由党、そして、1869年に結党した社会民主党）が南スラヴ主義の思想を支持した。[8] 彼らの運動は、他の南スラヴ人とのより密接なナショナルかつ政治的な結びつきを目指していたが、一方でそれは、ドイツの攻撃から受ける圧力と恐怖感との産物でもあった。しかし、もう一方でそれは、ロマン主義的なスラヴの熱狂主義に満ちた無批判な思い込みからも生じていた。例えば、諸スラヴ人、とりわけ南スラヴ人は互いの「均質性」ゆえに、ドイツ人とよりも、より良く相互理解を図ることができるであろう、といった類のものである。これに対して、作家のイヴァン・ツァンカル（1876－1918）は、セルビア人、クロアチア人、スロヴェニア人は言語上の類似性を有しているが、文化的かつ歴史的伝統およびメンタリティの違いゆえに袂を分っているのではないかという警告を発した。[9] だがこの警告は、スロヴェニア人のナショナルな政治指導者たちになんら影響を及ぼさなかった。そして、第一次世界大戦の最後の2年間に、南スラヴ主義思想はスロヴェニア人が居住するすべての地域で人々の広範な支持を得た。1917年にウィーンのオーストリア議会に派遣されたスロヴェニア人、クロアチア人、セルビア人代表団によるいわゆる「五月宣言」は、スロヴェニア人居住地域で30万人以上の署名を集めた。この宣言は、オーストリア＝ハンガリーにおける南スラヴ人の諸州の連合を、ハプスブルク王朝を君主として奉

第15章　スロヴェニア人の過去と未来

じる南スラヴ人国家とすることを要求した。だが、1918年10月29日、当のハプスブルク帝国は崩壊することになり、逆にこれが大いなる熱狂をもって迎えられた。とはいえ、大部分の人々は、スロヴェニア人が参画することになっていた将来の南スラヴ人国家がいったいどのようなものなのか、そのなかでスロヴェニア人がいかなる立場に置かれるのかということを、実際のところまったく認識していなかったのである。

　初の南スラヴ人の国家である「セルビア人・クロアチア人・スロヴェニア人王国」は、セルビア王国、モンテネグロ王国、そして、崩壊したハプスブルク帝国の南スラヴ人地域が統合されて1918年12月1日に誕生した。この国家は、(ハプスブルク家ではなく) セルビアのカラジョルジェヴィチ王家によって統治されることになったが、スロヴェニアではまったく反対運動は起こらなかった。この新しい国家は、外国の強力な圧力に晒された社会状況下で建国されたため、可能な限り国境を守り抜きたいという願望が初めから強かった。イタリアなどはハプスブルク帝国の崩壊後に、スロヴェニアとクロアチアの大部分の領域を占領した。この占領は、対オーストリア＝ハンガリー戦争にイタリアを引き込もうとして、協商国が1915年に秘密裏に約定したものであった。この新たな南スラヴ人国家のすべてのナショナルな政党は国境防備の必要性から、当初、足並みを揃えていた。しかし、王国憲法の制定をめぐる議論を行った際、国家体制そのものや王国内のエスニック・グループのあり方に関して、それぞれが著しく見解を異にしていることが明らかになった。まさに出だしから、第一ユーゴスラヴィアでも第二ユーゴスラヴィアでも解決できなかった問題をめぐって見解が分かれたのである。争点となったのは、マルチ・ナショナルな南スラヴ人国家を人民の連合、すなわち、連邦制にするのか、あるいは、西欧、とりわけフランス型のネイション・ステートとするのか、というジレンマである。いうまでもなく、後者の場合は中央集権制となる。[10]

　1920年に行われた憲法制定議会選挙によって、ユーゴスラヴィアの有権者の大部分が中央集権的な国家体制に反対していることが明らかになった。約40の政党が国家レヴェルよりもむしろ地域レヴェルで有権者の獲得をめぐる争いを

したのに対して、2つの政党が全国家的なプランを提出しただけであった。その他のすべての政党は、より狭い地域に限定されたナショナルな環境のなかで、自らの要求を固めていた。それにもかかわらず、(おもにセルビア人の政治家からなる)中央集権的な構想の支持者は、1921年6月28日、クロアチアの共和主義者と他のいくつかのナショナルな政党によるボイコットを受けて、僅かな得票差で中央集権的な憲法を可決した。この憲法によって、ナショナルな原則は完全に無視され、フランスの「ひとつのネイション、ひとつの国家」というモデルに倣い、セルビア人・クロアチア人・スロヴェニア人王国は33の行政単位に分けられた。周知のように、セルビア人・クロアチア人・スロヴェニア人王国(1929年からはユーゴスラヴィア王国)は、セルビア人政党の覇権のもと、1939年まで中央集権主義を強要することに成功した。これは一種の拘束衣となった。それはナショナルな対立を除去するのではなく、むしろ激化させた。つまり、国内にまた新たな紛争を生みだし、議会活動や政治活動を妨げてしまったのである。

　したがって、ユーゴスラヴィア国家はまさに建国後まもなく、すべての人々にとって失望の源となった。だが、少なくとも建国の時点ではスロヴェニア人は、ユーゴスラヴィアが近い将来、自分たちのナショナルな自治と独立性とを現実のものにしてくれるだろうと期待していたに違いない。[11]実際、新たな母国は多くの面において、スロヴェニア人にとって重要な前進をもたらした。例えば、この時代にリュブリャーナでスロヴェニアの大学が設置された。また、中学校、劇場、美術館などの広範囲におよぶネットワークも張り巡らされた。こうしてスロヴェニア人は、1920年代に、わけても1930年代に、多様でダイナミックな文化のうねりに活力を漲らせて臨んだ。それは、ヨーロッパに向けて開かれたものであり、スロヴェニア史上未曾有のものであった。だが同時に、新たな国家の枠組みのなかで、彼らはまたもや自らが従属的な立場にあるということにはっきりと気がつくようになった。ハプスブルク帝国では発展の遅れた南部に属していたスロヴェニア地域は、ユーゴスラヴィア王国ではクロアチアとともに経済的にもっとも先進的な地域となっていた。しかし、中央集権的な

第15章 スロヴェニア人の過去と未来

　行政や政治制度は、スロヴェニアの経済的影響力やナショナルな政治的意思を、公平かつ平等なまなざしで認めてくれはしなかった。スロヴェニア人は、国家内での数が少ない（当時のユーゴスラヴィアの人口の8パーセント以下）がゆえに、常に自らが少数派であることを自覚させられた。この国家は、多数派に有利な選挙方法と中央からの一方的な指示とに、その基礎を置いていたのである。

　まさにこのような状況において、自治と連邦主義とを志向したスロヴェニア人民党は、1920年代から1930年代にかけて（ハプスブルク帝国のときと同じように）、スロヴェニアでもっとも強力で影響力のある政治勢力となった。だが、その指導者の大部分が、継続的かつ独断的にベオグラードの中央政府や宮廷と手を結んだ。その結果、党の指導者アントン・コロシェツは、1927年に最初にして唯一の非セルビア人出身のユーゴスラヴィア王国首相となった。彼らは外交で成功を収めたものの、結局はスロヴェニアの現状を変えることはできなかった。ユーゴスラヴィアの東部と西部の対立は、根深い社会・文化・宗教・メンタリティの相違によって一層激しくなった。しかし、それにもかかわらず、スロヴェニア人がユーゴスラヴィアから脱退し、独立国家を形成できると考えるような政治集団や政党は1941年までまったく存在しなかった。むしろ、1938年以降は、オーストリアを併合したドイツ帝国とファシスト政権のイタリアとが接近したことによって、スロヴェニア人はより大きなマルチ・ナショナルな共同体のなかでのみ、ネイションとして生き残ることができるという確信を強めた。むろん、このとき、ユーゴスラヴィアのエスニックな「メルティング・ポット」という理念に共鳴した人はほとんどいなかった。その理念とは、ユーゴスラヴィア国家のなかで結びついたエスニック・グループのそれぞれが、近い将来、均質的なユーゴスラヴィア・ネイションへと融合するというものであった。大多数の人々は、言語と文化にもとづくスロヴェニア人のアイデンティティを主張し、政治的には、自治的な政治行政体としてのスロヴェニアが一翼を担うようなユーゴスラヴィア王国の連邦化を支持していた。

6．第二次世界大戦、レジスタンス、コラボレーション

　1941年に、ユーゴスラヴィアはハプスブルク帝国と同じ末路を経験した。ただし、第二次世界大戦勃発後のユーゴスラヴィア国家の崩壊は、ハプスブルク帝国のそれより、はるかに悲惨かつ残酷で、はるかに多くの流血を伴うものであった。1941年、ユーゴスラヴィアの敗戦に際して、スロヴェニア人の中産階級も国内の他の中産階級もまったく無防備であった。この結果、スロヴェニアは北部と西部をドイツ軍に、中央部をイタリア軍にそれぞれ占領された。また、北東部のほんのわずかな地域は、ハンガリー軍の支配下に入った。ドイツ軍占領地域の体制が暴力的なドイツ化政策と特徴づけられるのに対して、いわゆるリュブリャーナ州と呼ばれたイタリア軍占領地域の体制は、少なくとも開戦の時点で講和を準備していた。そうした状況下で、スロヴェニアの中産階級の政党は、複雑なジレンマに陥った。つまり、占領者に対する非合法の武装抵抗運動を組織するか、それとも、イタリア当局と手を結んで暫定的な和解への道を探り、戦争が終結するまで待つか、というジレンマである。スロヴェニアの有力政党である人民党と自由党の指導者は、イタリア軍占領地域の状況に左右されていたので、第2の「待つ」という解決法を選択した。結果的にそれは、最終的な解決にいたるまで時間を要するばかりか、悲劇的な結末さえもたらすことになる。ともあれ、このような状況下で、占領軍に対する武装抵抗運動は、おもに共産主義者といくつかの小規模な左翼政党によって組織されることになった。この抵抗運動に参加した自由党員と人民党員のなかには、所属政党の優柔不断な政策に不満を抱いていた者もいた。

　抵抗運動は、当初、人々のあいだで広く支持を得ていた。しかしそれは、徐々に共産主義者の政策の道具となっていった。1942年と43年に、スロヴェニア人は武装抵抗運動を支持する陣営と中産階級の政党を支持する陣営との2つに分裂した。「裏切り者」を罰するという人民解放戦線（共産主義者）の政策によって、反共主義者もまた軍事集団を組織化するにいたった。こうした展開の悲劇的な結末が内戦であった。しかし、中産階級政党の指導者たちは、人民解放戦線における共産主義者の指導力を目の当たりにして、占領軍との軍事協

力に合意した。1941年から45年までは、どの政党もスロヴェニアの独立を目指す綱領を打ちだしはしなかった。むしろ、小規模の過激派集団は別として、ほぼすべてのスロヴェニア人の政党および政治集団の指導者は、戦後、ユーゴスラヴィアを復活させ、改編しなければならないと考えていた。

　大戦の初期からユーゴスラヴィアの他地域との接触を断っていた中産階級政党とは対照的に、スロヴェニア人の人民解放戦線は、1941年以来、他の南スラヴ人地域の解放運動やヨシプ・ブローズ・チトーを首班とするユーゴスラヴィア共産主義者抵抗運動の指導部と関係を有していた。こうして、スロヴェニア人の人民解放戦線の代表団は、1943年11月29日にボスニアのヤイッツェで開催された、全ユーゴスラヴィア地域の共産主義者抵抗運動の代表者会議に参加した。この会議のおもな決議は、第二次世界大戦終結直後に、連邦制をとる新たなユーゴスラヴィアが形成されるというものであった。この新たな国家は、すべてのユーゴスラヴィアのネイションに、（連邦から分離する永久の権利を含む）高度な自治権を保証することになっていた。1944年から45年にかけて、共産主義者たちはユーゴスラヴィア全域で権力を掌握し、抵抗運動を共産主義革命へと変質させた。戦後、他のユーゴスラヴィア地域と同様、スロヴェニアでも共産主義者が完全に政治体制を自らの統制下に置いた。その一方で、中産階級のエリートの大半は国をあとにし亡命した。彼らは大戦期に人民解放戦線に反対したという理由で、あるいは、反共的プロパガンダの影響を被っているなどの理由から、オーストリアへ亡命することを余儀なくされたのである。

7．共産主義ユーゴスラヴィアのスロヴェニア人

　1945年にユーゴスラヴィア全土で支配権を掌握した共産党指導者たちは、ナショナルな問題の重要性をよく認識していた。それゆえ、ソ連の1938年憲法をモデルとし、その連邦の観念に倣って、マルチ・ナショナルなユーゴスラヴィア国家を管理しようとした。こうして、この国家は6つの共和国と2つの自治州に分かたれた。その結果、戦後のユーゴスラヴィアの発展は、2つの明らかに矛盾する傾向によって特徴づけられることになる。まず、連邦制を基調とす

る憲法によって、個々のネイションと共和国とに大幅な自治権が認められ、原則上、同等の立法権が与えられた。しかしその一方で、主たる政治勢力である共産党は、中央集権的な組織による指導と、ネイションを超えたイデオロギーおよび政治方針とに固執した。この矛盾に満ちた帰結は、歴史的過程の多様性と、政治およびイデオロギー上の画一性とを均衡させるという無益な探求であった。このように決して解決されることのない二面性がもたらした歪みは、まず経済分野に現れた。つまり、国家による経済への恒常的な行政介入や、（それゆえに無駄となる）先進地域から非先進地域への資本の流用によって、到底避けられない経済危機が生じた。この危機は、早くも1960年代に大規模に発現し、1970年代からより先鋭化し、1991年のユーゴスラヴィア解体までつづいた。

　戦後の数年間、スロヴェニアの政治体制は基本的に、ユーゴスラヴィアを構成する他の共和国の政治体制となんら変わらなかった。しかし実際は、いくつかの調査によれば、スロヴェニアの体制は他の地域に比べて、より抑圧的なものであった。すでに1945年には、共産主義勢力によって、約12000人にものぼるスロヴェニア人の対独協力者や反共主義者が秘密裏に裁判も受けることなく処刑された。そして、1946年から49年にかけて、共産主義者のなかで、反体制派との嫌疑をかけられた人々と実際の反体制派との双方に対する政治裁判が行われた。この裁判によって、被告人たちは確固たる証拠もなく、長期刑を言い渡されるか、もしくは死刑にさえ処せられた。したがって、共産主義者が権力を握るまえにアメリカ合衆国やアルゼンチンに亡命した15000人以上の人々を加えれば、新体制は戦後の数年間に、文字通り、スロヴェニアの政治・社会・経済活動の指導者たちと、教育を受けた一部の教養エリートたちの「首をはねた」といえる。

　他のユーゴスラヴィア地域と同様、スロヴェニアの政治状況が変化しはじめたのは、50年代の初頭であった。というのも、この時期、ユーゴスラヴィアの国家指導部がソ連との論争を経て、いわゆる「労働者自主管理」路線に、ソ連型社会主義の代替を見出したのである。(12)この新たなユーゴスラヴィア型社会主義を立案した中心人物が、スロヴェニア人のエドヴァルド・カルデリ（1910－

79）であった。彼は、共産主義、社会主義、それから無政府主義の思想の結合を目指した。こうして、対立と闘争の大きな発生源となる矛盾に満ちた体制を構築した。しかし、1950年代初頭にはじまったユーゴスラヴィアの発展は、確かに多くの点で、他の共産主義陣営の国とは異なる方向に進んだ。経済に対する政治的圧力は弱まった。また、政府当局は新たなグループと歩調を合わせ、共産主義の現実に批判的な志向をもつ新聞や書籍の出版さえも許可した。このように、すでに1950年代に、遅くとも60年代には、スロヴェニア人およびスロヴェニア文化にとって、ヨーロッパへの入り口は開かれていた。確かに政府当局は、依然として反体制派を厳しく処罰しつづけ、なおも特に知識人に疑いの目を向けていたのではあるが。

8．共産主義ユーゴスラヴィアにおけるナショナルな緊張の復活

ユーゴスラヴィアでは政治体制の民主化と分権化の開始に伴い、すでに1950年代にナショナルな緊張が復活していた。これによって明らかとなったことは、ナショナルな問題が共産主義者のユーゴスラヴィア連邦において、まったく解決されていないということであった。さらなる改革はもはや避けて通れなかった。経済の危機的状況によって、共産主義者同盟の指導部は、経済政策の改革、国境の開放、それから政治警察制度の民主化を余儀なくされた。その結果、スロヴェニアでは1960年代後半に、その主導権はより現代的でより自由な意思をもつ共産主義者たちに継承された。彼らは、社会主義が民主的な社会制度へとかたちを変えることは可能であり、社会・経済改革の理想を保証しうるであろうと確信していた。彼らの目標は、国家の一層の民主化と分権化、そして、市場経済と効率的な社会立法の導入であった。当時のスロヴェニア共和国大統領で改革派であったスタネ・カヴチチは、ネイションと共和国間の新たな合意無しには、ユーゴスラヴィアは生き残れないと固く信じていた。その結果、1972年にカヴチチは悲劇を迎えることになる。この年、チトーを首班とするユーゴスラヴィアの指導部は、改革派政治家を反改革派にすりかえることを決定したのである。

1972年以降のユーゴスラヴィアでは、もはや政治的見解を自由に表現することはできなくなった。国家行政と経済システムを分権化した1974年憲法は、同時に、共産主義者同盟の権力を強化するものであった。またそれは、チトーとカルデリの政治思想がもつユートピア的な性質を十分に反映していた。いまや経済危機が政治危機に付随して生じていた。それは、1980年のチトーの死後に一段と悪化した。彼の死後、ユーゴスラヴィアはほぼ10年にわたって分裂状態がつづいた。1981年のコソヴォで行われたセルビア人によるアルバニア人に対する暴力と、ユーゴスラヴィアが抱える破滅的な負債とによって、スロヴェニアではベオグラードの中央政府に対する強い不信感が生まれた。教育、自然科学、文化政策の中央集権主義を通じて、弱体化しつつある権威を支えようとする連邦の共産主義的な官僚制がこうした事態に干渉すると、この不信感は明確な不満へと変わった。しかし、それにもかかわらず、スロヴェニア人、クロアチア人、セルビア人知識人による共同の活動は、1980年代半ばにユーゴスラヴィア作家協会が分裂したときにさえ、打ち切られはしなかった。とりわけ、リュブリャーナの民主的な反体制派は、『ノヴァ・レヴィヤ』(Nova revija) 誌の周辺に集まった。1982年の創刊時から、この雑誌を通じてスロヴェニアの主要な反体制派知識人は結びついていた。彼らは1985年以降も、ユーゴスラヴィアの民主的な反体制派知識人が互いに協調しあい、互いに連帯すべきであると考えていた。しかし、こうした考えは、すでにナショナリスト的な熱狂に巻き込まれていたセルビア人知識人のあいだでは広い支持を得ることができなかった。こうして、共産主義的な政治規範の民主化やその拒絶が、ユーゴスラヴィア東部よりも西部の方ではるかに急速に進展しているということが明らかになっていった。

　1985年以降のスロヴェニアでは、共産主義のシンボルを断固として拒否し、思想信条の自由や、軍隊と社会に対する文民統制、そして、人権の保証および尊重を目指す、若者を中心とした運動が盛んになった。だが、ベオグラードは、コソヴォにおける状況はアルバニア人との相互協定の締結によって解決されるべきであるというスロヴェニア人の見解を拒否した。そうしたセルビア人の厳

しい反応も相まって、この時期のスロヴェニアを襲った経済停滞は、スロヴェニアの共産主義者のあいだに不穏な亀裂を作ってしまった。まさにそうした状況のなかで、『ノヴァ・レヴィヤ』誌の周辺に集まった知識人は、1987年から88年までのあいだに、以前よりも明確にスロヴェニアのナショナルな綱領を規定し、スロヴェニア人の独立国家を求めるようになった。彼らは「スロヴェニア人の国家」を、市民権および自由にもとづく立憲的秩序と市場経済とを有する西欧型の民主主義国家として構想した。その一方で彼らは、チトー後のユーゴスラヴィアを否定した。また、多数派にとって有利な選挙方法を基本とする制度のなかでは、スロヴェニア人は永久に少数派であることを宿命づけられてしまうのではないか、という懸念もはっきりと表明した。

9．ユーゴスラヴィアの解体とスロヴェニアの独立

それにもかかわらず、1990年までは、「スロヴェニア人の綱領」の起草者たちは、ユーゴスラヴィアの他のネイションや共和国との対話への窓口を開いていた。しかし、スロボダン・ミロシェヴィチがセルビアの最高指導者にのぼりつめてからは、「強いユーゴスラヴィア」における「強いセルビア」のスローガンのもとに事が進み、いかなる合意への道も寸時に絶たれてしまった。スロヴェニアの世論が反セルビア的なものとなったのは、1989年であった。コソヴォでのアルバニア人の暴動に対して軍事介入をするというユーゴスラヴィア首脳の決定と、スロヴェニアの政策に反対する大衆の抗議運動をスロヴェニアの首都リュブリャーナで組織するというセルビアの政治家による脅迫とが契機であった。同年9月にスロヴェニア議会は、スロヴェニア共和国憲法に次のような追加条項を採択した。つまりそれは、ベオグラードとの関係におけるスロヴェニアの独立性を確固たるものとし、共産主義者同盟の指導的役割に基礎を置く法令を無効とするものであり、さらに、プレシェレンの詩『乾杯』の冒頭と結びの部分をスロヴェニア国歌とすることを宣言していた。これに対して、セルビアは、スロヴェニア憲法への追加条項の採択は連邦脱退の行為であると受け取った。さらに、リュブリャーナでのデモ行動の禁止を受けて、両者の経済

関係も決裂することになった。そして1990年1月、スロヴェニア人のすべての要求が多数決で覆されてしまったことから、ベオグラードのスロヴェニア人議員団は抗議の表明として、ユーゴスラヴィア共産主義者同盟大会を退席した。この行動によって、ユーゴスラヴィア共産主義者同盟が崩壊することになる。

スロヴェニアでは、1988年から89年にかけて、最初の非共産系の政治組織が誕生していた。1990年には最初の民主的選挙が行われた。選挙の結果、民主反体派が最多得票数を獲得した（このグループはDEMOSと呼ばれ、その連合のなかでもっとも重要な提携者であったのが、キリスト教民主党と民主同盟であった）。大統領には、前スロヴェニア共産主義者同盟議長のミラン・クーチャンが直接選挙で選ばれた。彼は、DEMOSの候補者ヨージェ・プチェニクを得票率59パーセントで破ったのである。新政府は、いくつかの連邦法を廃止し、スロヴェニアの経済・財政・政治的な独立性をさらに強化する新たな共和国法を可決した。さらに、1990年12月の国民投票では、スロヴェニアの人口の88パーセント以上がスロヴェニア国家の独立を支持した。にもかかわらず、政治家レヴェルでの雰囲気はなお、1991年上半期まで、どうにかしてセルビア人およびベオグラードとの合意を取りつけようとする傾向があった。こうしたスロヴェニアの態度は、1991年6月26日のスロヴェニアの独立宣言後に行われた軍事介入によって最終的に打ちのめされた。

スロヴェニアへの軍事介入は10日間で終了した。国境地帯とその他の戦略的拠点を占領しようとしたユーゴスラヴィア連邦軍部隊は、警察部隊、スロヴェニア領土防衛隊部隊、そして一般人の予期せぬ抵抗にあった。こうして、ユーゴスラヴィア連邦軍はその軍事的優位にもかかわらず、決定的な敗北を喫した。EC派遣団の尽力によって、7月4日に停戦協定が結ばれ、7日にはスロヴェニアの独立要求を鑑み、独立に向けて3ヶ月の準備期間が宣言された。しかし、クロアチアに戦争が拡大したことから、ユーゴスラヴィア大統領はすでに7月中旬に、ユーゴスラヴィア連邦軍のスロヴェニアからの撤退を決定していた（撤退は実際に行われた）。これを受けて、スロヴェニアは周到な外交活動を開始し、1991年12月23日、スロヴェニア国会は最初の独立スロヴェニア国家の憲

第15章 スロヴェニア人の過去と未来

法を採択した。ECは、1992年1月15日、スロヴェニアとクロアチアの承認を決めた。一方、ドイツ連邦共和国はすでに1991年12月に両国の承認を宣言していた。これにつづいて、1992年5月22日、スロヴェニアはクロアチアおよびボスニア＝ヘルツェゴヴィナとともに国連に加盟した。

スロヴェニアは、旧ユーゴスラヴィアの共和国のなかでは、エスニックおよびナショナルな意味でもっとも均質的であった（1991年の国勢調査による人口の内訳は、90.52パーセントがスロヴェニア人であり、クロアチア人・セルビア人・モンテネグロ人があわせて6.5パーセント、ハンガリー人とイタリア人がそれぞれ0.5パーセントと0.12パーセントというものであった）。この均質性が働いて、スロヴェニアの独立は本質的に容易となった。しかし、ユーゴスラヴィアの崩壊とスロヴェニア独立への漸進的な進展とに拍車をかけたのは、まぎれもなく、1974年憲法によって形作られたユーゴスラヴィアの政治体制がもつ矛盾と複雑さであった。この憲法によって各共和国の権限が大幅に拡大されたが、チトーが死去し、経済・政治状況が悪化したあとの80年代には、この憲法によって誤解が生じてしまった。そうであるにもかかわらず、1991年のスロヴェニアの独立は、スロヴェニアに居住する大多数の人々にとって、まったく予期せぬ出来事であったことは確かである。スロヴェニアが必要な国家機構や立法機関の設置に着手し、国際的な機関や組織に参加したのは1991年以降のことにすぎないのである。この過程でスロヴェニアは、共産主義以後の他の中欧諸国が直面したのと同様、移行の難しさを経験した（今も経験している）。そうした未解決の問題のなかで、もっとも困難なものが民営化と私有化である。1992年に可決された民営化法と私有化法は、民営化の手続きの進み具合が緩慢で、民営化と私有化の過程が今もなお終了していないことから、社会・経済・政治上の結果をだすのに相当時間がかかるものと思われる。ユーゴスラヴィアの解体によって、スロヴェニア経済は市場の大半を失い、いまなお共産主義崩壊後の再編成の真っ只中にある。これは、なによりも（12パーセントから14パーセントにのぼる）高い失業率に反映されている。とはいえ、スロヴェニア経済を特徴づけているのは、それが相対的に安定した成長をつづけているという

ことと、通貨の信用度が程良く高いということである。

10. 独立後のスロヴェニアとEUへの道

　民営化および私有化の問題に関する見解の不一致のため、1992年にDEMOSの連立は分裂した。同年12月の議会選挙では、自由民主党が完勝し、キリスト教民主党、旧共産主義者同盟、スロヴェニア民族党、そしていわゆる農民同盟がつづいた。自由民主党は、かつての共産主義者青年同盟と、1992年選挙の勝利を受けて民主同盟から合流してきた共産主義者とからなっていた。ミラン・クーチャンは大統領に再選された。DEMOSの崩壊とDEMOS政権の総辞職とによって、1992年4月から2000年4月まで、自由民主党党首ヤネス・ドルノウシェクが政権の座に就いた。彼はこの間、様々な相手と連立を組んだ。最初は、旧共産主義者同盟・キリスト教民主党・社会民主同盟と、次に、旧共産主義者同盟・キリスト教民主党と、そして1997年にはスロヴェニア人民党と連立政権を組織した。2000年春の選挙で、ドルノウシェク政権は議席の過半数を確保できなかった。その結果、（秋に選挙が行われるまでの）半年間、社会民主同盟と人民党の連立が政権の舵を取った。しかし、秋になると、自由民主党は圧倒的な得票数でふたたび勝利を収め、その主導のもとで新たな連立政権が発足した（この政権には、いまなお旧共産主義者同盟、スロヴェニア人民党、年金受給者党が加わっている）。2002年の大統領選挙では、ミラン・クーチャンが3期12年におよぶ在職ののち引退し、ヤネス・ドルノウシェクがスロヴェニア共和国の新大統領に就任した。新首相には自由民主党のアントン・ロプが就いた。

　スロヴェニアのユーゴスラヴィアとの決別は、これまでのナショナルな歴史および伝統とのラディカルな決別でもあった。スロヴェニア人は1980年代後半まで、1848年に定式化された綱領、つまり、マルチ・ナショナルな連邦国家において、ヘルダー的な意味での言語・文化・政治的な自律性を謳いあげる綱領を掲げてきた。彼らは、ユーゴスラヴィアが崩壊しつつあるということが明白となった1980年代末になってようやく、ヘルダーからヘーゲルへ、換言すれば、言語・文化的共同体というネイション概念から、自らの国家をもつ政治的共同

体としてのネイション概念へと歩を進めたのであった。スロヴェニア独立後のこうした新たな状況下で、スロヴェニア人のアイデンティティと市民権とに関して、新しくより現代的な定義づけが争点となった。多くの世論調査が示しているように、スロヴェニア人の大多数はいまだに、「スロヴェニア語とスロヴェニア文化」がスロヴェニア人のナショナル・アイデンティティの基本的要素であると考えている。しかし、およそ8パーセントの非スロヴェニア系市民を抱える国家においては、こうした定義づけはあまりに偏狭で、むしろ問題を孕んでしまうのである。スロヴェニアは2004年にEUに加盟する予定である。言語およびナショナル（エスニック）な文化にもとづくナショナル・アイデンティティは、どうしたら分かってもらえるのだろうか。

　今日のスロヴェニアが、ナショナルな国家的アイデンティティに関する新しく現代的な定義づけを求めていく際に、歴史はほんのわずかしか役に立たない。このことは、スロヴェニアのナショナル・シンボルおよび国家的シンボルに関する議論のなかで明らかになった。この議論は1991年にはじまるが、いまだ結論がでていない。白・青・赤の三色旗は、もっとも疑義をさしはさむ余地のないナショナル・シンボルである。けれども、ロシアと同様の色の組み合わせであるという理由から、それを新たなものに変えたがっている批評家もいる。より複雑なのは、ナショナルな紋章および国章の方である。スロヴェニアが共産主義時代のユーゴスラヴィアで有していた国章は、第二次世界大戦期のスロヴェニア人の抵抗運動のシンボルから発展したものであった。これらは、スロヴェニアの最高峰であるトリグラウ山、アドリア海、それから金の星をシンボリックに表す現在のスロヴェニア国章の基本ともなった。また、この金の星は、スロヴェニア出身のもっとも有力なある貴族一門の盾の紋章に由来するものであるが、今日ではEUのシンボルでもある。

　紋章やシンボルと同じく難しい問題は、ナショナルな栄光を有する賞賛すべき場所にも当てはまる。共産主義体制下で記念碑や聖地がつくられたが、現在、これらには一部のスロヴェニア市民しか敬意を表していない。ユーゴスラヴィアが崩壊したあと、すべてのスロヴェニア人に受け入れられるような新たな聖

地はつくられていない。19世紀および20世紀前半から受け継がれている聖地のなかで、今なおもっとも人気がある場所はスロヴェニア人の詩人や作家、そして科学者たちの生誕地である。新たなナショナルな神話や伝説を組み立てることによって、より豊かでより長い歴史的伝統を創造しようとする人々の試みは失敗に終わり、国民レヴェルでの政治的な支持を得られなかった。つまり、歴史がスロヴェニア人の帰属意識に影響を及ぼしうるのは、過去にスロヴェニア語やスロヴェニア文化の保存や発展のために闘った人々や、スロヴェニア人のエスニックな共同体を政治・社会・経済・文化的な機関や国家を有する近代的ネイションへと進化させることに貢献した人々についての記憶を創出するときだけである。こうしたやり方で、教科書にスロヴェニア史が記述され、学校で教えられているのである。

しかし問題なのは、そうした歴史記述やそこで表されているスロヴェニア人のナショナル・アイデンティティが、今日の若者にとって何を意味するのかということである。彼らは、スロヴェニア語と英語の入り混じった言葉で自己表現し、スロヴェニア文化よりも西欧文化により魅力を感じている。ユーゴスラヴィア崩壊後、スロヴェニアの文化空間ならびに公共空間はかなりの程度削り取られたが、それは同時にヨーロッパへの窓を開くことにもなった。スロヴェニアの詩人や作家の著作はなお売れ行きは好調で、文化活動も実に精力的に行われ、多くの人々が文化的行事や催しに参加している。しかし、将来、スロヴェニア人の帰属意識はどの程度強くなるのか、また、スロヴェニアがEUの一部となるとき、言語と（ナショナルな）文化に基礎を置くナショナル・アイデンティティは、どのようにしたら分かってもらえるのか、これらは解決が待たれる問題である。こうした意味において、スロヴェニア人のアイデンティティの未来は、なによりもスロヴェニア国家が将来いかに成功を収めるか、そして、スロヴェニアの指導者が国内の安定と繁栄のためにどれだけのことを行えるのかということにかかっている。

独立から12年を経たスロヴェニア政治が抱えるおもな課題は、EUへの加盟、民営化と私有化、失業と経済成長の諸問題である。世論調査から分かるように、

第15章 スロヴェニア人の過去と未来

独立達成に対する当初の熱狂はすでに過去のものとなった。現在、住民の大多数が政治家に期待していることは、効果的な雇用政策、適度な生活水準、社会保障、障害のない文化発展のための諸条件を保証してもらうということである。

註
（1） B. Grafenauer, *Ustolicevanje koroskih vojvod in drzava karantanskih Slovencev* (The Installation of the Dukes of Carinthia and the State of Karantanian Slovenes), Slovenska akademija znanosti in umetnosti (Slovene Academy of Sciences and Arts), Ljubljana, 1952.（本書には、ドイツ語の詳細な解説がある。）
（2）この時代の英語文献は、C.Rogel, "The Slovenes from Seventh Century to 1945", in J.Benderly and E.Kraft (ed.), *Independent Slovenia*, St. Martin's Press, New York 1995, pp. 3-6.
（3） A.Linhart, *Versuch einer Geschichte von Krain und ubrigen Ländern der südlichen Slaven Österreichs*, Laibach 1788, 1791.
（4）スロヴェニア人は、クライン、ケルンテン、シュタイアーマルク、ゴリツィア、トリエステ、アドリア海沿岸、イストリアといったオーストリア諸州に居住していた。彼らは、ケルンテンとゴリツィアでのみ人口の大半を占めたが、その他のすべての州では少数派であった。
（5）ナポレオンは、1809年にシェーンブルンでオーストリアと講和条約を締結したあと、イリリア諸州を設置した。この条約にしたがい、ハプスブルク家はアドリア海沿岸地域をフランスに割譲せねばならなかった。こうして獲得した領土を通じて、フランスはアドリア海沿岸の支配権を得たが、同時にオスマン帝国と直に（陸路で）接することになった。
（6）英訳されたフランツェ・プレシェレンの詩で最新のものは、F.Prešern, *Poems*, selected by F.Pibernik and F.Drolc, commented by H.Cooper, translated by T.M.S. Priestly and H.Cooper, Municipality of Kranj and Hermagoras Publishing House, Kranj-Klagenfurt, 2001.
（7）ハプスブルク帝国のスロヴェニア人については、F.Zwitter, "The Slovenes and the Habsburg Monarchy", *Austrian History Yearbook*, III/1967, Part 2, p. 159-188.
（8） C.Rogel, "The Slovenes and Yugoslavism 1890-1914", *East European*

Monographs, New York 1977.
（9）イヴァン・ツァンカルは、スロヴェニア世紀末文芸のもっとも重要な詩人であり作家であった。
(10) I.Banac, *The National Question in Yugoslavia : Origins, History, Politics*, Cornell University Press, Ithaca 1984.
(11) P.Vodopivec, "Seven Decades of Uncofronted Incogruities : The Slovenes in Yugoslavia", in *Independent Slovenia*（註2参照）, pp. 23-46. 20世紀スロヴェニア史の最新の概説書は、J.Gow and C.Carmichael, *Slovenia and the Slovenes, A Small State in the New Europe*, Hurst & Company, London 2000.
(12) ユーゴスラヴィアの「自主管理」に関するより詳細な情報と、スロヴェニアおよびその歴史に関する基本的な情報については、L.P.Pregelj and C.Rogel, *Historical Dictionary of Slovenia*, The Scarecrow Press Inc., Lanham Md. and London 1996.

＊本稿の原文*Slovenes between the Past and the Future*は、著者ペーテル・ヴォドピヴェツ（Peter Vodopivec）氏が、2003年3月24日の早稲田大学ヨーロッパ文明史研究所における研究報告*Slovene Self-Identification and Self-Image in the Past and in the Present*を、帰国後、補訂し、注を付したものである。

ペーテル・ヴォドピヴェツ
（中澤達哉・諸井弘輔　訳）

人名索引
(☆印は研究者名)

【ア行】

アサーニャ　Azaña, M. ……………………………………317, 330, 331, 332
浅野栄一☆　Asano, E. …………………………………………………118
アダルダグス（ハンブルク大司教）　Adaldags …………………………102
アルカディウス　Arcadius ……………………………………………78, 86
アルバレス・メンディサーバル　Álvarez Mendizábal, J. ………………305
アルフォンソ13世　Alfonso XIII ………………………………………303
アルブレヒト＝アルヒビアデス（ブランデンブルク＝クルムバッハ辺境伯）
　　Albrecht Alkibiades ………………………155, 158, 159, 163, 170
アルブレヒト・ファン・バイエルン（ホラント伯）　Albrecht van Beieren
　　…………………………………………………136, 138, 140-144
アルブレヒト5世（バイエルン公）　Albrecht V ………156, 157, 158, 165
アレクサンドル1世　Aleksandr I ……………………227-235, 238-241
アレクサンドロス（大王）　Alexandros ……………44-46, 53, 54, 60, 64
アンガーマイヤー☆　Angermeier, H. ……………………………152, 171
イェリネク☆　Jellinek, G. ………………………………………………233
イサベル2世　Isabel II …………………………………………………305
石坂昭雄☆　Ishizaka, A. ………………………………………………178
イソクラテス　Isokrates ………………………………31, 33-42, 44-47
インファンテ・ペレス　Infante Pérez, B. ……………………302, 306, 308
ヴァイガント（バンベルク司教）　Weygandt ……………………………158
ウィリアム（オッカムの）　William (Ockham) …………………………143
ヴィルヘルム4世（バイエルン公）　Wilhelm IV ………………………156
ウィレム・ファン・ダイフェンフォールデ　Willem van Duivenvoorde ……134, 135
ウィレム2世（ホラント伯）　Willem II van Holland ……………………137
ウィレム3世（ホラント伯）　Willem III van Holland …………………133
ウィレム4世（ホラント伯）　Willem IV van Holland …………………133, 134
ウィレム5世（ホラント伯）　Willem V van Holland ………134, 136, 142, 143
ヴィンケルマン☆　Winkelman, P. H. ………………………179, 183-186
ウルリヒ（ヴュルテンベルク公）　Ulrich ……………………………155, 156
エカチェリーナ2世　Ekaterina II ……………………………208, 219, 228
エッセン　Essen, A. F. …………………………206, 210-212, 214-218, 220, 221
エリクセン☆　Erichsen, W. ……………………………………………61

— 369 —

エリス☆　Ellis, M. de J. ……17
エリツィン　Jel'tsin, B. ……328, 331
エルンスト☆　Ernst, V. ……153
大牟田章☆　Omuta, A. ……41
オギンスキ　Ogiński, M. ……238, 240, 241
オットー1世（大帝）　Otto I ……101
オベール☆　Aubert, P. ……313
オルテーガ・イ・ガセー　Ortega y Gasset, J. ……317, 319, 330, 331

【カ行】

カール5世　Karl V ……153, 156, 157, 159
カウニッツ　Kaunitz, W. A. ……207, 208, 217
カストロ　Castro, F. de ……300
カッラス　Kallas, S. ……333
（大）カトー　Cato ……115, 116
カブチチ　Kavčič, S. ……359
カラカラ　Caracalla ……75, 77
カリオン　Carrión, P. ……309
カルデリ　Kardclj, E. ……358, 360
カルプフェン（von）　Karpfen, E. ……165, 167, 168, 170
（ドン・）カルロス　(Don) Carlos ……305
クーチャン　Kučan, M. ……362, 364
グスタフ3世（スウェーデン国王）　Gustav III ……205
クライスヘール☆　Kruisheer, J. G. ……133
クラウス☆　Kraus, F. R. ……15
クラウゼ　Krause, F. ……301
クリストフ（ヴュルテンベルク公）　Christoph ……154-171
クロイツヴァルト　Kreutzwald, F.R. ……255, 259, 261, 262, 266, 267
ゲアハルト　Gerhard, H. ……165, 167, 168, 170
ケインズ☆　Keynes, J. M. ……118-122
コウォンタイ　Kołłątaj, H. ……207, 213
コースト☆　Korst, K. ……177
コストドア・ラマルク　Costedoat-Lamarque, J. ……309
コッケン☆　Kokken, H. ……137
ゴルギアス　Gorgias ……31, 35, 38
ゴルツ　Goltz, F. F. ……206, 207, 210, 211, 213, 215, 218, 221

ゴルバチョフ　Gorbachjov, M. ……328
コロシェツ　Korošec, A. ……355
コンスタンチン（大公）　Konstantin ……228, 240, 241

【サ行】

サバルサ　Zabalza, R. ……314
ザビーネ（ヴュルテンベルク公ウルリッヒ妃）　Sabine ……155
サンス・デル・リオ　Sanz del Río, J. ……301
サンフルホ　Sanjurjo, J. ……314
ジェヴスキ　Rzewusuki, S. ……213
ジノヴィエフ　Zinov'ev, H. A. ……278-280, 283
シピャーギン　Sipiagin, D. S. ……277, 278, 285
スタニスワフ2世（アウグスト・ポニャトフスキ）　Stanisław II ……205, 209, 218, 219, 222
スミット☆　Smit, J. G. ……132, 137, 138, 141, 145
スラッファ☆　Sraffa, P. ……121, 122
スリータ・ベラ　Zurita Vera, A. ……308

【タ行】

玉木俊明☆　Tamaki, T. ……178
タラント　Tarand, A. ……332
チャルトリスキ，A. K.　Czartoryski, A. K. ……220
チャルトリスキ，A. J.　Czartoryski, A. J. ……227-233, 238-241
ツァンカル　Cankar, I. ……352
デ・ブール☆　de Boer, D. E. H. ……132
ディアス・ゴンサーレス　Díaz González, C. ……300, 305
ディアス・デル・モラール　Díaz del Moral, J. ……300-314
（ファン・）ティルホフ☆　(Van) Tielhof ……178, 181
テオデリック　Theoderic ……79, 82, 84
テオドシウス　Theodosius ……78
デスピィ☆　Despy, G. ……107, 108, 111, 112
マリア・テレージア　Theresia, M. ……346
ド・カシェ　De Caché, B. ……206, 208, 210-215, 221
トゥルバル　Trubar, P. ……345
トマス・アクィナス　Thomas Aquinas ……132
ドミンゲス・バスコン☆　Domínguez Bascón, P. ……309

トルストイ	Tolstoi, D. A.	274, 276
ドルノウシェク	Drnovšek, J.	364

【ナ行】

ナバハス・モレノ	Navajas Moreno, A.	308
ニールメイエル☆	Niermeyer, J. F.	132
ニコライ2世	Nikolai II	275
ノヴォシリツォフ	Novosil'tsev, N.	227, 234

【ハ行】

バケーロ	Vaquero, E.	309
バスケス・グティエーレス	Vázquez Gutiérrez, I.	305
パソス・イ・ガルシア	Pazos y García, D.	311
バラガン・モリアーナ☆	Barragán Moriana, A.	310
バング☆	Bang, N. E.	177
ハンムラビ	Hammurabi	13-17, 19, 22, 23, 25, 26
ビアブラウアー☆	Bierbrauer, V.	87
菱山泉☆	Hishiyama, I.	121
ピット	Pitt, William	207
ヒネール・デ・ロス・リーオス	Giner de los Ríos, F.	300
フィリップ（ブラウンシュヴァイク公）	Philipp	159
フィリップ（ヘッセン方伯）	Philipp	160
フィリップス・ファン・ライデン	Philips van Leyden	136
フィリッポス2世（マケドニア王）	Philippos II	37, 41-46
フィンリー☆	Finley, M. I.	114, 116
プーフェンドルフ（von）	Pufendorf, S.	171
フェールマン	Fählmann, F.R.	255, 256, 259-263, 265-267
フェルディナント（ローマ王）	Ferdinando	161
フェルディナント1世	Ferdinand I	349
プセメティクス1世	Psammetikus I	57
プトレマイオス2世	Ptolemaios II	60
ブライニング	Bruyningh, J. F.	183
ブラウン	Braun, K.	168
ブラスコ・イバーニェス	Blasco Ibáñez, V.	303
ブラニツキ	Branicki, F. K.	213, 214
フランコ	Franco, F.	308

人名索引

フリードリヒ＝アウグスト3世（ザクセン選帝侯） Friedrich Augst III
　　　　　　　　　　　　　　　　　　　　　　　　　　205, 206, 209, 221
フリードリヒ＝ヴィルヘルム2世　Friedrich Wilhelm II　　　　　　　　217
プリーニンゲン　(von) Plieningen, H. D.　　　　　　　　　　　　　　170
フリホル　Herihor　　　　　　　　　　　　　　　　　　　　　　　　　53
プリモ・デ・リベーラ　Primo de Rivera, M.　　　　　　　　　　　　　301
プレヴェニール☆　Prevenier, W.　　　　　　　　　132, 137, 138, 141, 145
プレーヴェ　Pleve, V. K.　　　　　　　　　　　　　273, 278, 280, 290, 292
プレシェレン　Prešern, F.　　　　　　　　　　　　　　　　　348, 349, 361
プレス☆　Press, V.　　　　　　　　　　　　　　　　　　　　　　　　152
フレプトヴィチ　Chreptowicz, J.　　　　　　　　　　　　213, 214, 218, 222
ブロッケン☆　Brokken, H. M.　　　　　　　　　　　　　　　　　132, 137
フロリス5世（ホラント伯）　Floris V van Holland　　　　　　　　　　133
ヘス☆　Heβ, W.　　　　　　　　　　　　　　　　　　　　102, 104, 107
ベッセラー　Besserer, S.　　　　　　　　　　　　　　　　　　　　　168
ベルナール☆　Bernal, A. M.　　　　　　　　　　　　　　　　　　　305
ヘロドトス　Herodotos　　　　　　　　　　　　　　　　　　　　　　62
ポール☆　Pohl,W.　　　　　　　　　　　　　　　　　　　　　　81, 88
ポチョムキン　Potyomkin, G. A.　　　　　　　　　　　　　　　　208, 218
ポトツキ，I.　Potocki, I.　　　　　　　　　　　　　　　　　　207, 209, 213
ポトツキ，S.　Potocki, S.　　　　　　　　　　　　　　　　　　　213, 214
ポフリン　Pohlin, M.　　　　　　　　　　　　　　　　　　　　346, 347
ホラポロン　Horapollon　　　　　　　　　　　　　　　　　　　　　62

【マ行】
マクシミリアン1世　Maximilian I　　　　　　　　　　　　　　　　154
マルヴォー　Marvaud, A.　　　　　　　　　　　　　　　　　　303, 311
マルクス☆　Marx, K.　　　　　　　　　　　　　　　　　　　　111, 120
マルシリウス（パドヴァの）　Marsilius de Mainardinis　　　　　　　　143
マルティネス・ヒル　Martínez Gil, L.　　　　　　　　　　　　　307, 314
マルティネス・ルイス（アソリン）　Martínez Ruiz, J.（Azorín）　　317, 321, 328
マルハレータ（ホラント女伯）　Margaretha van Beieren　　　　　　134, 143
マレファキス☆　Malefakis, E.　　　　　　　　　　　　　　　　　　308
ミツキェヴィチ　Mickiewicz, A.　　　　　　　　　　　　　　　　343, 348
ミロシェヴィチ　Milošević, S.　　　　　　　　　　　　　　　　　　　361
ムニョス・ペレス　Muñoz Pérez, S.　　　　　　　　　　　　　　　　308

— 373 —

| 村川堅太郎☆　Murakawa, K. | 34 |

メイリンク☆　Meilink，P. A.	137
メルヒオール（ヴュルツブルク司教）　Melchior	158
モーラフ☆　Moraw, P.	152
モーリッツ（ザクセン選帝侯）　Moritz	157, 195, 162
森嶋通夫☆　Morishima, M.	120, 121, 122
モリス☆　Maurice, J.	301
森本芳樹☆　Morimoto, Y.	106, 109

【ヤ行】

山本文彦☆　Yamamoto, F.	153, 154, 168
ヤン1世（ホラント伯）　Jan I van Holland	133
ヤンセン☆　Jansen, H. P. H.	132
ヤンセン-ヴィンケルン☆　Jansen-Winkeln, K.	55
ユンゲル☆　Unger, W. S.	179, 180, 182, 192

【ラ行】

ラール　Laar, M.	329
ラメセス11世　Rameses XI	53
ラメセス3世　Rameses III	53
ラメセス4世　Rameses IV	53
ラルゴ・カバリェーロ　Largo Caballero, F.	314
リカード☆　Ricardo, D.	122
リーベシュッツ☆　Liebeschuetz, W.	77
リューペン☆　Leupen, P.	132
リンハルト　Linhart, A. T.	346, 347
ルイ16世　Louis XVI	216, 217
ルイック　Luik, J.	332
ルートヴィヒ4世（神聖ローマ皇帝）　Ludwig IV	143
レーマンス☆　Leemans, W. F.	17
レオ13世（教皇）　Leo XIII	303
レオポルド2世（オーストリア皇帝）　Leopold II	207, 208, 216, 217, 219, 220
レンルート　Lönnrot, E.	265, 266
（ファン・）ロイェン☆　(Van) Royen	178
ロラン　Lorin, H.	303, 311

地名索引

【ア行】

アヴェイロ ……………………………………………………………………190
アウデワーテル ………………………………………………………………139
アテナイ ………………………………………32, 33, 36-38, 40, 41, 44, 45
アムステルダム ……………………………………………139, 179-197
（エル・）アラアール ………………………………………………………302
アルクマール …………………………………………………………………139
アルゴス ……………………………………………………………32, 33, 37, 44
アルハンゲリスク ……………………………………………………………184
イヴァンゴロド（ヤーニリン）…………………………324, 326, 327, 335, 336
ウィーン …………………………………………209, 213, 217, 219, 229, 352
ヴォルムス ……………………………………………………………167, 168
ヴュルツブルク ………………………………………………………………159
ウル ……………………………………………………………………………16
ウルム …………………………………………………………155, 165, 167, 168
エアランゲン …………………………………………………………………160
エシュヌンナ …………………………………………………………………21
エンクハイゼン ………………………………………………………………184

【カ行】

カイロネイア …………………………………………………………………42, 44
カサス・ビハエス ……………………………………………………………314
カストロ・デル・リオ ……………………………………………308, 309, 310
カニェーテ・デ・ラス・トーレス …………………………………………311
カラバーカ ……………………………………………………………………308
（エル・）カルピオ …………………………………………………………311
キエフ …………………………………………………………………………212
グダンスク（ダンツィヒ）…………………181, 184, 186, 190, 196, 210, 213
クラーゲンフルト ………………………………………………………343, 344
クレッサーレ（アレンスブルク）……………………………………………254
ケーニヒスベルク ………………………………………………181, 184, 186, 190
ケルン …………………………………………………………………………167

コペンハーゲン ……………………………………………………………177
コリントス …………………………………………………………………42
コルドバ …………………………………………………………301, 308
コンスタンティノープル …………………………………………………214

【サ行】

サイス………………………………………………………………………57
サンクト゠ペテルブルク
　………218, 234, 266, 273, 275-278, 280, 281, 283, 284, 287, 289-291, 326
ジーフェルスハウゼン ……………………………………………………162
シッパル……………………………………………………………………16
シッラマエ…………………………………………………………………326
シュヴァインフルト ………………………………………………………164
シュヴェービッシュ・ハル ………………………………………………170
スパルタ ………………………………………………31, 32, 34, 35, 42-44, 46
スヒーダム…………………………………………………………………139
スホーンホーフェン ………………………………………………………139
セトゥバル……………………………………………………………184, 190
セビーリャ…………………………………………………………300, 305

【タ行】

タリン（レヴァル）…………………………………………………253, 261
タルトゥ（ドルパト）……………………252-255, 257, 258, 260, 263
チェンストホーヴァ ………………………………………………………214
テーバイ………………………………………………………32, 33, 35, 37, 44
テーベ………………………………………………………………………53
デルフト ……………………………………………………………………139
ドゥブロヴニク ……………………………………………………………347
トリーア………………………………………………………………159, 167
ドルドレヒト ………………………………………………………131, 139-144
トルン…………………………………………………………………210, 213
ドレスデン……………………………………………………209, 216, 219, 220

【ナ行】

ナルヴァ ……………………………………………323, 324, 326-328, 334-336

ニュルンベルク …………………………………………………………… 159

【ハ行】
ハーグ ………………………………………………………… 136, 137, 139
ハールレム …………………………………………………………………… 139
ハイデルベルク ……………………………………………………………… 161
バイヨンヌ …………………………………………………………………… 190
ハイルブロン ………………………………………………………………… 162
ハウダ ………………………………………………………………………… 139
ハドリアノポリス ……………………………………………………… 78, 84
バレンシア …………………………………………………………………… 300
ハンブルク …………………………………………………………………… 144
バンベルク …………………………………………………………………… 159
ヒュースデン ………………………………………………………………… 144
ブハランセ ……………………………………………………… 300, 311, 314
フランクフルト ………………………………………………………… 159, 169
ブリュージュ …………………………………………………………… 119, 120
ブルッフザール ……………………………………………………………… 164
ブルワージュ ………………………………………………………………… 185
ブレーメン ……………………………………………………………… 101, 102
ヘールトライデンベルフ …………………………………………………… 139
ベオグラード …………………………………………………… 355, 360-362
ペドロ・アバ ………………………………………………………………… 311
ペトロスコイ ………………………………………………………………… 333
ヘルシンキ …………………………………………………………………… 332
パルヌ（ペルナウ） ………………………………………………………… 253
ベルリン ………………………………………………………………… 208, 217
ヘレス・デ・ラ・フロンテーラ …………………………………………… 303
ホールン ……………………………………………………………………… 184

【マ行】
マインツ ………………………………………………………………… 159, 167
マドリード …………………………………………………………………… 300
マリ ……………………………………………………………………………… 16
メーデムブリック …………………………………………………………… 140

メミンゲン …………………………………………………158
メンフィス…………………………………………………57
モスクワ …………………………………………………326
モンタルバン ……………………………………………309

【ラ行】

ラ・ロシェル ……………………………………185, 188, 190
ラーデンブルク …………………………………………161
ライデン ……………………………………136, 139, 142, 143
ラウェンナ ………………………………………………81, 89
ラルサ……………………………………………………16, 18
リガ ……………………………………………184, 186, 190
リスボン …………………………………………………184
リュブリャーナ …………………………346-349, 354, 360, 361
ルブリン …………………………………………………212
レブリーハ ………………………………………………310
ロイトリンゲン …………………………………………155
ローテンブルク …………………………………………163
ローマ ……………………………………………………86, 87
ロッテルダム ………………………………………139, 140, 144

【ワ行】

ワルシャワ ………………………206, 211-213, 215, 218-221, 227, 229

ヨーロッパの分化と統合
―国家・民族・社会の史的考察―

小倉欣一編　太陽出版　2004年刊

Diversities and Integration :
—A Historical Approach to European States, Nations and Societies—
edited by Kinichi Ogura,
Taiyo-shuppan, Tokyo, Japan 2004

早稲田大学ヨーロッパ文明史研究所

〒162-8644 東京都新宿区戸山1-24-1　早稲田大学文学部西洋史専修室内
The Institute for the History of European Civilization
Waseda University, Tokyo, Japan 162-8644

執筆者 (Contributors)

●小倉欣一　所長 (Kinichi Ogura　Director)
Preface

●川崎康司 (Yasushi Kawasaki)
An Economic and Social Background of the *Codex Hammurabi*

●豊田和二 (Kazuji Toyoda)
Isocrates and Concordance of the Greeks

●秋山慎一（Shinichi Akiyama）*
Decline of Pharaonic Egypt and Its Hellenizing

●田畑賀世子（Kayoko Tabata）
Gentes in Late Antique Italy: What was the Barbarian Ethnic Identity?

●千脇修（Osamu Chiwaki）*
Money and Market in Medieval Europe

●田中史高（Fumitaka Tanaka）
The *dagvaarten* (Assemblies) by the Towns in the County of Holland during the Second Half of the 14th Century

●皆川卓（Taku Minagawa）
The Two Ways for the Integration of the German Imperial States ―
The Conception of the *Reichsexekutionsordnung* 1555 by the Prince Christoph of Württemberg

●山本大丙（Taihei Yamamoto）
The Integration of the Trade Routes ― Dutch-Baltic Trade in the Early 17th Century ―

●白木太一（Taichi Shiraki）
The Attitudes of Neighboring Countries about the Constitution of May 3rd 1791 in Poland ― On the Basis of Reports from Warsaw by A. F. Essen, a Plenipotentiary of the Electorate of Saxony ―

●池本今日子（Kyoko Ikemoto）
The Project for a Constitutional Charter of the Russian Empire (1820) and the Polish Problem

●今村労（Tsutomu Imamura）
Intelligentsia in the Baltic Provinces during the First Half of the 19th Century : Estophiles and Estonians

●草野佳矢子（Kayako Kusano）*
The Tsarist Government and Local Self-Government in the Early 20th Century : The Reform of St. Petersburg

●渡辺雅哉（Masaya Watanabe）
Díaz del Moral and the Agrarian Problem of Andalusia

●小森宏美（Hiromi Komori）
The Impact of the EU Enlargement on the Estonian Border

●ペーテル・ヴォドピヴェツ　スロヴェニア共和国　リュブリャーナ市　現代史研究所
（Peter Vodopivec　Institute for Contemporary History, Ljubljana, Slovenia）
Slovenes between the Past and the Future

共同研究者・執筆協力者（Co-researching and Advising Members）

●青野公彦（Kimihiko Aono）
●井内敏夫（Toshio Inouchi）
●大内宏一（Koichi Ouchi）

- ●加藤義明（Yoshiaki Kato）
- ●小林雅夫（Masao Kobayashi）
- ●鈴木健夫（Takeo Suzuki）
- ●竹本友子（Yuko Takemoto）
- ●野口洋二（Youji Noguchi）
- ●前田徹（Tohru Maeda）
- ●松園伸（Shin Matsuzono）
- ●村井誠人（Makoto Murai）
- ●森原隆（Takashi Morihara）

編集事務局（Editorial Office）

- ●小倉欣一　編集長（Kinichi Ogura　Editor in Chief）＊
- ●中澤達哉（Tatsuya Nakazawa）＊
- ●山本大丙（Taihei Yamamoto）＊

＊印は編集委員（Editorial Staff）

編集援助者（Editorial Assistants）

- ●麻田亮一　東京大学大学院（Ryoichi Asada　Graduate Student, Tokyo University）
- ●井出匠　早稲田大学大学院（Takumi Ide　Graduate Student, Waseda University）
- ●小原淳　早稲田大学大学院（Jun Obara　Graduate Student, Waseda University）
- ●折原良樹　早稲田大学大学院（Yoshiki Orihara　Graduate Student, Waseda University）
- ●鈴木喜晴　早稲田大学大学院（Yoshiharu Suzuki　Graduate Student, Waseda University）
- ●諸井弘輔　早稲田大学大学院（Kosuke Moroi　Graduate Student, Waseda University）

ヨーロッパの分化と統合
─国家・民族・社会の史的考察─

2004年3月30日　初版第1刷

編者
小倉欣一

発行者
籠宮良治

発行所
太陽出版
東京都文京区本郷4-1-14 〒113-0033
TEL 03-3814-0471　FAX 03-3814-2366
http://www.taiyoshuppan.net/

装幀=小倉康之
[印字]ガレージ[印刷]壮光舎印刷[製本]井上製本

ISBN4-88469-363-9

アイルランド
・ダブリン
イギリ

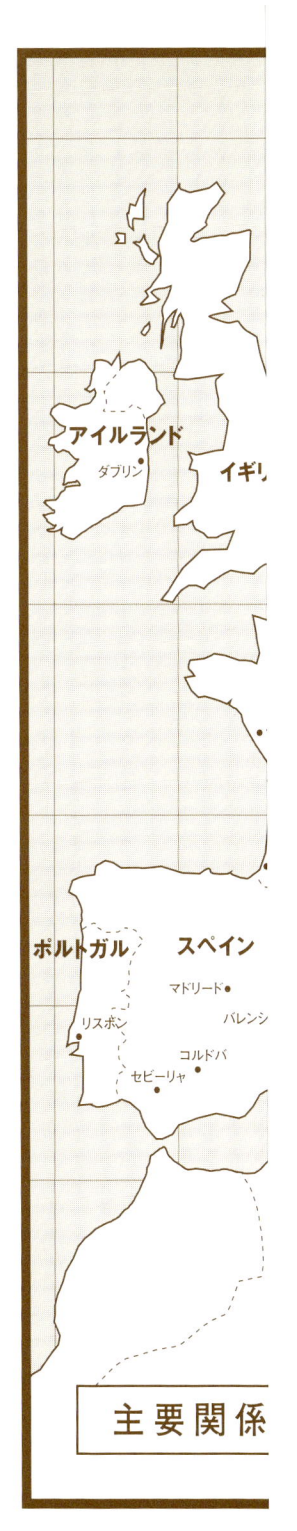

ポルトガル　スペイン
　　　　　マドリード●
●リスボン　　　　　バレンシ
　　　　　●コルドバ
　　　　セビーリャ●

主要関係